D1719851

VERÖFFENTLICHUNGEN DER PAUL SACHER STIFTUNG
PUBLICATIONS OF THE PAUL SACHER FOUNDATION
BAND | VOLUME 12

Wessen Klänge?
Interpretation und Autorschaft in neuer Musik

Internationales Symposion der Paul Sacher Stiftung,
Basel, 27.–29. April 2011

Durchführung des Symposions mit freundlicher
Unterstützung der F. Hoffmann-La Roche AG, Basel

Umschlag unter Verwendung von Luciano Berio,
Sequenza III für Frauenstimme
(© Copyright 1968 by Universal Edition [London] Ltd.,
London; © Copyright assigned to Universal Edition A.G.,
Wien; UE 13 723; mit freundlicher Genehmigung).

Übersetzungen:
Ulrich Mosch
(Italienisch – Deutsch: Beitrag Angela Ida De Benedictis)
Friedrich Sprondel
(Englisch – Deutsch: Beitrag Mark Katz, Podiumsgespräch)
Werner Strinz
(Französisch – Deutsch: Beitrag Robert Piencikowski)

Gestaltungskonzept und Satz: Sibylle Ryser, Basel
Notensatz: Notengrafik Berlin
Schriften: Sabon, Gotham
Lithographie: bildpunkt, Münchenstein
Papier: Munken Lynx 100 gm^2
Druck: Kreis Druck AG, Basel
Bindung: Bubu AG, Mönchaltorf

© 2017 Paul Sacher Stiftung, Basel
Schott Music, Mainz
Bestell-Nr.: PSB 1018
ISBN 978-3-7957-1173-3

www.paul-sacher-stiftung.ch
www.schott-music.com

WESSEN KLÄNGE?
ÜBER AUTORSCHAFT
IN NEUER MUSIK

Herausgegeben von
Hermann Danuser und Matthias Kassel

SCHOTT
Mainz • London • Madrid • New York • Paris • Tokyo • Toronto

EINLEITUNG

HERMANN DANUSER UND MATTHIAS KASSEL

Autorschaft zwischen Produktion, Interpretation und Rezeption

Folgte man dem Philosophen Hans-Georg Gadamer, jedenfalls soweit sich dieser im Aufsatz «Wege des Verstehens» 1984 über Autorschaft äußerte,[1] so wäre die Thematik dieses Buches und des ihm zugrunde liegenden Symposions, das die Paul Sacher Stiftung anlässlich ihres 25-jährigen Bestehens im Frühling 2011 in Basel veranstaltet hat, kein Problem der Musikwissenschaft, sondern ein Streit um des Kaisers Bart. Niemandem käme es in den Sinn, schreibt Gadamer dort, «den Komponisten eines musikalischen Werks dessen Autor zu nennen», denn wir sind, «wenn wir diese Worte, Autor und Autorschaft, hören, ganz unmittelbar in der Welt des Schreibens und des Lesens.» Der Autor, Urheber eines literarischen oder philosophischen Werkes, sei gemäß der etymo-logischen Quelle (von lat. augere: vermehren) vor allem ein Bürge, ein «Mehrer» von Glaubwürdigkeit, ja ein «‹Mehrer› des Lesers», der im Lernen wachse; doch für einen Komponisten, der eine der Klangrealisation und des Hörens bedürftige Partitur notiert, gelte dies so nicht.

Warum Gadamer diese These vertrat, muss hier offenbleiben; gleichwohl: der Philosoph unterlag einem Irrtum. Verschiedentlich wurden Komponisten Autoren ge-nannt, ja sie haben sich selbst als Autoren bezeichnet – so, um zwei Beispiele heraus-zugreifen, Gustav Mahler bei einer Stelle im Finale der Zweiten Symphonie, wo eine «Anmerkung für den Dirigenten» zu «in weiter Ferne aufgestellt[en]» Instrumenten (Trompeten, Triangel, Becken und Großer Trommel) lautet: «muss so schwach erklin-gen, dass es den Charakter der Gesangstelle Celli und Fag. in keinerlei Weise tangiert. Der Autor denkt sich hier, ungefähr, vom Wind vereinzelnd herüber getragene Klänge einer kaum vernehmbaren Musik» (T. 343 ff.).[2] Und György Ligeti, unzufrieden mit einer «pantomimischen Version» von *Aventures* und *Nouvelles Aventures*, welche das Württem-bergische Staatstheater Stuttgart im Laufe des Jahres 1966 erarbeitete, bezeichnete sich selbst vor der Premiere Mitte Oktober in einer Presseerklärung dreimal als «Komponist

---

1   Hans-Georg Gadamer, «Wege des Verstehens. Die Deutung von Autorschaft», in: *Neue Zürcher Zeitung*, Nr. 239 (13./14. Oktober 1984), S. 69; die folgenden Zitate ebd.
2   Gustav Mahler, *Sämtliche Werke. Kritische Gesamtausgabe*, Band II: *Symphonie Nr. 2 (c-moll)*, Wien: Universal Edition 1971 (U. E. 13821), S. 175, Ziff. 22. Im Autograph des Werkes war hier noch eine – später gestrichene – Anmerkung vorgesehen: «Sollte die Ausführung dieser Stelle nicht ganz der Intention des Autors entsprechend erzielt werden können, so bleiben die Instrumente ‹in weiter Ferne aufgestellt› ganz fort.» Gustav Mahler, *Symphony No. 2 in C minor «Resurrection»*. *Facsimile*, New York: The Kaplan Foundation 1986, o. S., 5. Satz, Bogen 10, Ziff. 22.

und Autor» des Werkes, um so seinen primären Status gegenüber jenen «Mitwirkenden» hervorzuheben, welche als nachschaffende Interpreten keine Ko-Autorschaft am Werk beanspruchen sollten.[3]

Aber außer der Stimme des Philosophen, der Autorschaftsaspekte bei der musikalischen Kunst schlechthin leugnet, oder den Stimmen der Komponisten, welche sich die Macht dieser Kunst exklusiv sichern wollen, gibt es auf diesem Felde noch weitere Instanzen und Personen, die ihrerseits Autorschaftsansprüche erheben. Die Situation ist ohne Zweifel komplex – eine günstige Ausgangslage für wissenschaftliche Auseinandersetzungen, um aus verschiedenen Perspektiven Aufklärung über aktuelle Tendenzen zu bringen. Tatsächlich hat die Musikwissenschaft, nachdem in Literatur- und Kulturwissenschaft die Diskussion um Autorschaft während der vergangenen Jahrzehnte aufgrund zumal französischer und amerikanischer Texte mit großer Intensität geführt worden ist,[4] einige bemerkenswerte, diese aufgreifende Studien hervorgebracht.[5] Kaum beachtet jedoch wurde bisher die Situation der neuen Musik seit dem Zweiten Weltkrieg. Ihr widmet sich der vorliegende Band, dessen Beiträge und Gespräche an allgemeine Autorschaftstheorien anknüpfen oder eine selbstreflexive künstlerische Praxis bezeugen und darum für künftige Forschungen eine reiche, fruchtbare Quelle bilden können.

Wie verwickelt die Lage ist – gibt es doch neben der Komposition die Werkaufführung, neben der Werkaufführung die technische Reproduktion, neben der technischen Reproduktion das Hören etc. –, illustriert am klarsten die Jurisprudenz. Wer immer versuchen sollte, innerhalb der Schutzfristen Werke, Texte und Klänge der Musik über die gesetzlich eingeräumten Zitations- und Samplingmöglichkeiten hinaus zu nutzen, stößt rasch an Grenzen. Mittels Urheberrechtverwertungsgesellschaften (GEMA, SUISA etc.) schützen die Gesetzgeber die Rechte der Urheber bzw. Rechteinhaber an Aufführungen, Vervielfältigungen und weiteren Nutzungen musikalischer Werke. Sobald die rechtmäßige Nutzung solcher Rechtsgüter in Frage steht, zeigt die juristische Situation jedermann, dass in Sachen Musik, von verschiedensten Seiten beleuchtet, ein multipler Autorbegriff keine Chimäre ist, sondern erfahrbare Wirklichkeit. Dabei handelt es sich um eine westliche Gegenwartsdiagnose, nicht um ein überhistorisches, immer und überall geltendes Gesetz. Selbst wenn die Musikologie dazu neigt, die Frage «Wessen Klänge?» vorwiegend unter ästhetischen und historischen Gesichtspunkten zu betrachten, muss sie, um Verkürzungen zu vermeiden, in ihren Studien die Rechtslage mit berücksichtigen.

---

3   Zitiert nach Harald Kaufmann, «György Ligetis szenische Abenteuer. Zur Stuttgarter Premiere von *Aventures & Nouvelles Aventures*» (1966), in: ders., *Von innen und außen. Schriften über Musik, Musikleben und Ästhetik*, hrsg. von Werner Grünzweig und Gottfried Krieger, Hofheim: Wolke 1993, S. 108–11, hier S. 108.

4   Eine ins Deutsche übertragene Auswahl bietet der Band *Texte zur Theorie der Autorschaft*, hrsg. und kommentiert von Fotis Jannidis et al., Stuttgart: Reclam 2000. Vgl. auch *Autorschaft. Positionen und Revisionen*, hrsg. von Heinrich Detering, Stuttgart und Weimar: Metzler 2002.

5   So beispielsweise *Autorschaft als historische Konstruktion. Arnold Schönberg – Vorgänger, Zeitgenossen, Nachfolger und Interpreten*, hrsg. von Andreas Meyer und Ullrich Scheideler, Stuttgart und Weimar: Metzler 2001; Albrecht Dümling, *Musik hat ihren Wert. 100 Jahre musikalische Verwertungsgesellschaft in Deutschland*, hrsg. von Reinhold Kreile, Regensburg: ConBrio 2003; *Autorschaft – Genie – Geschlecht. Musikalische Schaffensprozesse von der Frühen Neuzeit bis zur Gegenwart*, hrsg. von Kordula Knaus und Susanne Kogler, Köln etc.: Böhlau 2013; Michele Calella, *Musikalische Autorschaft. Der Komponist zwischen Mittelalter und Neuzeit*, Kassel etc.: Bärenreiter 2014.

Die Frage hängt zusammen mit der Unterscheidung verschiedener Textdimensionen von Musik, die aus einer Theorie der Metamusik oder der Avantgardemusik des 20./21. Jahrhunderts stammt. Während eine allgemeine Theorie der Musik die Dimensionen oder Existenzformen Klang und Notenschrift privilegiert und darum dem musikalischen Urheberrecht zuweist, sind die sekundären Dimensionen Wortschrift und Bild in anderen urheberrechtlichen Sphären angesiedelt. Für eine Theorie der Meta- oder Avantgardemusik Cage'scher, Kagel'scher oder Schnebel'scher Art indessen sind diese vier Textdimensionen allesamt gleichwertig.[6] Autorschaftsprobleme, die bei neuer Musik in vielfältigen Formen vorliegen, im Blick auf geschichtliche oder ästhetische Horizonte näher zu bestimmen – in Abgrenzung gegen alte Musik und klassisch-romantische Musik einschließlich deren «Interpretationskulturen» –, ist ein Ziel dieses Buches.

Dies betrifft zunächst die für die europäische oder – weiter gefasst – westliche Musikgeschichte basale Trennung zwischen Komposition und Interpretation, die im 19. Jahrhundert aufkam und bis heute währt. Sie hat frühere Konstellationen weitgehend abgelöst. Keineswegs aber ist die auf einer Personalunion von Komponist und Interpret beruhende Existenzweise von Musik vollends preisgegeben worden, so wie umgekehrt die seit vielen Jahrhunderten praktizierte Arbeitsteilung zwischen Dichter/Librettist und Komponist sehr wohl Ausnahmen zugelassen hat. In Kulturen populärer Musik existiert eine «starke Autorschaft»[7] eigentlich erst seit den 1960er Jahren – die Faszinationskraft dieser Sphäre ist gerade der Tatsache geschuldet, dass eine Musikerin oder ein Musiker in ungebrochener Aura schafft, dichtet, singt, spielt, ohne dass zwischen kompositorischem Schaffen und klanglicher oder gar hermeneutischer Interpretation eine arbeitsteilige Trennung griffe.

Probleme der Autorschaft werden im vorliegenden Buch primär weder allgemein noch theoretisch erörtert – wie sie kompositions- oder rechtshistorisch zu behandeln wären –, sondern vor allem im Blick auf den Zusammenhang zwischen neuer Musik und Interpretation. Implizit oder explizit werden im Hintergrund die Veränderungen reflektiert, welche die Interpretation überlieferter Musik von der Interpretation neuer Musik scheiden. Ein Teil dieser Aspekte ist älterer, ein anderer Teil jüngerer Natur. Einerseits hat der aktualisierende Interpretationsmodus[8] jede Musik ergriffen, von der alten, klassischen, romantischen bis zur heutigen Musik, und andererseits hat neue Musik in den Prozessen der Moderne vielfach eine eigene Historie ausgebildet.

Das Minuskel-«n» im Titel des Buches – gegenüber der geschichtsphilosophisch autoritären Majuskel-Form «Neue Musik» – entstammt teils einer historiographisch funktionalen (statt ontologischen) Begründung des Begriffs,[9] teils einer breiteren, in den USA

---

6   Vgl. Hermann Danuser, *Metamusik*, Schliengen: Argus 2017, S. 24–30.
7   Vgl. hierzu Britta Hermann, «‹So könnte dies ja am Ende ohne mein Wissen und Glauben Poesie sein?› – Über ‹schwache› und ‹starke› Autorschaften», in: *Autorschaft. Positionen und Revisionen* (siehe Anm. 4), S. 479–500.
8   Hermann Danuser, «Einleitung», in: *Musikalische Interpretation*, hrsg. von dems., Laaber: Laaber 1992, S. 1–72, hier S. 17; wieder abgedruckt in: ders., *Gesammelte Vorträge und Aufsätze*, hrsg. von Hans-Joachim Hinrichsen, Christian Schaper und Laure Spaltenstein, Schliengen: Argus 2014, Bd. 1: *Theorie*, S. 394–461, hier S. 408–09.
9   Vgl. Hermann Danuser., Artikel «Neue Musik», in: *Die Musik in Geschichte und Gegenwart*, 2., neubearbeitete Ausgabe, hrsg. von Ludwig Finscher, Sachteil, Bd. 7, Kassel etc.: Bärenreiter und Stuttgart / Weimar: Metzler 1997, Sp. 75–122; wieder abgedruckt in: ders., *Gesammelte Vorträge und Aufsätze* (siehe Anm. 8), Bd. 3: *Historiographie*, S. 170–218.

aufgekommenen Bedeutung, die neben Avantgardetypen auch populäre Musikarten mit umfasst; «neue Musik» im hier thematisierten Sinn ist eine junge Erscheinung des 20. bis 21. Jahrhunderts. Für diese Zeit zeichnen sich mehrere Perspektiven ab: Weil Musik nicht objekthaft existiert, vielmehr als Klangverlauf zu verwirklichen und zu hören ist, liegt eine Autorolle in der Regel nicht allein beim Komponisten. Vielmehr sind die Musiker, welche eine Partitur klanglich realisieren, als Mitautoren zu betrachten, zumal dann, wenn die Werkkonzepte in Richtung offene Form und Indetermination weisen. Zu ihnen treten noch Personen hinzu, welche die Verstärkung und Transformation des Klangs am Mischpult besorgen. Und auch die Hörerschaft ist – über grundsätzliche Zusammenhänge zwischen Interpretation und Rezeption hinaus – an der Sinnstiftung beteiligt, wie etwa jene Fälle zeigen, in denen das Publikum durch Haus- und Landschafts-Räume geht, um sich auf individuellen Wegen eigene Erfahrungen der Musik zu verschaffen, oder aber ein und dasselbe Werk aus mehreren Winkeln hört. Zum Beispiel spielten die Berliner Philharmoniker Karlheinz Stockhausens *Gruppen* für drei Orchester in einem Konzert des Berliner Musikfestes 2008 unter Leitung von Sir Simon Rattle, Daniel Harding und Michael Boder im Hangar 2 des außer Betrieb genommenen Flughafens Tempelhof zweimal, so dass die vor und nach einer Pause vom Veranstalter auf völlig verschiedenen Plätzen postierten Zuhörer das Werk in seiner Raum- und Klangwirkung ganz unterschiedlich wahrnahmen und sich einer Mitautorschaft versichern konnten. Noch viel deutlicher – und konstitutiver – kommt eine solche Rolle bei neuer Musik dann zum Vorschein, wenn dem Publikum in den Werken selbst von den Komponisten eine aktive Autorfunktion zugeschrieben wird, so bei Henri Pousseurs und Michel Butors «fantaisie variable genre opéra» *Votre Faust* (Uraufführung 1969) bzw. bei Mathias Spahlingers «etüden für orchester ohne dirigent» *doppelt bejaht* (Uraufführung 2009).

Die Funktionen indes, die zusammen Autorschaft konstituieren,[10] müssen nicht notwendigerweise von verschiedenen Personen ausgeübt werden. Komponisten mögen sich auf das Schreiben der Partituren ihrer Werke – von Pädagogik, Vermittlung und Theorie einmal abgesehen – konzentrieren, wie Alban Berg oder Wolfgang Rihm, aber sie können auch als Interpreten und Klangtechniker in Erscheinung treten, wie Pierre Boulez (Direktion) oder Karlheinz Stockhausen (Klangregie). Bei seiner Dankesrede zur Verleihung des Großen Berliner Kunstpreises in der Akademie der Künste am Hanseatenweg hat Pierre Boulez 1996 die wachsenden Kreise der von ihm bewirkten Kunst geschildert: Klavier, Komposition, Theorie, Vermittlung, Direktion, Ensemblegründung (Domaine musical, danach Ensemble Intercontemporain), IRCAM-Gründung für Forschung und Technologie – und die personale Traditionsbildung (Lucerne Festival Academy) wird noch hinzukommen. Gewiss, Boulez, eine Ausnahmeerscheinung, betonte die innere Zusammengehörigkeit dieser Gebiete; gleichwohl mahnten, wenn er sich einem Gebiet zuwandte, Kritiker umgehend andere Schwerpunktsetzungen an – insbesondere ein höheres Zeitbudget für das im Zeichen primärer Autorschaft stehende kompositorische Schaffen.

---

10 Heinrich Deterings Begriffsinventar zu literarischer Autorschaft zählt folgende Instanzen auf:
    1. «Autor / Verfasser / auctor», 2. «Scripteur / Écrivain / Schreiber», 3. «Empirischer Autor»,
    4. «Impliziter Autor», 5. «Erzähler», 6. «Lyrisches Ich» und 7. «Autorfunktion»; zitiert nach Andrea
    Polaschegg, «Diskussionsbericht», in: *Autorschaft. Positionen und Revisionen* (siehe Anm. 4),
    S. 310–23, hier S. 322–23.

Wer über Autorschaft in neuer Musik nachdenkt, stellt überraschende Beziehungen zwischen älterer und jüngerer Praxis fest. Es zeigt sich hier eine Affinität des Betriebs zu anderen Formen des kulturellen Lebens, vor allem zur bildenden Kunst inner- und außerhalb von Museen. Mehr und mehr geht auch die Musikkultur dazu über, die Räume, die zur Aufführung von Werken vorhanden sind, nicht einfach als gegeben hinzunehmen, sondern sie mit schöpferischen Impulsen ins Spiel zu bringen. Hören bleibt dann weniger dem Zufall oder fixierten Normen der Rezeption überlassen. Ein «positional listening»[11] kann vielmehr eine Mitautorschaft an musikalischer Erfahrung sichern helfen. Die Aufführung kann so in gestalteten Räumen erfolgen, das Hören – nach seriellem Vorbild – als ein Parameter der Musik theoretisch aufgefächert und experimentell erprobt werden. Berühmte Beispiele für Raumakustik datieren seit der Antike, auch den Raum des Bayreuther Festspielhauses ließ Richard Wagner nach antikem Vorbild errichten. In jüngerer Zeit tendieren manche Architekten zu flexibleren Sälen, so bei der Cité de la musique Paris, oder zu temporären Bauten wie der von Herzog und de Meuron für den Europäischen Musikmonat 2001 auf dem Messegelände der Stadt Basel entworfenen Paul-Sacher-Halle, die nach dem Ende des Monats wieder abgebrochen wurde. Mitunter entwerfen Komponisten selbst, so Iannis Xenakis, mit theoretischen Entwürfen neue Raumformen für ihre Musik. Außer den Stätten für hohe, elitäre Kunst gibt es ferner weltweit lokale Kulturen und Subkulturen, wo in nicht für Musik gebauten Räumen Musikveranstaltungen stattfinden, etwa im Friedrichshainer Radialsystem V, in ehemaligen Industrie-Spielstätten der Ruhrtriennale, in Manhattans Park Avenue Armory, in der Basler Gare du Nord oder in Zürich, wo Christoph Keller und Christoph Homberger ihr Stammpublikum kurzfristig an verschiedenste Orte, sogar ins städtische Hallenschwimmbad, zu «Spontankonzerten» locken.

Mit der Relevanz der Räume für die musikalische Praxis hängt in jüngerer Zeit eine Tendenz zusammen, die sich in der Kultur neuer Musik, durchaus parallel zur Situation der bildenden Künste, mehr und mehr manifestiert: die Organisation festlicher Ereignisse, die, statt einen Raum für Kunst zu bilden, selbst Kunst schaffen wollen. Ein theoretisch reflektierender Künstler, Daniel Buren, äußerte schon 1972 anlässlich der von Harald Szeemann kuratierten Kasseler *documenta 5* die These, Gegenstand einer Ausstellung sei nicht mehr das Kunstwerk, sondern weit eher die Ausstellung selbst als ein Kunstwerk; Kuratoren sollten sich nicht damit begnügen, dem Publikum Gelegenheiten zur Begegnung mit Gemälden, Skulpturen oder Installationen zu bieten, sondern ihre Ausstellungskonzepte zu einer eigenen Kunst auf höherer Ebene entwickeln.[12] Analog dazu darf man erfolgreichen Intendanten von Musikfestivals mittlerweile einen Autorschaftsanteil zusprechen: Sie sorgen mit ihrer Erfahrung, ihrem Wissen, ihrer kreativen

---

11   So mit anderer Fokussierung John Covach, «The performer's experience: positional analysis», in: *Investigating Musical Performance. Towards a Conjunction of Ethnographic and Historiographic Perspectives* (Symposion der Fondazione Giorgio Cini, Venedig, 8.–10. Juli 2016), hrsg. von Gianmario Borio und Giovanni Giuriati (Druck in Vorbereitung).

12   So Kerstin Stremmel, «Metropolis oder das Netz: Wo findet die Gegenwartskunst statt?», in: *Neue Zürcher Zeitung*, 9./10. Juni 2001, S. 56. Vgl. auch das Kapitel «Das Ich, die Kuratoren und ihre Ausstellungsdramen», in: Werner Hanak-Letter, *Die Ausstellung als Drama. Wie das Museum aus dem Theater entstand*, Bielefeld: Transcript 2011, S. 204–32.

Energie, auch ihren Verbindungen dafür, dass für die geplanten Programme die richtigen Künstler engagiert werden und das Publikum in der Zusammenstellung der Werke und Musiker bereichernde, mitunter verstörende Erfahrungen machen kann. Wie im Theater Regisseure und Bühnenbildner (z. B. Christoph Marthaler mit Anna Viebrock) nicht einfach Werke reproduzieren, sondern durch ihre Inszenierung neu kreieren, wie im Feld der bildenden Kunst Kuratoren immer wichtiger werden, so ist bei europäischen Musikfestivals Intendanten wie Gérard Mortier, Winrich Hopp, Michael Haefliger, Armin Köhler und anderen mehr während der letzten Jahrzehnte in Salzburg, München, Berlin, Luzern oder Donaueschingen für die Ton- und Klangkunst Vergleichbares gelungen.

Neben der Raumarchitektur und der Programmplanung rückt ferner der Instrumentenbau in den Horizont einer weit aufgefächerten Autorkategorie. Wie viele Interpreten mit den eigenen, ihnen bis ins kleinste Detail vertrauten, sorgfältig gewarteten Instrumenten reisen – Angaben zur Provenienz der verwendeten Instrumente sind Teil der Künstlerinszenierung –, so gibt man im Bereich der alten Musik das benutzte Instrument der Hörerschaft bekannt. Bei neuer Musik hat das Instrumentarium gleichfalls großes Gewicht, zumal im Schaffen eines Harry Partch oder Mauricio Kagel, die mit selbst gebauten, ge- oder erfundenen Klangerzeugern ihre spezifisch von diesen Instrumenten abhängende Kunst geschaffen haben. Während Partch, ein ingeniöser Tüftler, das Instrumentarium für seine Musik selbst baute und mit einem Ensemble zur Aufführung brachte – so dass im Herbst 1974 die Frage aufkam, ob und wie sich diese Klangkunst post mortem auctoris fortführen ließe –, hat Kagel in einem Teil seines Œuvres die Interpreten zum Bau der Instrumente präzise angewiesen und ihnen damit bei der Realisierung der Musik eine Ko-Autorschaft am Werk von vornherein eingeräumt. Durch solche Vorschriften oder Empfehlungen, die den Autorstatus des Komponisten begrenzen, hat Kagel die Dimensionen von Autorschaft in neuer Musik nachgerade vervielfacht. Darin bloß eine Depotenzierung des Primärautors zu sehen, erscheint stärker von hergebrachten Ästhetiknormen geleitet, als sich diese auf neue Musik übertragen lassen. Hier ruht Autorschaft auf mehr Schultern als bei früherer Musik. In der großen Zone der europäischen Musikgeschichte bis zum 20. Jahrhundert erlaubte das Instrumentarium, vielerlei Musik zu spielen. Hier jedoch wird es mit einem besonderen Werk, sogar mit einer spezifischen, mehrmals aufführbaren Werkproduktion identifiziert, ja die Werkidee selbst wird aus der Instrumentenidee heraus geboren und entwickelt.

Stetig verbesserte Aufnahme-, Speicher-, Transformations- und Wiedergabetechnologien haben das Gewicht der Autorkategorie, ohnehin eine Konstruktion, sehr stark verschoben, denn der Interpret realisiert jetzt nicht mehr nur – im Vergleich zum Notat des vom Komponisten geschriebenen Werktextes – einen einmaligen, flüchtigen Klangvorgang, sondern produziert einen Text eigener Dignität – einen Klangtext, ja ein Klangkunstwerk,[13] an welchem er oder sie durchaus Ko-Autorschaft beanspruchen darf.

---

13 Hermann Gottschewski, *Die Interpretation als Kunstwerk. Musikalische Zeitgestaltung und ihre Analyse am Beispiel von Welte-Mignon-Klavieraufnahmen aus dem Jahre 1905*, Laaber: Laaber 1993; *Musical Performance. A Guide to Understanding*, hrsg. von John Rink, Cambridge: Cambridge University Press 2002; Nicholas Cook, *Beyond the Score. Music as Performance*, Oxford: Oxford University Press 2016.

Hier fächert sich allerdings die Kategorie insofern weiter auf, als die für technische Maßnahmen Verantwortlichen eigene Autorenrechte geltend machen. Die mit neuer Musik befassten Klangtechniker kommen denn auch, soweit avancierte Gerätschaft involviert ist, in Aufführungen und Produktionen anders zur Geltung als Techniker bei Aufnahmen in der ersten Hälfte des 20. Jahrhunderts, deren Leistung weniger beachtet wurde.

Die Musikwissenschaft hat sich in den vergangenen Jahrzehnten verstärkt und interdisziplinär vernetzt der Interpretations- und Performanzforschung zugewandt. Hergebrachte Begriffe und Dispositionen auch der Autorkategorie wurden relativiert, wenn nicht aufgehoben. Jedenfalls zeigt sich die Musikwissenschaft als eine Disziplin unterwegs, eine Disziplin auf der Suche. Die für musikalische Aufführung benutzten Ausdrücke im deutschen Sprachraum der letzten drei Jahrhunderte bildeten jüngst ein eigenes Forschungsfeld.[14] In westlicher Perspektive verstärkte der Weg von den französischen Begriffen «exécution» und «interprétation» über die deutschen Begriffe «Vortrag» und «Interpretation» zur global verbreiteten englischen «Performance» unserer Zeit die Autorschaftsanteile, die, im 18. Jahrhundert noch gering, heute deutlicher ausgeprägt erscheinen.

Weitere Faktoren bringen die drei Modi der Interpretation ins Spiel, die heuristisch seit Mitte der 1970er Jahre entwickelt wurden: der historisierende (historisch rekonstruktive, oder auch: historisch informierte), der traditionelle und der aktualisierende Modus.[15] Alle drei Modi, besonders der dritte, der Faktoren der Bearbeitungspraxis aufgreift, setzen eine geteilte Autorschaft voraus. Während Aktivitäten, die einen Gegenwartsanspruch seit frühesten Zeiten angemeldet hatten, kaum in eine Aufführungskultur mündeten – eine Autorschaft verstorbener Meister gab es allenfalls für Erinnerungszwecke –, schuf der aufkommende Historismus mit dem ersten und dem dritten Interpretationsmodus Möglichkeiten, Musik dem Lethe-Strom zu entreißen. Gustav Mahlers Vollendung von Carl Maria von Webers Fragment einer komischen Oper *Die drei Pintos* (1887/88),[16] Pier Paolo Pasolinis und John Neumeyers Film- (*Accattone*, 1961) bzw. Ballettversion von Johann Sebastian Bachs lutherisch-liturgischer *Matthäus-Passion* (Hamburg, 1981), Hans Zenders «komponierte Interpretationen» klassischer Höhenkamm-Werke unter den Titeln *Schuberts «Winterreise»* (1993) oder *33 Veränderungen über 33 Veränderungen* (Beethovens *Diabelli-Variationen* op. 120, 2011), aber auch Änderungen in der deutschen Rechtsprechung über Sampling, wo ein Verfassungsgerichtsurteil im Frühling 2016 frühere Urteile

---

14 Das Projekt «Von ‹Exekution› zu ‹Performanz›. Eine Begriffsgeschichte musikalischer Aufführung seit dem 18. Jahrhundert», von der Deutschen Forschungsgemeinschaft zwischen 2011 und 2014 gefördert, führt zu drei Büchern von Jacob Langeloh (18. Jahrhundert), Laure Spaltenstein (19. Jahrhundert) und Vera Emter-Krofta (20. Jahrhundert; alle bei Schott-Campus, Druck in Vorbereitung).

15 Erstmals vorgestellt in: Hermann Danuser, «‹... als habe er es selbst komponiert›. Streiflichter zur musikalischen Interpretation», in: *Aspekte der musikalischen Interpretation. Sava Savoff zum 70. Geburtstag*, Hamburg: Wagner 1980, S. 25–59, hier S. 53–59, und später leicht modifiziert in der «Einleitung» zum Band *Musikalische Interpretation* (siehe Anm. 8), S. 13–17, im Wiederabdruck S. 403–09.

16 Vgl. Hermann Danuser, «Urheber und Mehrer. Aspekte der Autorschaft bei Weber/Mahlers komischer Oper ‹Die drei Pintos›», in: ders., *Gustav Mahler und seine Zeit*, Laaber: Laaber 1991, S. 120–33.

kassierte und die Rechtsprechung zugunsten künstlerisch freier Autorschaft umkippte:[17] Diese wenigen Beispiele demonstrieren zur Genüge, dass Autorschaftsprobleme als ein Phänomen der künstlerisch-gesellschaftlichen Wirklichkeit aktuell sind, im Zeichen der Diskussionen um Digital Humanities und Open Access heute sogar besonders aktuell, und dass Nachrichten über den vorgeblichen «Tod des Autors» wohl verfrüht verbreitet worden sind.

Das Symposion *Wessen Klänge? Interpretation und Autorschaft in neuer Musik* umfasste drei gleichgewichtige Teile: wissenschaftliche Vorträge, Gespräche sowie Konzerte mit unterschiedlich kontextualisierter Musik. Unter gekürztem Titel bietet die Buchpublikation, in leicht veränderter Zusammenstellung, den für den Druck überarbeiteten Text der Vorträge und Gespräche, außerdem in einem Anhang Programme und Einführungen zu den Konzerten.

   Die elf **Beiträge** sind in drei Blöcke gegliedert. Sie verfolgen exemplarisch einen systematischen wie einen analytischen Zweck. Viele dringen aus dem Studium konkreter Fälle, Kunstarten und Interpretationsweisen zu theoretischen Reflexionen über Autorschaft vor, andere gehen von der literatur- oder kulturwissenschaftlichen Autorschaftsdiskussion aus – zumal bei Roland Barthes und Michel Foucault – und beleuchten von dort die gestellten musikologischen Probleme. Gespeist von einzelnen Modellfällen, gewinnt die Theoriebildung ein substantielles, bloß abstraktem Raisonnement weit überlegenes Gewicht, welches, da nicht resümierbar, in den einzelnen Texten aufzusuchen ist. Der erste Block «Grundlegung: Interpretation und Performanz» schlägt Brücken zu allgemeinen theoretischen Problemen von Autorschaft als einem Kollektivsubjekt in Komposition, Interpretation und Rezeption, die, dargestellt an Exempeln Beethovens und Schönbergs, mit Blick auf die prinzipiell der Aufführung verpflichtete Kunstform Musik zu behandeln sind (Hans-Joachim Hinrichsen). Die Kultur jener Neuen Musik – hier mit Majuskel geschrieben –, welche in jüngster Zeit historische Modelle reflektiert und darum eigene Kategorisierungen verlangt, flexibilisiert die oben erwähnten drei Interpretationsmodi (Siegfried Mauser). Probleme einer auktorialen Aufführungstradition erscheinen virulent bei Werken (oft mit elektronischem Anteil), deren Komponisten die Texte in enger Zusammenarbeit mit den Interpreten von Aufführung zu Aufführung verändert haben, so dass Kompositions- und Aufführungsgeschichte zu Lebzeiten der Autoren konvergieren; Luciano Berio, Luigi Nono und Karlheinz Stockhausen bieten für eine differenzierende Analyse lohnende Fälle (Angela Ida De Benedictis). Und was bei inszenierten Musikwerken eine

---

17   Am 31. Mai 2016 hat das bundesdeutsche Verfassungsgericht in dem langjährigen Rechtsstreit zwischen der Band Kraftwerk und dem Hip-Hop-Produzenten Moses Pelham, der ein zwei Sekunden langes Sample dem Kraftwerk-Stück «Metall auf Metall» (1977) entnommen und Ende der 1990er Jahre zu einer Endlosschleife als Hintergrund bei «Nur Mir» für Sabrina Setlur verwendet hatte, ein Urteil gefällt, das – anders als die Vorinstanzen, die ein kostenfreies Sampling verboten hatten – das Recht auf unabgegoltenes Sampling mit vorgegebenem fremden Klangmaterial im Interesse künstlerischer Freiheit stärkt; vgl. www.bundesverfassungsgericht.de/SharedDocs/Entscheidungen/DE/2016/05/rs20160531_1bvr158513.html; aufgerufen am 15. März 2017).

multiple Autorschaft besagt,[18] bei welcher verschiedene Autordiskurse zusammen- und gegeneinander wirken, zeigt eine Studie zum Melodramzyklus *Pierrot lunaire* op. 21, wenn der autoritäre Komponist Arnold Schönberg, der mit seinem Partiturtext der Musik – freilich widersprüchlich – den obersten Platz zugewiesen hat, und der eigenwillige Regisseur Christoph Marthaler, Autor eines «Marthaler-Theaters», aufeinanderprallen, so dass die Musikologie eine konkrete Aufführung des Werkes als ein von verschiedenen Autorstimmen bewirktes Ereignis deuten kann (Camilla Bork).

    Die Beiträge des zweiten Blocks «Öffnungen: Medialität und Technologie» führen die Problematik in die perspektivenreiche Kunstsphäre der jüngsten Zeit. Die ins medial Mehrdeutige verschobene neue Musik lädt zu interdisziplinärer Forschung ein, so dass die bewährten Kooperationsfelder der Musikologie (mit Literaturwissenschaft, Theologie, Philosophie und Mathematik) durch Zusammenarbeit mit Kunst- und Bildwissenschaft, Ingenieurskunst, Neurowissenschaften etc. vielfach erweitert werden. Programmatischen Stellenwert hierfür hat der erste Beitrag, der den Ereignisbegriff auf die Bildidee überträgt und Mauricio Kagels Instrumententheater als visuell-auditives «Klangbild» deutet, wobei das *Zwei-Mann-Orchester* der Basler Neufassung von 2011 für einen Riesenapparat sichtbarer Klangwerkzeuge kunsttheoretische Reflexionen über eine Zeitlogik des Ikonischen bzw. eine Raumlogik des Klanglichen initiiert (Gottfried Boehm). Rasante technologische Entwicklungen haben einstige Mittel der Distribution zu Mitteln der Produktion gemacht. Das Mit- und Gegeneinander von Live-Musik, Live-Elektronik, Video und Film mit Verfahren der Beschleunigung, Verzögerung, Überblendung und vielem mehr erschüttert geläufige Wahrnehmungsmuster und stößt, indem ein Homo ludens im Video Ton- in Bildsignale und Bild- in Tonsignale übersetzt, in künstlerisches Neuland vor; gerade hier erzeugt der Performanzbegriff, seiner Synonymität mit Interpretation enthoben, fruchtbare Erkenntnis (Tobias Plebuch). Wie sehr die technisch konservierte Aufnahme eines Stücks – gesungen, gespielt, gefilmt – über Produktion und Manipulation neue Autorschaftsformen in die Musikgeschichte eingeführt hat und handfeste juristische Probleme nach sich zieht, zeigen Turntablism, Mashup bzw. das subversiv an die Stelle von Composing tretende «Composting», die, über Autorschaft gespalten, unsere Epoche einer konfigurierbaren Musik determinieren (Mark Katz). Und dass «populäre Musik» auch zahlreiche ökonomische und rechtliche Faktoren involviert – durchaus in Abhängigkeit nationaler Systeme, die zwischen kontinentaleuropäischem und angelsächsischem Recht differieren (Schutz des Urhebers versus Schutz des Copyright-Inhabers) –, offenbaren Urheberrechtsstreitfälle, von denen hier ein aufschlussreicher, britischem Recht unterworfener Kasus analysiert wird (Simon Obert).

---

18   Der Symposionsband *Musiktheater heute* (hrsg. von Hermann Danuser, Mainz etc.: Schott 2003) belegt mit den Teilen «Text-Dramaturgie», «Musik-Dramaturgie» sowie «Bild-Dramaturgie» für Bereiche des zeitgenössischen Musiktheaters fast zwangsläufig eine multiple Autorschaft. Die Dimensionen betreffen die Konstitution des Werkes durch den Komponisten, den Librettisten, den Bühnen- und Kostümbildner sowie den Regisseur. Dirigent, Sängerinnen und Sänger in Chor wie Solo, Instrumentalisten in Orchester und Ensemble etc. bringen noch eine ganze Reihe weiterer Autorfunktionen in die multiple Gattungsszenerie mit ein. Im zehn Jahre später veranstalteten Symposion *Wessen Klänge?* bleibt das Musiktheater indessen im Wesentlichen ausgeklammert.

Der kunstvollen Streichquartett-Gattung widmen sich drei mit Quellenmaterial der Paul Sacher Stiftung erarbeitete Studien im dritten Block der Beiträge. Pierre Boulez' *Livre*, Helmut Lachenmanns *Gran Torso* und Steve Reichs *Different Trains* sind «klassische» Werke der Moderne, die verschiedene Perspektiven der Forschung auf sich ziehen. Bei Boulez stehen Fragen nach den historischen Schichten der auktorialen Werkgenese, eines vielstufigen Work in progress, im Vordergrund – weniger Probleme der Exekution oder Interpretation –, aus kompositorischer Sicht das Entbinden, Befreien oder Ausliefern (dé-livrer), von den ersten Stadien eines «Quatuor à cordes» über das auf Mallarmé anspielende «Livre» bis zu zwei Fassungen für Orchester (Robert Piencikowski). Bei Helmut Lachenmanns eigensinniger, in einem Geräuschkosmos zentrierter Klangwelt, einer «Musique concrète instrumentale», die präzise aufgezeichnet bislang Unerhörtes zur Realität bringt, lässt sich die Frage, ob die Quartettisten die komplizierten, erläuterungsbedürftigen Chiffren für differenzierteste Klangtypen lediglich ausführen oder aber darstellend deuten, durch einen Vergleich mehrerer Aufnahmen klar mit «Interpretation» beantworten (Ulrich Mosch). Und dass die Quartett-Gattung, von der Goethe sagte, «man hört vier vernünftige Leute sich untereinander unterhalten, glaubt ihren Discursen etwas abzugewinnen und die Eigenthümlichkeiten der Instrumente kennen zu lernen»,[19] sich sogar mit der aus den USA stammenden Logik des Minimalism verträgt, wenn sie zu einem Kunstwerk neuer Art im Gedenken an die Opfer des Holocausts konkretisiert wird, macht Steve Reichs «logogene Musik» mit ihren dokumentarisch-interpretativen Schichten evident (Heidy Zimmermann).

Zwischen den Essays und den Konzerten des Symposions vermittelten die **Gespräche**, auch sie nach Art, Zahl und Ziel sehr verschieden. Das von Peter Hagmann moderierte Gespräch zwischen Pierre Boulez und Heinz Holliger verband zwei Musiker ungleichen Alters: Boulez ist 1925, Holliger 1939 geboren (dieser hat bei jenem in den von Paul Sacher an der Musik-Akademie Basel von 1960 bis 1962 veranstalteten Analysekursen studiert); beide sind bzw. waren berühmte Interpreten – der im Januar 2015 verstorbene Boulez vor allem als Dirigent, Holliger als Oboist (sowie als Dirigent) – und ebenso berühmte Komponisten. Welche Rollen haben diese Künstler beim Gedankenaustausch über Autorschaft ihrer Komponisten-, welche anderen ihrer Interpretenfunktion zugeschrieben? Das im Museum Tinguely geführte Gespräch zwischen Theodor Ross und Matthias Kassel über die Erstfassung von Mauricio Kagels *Zwei-Mann-Orchester*, einem Stück «Instrumententheater», an welchem Ross als Uraufführungsinterpret beteiligt war, handelte von der Werkgenese, dem experimentellen Bau des Instrumentariums wie der gleichzeitigen Niederschrift der Partitur – auch von den Autor-Anteilen von Komponist und Spielern – und strahlte so auf die neu produzierte Basler Fassung aus, die Wilhelm Bruck, der andere Uraufführungsinterpret, und Matthias Würsch danach darboten. Seinen Abschluss fand das Symposion mit einem von Jonathan Cross geleiteten, auf

---

19   Johann Wolfgang von Goethe an Carl Friedrich Zelter, Brief vom 9. November 1829; *Briefwechsel zwischen Goethe und Zelter in den Jahren 1799 bis 1832*, hrsg. von Edith Zehm und Sabine Schäfer, Bd. 20.2 der Reihe *Johann Wolfgang Goethe. Sämtliche Werke nach Epochen seines Schaffens. Münchner Ausgabe*, hrsg. von Karl Richter, München: Hanser, 1998, S. 1275.

Statements der einzelnen Teilnehmer gestützten Podiumsgespräch, das vier Personen aus unterschiedlichen Arbeitsfeldern vereinte: einen Komponisten und Dirigenten (George Benjamin), einen Posaunisten und Komponisten (Vinko Globokar), einen Musikologen und Pianisten (William Kinderman), sowie eine Publizistin und Kritikerin (Julia Spinola).

BEITRÄGE

GRUNDLEGUNG: INTERPRETATION UND PERFORMANZ

HANS-JOACHIM HINRICHSEN

Wer ist der Autor?
Autorschaft und Interpretation in der Musik

Es gibt Buchtitel, die im Bewusstsein des Publikums den Text, über dem sie stehen, geradezu überflüssig machen und allein als Titel berühmt geworden sind. Ihre Prägekraft ist die eines Schlagworts. Ein solcher schlagwortartiger Titel war für Arnold Schönberg etwa «Der lineare Kontrapunkt» – jenes berühmte und einflussreiche Buch von Ernst Kurth über Bachs Polyphonie,[1] von dem Schönberg zu Protokoll gab, dass er es zwar nie gelesen habe, wohl aber den faszinierenden Titel durch seine Schüler kenne und sich das Buch dazu, ganz so wie Jean Pauls Schulmeisterlein Wutz, ohne Mühe allein zusammenschreiben könne.[2] Jean Pauls «vergnügtes Schulmeisterlein Maria Wutz in Auenthal» ist bekanntlich jener oberfränkische Dorfschullehrer, der sich mit seinem mageren Gehalt als einziges Buch alljährlich lediglich den Leipziger Messkatalog leisten kann und Zeit seines Lebens darauf angewiesen bleibt, sich die Bücher zu den interessantesten Titeln, statt sie nach dem Katalog zu bestellen, selbst zu schreiben.[3]

Schönbergs salopper Umgang mit dem durch Ernst Kurth zum Modeschlagwort gewordenen «linearen Kontrapunkt» und sein Hinweis auf die ebenso grandiose wie bizarre Erfindung Jean Pauls bringen uns auf einen anderen Titel, der – zum Schlagwort verdichtet – seit nunmehr über 40 Jahren eine noch weitaus breitere Wirkung entfaltet hat, und zwar häufig ebenfalls ganz unabhängig von dem durch ihn bezeichneten Text, und der uns nun direkt ins Zentrum unserer Thematik führt. Die Rede ist von Roland Barthes' zunächst 1967 auf Englisch, ein Jahr später auf Französisch publiziertem Text «Der Tod des Autors». Man kann wohl ohne Übertreibung sagen, dass diejenigen, die seither den Autor für zu Grabe getragen halten, an Zahl weitaus höher sind als diejenigen, die den Text von Barthes wirklich gelesen haben.[4] Durch Roland Barthes hat sich Michel Foucault ein Jahr später zu einem ebenfalls wirkungsmächtigen Vortrag anregen lassen, dessen Inhalt

1 Ernst Kurth, *Grundlagen des linearen Kontrapunkts. Bachs melodische Polyphonie*, Berlin: Hesse 1922, 3. Aufl. 1927.
2 Arnold Schönberg, *Der lineare Kontrapunkt*, Manuskript, Arnold Schoenberg Center, Wien, Sign. T35.22; vgl. dazu Hans-Joachim Hinrichsen, «Schönberg, Bach und der Kontrapunkt. Zur Konstruktion einer Legitimationsfigur», in: *Autorschaft als historische Konstruktion. Arnold Schönberg – Vorgänger, Zeitgenossen, Nachfolger und Interpreten*, hrsg. von Andreas Meyer und Ullrich Scheideler, Stuttgart und Weimar: Metzler 2001, S. 29–63, hier S. 35–36.
3 Jean Paul, *Leben des vergnügten Schulmeisterlein Maria Wutz in Auenthal. Eine Art Idylle*, in: ders., *Sämtliche Werke*, 10 Bände in 2 Abteilungen, hrsg. von Norbert Miller, Abteilung I, Bd. 1, München: Hanser 1960, S. 422–62.
4 Jedenfalls dürfte das für den deutschsprachigen Raum gelten, was sich nicht zuletzt dadurch erklärt, dass der in seiner englischen wie in seiner französischen Version nicht gerade bequem zugängliche Text erstaunlicherweise erst mehr als 30 Jahre nach seiner Entstehung in deutscher Übersetzung erschienen ist: Roland Barthes, «Der Tod des Autors», in: *Texte zur Theorie der Autorschaft*, hrsg. von Fotis Jannidis et al., Stuttgart: Reclam 2000, S. 185–93.

noch weit radikaler ist, dessen Titel freilich weitaus harmloser klingt: Foucaults Vortrag aus dem Jahr 1969 hat zur Überschrift die scheinbar einfache Frage «Qu'est-ce que c'est un auteur?» / «Was ist ein Autor?»[5]

Bevor ich auf Barthes und auf Foucault weiter eingehe, möchte ich aber zunächst dem Erstaunen über die keineswegs selbstverständliche Tatsache Raum geben, dass dem seither im Literaturbetrieb weit herum ausgerufenen Ableben des Autors sowohl im praktischen Musikleben als auch in der theoretischen Musikwissenschaft keineswegs der Tod des Komponisten auf dem Fuße gefolgt ist. Während heute in der Literaturwissenschaft der Autor bereits wieder seine Auferstehung feiern darf und partiell, wie Thomas Mann sagen würde, seine «wiedergeborene Unbefangenheit» als höhere Stufe der Reflexion genießt, hat die Musikwissenschaft sein vorübergehendes Verschwinden offenbar einfach ignoriert und braucht daher jetzt auch keine Reparaturmaßnahmen einzuleiten. Das wirft Fragen auf. Offenbart sich hier vielleicht einmal mehr die notorische und schon fast sprichwörtliche Verspätung der Musikwissenschaft als Disziplin?[6] Oder hat das etwa mit den Besonderheiten des Gegenstandes Musik zu tun (die dann freilich noch genauer zu bestimmen wären)? Oder aber liegt der Fall in Wirklichkeit gar nicht so einfach, dass man schlankweg behaupten könnte, die Debatte über den Tod des Autors gehe die Musikwissenschaft nur wenig an und habe sie überhaupt nicht berührt? Es sind diese nur scheinbar einfachen Fragen, denen ich im Folgenden ein wenig weiter nachgehen will.

Mit dem 1967 ausgerufenen «Tod des Autors» wollte Roland Barthes auf ein Dilemma der Literaturinterpretation aufmerksam machen. Ihm kam es darauf an, das Verständnis eines literarischen Textes von den vorherrschenden Methoden der Einfühlung und des Biographismus zu befreien, die in den USA bereits 20 Jahre zuvor von William K. Wimsatt und Monroe C. Beardsley als «Intentional Fallacy» angeprangert worden waren.[7] Für Barthes ist der empirische Autor mitsamt seinen allfälligen Intentionen als Sinnstiftungsinstanz bei der Auslegung von Texten entbehrlich; an seine Stelle tritt der Text selbst im Kontext eines intertextuellen Kontinuums, dessen Wahrnehmung die Lektüre des Textes vom Status des geschlossenen, einen definiten Sinn einschließenden Werks befreit und ihm stattdessen die infinite Wirksamkeit einer «écriture» verleiht. Seither haben diese Überlegungen in den meisten methodischen Überlegungen zur Literaturinterpretation einen solchen Grad an Selbstverständlichkeit erlangt – man denke nur an den kaum zu überschätzenden Einfluss der Konstanzer Rezeptionsästhetik –, dass man sich über die bisweilen extrem negativen Reaktionen auf Barthes nur wundern kann. Wahrscheinlich galten sie denn auch eher der provokanten Überspitzung der Titelformulierung, die man eigentlich als ingeniös erfundene Metapher begreifen muss.

---

5   Michel Foucault, «Was ist ein Autor?», in: *Texte zur Theorie der Autorschaft* (siehe Anm. 4), S. 198–229.

6   Vgl. *Musikwissenschaft – eine verspätete Disziplin? Die akademische Musikforschung zwischen Fortschrittsglauben und Modernitätsverweigerung,* hrsg. von Anselm Gerhard, Stuttgart und Weimar: Metzler 2000.

7   William K. Wimsatt und Monroe C. Beardsley, «The Intentional Fallacy» (1946), in: William K. Wimsatt, *The Verbal Icon. Studies in the Meaning of Poetry,* Lexington, KY: University of Kentucky Press 1954, S. 3–18.

Wird diese rein metaphorische Qualität freilich als empirische Diagnose missverstanden, dann ist der konsequenten Auflösung des Literaturbetriebs in ein dekonstruktivistisches Textkontinuum keine methodische Grenze mehr gesetzt. Im Angesicht dieser Problematik zeigt sich unvermutet die subversive Pointe von Jean Pauls eingangs zitiertem Schulmeisterlein Maria Wutz, der sich entlang den Titeln im Leipziger Messkatalog seine Lieblingsbücher selbst zusammenschreibt. Die nur scheinbar harmlos-idyllische Erzählung macht bereits fast zwei Jahrhunderte vor dem Einsatz der einschlägigen Debatten mit der Dekonstruktion des Autors auf abgründige Weise Ernst: Wenn es in erster Linie die Texte sind, auf die es ankommt, weil sie erst in der Arbeit des Lesers ihre Wirkung entfalten, dann spitzt Jean Paul diesen Gedanken in der Weise zu, dass er die Lektüreinstanz kurzerhand durch ein neues empirisches Autorsubjekt ersetzt und damit an die Stelle der eigentlich geforderten virtuellen *Konstitutions*leistung des Lesers buchstäblich eine reale *Konstruktions*leistung setzt. Man kann also sagen, dass Jean Paul die Idee ante litteram ebenso *radikalisiert,* wie er deren falsche Konsequenz avant la lettre *ridikülisiert.* Denn natürlich ist die Rede vom «Tod» des Autors, dem polemischen Entstehungskontext des Aufsatzes von Barthes geschuldet, überspitzt. Man sollte angesichts dessen, worauf es im interpretierenden Umgang mit Texten ankommt, statt von seiner radikalen Abschaffung eher von seiner reflektierten Depotenzierung sprechen. Denn der Autor, der nach dem Abschluss seines Werkes selbst zum Leser wird, kann weder als seine Schöpfung verantwortende noch als deren Rezeption steuernde Instanz eine größere Autorität beanspruchen als jeder andere verantwortungsvolle Leser auch. Der in Stanford lehrende Musikwissenschaftler Karol Berger hat einmal sehr geistreich den Autor und sein Verhältnis zu dem von ihm verfertigten Text mit dem *Deus absconditus* der französischen Jansenisten verglichen, der die Welt zwar erschaffen hat, in ihr aber nichts mehr auszurichten vermag.[8]

Nur auf den ersten Blick also scheinen sich die bisher angeführten Überlegungen erst zentralen Entdeckungen der Theoretiker in der zweiten Hälfte des 20. Jahrhunderts – von Wimsatt und Beardsley über Barthes bis zu Foucault – zu verdanken. Wie weit aber die praktische Irritation in Wirklichkeit zurückreicht, zeigt nicht nur der schon mehrfach zitierte Jean Paul, sondern auch das – ebenfalls vor allem durch seinen Titel berühmt gewordene – 1921 in Rom uraufgeführte Drama von Luigi Pirandello *Sei personaggi in cerca d'autore* (Sechs Personen suchen einen Autor), ein Modellfall poetischer Selbstreflexion. Pirandellos sechs «personaggi» suchen in diesem Stück, knapp gesagt, nach einer konsistenten Handlung und insofern nach einem kohärenten Sinn ihres Tuns; indem sie aber ihre Suche nach einer sinnstiftenden Instanz ausgerechnet auf den Autor richten, suchen sie – streng mit Roland Barthes oder Michel Foucault zu sprechen – eigentlich in der falschen Richtung.

Der 1969 am Collège de France von Michel Foucault gehaltene Vortrag, der – ohne ihn zu nennen – auf Barthes reagierte, klingt dem Titel nach harmloser, entfaltet den Gedankengang aber weitaus radikaler. Die Frage «Was ist ein Autor?» richtet sich vom

---

8   Karol Berger, «The Text and Its Author», in: *Musik als Text. Bericht über den Internationalen Kongreß der Gesellschaft für Musikforschung Freiburg im Breisgau 1993,* hrsg. von Hermann Danuser und Tobias Plebuch, Kassel etc.: Bärenreiter 1998, Bd. 1, S. 58–60.

empirischen Subjekt des Texturhebers weg auf die Funktionen, die er zugewiesen erhält. Der Autor verliert seine Rolle als empirischer Ursprung der Bemühung um ein Textverständnis und wird zum historisch variablen Resultat einer diskursiven Praxis, das seine Funktionen an der Schnittstelle diverser Diskurse wie Literatur, Wissenschaft, Recht oder Ökonomie erfüllt. Der Autorname, der sich in manchen Epochen und für viele Bereiche freilich auch als entbehrlich erwiesen hat, kann unterschiedlichste Operationen wie die Erhebung juristischer Ansprüche, die Bündelung zerstreuter Phänomene zu einem Œuvre, die Kontrolle über textliche Integrität, die Begründung eines Stils, die Unterstellung einer Stilentwicklung oder Vorgänge wie Authentifizierung, Ausschließung und Zuordnung legitimieren. Als Funktion ist er eine der Ordnungsmächte, mit denen sich solche Diskurse organisieren, bündeln oder gegeneinander abgrenzen lassen. Foucault entwirft damit das Programm einer historischen Typologie von Autorschaft. In unterschiedlichen Diskursbereichen sind, in synchroner wie in diachroner Variabilität, differente Funktionen des Autorschaftskonstrukts zu beobachten, von denen Foucault glaubt, dass sie sich auch mit der dekonstruktionistischen Delegierung der Autorfunktion an das «Werk» oder die «écriture», wie bei Barthes gefordert, nicht erledigt, sondern nur undurchschaut verschoben haben. Auf die historische wie die disziplinäre Variabilität der Autorfunktion – ihrem Wandel vom Mittelalter bis in die Neuzeit, ihre Differenzen in ästhetischen oder wissenschaftlichen Diskursen – kann hier freilich nicht eingegangen werden; ohnehin besteht das Verdienst von Foucaults Vortrag eher in der Formulierung von Fragen als in der Bereitstellung von Thesen oder Antworten. Für uns kommt es nun in erster Linie darauf an, die Relevanz dieser Fragen für jenes Gebiet zu prüfen, in dem sie bisher nur selten problematisiert worden sind: eben für die Musik.

Auch in der Musikgeschichte kann die komplexe Funktion des Autornamens an der Variabilität abgelesen werden, mit der er behandelt wurde, besonders gut beim Übergang von anonymer zu autorisierter Überlieferung am Ende des Mittelalters. Der Zuschreibung des gregorianischen Choralcorpus an Papst Gregor V., der Bindung des Notre-Dame-Repertoires an Komponisten bei dem seinerseits anonym bleibenden Anonymus 4 oder der Nennung vereinzelter Komponistennamen bei Tinctoris nach 1470 stehen in St. Gallen vereinzelte Dokumente einer quellengestützten Autorenzuschreibung schon aus dem 10. und 11. Jahrhundert gegenüber. Doch macht sich trotz zunehmender Kanonisierung von Komponistennamen gegen 1500 eine Besonderheit der Musik dadurch geltend, dass es für sie keinen Giorgio Vasari gegeben hat; manche Forscher wie etwa Jessie Ann Owens haben darauf den fachspezifischen «loss of a musical past» zurückgeführt.[9] Trotz mancher zeitlicher Verschiebungen und trotz des anders gearteten Gegenstands sind die Fragestellungen aus der Literaturdiskussion übertragbar: Insgesamt sollte auch in der Musikgeschichte weniger von einer historisch plausibel zu machenden Entstehung des Komponisten die Rede sein als vielmehr von erstarkenden Funktionen eines

---

9   Jessie Ann Owens, «Music Historiography and the Definition of ‹Renaissance›», in: *Notes*, 47 (1990), Nr. 2, S. 305–30, hier S. 323.

Autorschaftskonstrukts, wie Michele Calella 2003 in seiner Zürcher Habilitationsschrift erstmals umfassend nachgewiesen hat.[10] Auch hier ist es also lohnender, nicht etwa die Komponisteninstanz als empirische Größe in ihren Entwicklungsstufen zu erforschen, sondern vielmehr die «historische Genese» der «musikalischen Autorfunktion».[11] Und ähnlich wie im Literaturbereich ist festzustellen, dass die feste Verbindung von Autor, Werk und Wirkung ihrer Genese nach zunächst weniger ein ästhetisches als vielmehr ein juristisches Phänomen gewesen ist. «Autorschaft ist Werkherrschaft» – mit dieser These hatte Heinrich Bosse 1981 seine maßstäbliche Untersuchung über «die Entstehung des Urheberrechts aus dem Geist der Goethezeit» betitelt.[12] Eine solche handfeste Festschreibung des geistigen Eigentums auch in der musikalischen Werkvorstellung hat zwar länger auf sich warten lassen als in der Literatur, sie hat aber im Vergleich zu dieser einen sehr frühzeitig und erstmals mit Umsicht und erheblichem Geschäftssinn wirkenden Agenten in Joseph Haydn gehabt, wie Wolfgang Fuhrmann in seiner Berner Habilitationsschrift von 2010 ausführlich darlegen konnte.[13]

Allerdings wird hier nun der Punkt sichtbar, an dem die besonderen Schwierigkeiten beim Umgang mit der Autorschaftsvorstellung in der Musik einsetzen. Das Urheberrecht hat zunächst einmal das Verhältnis zweier aufeinander angewiesener Akteure – Autor und Verleger – zum Gegenstand. Die Pointe, die sich mit der alles andere als selbstverständlichen Idee des geistigen Eigentums verbindet, ist die definierte soziale Aufgabenteilung von Urheber und Distributeur: «während der Autorname Einheit stiftet, indem er das Buch individualisiert», so schreibt Heinrich Bosse in seiner Studie zur Genese des Urheberrechts, «stiftet der Verleger seine Vielzahl, indem er die Exemplare einer Vorlage publiziert. Seit sich die Arbeit des Autors und die des Verlegers auf einander beziehen, ist das Buch ebensowohl Individuum wie Kollektiv geworden».[14] In der Musik jedoch tritt eine weitere Dimension hinzu, die womöglich erst im Gefolge all dieser Regelungen zum Bewusstsein gekommen ist: Sie bedarf, um real existent zu sein, der klingenden Darstellung, die man um 1800 noch als Aufführung, seit der Mitte des 19. Jahrhunderts aber zunehmend als «Interpretation» bezeichnete.[15]

Dass im Musikbetrieb des 20. Jahrhunderts die anfangs als solche kaum wahrgenommene Interpretation sich als besondere Aufmerksamkeit erheischende Schicht dann sogar scheinbar über die Komposition zu legen begann, war so unterschiedlichen Komponisten wie Hans Pfitzner oder Igor Strawinsky ein Dorn im Auge. Strawinsky sprach statt

10 Michele Calella, *Musikalische Autorschaft. Der Komponist zwischen Mittelalter und Neuzeit,* Kassel etc.: Bärenreiter 2014.
11 Ebd., S. 34 und S. 45.
12 Heinrich Bosse, *Autorschaft ist Werkherrschaft. Über die Entstehung des Urheberrechts aus dem Geist der Goethezeit,* Paderborn etc.: Schöningh 1981.
13 Wolfgang Fuhrmann, *Haydn und sein Publikum. Die Veröffentlichung eines Komponisten, ca. 1750–1815,* Habilitationsschrift Universität Bern 2010 (Publikation in Vorbereitung).
14 Heinrich Bosse, *Autorschaft ist Werkherrschaft* (siehe Anm. 12), S. 41.
15 Vgl. Hermann Danuser, Artikel «Interpretation», in: *Die Musik in Geschichte und Gegenwart,* 2., neubearbeitete Ausgabe, hrsg. von Ludwig Finscher, Sachteil, Bd. 4, Kassel etc.: Bärenreiter und Stuttgart etc.: Metzler 1996, Sp. 1053–69; wieder abgedruckt in: ders., *Gesammelte Vorträge und Aufsätze,* hrsg. von Hans-Joachim Hinrichsen, Christian Schaper und Laure Spaltenstein, Schliengen: Argus 2014, Bd. 1: *Theorie,* S. 471–87.

von Interpretation bekanntlich lieber von «exécution»,[16] um die Mitschöpfungsansprüche des vermeintlich selbstherrlichen Interpreten von vornherein in ihre Schranken zu verweisen. «An einem Geschaffenen kann nicht noch einmal der Vorgang des Schaffens bewerkstelligt werden»,[17] hat entsprechend Pfitzner zu Protokoll gegeben. Da es sich freilich rasch als unsinnig herausgestellt hat, den empirischen Autor und den realen Interpreten als Sinnstiftungsinstanzen mechanisch gegeneinander auszuspielen, haben nach der Mitte des 20. Jahrhunderts die Debatten um die Beziehung von Komponieren und Interpretieren eine neue Qualität erreicht. Es bezeichnet eine differenzierte Position, wenn heute, wie es Hermann Danuser in seinem Artikel über «Interpretation» in der *MGG* getan hat,[18] an maßstäblichen musikalischen Interpretationen die heuristische Vorstellung einer «performativen Autor-Intention» hervorgehoben werden kann. Doch ist und bleibt die Problematik im Bereich der Musik vertrackter als anderswo. Das musikalische Werk, um dessen Autorisierung und angemessenes Verständnis sich ja Autor wie Interpret bemühen, ist als Gegenstand weniger leicht zu definieren als etwa ein Roman oder ein Gemälde. Sein ontologischer Status oder seine «Seinsweise», wie das der Phänomenologe Roman Ingarden genannt hat,[19] lässt es auf die Instanz der klingenden Darstellung buchstäblich angewiesen sein, die auch durch stumme Lektüre nicht zu ersetzen ist, weil diese doch immer eine imaginierte klingende Darstellung impliziert.

Um die Komplexität der Problematik wenigstens bewusst zu machen, genügt es, sich auf die knappe Darstellung zweier Beispiele zu beschränken: eines, das den physischen Tod des Autors voraussetzt, und ein weiteres, in dem der empirische Autor als Auskunftsinstanz noch verfügbar ist.

Beispiel 1: Beethoven

Eine der besonderen und nicht auf den ersten Blick sichtbaren Autorschaftsfunktionen, die Foucault in seinem geschichtsmächtigen Vortrag hervorgehoben hat, ist die des «Diskursivitätsbegründers»: «Das Besondere an diesen Autoren ist, daß sie nicht nur die Autoren ihrer Werke, ihrer Bücher sind. Sie haben noch mehr geschaffen: die Möglichkeit und die Bildungsgesetze für andere Texte»[20] – hier wäre etwa an Karl Marx oder an Sigmund Freud zu denken. Überträgt man diese Idee in die Musikgeschichte, dann wird sofort deutlich, wie gerade hier die Instanzen des Komponisten, des Interpreten und des Rezipienten ineinander verwoben

---

16 Igor Strawinsky, *Schriften und Gespräche I. Erinnerungen. Musikalische Poetik*, hrsg. von Wolfgang Burde, Mainz etc.: Schott und Darmstadt: Wissenschaftliche Buchgesellschaft 1983, S. 249.

17 Hans Pfitzner, *Werk und Wiedergabe* (*Gesammelte Schriften*, Bd. 3), Augsburg: Filser 1929, S. 20–21.

18 Wie Anm. 15.

19 Das musikalische Werk verfügt nach Ingarden über eine besondere Seinsweise, die «verschiedene seinsautonome Seinsfundamente hat und haben muß: individuelle psycho-physische Akte des Autors, reale Vorgänge in der Welt, die jede einzelne Ausführung des Werkes realiter begründen, und endlich die mannigfachen Bewußtseinsakte und realen physiologischen Vorgänge der Zuhörer»; Roman Ingarden, *Untersuchungen zur Ontologie der Kunst. Musikwerk, Bild, Architektur*, Tübingen: Niemeyer 1962; zitiert nach *Musik – zur Sprache gebracht. Musikästhetische Texte aus drei Jahrhunderten*, hrsg. von Carl Dahlhaus und Michael Zimmermann, Kassel: Bärenreiter und München: DTV 1984, S. 446–57, hier S. 455.

20 Michel Foucault, «Was ist ein Autor?» (siehe Anm. 5), S. 219.

sind. Ein solcher, vom Autor als empirisches Subjekt emanzipierter Diskurs wäre im Bereich der Musik etwa das von Lydia Goehr so genannte «Beethoven paradigm»: eine wirkmächtige Vorstellung, die unter Berufung auf Beethoven eine ganze Kompositions-, Interpretations- und Analyse-Kultur geprägt hat.[21] Um dies zu verdeutlichen, genügt ein zwar nicht zufällig gewähltes, aber doch durch viele mögliche andere erweiterbares klingendes Beispiel.

ABB. 1 Ludwig van Beethoven, Symphonie Nr. 3, op. 55, Kopfsatz, T. 3–7.

ABB. 2 Ebd., T. 631–38.

Das Beispiel stammt aus dem Kopfsatz von Beethovens Dritter Symphonie in Es-Dur, der *Sinfonia eroica*. Die «Eroica» ist zum Inbegriff aller symphonischen Prozessualität geworden, die aus dem Musikdenken der westlichen Kultur kaum wegzudenken ist. Werfen wir einen kurzen Blick auf den Kopfsatz der Symphonie. An seinem Beginn steht bekanntlich ein Thema, das sich durch eigentümliche Unabgeschlossenheit auszeichnet und darin den Anspruch auf Prozessualität schon in seiner Gestalt anzumelden scheint: Eine Dreiklangsbrechung in der Haupttonart Es-Dur wird alsbald in den leiterfremden Ton *cis* umgelenkt (→ **ABB. 1**) und wird im Verlauf des Satzes zu immer neuen Fortsetzungen geführt. Erst in der Coda scheint das Geschehen an sein Ziel zu gelangen: Hier wird aus der Dreiklangsbrechung ein förmlich nachsingbares Thema entwickelt (→ **ABB. 2**), das sich zudem einer mehrmaligen steigernden Wiederholung erfreuen darf: erst in den Violinen und Hörnern, dann in den Holzbläsern, dann in den tiefen Streichern und schließlich in den Trompeten, die sich vorher bereits durch eingesprengte Fanfaren unüberhörbar angekündigt haben. Wenn zwar auch die erwähnte Erscheinungsform des Themas in der Coda alles andere als eine wirklich geschlossene Gestalt ist, so sind doch immerhin die vierfache Präsentation und die gezielte klangliche Steigerung ein deutliches Indiz für einen langen, vom unvollständigen Anfang bis zum Schluss des Satzes zurückgelegten Weg. Es fällt nicht schwer, hier die auskomponierte Idee einer Erfüllung, vielleicht sogar einer heroischen Erfüllung, wahrzunehmen, die in der einschlägigen Literatur denn auch das Bild des Werkes bis heute prägt.[22] Scott Burnham etwa beginnt sein Buch *Beethoven Hero* mit der Charakterisierung jener im Kern invarianten «stories», die das Verständnis des «Eroica»-Kopfsatzes über Generationen von Rezipienten hinweg bestimmt haben:

---

21 Lydia Goehr, *The Imaginary Museum of Musical Works. An Essay in the Philosophy of Music*, Oxford: Clarendon Press 1992, S. 205.

22 Ausweislich der ausführlichen Analyse, die Walter Riezler seiner einflussreichen Beethoven-Monographie von 1936 beigegeben hat, «scheint [ab T. 630] das Hauptmotiv endlich zur vollen Entfaltung zu kommen», und zwar «im Sinne eines richtigen sinfonischen ‹Themas›». Erst in der Coda wird «das Hauptmotiv als ‹Thema› wirklich abgeschlossen» (Walter Riezler, *Beethoven*, Berlin und Zürich: Atlantis 1936, 7., erweiterte Auflage Zürich: Atlantis 1951, S. 366–67).

> [...] the trajectory of these stories is always the same, or nearly so: something (someone) not fully formed but full of potential ventures out into complexity and ramification (adversity), reaches a ne plus ultra (a crisis), and then returns renewed and completed (triumphant).[23]

Ein Blick in Beethovens Partitur zeigt aber, dass der vierte Durchgang dieser «Erfüllung» so gar nicht erklingen soll. Denn ausgerechnet die klangstarken Trompeten werden, nachdem sie den initialen Es-Dur-Dreiklang durchschritten haben, aus der Melodieführung wieder entfernt. Sie bis zu Ende mitspielen zu lassen, ist eine unmittelbare praktische Folge der Idee heroischer Prozessualität. Dieser Eingriff ist schon in der Dirigierpartitur Hans von Bülows nachweisbar, der wie viele seiner Zeitgenossen davon überzeugt war, dass Beethoven es lediglich aus Rücksicht auf den Entwicklungsstand der Blechblasinstrumente bei dem Kompromiss der bloßen Andeutung einer Trompetenmelodie gelassen hat. Diese retuschierende Praxis lässt sich bis in Aufnahmen der jüngsten Zeit verfolgen, und die klangliche Evidenz des Resultats spricht, wie gesagt, für sich: Man wohnt dem Abschluss eines Prozesses thematischer Erfüllung bei.

Ganz anders hingegen ist der Eindruck, wenn die Trompeten beim vierten Auftritt des komplettierten Themas nicht wie schon 1863 bei Bülow und auch noch 1987 bei Claudio Abbado und den Berliner Philharmonikern bis zum Ende mitblasen, sondern in den Satzverbund wieder zurücktreten und im Tuttiklang gleichsam untergehen. Offensichtlich wird hier eine ganz andere Satzidee greifbar, die man etwa als nur angedeutete, weil im letzten Moment wieder zurückgenommene Erfüllung – oder auch als getäuschte Erwartung – umschreiben kann. Erst in diesem Kontext wird auch deutlich, dass das scheinbar «erfüllte» Hauptthema des Satzschlusses eben gar keine geschlossene, sondern eine in der zweiten Phrase dominantisch sich öffnende – und offen bleibende – Halbperiode ist. Und dies wohl kaum zufällig: Eine wirkliche thematische Erfüllung, wenn sie denn überhaupt intendiert ist, wird, das gesamte Werk übergreifend, verzögert bis zur Apotheose des «Prometheus»-Themas im Finalsatz (vgl. etwa dort die Takte 381 ff.), von dem man ja heute weiß, das er der Ausgangspunkt für die Komposition des Werks gewesen ist. All das sind aber Interpretationsfragen, die hier nicht weiter zu verfolgen sind.

Beispiel 2: Schönberg

Das gesellschaftliche Rollenmodell, das eine solchermaßen historische (und damit eigentlich historisierbare) Konstruktion von Autorschaft mit all ihren Implikationen zur Verfügung stellt, hat Arnold Schönberg als solches vorgefunden und mit großer Selbstverständlichkeit für sich adaptiert. Wie sehr Schönberg davon überzeugt war, eine historisch notwendige Rolle zu spielen, zeigt die Anekdote, die er selbst gern erzählt hat. Beim Militärdienst gefragt, ob er denn wirklich der bewusste Schönberg sei, soll er geantwortet haben: «Einer hat es sein müssen, keiner hat es sein wollen, so habe ich mich dazu hergegeben.»[24]

---

23 Scott Burnham, *Beethoven Hero*, Princeton, NJ: Princeton University Press 1995, S. 3.
24 Dankesbrief Arnold Schönbergs an seine Gratulanten zum 75. Geburtstag, 16. September 1949, in: Arnold Schönberg, *Ausgewählte Briefe*, hrsg. von Erwin Stein, Mainz etc: Schott 1958, S. 4.

Als Schönberg in den 1930er-Jahren die Gelegenheit erhielt, seine Streichquartette in den USA durch die Interpretation des Kolisch-Quartetts auf Schallplatten bekannt zu machen, versah er diese Interpretation mit einer ausdrücklichen Autorisierung (hier bezogen auf das zweite Quartett):

> Although the premiere of this quartet [op. 10] was exceptionally well presented by Master Rosé and his wonderful string quartet, one knows that perfection cannot be expected at the very first performance. So it was this second String Quartet about which a gentleman once asked me whether I had heard it already in a perfect manner. I had to answer, «Yes, during the composing». Now, since the Kolisch Quartet exists, and thanks to my friend Alfred Newman, who gave me the opportunity to record these compositions, everybody – and even myself – are in the position to hear it in a perfect manner, in a perfect performance.[25]

Wir haben hier den bemerkenswerten (und gar nicht seltenen) Fall, dass die Interpretationsleistung, also die Darstellung des Werks durch Dritte, einer ausdrücklichen Autorisierung durch den Autor gewürdigt wird. Indem der Komponist das angeblich bisher nur von ihm selbst, nämlich im Akt der Niederschrift, mit dem inneren Ohr adäquat Gehörte nun durch das Medium von Rudolf Kolischs Quartett-Ensemble mit dem Zeugnis öffentlicher Zugänglichkeit ausstattet, delegiert er seine Autorfunktion in einem förmlichen Akt. Entscheidend ist nicht, ob Schönberg an dieser Autorisierung der Kolisch-Interpretation später festgehalten hat; wichtig ist vielmehr der Vorgang als solcher: dass nämlich das institutionalisierte Musikleben der Moderne den Autorisierungsakt, wie es scheint, ebenso erfordert wie es ihn ermöglicht und dieser dadurch das Siegel einer vermeintlichen Authentizität erhält.

Offenbar ist ästhetische Erfahrung, die stets auch Selbsterfahrung des rezipierenden Subjekts ist, auf das Gegenüber einer wie auch immer gearteten Autorschaft angewiesen. Selbst Anonymität kann in der Reihe der historischen Erscheinungen als einer ihrer Grenz- und Sonderfälle diagnostiziert werden. Was von der Textlektüre, von der Interpretation oder der Musikaufführung als unzuständig bezeichnet werden darf, ist also nicht die Vorstellung eines Autors überhaupt, sondern höchstens die Überbewertung der auktorialen Intention. Insofern hat sich die Dekonstruktion des Autors faktisch gar nicht gegen diesen als Instanz, sondern gegen seine Inanspruchnahme für die Absicherung und Immunisierung einer definiten Interpretation gewendet. Ein solcher Ausschluss der Intention ist nicht auf den Poststrukturalismus beschränkt; er prägt ganz entscheidend auch die Ästhetik Theodor W. Adornos, die gegen die subjektive auktoriale Intention den objektiven Gehalt des strukturierten Kunstgebildes betont: «In der Kunst kommt alles auf das Produkt an, dessen Organ der Künstler ist; was ihm selbst vorschwebte, läßt sich

---

25   Schönbergs gesprochener Kommentar zur Aufnahme seines Streichquartetts op. 10 mit dem Kolisch-Quartett und Clemence Gifford (Sopran), Los Angeles, 31. Dezember 1936; Transkription nach dem Booklet der CD-Edition *In Honor of Rudolf Kolisch,* Berkeley, CA: Music & Arts 2003 (CD-1056), S. 35.

kaum je zwingend rekonstruieren, ist aber auch weithin irrelevant.»[26] Der Autor wandelt sich vom Urheber des Werks zu dessen «Vollstrecker»: «Seine Subordination unter die Forderungen, die es ihm vom ersten Takt an präsentiert, wiegt unvergleichlich viel schwerer als die Intention des Künstlers.»[27] Dieses Theorem geht mit Sicherheit auf Adornos künstlerische Sozialisation im Umkreis der Zweiten Wiener Schule zurück. Nach Adornos Auskunft hat sich Schönberg, wenngleich manchmal widerwillig, dem einmal von ihm selbst Geschriebenen auch als Interpret seiner selbst gebeugt.[28] Nicht ohne Hintersinn entfaltet die Expositionsphase von Adornos unvollendet hinterlassener *Ästhetischer Theorie* einen Revisionsprozess gegen das idealistische Verdikt über das Naturschöne, weil gerade dieses, das Naturschöne, das Modell einer zwar flüchtigen, aber fraglos gelingenden ästhetischen Erfahrung stellt, für welche die Suche nach einem menschlichen Urheber und damit nach einer auktorialen Intention müßig wäre.[29] Übertragen auf die Kunst, bedeutet dies im Umgang mit dem auktorial geschaffenen Gebilde eine programmatische Konzentration der Analyse auf den Gehalt statt der Ermittlung einer Intention. Freilich ist hier die vormalige, als ideologisch empfundene Autorität des Autors ohne Verlust an die in Wirklichkeit kaum weniger ideologische Instanz des stimmig durchgebildeten Werks übergegangen, weil es Adorno unter den lebensweltlichen Funktionen der Kunst vornehmlich um die produktive, kaum jedoch um die rezeptive und die kommunikative Leistung der ästhetischen Erfahrung ging.[30] Die methodische Depotenzierung des Autors, eine auffallend typische Erscheinung der späten 1960er Jahre, kann also in dem breiten Spektrum von Barthes und Foucault über Adorno bis hin zur Rezeptionsästhetik vielfältigste Motive haben.

Heute gilt es schon wieder als Konsens, dass «der Autor» keineswegs «tot» ist. Aber er hat sich verändert, und die Musik mit ihrer Angewiesenheit auf die Verdoppelung der Urheberinstanz im Vorgang der Reproduktion kann das Bewusstsein dieser Problematik wachhalten. Re-Produktion – das sind «zwei Buchstaben mehr», wie Hans Bülow einmal sarkastisch scherzte, und damit «genügend für die wildeste Ambition!»[31] Jedenfalls gilt das dort, wo – anders als in manchen Bereichen der DJ- und der Pop-Kultur (und auch

---

26 Theodor W. Adorno, *Berg. Der Meister des kleinsten Übergangs*, in: *Gesammelte Schriften* 13, S. 369 (unter der Abkürzung «*Gesammelte Schriften* + Bandzahl» wird im folgenden zitiert nach: Theodor W. Adorno, *Gesammelte Schriften*, hrsg. von Rolf Tiedemann, Frankfurt am Main: Suhrkamp 1970–86).

27 Ebd.

28 Der Text «hat, durchweg in der Wiener Schule, vor dem, was der Interpret als Sinn sich zurecht gelegt hat, im Konfliktfall den Vorrang; Schönberg selbst hat beim Probieren zuweilen das einmal Geschriebene gegen den eigenen Impuls verfochten»; Theodor W. Adorno, *Der getreue Korrepetitor*, in: *Gesammelte Schriften* 15, S. 300.

29 Theodor W. Adorno, *Ästhetische Theorie*, in: *Gesammelte Schriften* 7, S. 97–129. Vgl. hier besonders S. 110–11: «Ein qualitativ Unterscheidendes am Schönen der Natur ist, wenn irgendwo, zu suchen in dem Grad, in dem ein nicht von Menschen Gemachtes spricht, ihrem Ausdruck.»

30 Das monierte mit einigem Recht schon kurz nach der posthumen Publikation der *Ästhetischen Theorie* Hans Robert Jauß, *Ästhetische Erfahrung und literarische Hermeneutik*, Bd. 1, München: Fink 1977, S. 38.

31 Hans von Bülow an Hermann Wolff, 5. Februar 1884, in: ders., *Briefe*, Bd. 6: *Meiningen 1880–1886* (*Briefe und Schriften*, Bd. 7), hrsg. von Marie von Bülow, Leipzig: Breitkopf und Härtel 1907, S. 250–51, hier S. 251.

dort hat das Autorkonzept keineswegs ausgedient[32]) – der Anspruch artifizieller Komposition aufrecht erhalten wird. Wo auch immer die Interpretation artifiziell komponierter Musik sich abzusichern sucht, um dem Eindruck bloßer Willkür vorzubeugen, geht sie zwangsläufig, weil sie auf ein «Relevanzkriterium» angewiesen bleibt,[33] ein Bündnis mit der vormaligen Instanz des Autors ein, die also nicht verzichtbar, sondern nur ersetzbar ist. Sei es in der unmittelbaren Berufung auf dessen Intention, sei es durch die mittelbare Vorstellung einer «performativen Autor-Intention», sei es unter Ausnutzung einer Groß-metapher wie des «Beethoven paradigm», sei es durch die Konzentration auf den von aller subjektiven Intention befreiten objektiven Gehalt, sei es unter dem Deckmantel einer as-ketischen Unterwerfung unter den Text oder sei es durch reflektierte Eingliederung in ein diskursives Lektürekontinuum: In der Musik, in der nach Adornos richtiger Beobachtung «Interpretieren» zwangsläufig und ohne Ausflüchte «Machen» heißt,[34] kommt Interpreta-tion schwerlich ohne die Imagination auktorial gesicherter Verbindlichkeit aus – die sie ohnehin wiederum für sich selbst in Anspruch nehmen muss.

Inzwischen ist sogar der Vorgang der musikalischen Aufführung als solcher seiner-seits zum Titel musikalischer Werke erhoben worden. Hans Zenders Adaptation von Franz Schuberts *Winterreise* etwa heißt im Untertitel ausdrücklich «Eine komponierte Inter-pretation» (1995), und Luciano Berios Umsetzung von Schuberts nachgelassenem großen Symphonie-Fragment nennt sich selbst im Haupttitel *Rendering per orchestra* (1990) – ein Vorgang von höchst beredter Paradoxie, weil die Vervielfältigung musikalischer Autor-schaft in der auskomponierten Interpretation ihrerseits der Multiplikation künstlerischer Urheberschaft in der praktischen Ausführung ausgesetzt werden muss.[35]

Keine Frage also, dass in Abbados Beethoven oder in Kolischs Schönberg, aber auch in Zenders oder Berios Schubert der Komponist einerseits ebenso eine wesentliche Größe bleibt, wie er andererseits zum Resultat einer historischen Konstruktion mutiert. Das Publikum, das je nach Höreinstellung den Komponisten, den Interpreten oder aber das Werk zu vernehmen meint, nimmt in jedem Falle eine Vereinfachung vor, die man nur schwer als Reduktion von Komplexität legitimieren kann. Neue und neueste Musik kann dem Sachverhalt Rechnung tragen, indem sie ihn reflektiert und bewusst zum Bestandteil ihrer Produktionsbedingungen macht. Ausweichen kann sie ihm nicht. Denn der Ton-träger mitsamt seiner inzwischen hochgerüsteten Technologie erhebt nur aufs Deutlichste ins Bewusstsein, was für die Anfertigung und Praktizierung von artifiziell komponierter Musik im Prinzip schon immer galt: Hinter der adäquat erklingenden Erscheinungsform

---

32 Vgl. dazu die Beiträge von Mark Katz und Simon Obert im vorliegenden Band (S. 123–33 und S. 135–45).

33 Zum Begriff des «Relevanzkriteriums» siehe Rainer Warning, «Rezeptionsästhetik als literatur-wissenschaftliche Pragmatik», in: *Rezeptionsästhetik. Theorie und Praxis*, hrsg. von dems., München: Fink 1975, S. 9–41, hier S. 15.

34 «Sprache interpretieren heißt: Sprache verstehen; Musik interpretieren: Musik machen»; Theodor W. Adorno, «Fragment über Musik und Sprache», in: *Gesammelte Schriften* 16, S. 251–56, hier S. 253.

35 Vgl. zu Berio: Hans-Joachim Hinrichsen, «‹Rendering per orchestra›. Luciano Berios komponierter Essay über Schuberts Spätwerk», in: *Schubert: Perspektiven*, 2 (2002), S. 135–66; zu Zender: Karin Bernhard, «Reisebericht. Sekundäres zur ‹Winterreise›», in: *Schubert: Perspektiven*, 3 (2003), S. 54–64.

des musikalischen Kunstwerks steht heute als Urheber ein Kollektivsubjekt,[36] dessen Anteile sich zwar verschieben und unterschiedlich gewichten, aber doch nur schwer im Sinne einer sauberen Buchhaltung auf die Instanzen von Autoren, Editoren, Interpreten und Tonmeistern verteilen lassen.[37] Gleichwohl ist es fraglos eben das unabweisliche Bedürfnis nach Autorisierung durch eine wie auch immer zu differenzierende Urheberschaft, deren Unterstellung das Musikerlebnis als ästhetische Erfahrung bis heute entscheidend prägt. Diese Instanz kann weder durch Auflösung in die Anonymität noch durch Behauptung ihrer Unerheblichkeit zum Verschwinden gebracht werden, weil bisher nichts anderes die historische Erbschaft ihrer unverzichtbaren Funktion anzutreten in der Lage war. Wozu auch? Es ist nicht zuletzt gerade diese kaum zu entflechtende Komplexität, die die ontologische Besonderheit der Musik und damit auch die Schwierigkeit ihrer theoretischen Erfassung ausmacht. Wir sollten daher diese Schwierigkeit nicht nur nicht bedauern, sondern sie als Faszinosum willig akzeptieren.

---

36 Schon Goethe hat im Februar 1828, wenige Wochen vor seinem Tod, einem französischen Gesprächspartner gegenüber gesagt: «Mon œuvre est celle d'un être collectif et elle porte le nom Goethe»; zitiert nach Johann Wolfgang Goethe, *Faust*, Bd. 2: *Kommentare*, hrsg. von Albrecht Schöne, Frankfurt am Main: Deutscher Klassiker Verlag 2005, S. 27.

37 Vgl. dazu den Kongressbericht *Gemessene Interpretation. Computergestützte Aufführungsanalyse im Kreuzverhör der Disziplinen*, hrsg. von Heinz von Loesch und Stefan Weinzierl, Mainz etc.: Schott 2011.

SIEGFRIED MAUSER

Synchrone Vielfalt
Herausforderungen einer Interpretationskultur Neuer Musik

Innerhalb des Panoramas Neuer Musik haben sich die Herausforderungen an verantwortliche Interpretation auf vielfache Weise erhöht und radikalisiert. Über die üblichen Modi hinaus, die von Hermann Danuser sinnfällig in den Kategorien «historisch-rekonstruktiv», «traditionell» und «aktualisierend» bestimmt wurden,[1] wird von Einzelwerk zu Einzelwerk, ja nicht selten innerhalb eines Werkverlaufs eine stilistische und aufführungspraktische Flexibilität eingefordert, die einen neuen Typus der Virtuosität in Anschlag bringt. Da der Rahmen einer musiksprachlichen Verbindlichkeit, wie sie auf einzigartige Weise das Funktionssystem der Dur-Moll-Tonalität ermöglichte, innerhalb eines Großteils der Werkkonzeptionen Neuer Musik fehlt, werden über die Erfordernisse souveräner instrumentaltechnischer Bewältigung, struktureller Durchdringung und klanglich differenzierter Darstellung hinaus enorme Ansprüche an Flexibilität und Mobilität gestellt, wie sie in der traditionellen Musik nur in Ausnahmefällen benötigt werden. Eine besondere Herausforderung stellen in diesem Zusammenhang Bezugnahmen auf historische Musik innerhalb zeitgenössischer Werke dar, da die autorgebundene bzw. einzelwerkspezifische Sprachgestaltung in einen Dialog mit tonalen Bezugspunkten tritt – wie dieser auch immer aussehen mag. Auch die Frage nach Autorschaft und adäquater Interpretationshaltung stellt sich hier auf besondere und virulente Weise. Dazu sollen im Folgenden vier Werkbeispiele deutscher Komponisten aus der Zeit nach 1970 herangezogen werden. Erforderten intertextuelle Bezüge innerhalb der traditionellen Musiksprachlichkeit – vom direkten Zitat über stilistische Allusionen bis hin zu verschiedenen Imitationstechniken – schon immer spezielle Zugangsweisen des Interpreten, um eine gelingende Vermittlung zwischen Eigenem und Fremdem, ob integrativ oder kontrovers, zu ermöglichen, so potenzieren sich die Probleme innerhalb der Neuen Musik entschieden, da in den meisten Fällen eine gemeinsame Bezüglichkeit auf ein übergeordnetes Sprachsystem fehlt.

Dennoch wird bereits im historischen Rahmen das auf den ersten Blick so sinnfällige Kategoriensystem musikalischer Interpretationsmodi relativiert – dazu ein Beispiel: Im Falle einer Aufführung Bach'scher Klavierkonzerte (c-Moll BWV 1060 und C-Dur BWV 1061) nach den aufführungspraktischen Vorgaben Max Regers, der sie selbst mehrfach mit seinem Klavierpartner Philipp Wolfrum spielte, wird man unversehens vor ein

---

[1]   Hermann Danuser, «Einleitung», in: *Musikalische Interpretation (Neues Handbuch der Musikwissenschaft*, Bd. 11), hrsg. von dems., Laaber: Laaber 1992, S. 1–72, hier S. 13–17; wieder abgedruckt in: ders., *Gesammelte Vorträge und Aufsätze*, hrsg. von Hans-Joachim Hinrichsen, Christian Schaper und Laure Spaltenstein, Schliengen: Argus 2014, Bd. 1: *Theorie*, S. 394–461, hier S. 403–09.

grundsätzliches Problem der Beurteilung gestellt. Das dichte Netz von Artikulations-, Phrasierungs- und Dynamikvorgaben Regers, das sich mit einer häufigen Ergänzung der generalbassgebundenen Partien durch zusätzliche Stimmen und chromatisierende Auffüllung verbindet, muss ihrerseits als aktualisierende Bach-Interpretation im Sinne einer für die Zeit um 1900 repräsentativen Haltung gesehen werden – autorintentional geprägt von Stilistiken des eigenen Werks. Somit tritt bei heutiger Realisierung der Werke nach Regers Ausgabe der kuriose Sachverhalt in Erscheinung, dass eine einstmals aktualisierende Interpretationstendenz jetzt als historisch-rekonstruktive zu begreifen ist. Ähnliche Probleme treten auf, wenn anderweitige Bach'sche Ausgaben oder Bearbeitungen von Schumann bis Busoni herangezogen und heute in dieser Stilistik realisiert werden. Eine Lösung der begrifflichen Problematik innerhalb des üblichen interpretationsästhetischen Kategoriensystems scheint nur dann möglich, wenn der Begriff des Historisch-Rekonstruktiven dahingehend erweitert wird, dass er nicht nur die Zeitgenossenschaft des jeweiligen Autors berücksichtigt, sondern darüber hinaus auch aktualisierende Adaptionsformen in der Rezeptions- und Interpretationsgeschichte danach einbezieht. So wie die Neue Musik selbst altert, so relativieren sich natürlich auch einstmalige Aktualisierungstendenzen, deren erneute Realisierung dann im Fortlauf der Geschichte als historisch-rekonstruktiv zu begreifen und interpretatorisch entsprechend reflektiert umzusetzen ist.

Noch drastischer erscheint dieser Zusammenhang, wenn sich der Blick auf die Interpretationskultur im Kontext der Wiener Schule richtet. Die Radikalität des vormals aktualisierenden Anspruchs, traditionelle tonale Musik orientiert am kompositionsgeschichtlichen Standort der Dodekaphonie darzustellen – was beispielsweise die Umsetzung konsequenter Temperierung des chromatischen Totals bedeutet –, führt heute zu einem ausgesprochen extremen und isolierten Darstellungsmodus. War für das Kolisch-Quartett in unmittelbarem Nahverhältnis zu Schönberg das Vorgehen legitimiert, beispielsweise Mozarts «Dissonanzenquartett» konsequent und durchgehend temperiert zu intonieren, so würde ein entsprechendes Verhalten heute wohl mit Recht höchstens als abseitige Historisierung eines einstmals aktualisierenden Verfahrens begriffen werden. Hierbei handelt es sich insofern um einen bemerkenswerten Spezialfall, als eine einstmalige Moderne-Perspektive jetzt zum historischen Kuriosum degradiert zu sein scheint.

Anhand dieser kurz angerissenen Beispiele wird deutlich, dass sowohl historische Bezugnahmen innerhalb traditioneller Musik als auch Aktualisierungstendenzen im interpretationsästhetischen Diskurs die Grenzen zwischen den Kategorien verwischen, zumal mit dem Begriff einer traditionell orientierten Interpretationshaltung auf relativ diffuse Weise eine subjektiv gebundene Verantwortlichkeit innerhalb der Musik des 19. Jahrhunderts verbunden wird, die für sich bereits eine enorme Vielfalt aufweist – man vergleiche nur die kaum kompatiblen Darstellungsmodi etwa einer Clara Schumann mit denen Franz Liszts usw. Letztlich müssen derartige Einsichten zu einer methodischen Konsequenz innerhalb der interpretationsästhetischen Methodologie führen, die, ohne die Kategorien gänzlich aufzulösen, jederzeit von einem Netzwerk ihrer Gültigkeiten auszugehen hat. In der historischen Distanz treten zusehends Polyvalenzen auf, bei denen, um nicht zu einem schwer verständlichen Verwirrspiel zu führen, einseitige kategoriale Beurteilungen nach den gängigen Interpretationsmodi eher vermieden werden sollten,

ABB. 1   Hans Werner Henze, *Präludien zu «Tristan»* für Klavier (2003),
Mainz etc.: Schott, cop. 2005 (ED 9657), S. 1, T. 1–8
(mit freundlicher Genehmigung von Schott Music, Mainz).

vielmehr ein bewegliches Changieren unterschiedlicher Aspekte und damit ein Übersteigen starrer Modusgrenzen anzustreben ist. Die interpretatorische Überlagerung von Perspektiven, die sich auf kompositorische Sachverhalte, geschichtliche Veränderungen und individuelle Darstellungsformen beziehen, scheint ein geeignetes Mittel zur tatsächlichen Erfassung aufführungspraktischer Phänomene zu sein, da die grundsätzlich sinnvollen Kategorien erhalten, zugleich aber in ein vielfältiges Netzwerk gestellt werden.

Wie bereits angedeutet, erhält diese methodologische Perspektive bei zeitgenössischer Musik, die Bezugnahmen auf traditionelle Musik im tonalen Kontext anstrebt, eine besondere Zuspitzung. Hier gilt es, im Kontext selbstverständlicher Spannungen, aber auch möglicher Konvergenzen, dem Verhältnis von Werkkonzeptionen und Autorschaft nachzuspüren, das auf überzeugende Weise Anhaltspunkte für adäquate Interpretationen bereitstellt. Produktionsästhetische Analysen sind in diesem Falle für den Interpreten unerlässlich, will er nicht die Sinnfälligkeit intertextueller Beziehungen übersehen.

Hierfür soll als erstes Beispiel der Klavierzyklus *Präludien zu «Tristan»* (2003) von Hans Werner Henze herangezogen werden. Das vierteilige Werk bezieht sich in besonderer Weise auf ein Hauptwerk Henzes aus den 1970er Jahren, nämlich das breit dimensionierte Klavierkonzert *Tristan* (1974) mit großem Orchester und Zuspielband. Auf meine Anregung hin begab sich der Komponist retrospektiv in die Entstehungsgeschichte des fast 40-minütigen Werks zurück und spürte die ursprüngliche kompositorische Keimzelle auf. Nach Mitteilungen Henzes war der Ausgangspunkt ein über längere Zeit verlaufendes improvisierendes Verhalten am Klavier, das sich an der *Tristan*-Harmonik orientierte. Aus diesem Phantasieren gingen schließlich vier unterschiedlich lange und schnelle Klavierstücke hervor, die eine wesentliche Basis für den musikalischen Satz sowohl der Klavier-Solostimme als auch des Orchesters bildeten. Etwa dreißig Jahre später hat der Komponist diese ursprünglichen Klavierstücke herausgelöst und als Präludien seinen Klavierwerken beigefügt.

Am Beginn des ersten Stückes kann man auf faszinierende Weise beobachten, wie Henze eine historische Allusion in Charakteristika der eigenen Kompositionstechnik integriert, sozusagen eine möglichst dichte Amalgamierung jenseits von Zitat, Imitation oder Stilkopie sucht (→ABB. 1, S. 37). Sowohl der durchchromatisierte Tonsatz als auch die Aufschwungsgestik und Steigerungstendenz, die schon das *Tristan*-Vorspiel vermittelt und die auf erfüllte Höhepunktsbildung zielen, finden sich in Henzes Klaviersatz wieder, allerdings einerseits komplett irregularisiert durch fortlaufende Taktwechsel und kaum voraussehbare Notenwertfolgen, andererseits in den Raum einer freien Atonalität gestellt, die zwar Zieltöne anstrebt, aber keine harmonischen Verankerungen im funktionalen Sinne damit verbindet. Gleich die ersten beiden Impulse vermitteln ein aufsteigendes Sext-Intervall sowie die Setzung eines Tritonus – die beiden programmatischen Initialen des *Tristan*-Beginns. Henzes Musik scheint in diesem Fall über erkannte Gemeinsamkeiten mit der Wagners – dazu zählt sicherlich auch die melodisch orientierte Kontrapunktik mit entsprechender Komplementärrhythmik – eine stilistisch überhöhende Verbindung anzustreben, die eher auf Einheit und Zusammenhang denn auf reflektierenden Dialog über die Zeiten hinweg angelegt ist.

Diesem Verfahren nicht unähnlich – wenngleich eine komplett andere Stilistik verfolgend – erweisen sich die 1975 entstandenen Nocturnes *An John Field* von Wilhelm Killmayer. Hier wird sogar der Bezug auf tonale Bausteine zwischen dem historischen Ausgangspunkt und den Neukompositionen beibehalten, allerdings scheinen die konventionellen Regeln funktionsharmonischer Verbindungen bei Killmayer aufgelöst und allein ein gemeinsamer Materialbestand erhalten. Diese größere Nähe ermöglicht eine stärkere entwicklungsspezifische Distanzierung der Werke im jeweiligen Verlauf: Der charakteristische Klaviersatz der Nocturnes als Gattung – weitgespannte, kantable Melodik in der Oberstimme mit ostinatem Begleitsatz, meist im Wechsel von Bass- und Akkordstrukturen – wird in faszinierenden Dissoziationsprozessen aufgelöst, die nicht selten, wie in den Nocturnes 1–4, zu dramatischen Explosionen führen, die man durchaus als Ergebnis einer kompositorischen Dekonstruktion begreifen kann. Wichtig für den Verlauf erscheint hierbei die Fallhöhe, die sich vom historisch Vertrauten zum Zeitgenössischen hin entfaltet, um sich immer weiter zu entfernen und gleichwohl strukturelle Grundcharakteristika beizubehalten. Hinzu kommt eine semantische Spezifizierung, da die stilistischen Dissoziationsprozesse mit nachgestellten Titeln poetisch konkretisiert werden: Nr. 1 «Glimpflicher Absturz», Nr. 2 «Der Schrecken kommt nicht weit genug», Nr. 3 «Am Grat», Nr. 4 «Ausflug aus dem Karzer», Nr. 5 «Im Schlupfloch». Hier wird trotz oder gerade wegen der satztechnischen und materialen Nähe ein spezieller Dialog entwickelt, dem der Interpret standzuhalten hat und der auch eine kritisch-ironische Perspektive einfordert.

ABB. 2 Wilhelm Killmayer, *An John Field,* Nocturnes für Klavier (1975),
Mainz etc.: Schott, cop. 1976 (ED 6688), Nr. V, S. 26–27, T. 22–38
(mit freundlicher Genehmigung von Schott Music, Mainz).

Die humoristische Dimension innerhalb stilistischer Anverwandlungen tritt vor allem im ersten Teil des vierten Nocturnes in Erscheinung – Vortragsangaben wie «etwas gespreizt», «schweres Blech», «rumpelnd», «wie mit Siebenmeilenstiefeln» oder «mit Grimasse» deuten dies unmissverständlich an. Ohne die historische Bezüglichkeit gänzlich zu verlieren, entfaltet die Musik auf phantasievoll-spielerische Weise Klangfelder sarkastischer Reflexion. Eine gänzlich andere Adaptionsstrategie tritt dann im finalen fünften Nocturne in Erscheinung: Nach einer radikal reduzierten Kulmination auf einem Ton etwa in der Mitte des Stückes – d'' in Viertelrepetitionen vom p über ff bis zu ppp – erstarrt der dekonstruktive Prozess in einer bewegungsgelähmten Idyllik, die den Schutz eines «Schlupflochs» als fortlaufende Bedrohung zu artikulieren scheint (→ ABB. 2, S. 39).

Wolfgang Rihms großangelegter Zyklus für Klaviertrio *Fremde Szenen* (1982–84) in drei Teilen nimmt vor allem im letzten Stück vehement und offensichtlich Bezug auf die Musik Robert Schumanns. Ausgangspunkt war nach Aussage des Komponisten Schumanns Plan, gegen Lebensende selbst noch ein Klaviertrio mit dem bemerkenswerten Titel «Scena» zu schreiben. Der oder das «Fremde», das in Rihms Szenen erscheint, soll somit Figur und Stilistik Robert Schumanns entsprechen, die sich in den Stücken I und II auf eher allgemeine ästhetische Gemeinsamkeiten beziehen ließen, im Schlusssatz dann aber den Charakter direkter Allusion annehmen. Diese erscheint allerdings prozessual vorbereitet und entwickelt. Innerhalb der ersten 40 Takte verläuft der kammermusikalische Tonsatz ganz im stilistischen Feld des eigenen Komponierens – viele vereinzelte Impulse, ebenso in ppp wie fff und $sfffz$, scharfe Gegensätze auch in Rhythmik und Gestik. Man hat allerdings den Eindruck, dass dem Verlauf eine Art Suchbewegung zugrunde liegt, die sich dann in Takt 41, quasi extraterritorial, durch zwei eingeschobene Takte erfüllt: Unter der eingestreuten Überschrift «Verrufene Stelle» erscheint plötzlich ein harmonisch und rhythmisch homogener, gleichförmig sich fortbewegender vierstimmiger Tonsatz im $pppp$, der wie die Erinnerung an eine andere Welt eintritt (→ ABB. 3). Tatsächlich stammt der literarisierende Einschub aus Schumanns *Waldszenen* op. 82, deren viertes Stück genau diesen Titel trägt und ebenfalls in ziemlich langsamem Tempo eine kontinuierlich verlaufende Bewegung entfaltet. Allerdings löst Rihm die charakteristische Schumann'sche Emphase einer Doppelpunktierung, die dort in fortlaufendem Imitationsfluss eine wesentliche Rolle spielt, auf und setzt stattdessen eine choralhaft anmutende Bewegung in durchlaufenden Achteln. Jeglicher direkte Affekt wird dadurch gebrochen; an dessen Stelle tritt eine sich erinnernde Melancholie, die der fremd gewordenen Allusion erstarrt Tribut zu zollen scheint. Freilich fungieren die zwei Takte der «Verrufenen Stelle» in Rihms Satzverlauf über ihr Erinnerungspotential hinaus als wesentliches Scharnier, das in den folgenden Formteilen auf vielfältige Weise Elemente des Gestaltungsvokabulars Schumanns, ohne jedoch direkt zu zitieren, in den Tonsatz hereinholt – Begleitfloskeln ebenso (ab T. 43) wie charakteristische Punktierungsrhythmik (etwa ab T. 55). Das Verhältnis zum historisch Fremden wird hier als Erinnerungsprozess gestaltet, der dieses mehr und mehr in der eigenen Welt zulässt und in ein spannungsreiches Verhältnis zu dieser setzt. Wie in einer Opernszene tritt der erinnerte Protagonist – in Gestalt seiner kompositorischen Charakteristika – nicht sofort auf die Bühne; sein Erscheinen wird vorbereitet und anschließend in

ABB. 3   Wolfgang Rihm, *Fremde Szene III* für Violine, Violoncello und Klavier
(1983–84), Wien: Universal Edition, cop. 1984, S. 5–6, T. 41–46
(UE 17867c; mit freundlicher Genehmigung).

ein mehrteiliges Handlungskontinuum eingebunden, an dem der nachfolgende Werkverlauf wesentlich orientiert ist. Eine besondere interpretatorische Herausforderung besteht hier sicherlich darin, die Allusionen Schumann'scher Tonfälle zwar zu erfassen und im erinnernden Rückblick zu artikulieren, sie aber gleichzeitig als distanziertes Fremdes zu erhalten, um dadurch eine übergeordnete Stilistik innerhalb dieses ambivalenten Prozesses erkennbar zu machen.

In Jörg Widmanns sechs «Schubert-Reminiszenzen» mit dem Titel *Idyll und Abgrund* (2009) haben wir vielleicht die radikalste Form einer Anverwandlung und dennoch gleichzeitigen Umformung historischer Idiomatik vor uns. Charakteristische Tonfälle und Gestaltungstypen Schubert'scher Musik, vor allem Lied und Ländler, werden von vornherein wie selbstverständlich als Basis der kompositorischen Prozesse genutzt. Allerdings erscheinen sie zumeist entweder in eine Art Zeitlupe oder in einen Beschleunigungsprozess eingespannt. So wirken die «Reminiszenzen» gleichsam wie hinter Glas, da ein direkter interpretatorischer Zugriff oder gar eine traditionelle Realisierung von vornherein verunmöglicht erscheint. Innerhalb der sechs Stücke ergibt sich ein faszinierendes Panorama rückblickender Umformung, die allerdings den ursprünglichen Charakter nicht desavouiert, sondern im Sinne eines eigenen Komponierens aktualisiert. Die Spannung zwischen gewagter, nahezu verstörender Nähe einerseits, die gelegentlich den Eindruck einer komponierten Interpretation annimmt, und gleichzeitig fast erschreckender Distanzierung andererseits erreicht in diesen Stücken eine provozierende Unversöhntheit, ja Radikalität. Die Herausforderung, die sich dadurch dem Interpreten stellt, ist entsprechend weitreichend: Weder darf eine zu starke Dominanz der historisch überdeutlichen Allusion – auch hier haben wir bis auf das letzte Stück kein direktes Zitat vor uns – zu einem unreflektierten Schubert-Stil verleiten, noch eine zu starke Pointierung der expressiven Verfremdungsstrategien zu einer allzu offensiven und negativen Distanz führen.

Die harmonischen Umdeutungen – so erscheint im ersten Stück unter der gelähmten melodischen Linienführung einer liedhaften Kantabilität ein tiefer, klanggrundierender Cluster, der dann im weiteren Verlauf und bis zum Ende in höchste Höhen wandert –, die rhythmischen Irregularisierungen sowie die genau gesetzten agogischen und dynamischen Überdrehungen dürfen nicht dazu verleiten, den Rückblicks-Charakter auf Schuberts Phänotypik verschwinden zu lassen. Aber auch jede allzu direkte und sentimentale Gefühligkeit innerhalb der stellenweise intensiven Nähe und Direktheit zum Bezugspunkt würde den schmalen Grat einer schwierigen Balance zwischen neuem Eigenem und historisch Vertrautem zerstören.

Der ganze Zyklus ist übrigens als eine Art «Vorspiel» zur letzten Sonate Franz Schuberts in B-Dur gedacht, was eben im letzten Stück ein erkennbares, wenngleich klanglich verfremdetes Zitat deutlich macht. Wiederum wird der kantable Wandertonfall Schuberts durch extreme Verlangsamung und entlegene Klangkombinatorik in eine suggestive Distanz gerückt; damit erscheint gegen Ende des gesamten Zyklus ein Übergang zu Schuberts monumentaler Sonate gebaut, der sich danach auch insofern erfüllt, als tatsächlich, nach nur kurzer Pause unmittelbar anschließend, der Beginn in B-Dur einsetzen soll (→ ABB. 4, S. 44-45). Der Kreislauf überformter Schubert-Allusionen scheint sich somit über das direkte Zitat hinaus in einem seiner bedeutendsten Klavierwerke zu erfüllen, wobei jederzeit Schuberts Tonfall in Widmanns Tonsatz und umgekehrt strukturell wie semantisch erhalten bleibt. Wenn es möglich ist, durch Musik über Musik Neue Musik zu kreieren, dann scheint dieses Werk dafür ein überzeugendes Beispiel zu sein.

In allen aufgeführten Beispielen wurde die ausgearbeitete Synchronizität historisch fremder und eigener Tonfälle als wesentliches kompositorisches Prinzip verwirklicht. Die Frage, um wessen Klänge es sich dabei letztlich handelt, beantworten die Strategien von Adaption, Konfrontation und Integration. Die Autorschaft liegt natürlich beim zeitgenössischen Komponisten, dessen Neue Musik im Spannungsfeld einer Vielfalt liegt, die sich stilistisch, kompositionstechnisch und ästhetisch in historischen Distanzen entfaltet. Diesen im Detail nachzuspüren und interpretationsästhetisch hörbar zu machen muss als zentrale Aufgabe gelingender Ausführung gelten.

ABB. 4   Jörg Widmann, *Idyll und Abgrund,* Sechs Schubert-Reminiszenzen
für Klavier (2009), Mainz etc.: Schott, cop. 2009, Nr. VI, S. 28–29, T. 16–24
(mit freundlicher Genehmigung von Schott Music, Mainz).

ANGELA IDA DE BENEDICTIS

Auktoriale versus freie Aufführungstradition
Zur Interpretationsgeschichte bei Nono und Berio
(... und Stockhausen ist auch dabei)

Für Fabrizio Della Seta ...

Eine Karikatur, die 1980 in der amerikanischen Zeitschrift *Stereo Review* publiziert wurde, zeigt einen Mann, der es sich vor seiner gut ausgestatteten Stereoanlage bequem gemacht hat und nun verblüfft die Ankündigung von «electronic music of Stockhausen, played on the orginal transistors, capacitors, and potentiometers ...» zur Kenntnis nimmt (→ ABB.1, S. 48). Ein Bild zum Schmunzeln, an das sich jedoch einige ernsthafte Überlegungen anknüpfen lassen: Die Vorstellung eines Original- oder Epocheninstruments ist hier nach dem Muster der Aufführungspraxis Alter Musik auf ein elektronisches Instrumentarium übertragen. Über die Instrumente zur Hervorbringung und zur Fixierung dieser Klänge hinaus scheint aber der Verweis auf ein elektronisches Repertoire in der Vorstellung der Leserschaft – trügerischerweise – auch eine auktoriale und authentische Aufführungstradition par excellence hervorzurufen. Dass gerade Stockhausen die Zielscheibe dieser Parodie abgibt, scheint unausweichlich: Denn in der Tat ist es Stockhausen, dem man die Begriffsprägung «originelle [sic] Technik» verdankt, die sich auf die analogen und vordigitalen Instrumente zur Klangerzeugung in seiner eigenen Musik bezieht.[1] Und demselben Stockhausen verdanken Interpreten und Musikforscher bekanntlich zahlreiche Versuche, eine korrekte und unmissverständliche Aufführungspraxis für die eigenen Werke – und nicht nur für die elektronischen – präzise und endgültig festzulegen und theoretisch zu fassen.

Diese Vorbemerkungen stecken den Rahmen meines Beitrags ab: Er wird sich mit einigen Problemfeldern der Aufführungstradition bestimmter musikalischer Repertoires der zweiten Hälfte des 20. Jahrhunderts befassen, darunter einer Reihe mit Hilfe der Live-Elektronik, das heißt mittels Transformation von Klängen in Realzeit realisierter Werke. Bevor ich jedoch auf konkrete Fälle näher eingehe, zunächst einige Überlegungen zum Begriff der «Autorschaft». Dabei beziehe ich mich auf Fragen, die auf literarischem und philosophischem

---

1   Karlheinz Stockhausen, «Elektroakustische Aufführungspraxis», in: ders., *Texte zur Musik 1984–1991*, Bd. 8: *Dienstag aus Licht. Elektronische Musik*, hrsg. von Christoph von Blumröder, Kürten: Stockhausen-Verlag 1998, S. 549–85, hier S. 576.

". . . And now, electronic music of Stockhausen, played on
the original transistors, capacitors, and potentiometers. . . ."

ABB. 1　Charles Rodrigues, «And now, electronic music of Stockhausen ...»,
Stereo Review, Jg. 45, Nr. 5 (November 1980), S. 52.

Feld seit längerem diskutiert werden, ebenso wie auf Hermann Danusers Ausführungen im Kapitel «Autorintention und auktoriale Aufführungstradition» in dem der musikalischen Interpretation gewidmeten Band des *Neuen Handbuchs der Musikwissenschaft*.[2]

Angewandt auf literarische Texte ist «Autorschaft» ein Begriff, der, um Michel Foucault zu zitieren, «das Verhältnis von *Text* und Autor ins Auge» fasst und zugleich «die Art, in der der *Text* auf jene Figur verweist, die ihm, zumindest dem Anschein nach, äußerlich ist und ihm vorausgeht».[3] Das Wort «Text» wurde hier besonders hervorgehoben, weil es, wenn man den Begriff auf das Feld der Musik überträgt, zum Dreh- und Angelpunkt der Fragestellung wird. Auf die Aufführungspraxis übertragen, muss «Autorschaft» entsprechend zum «Verhältnis von *Aufführung* und Autor» führen, das heißt zu der «Art, in der die *Aufführung* auf jene Figur verweist». Anders ausgedrückt: Der Begriff zielt hier auf die Art und Weise, in der eine Aufführungstradition explizit und getreu vom «erfindungsmäßigen und gebieterischen Zugriff des Autors»[4] zeugen kann. Diese Begriffsübertragung

---

2　Hermann Danuser, «Einleitung», in: M*usikalische Interpretation* (*Neues Handbuch der Musikwissenschaft*, Bd. ii), hrsg. von dems., Laaber: Laaber 1997, S. 1–72, der Abschnitt «Autorintention und auktoriale Aufführungstradition», S. 27–34; wieder abgedruckt in: ders., *Gesammelte Vorträge und Aufsätze*, hrsg. von Hans-Joachim Hinrichsen, Christian Schaper und Laure Spaltenstein, Schliengen: Argus 2014, Bd. 1: *Theorie*, S. 394–461, der Abschnitt S. 417–26.

3　Michel Foucault, «Was ist ein Autor?» [Vortrag 1969], in: ders., *Schriften in vier Bänden. Dits et Écrits*, Bd. 1: *1954–1969*, hrsg. von Daniel Defert und François Ewald, Frankfurt am Main: Suhrkamp 2001, S. 1003–41, hier S. 1007 (Hervorhebung von AIDB).

4　«Il piglio inventivo e autorevole dell'autore»; Eintrag «Autorialità», in: Giacomo Devoto und Giancarlo Oli, *Il Devoto-Oli. Vocabolario della lingua italiana*, Florenz: Monnier 2009, S. 247.

ist jedoch voller Tücken und führt unweigerlich auf das Feld der Semiotik zurück: Alle entwickelteren musikalischen Traditionen beruhen auf «Zeichen», die ausgehend von einem *Text* interpretiert werden müssen, und dabei spielt es keine Rolle, ob dieser in mündlicher, schriftlicher oder elektronischer Form überliefert ist. Dieser Text führt seinerseits zurück «zum erfindungsmäßigen und gebieterischen Zugriff des Autors», welchen viele gerne tot glauben möchten, der sich jedoch, insbesondere in jenem Repertoire und den Beispielen, die ich behandeln werde, weiterhin bester Gesundheit erfreut. Es gilt zu unterstreichen, dass, wer von «auktorialer Aufführungstradition» spricht und bis zu jener Frage voranschreiten möchte, ob «auktorial» immer in irgendeiner Weise das Synonym einer «authentischen» Interpretation sei, für ein und dasselbe Werk und im selben Moment eine doppelte Autorschaft annehmen kann: in Bezug auf den Text und in Bezug auf die Aufführung. Und nicht selten sieht man sich dabei mit Fällen konfrontiert, in denen sich der Autor geradezu selbst zu verschlingen scheint; dort nämlich, wo sich seine jeweils für bestimmte Aufführungen gegebenen Anweisungen offensichtlich widersprechen oder sich von dem entfernen, was er im eigenen Text vorgeschrieben hat.

Verschiedentlich wurde versichert, dass «die auktoriale Intention in den literarischen [und wohl auch in den musikalischen] Studien ein ungelöstes Problem» bleibe.[5] Genauso nebulös scheint auch alles zu sein, was die «interpretative Freiheit» umgibt.[6] Obwohl die Konzepte «auktorial» und «frei» im Titel meines Beitrages durch den Ausdruck «versus» als Gegensätze erscheinen, legt die Analyse verschiedener Aufführungstraditionen der zweiten Hälfte des 20. Jahrhunderts nahe, dass die beiden Begriffe einander nicht einfach polar gegenübergestellt werden können: Wie sich zeigen wird, sind es häufig gerade die unzweifelhaft auktorialen Aufführungen – jene, die eine Tradition fortsetzen oder begründen –, welche sich als «freier» erweisen als andere, nicht-auktoriale. Und die gemeinhin von Interpreten und Exegeten vorgebrachte Schutzbehauptung, «man könne nicht beweisen [...], dass eine Interpretation konsistent oder inkonsistent hinsichtlich der Autorintention»[7] sei, schwächt weniger den Begriff der Autorschaft als vielmehr jenen der Freiheit: Diese allein definiert eine Aufführung als offensichtlich verfehlt oder «nicht-authentisch».

Diese Überlegungen machen es letztlich erforderlich, den hermeneutischen Zirkel «Autor–Text–Aufführung» neu zu lesen. Hat sich dieses Modell schon für die

---

5   «Authorial intention remains an unsolved problem in literary studies [...]»; Joseph Farrell, «Intention and Intertext», in: *Phoenix*, 59 (2005) Nr. 1/2, S. 98–111, hier S. 98; vgl. u. a. Gerald L. Bruns, «Intention, Authority, and Meaning», in: *Critical Inquiry*, 7 (1980), Nr. 2, S. 297–309; Paisley Livingston, *Art and Intention: A Philosophical Study*, Oxford: Clarendon Press 2005, Nachdruck 2009; *Autorschaft in den Künsten. Konzepte – Praktiken – Medien*, hrsg. von Corina Caduff und Tan Wälchli, Zürich: Zürcher Hochschule der Künste 2007.

6   Die Freiheit gehört zum Interpretationsprozess und ist ein Mehrwert, der dem (musikalischen) Kunstwerk erlaubt, in der Zeit und von Aufführung zu Aufführung zu leben, jedoch stets unter Beachtung einer Autorintentionalität, die nicht als eine Interpretations-*Norm*, sondern als «Einladung» zu einer – praktischen und kognitiven – Disziplin der Interpretation zu verstehen ist; vgl. u. a. Richard Shusterman, «Interpretation, Intention, and Truth», in: *The Journal of Aesthetics and Art Criticism*, 46 (1988), Nr. 3, S. 399–411, hier S. 402.

7   «We cannot prove, beginning from first principles, that an interpretation is consistent or inconsistent with an author's intentions»; Joseph Farrell, «Intention and Intertext» (siehe Anm. 5), S. 100.

klassisch-romantische Musik als nur teilweise gültig erwiesen,[8] so wird es vollends kritisch, wenn es auf bestimmte musikalische Ausdrucksformen der zweiten Hälfte des 20. Jahrhunderts angewandt wird. Der Hauptgrund dafür ist jenem nicht unähnlich, der die Gültigkeit der Triade «Autor–Text–Werk» bereits für die vorangegangenen Jahrhunderte untergrub, und gründet in der Tatsache, dass eine Aufführungspraxis oder Aufführungstradition nicht unveränderlich bestehen bleiben kann. Und dies gilt umso mehr, als sich im 20. Jahrhundert die graduelle (und unaufhaltsame) *diachrone* Bewegung, die mit dem Fluss der Geschichte verknüpft ist – mit all ihren Wandlungen der stilistischen und ästhetischen Paradigmata –, mit einer *synchronen* Bewegung kreuzt, welche durch lokale Varianten ausgeprägt wird, denen ein und dasselbe Werk auf der Aufführungsebene binnen kürzester Zeit vom eigenen Autor unterworfen war.

Dass die «auktoriale Aufführungstradition» eine «aporetische Kategorie» sei, stellte bereits Hermann Danuser fest.[9] Ich meinerseits möchte an dieser Stelle vorschlagen, dass es sich darüber hinaus um eine «utopische Kategorie» handelt, und ich möchte dem anhand einiger Beispiele aus dem Schaffen von Luciano Berio, Luigi Nono und Karlheinz Stockhausen nachgehen, Komponisten also, deren Aufführungspraxis sich als ebenso charakteristisch wie auf unterschiedliche Weise problematisch darstellt.

Denken wir an die genannten drei Autoren, an ihre künstlerischen Biographien und ihr mehr oder weniger ausgeprägtes Interesse, für die eigenen Werke eine Aufführungstradition zu schaffen, die sich als auktorial begreifen lässt, so geht dies nicht, ohne sofort substantielle Differenzen hervorzuheben, die dem jeweils spezifischen Verhältnis innewohnen, das jeder von ihnen gegenüber der «Fixierung» der eigenen musikalischen Gedanken hatte. Dabei denke ich nicht an Differenzen technischen oder ästhetischen Charakters im Bereich der musikalischen Komposition, sondern an die «Technik» und die praktischen Verfahrensweisen, die eigenen Werke festzuhalten und den nachfolgenden Generationen, das heißt: der Geschichte zu überliefern.

In der Anfangsphase ihrer jeweiligen Karriere scheint es diesbezüglich zwischen den drei Komponisten noch keine sichtbaren Differenzen gegeben zu haben: Alle drei vertrauten, ohne Unterschied, ihre musikalischen Ideen Interpreten an, die sich – mehr oder weniger wie beim klassisch-romantischen Repertoire – mit der Übersetzung autorintentionaler Gedanken beschäftigten. Bis zur ersten Hälfte der 1950er Jahre bedeutete Komponieren zumeist, einen geschriebenen Text zu fixieren, d. h. eine Partitur, die – einmal abgesehen von der expliziten oder impliziten Poetik, von der sie beherrscht wird – auf jeden Fall auf Papier festgehalten ist. Erst die Begegnung der Komponisten mit der Technologie – bei der Arbeit im elektronischen Studio und mit dem Tonband, später mit Live-Elektronik und Computerprogrammen – führte Schritt für Schritt zu erheblichen Veränderungen einerseits der kreativen Praxis, andererseits der Verfahren, die eigenen

---

8   Vgl. Fabrizio Della Seta, «Idea – Testo – Esecuzione», in: *Musicologia come pretesto. Scritti in memoria di Emilia Zanetti*, hrsg. von Tiziana Affortunato, Rom: Istituto Italiano per la Storia della Musica 2010, S. 137–46.

9   Hermann Danuser, «Autorintention und auktoriale Aufführungstradition» (siehe Anm. 2), S. 30, im Wiederabdruck S. 422.

Gedanken festzuhalten und zu übermitteln. Einer der offensichtlichsten Effekte, die sich einstellen, wenn die Technologie im 20. Jahrhundert ins musikalische Blickfeld rückt, ist die Neudefinition der Beziehung zwischen Autor, Werk und Interpretation. Die für das Komponieren im elektronischen Studio typischen Arbeitsverfahren – fußend auf wiederholtem Abhören und fortdauernder Überarbeitung der Klangresultate – wurden offenbar auch auf die Aufführungsprozesse übertragen. Seit den sechziger Jahren lässt sich feststellen, dass Komponisten wie Nono, Berio und Stockhausen nicht selten die einzelne Aufführung als eine bestimmte Etappe verstehen, die dazu dient, einen Text (im Sinne eines Werkes), der noch auf dem Weg zu seiner endgültigen Form und Festlegung ist, zu *erforschen* (Nono), zu *perfektionieren* (Berio) oder *normativ festzuschreiben* (Stockhausen). Jede dieser Etappen ist nichtsdestoweniger eine «auktoriale Etappe» und trägt dazu bei, eine lebendige und verzweigte «Aufführungstradition» zu schaffen.

Schematisch ausgedrückt könnte man sagen, dass sich in Bezug auf die Schaffung einer Aufführungstradition der eigenen Werke bei Berio und Stockhausen der «auktoriale Stempel» im *Schreiben* und *Neu-Schreiben* abzeichnet, bei Nono hingegen im zunehmenden *Nicht-Schreiben*. Unabhängig von seiner Präsenz oder Absenz ist es aber gleichwohl der Text – im weitesten Sinne –, der die Geburt und die Entwicklung einer auktorialen Aufführungstradition bedingt und ihr Schicksal auch nach dem Ableben des Autors weiterhin bestimmt. Dabei muss klargestellt werden, dass ich mich hier mit «Schreiben» und «Neu-Schreiben» nicht auf jenen für Berio typischen Prozess beziehe, die definitive Form des Werkes allmählich und schrittweise zu konturieren. Dieser Prozess schließt nicht selten auch die ersten Aufführungen eines Werkes ein, welche sodann als wirkliche Ankerpunkte des schöpferischen Vorgangs anzusehen sind: Solche «Neuschriften» sind Teil der Werkgenese. Meine Aufmerksamkeit gilt hingegen jenen «Neuschriften», die im Laufe der Zeit mit präzisierenden Veränderungen in die Aufführungstradition einiger Stücke eingreifen und sich aus einem gewandelten Verhältnis des Autors zum eigenen Text ergeben.

Als Beispiel sei hier eine der bekanntesten Kompositionen Berios angeführt: die Severino Gazzelloni gewidmete *Sequenza I*, ein Stück, das zu den «Manifesten» des offenen Kunstwerks zählt. Dieses 1958 bei Suvini Zerboni publizierte Werk eröffnete die bekannte Reihe von Stücken gleichen Titels mit einer Art Huldigung an die Freiheit des Interpreten, der, wie man den konzisen Aufführungsanweisungen (**→ ABB. 2, S. 52**) entnehmen kann, einen gewissen Handlungsspielraum auf rhythmischer und zeitlicher Ebene hat, vor allem dank der räumlichen Notation. Aber gerade diese Freiheit der Aufführung – die als Übersteigerung der herkömmlichen Auffassung von Interpretation dieser Partitur zudem «strukturell» eingeschrieben ist – wird mit der Zeit für den Autor zu einer Quelle großen Ärgernisses. 1981 – nach 23 Jahren mit unzähligen Aufführungen des Stücks – machte Berio schließlich geltend, die «Spielräume der Flexibilität», die der Notation der *Sequenza I* inhärent sind, hätten dem Interpreten eine eher «psychologische denn musikalische Freiheit» geben sollen,

> das Stück hie und da seinen technischen Fähigkeiten anzupassen. Genau diese Notationsweise jedoch gestattete vielen Ausführenden, Veränderungen vorzunehmen, [...] die gelinde

Il tempo di esecuzione e i rapporti di durata vengono suggeriti:

dal riferimento ad una costante quantità di spazio che corrisponde ad una costante pulsazione di metronomo;

dalla distribuzione delle note in rapporto a quella quantità costante di spazio: è perciò eguale a circa 0,80".

Le note ♩ devono essere eseguite sciolte: la loro durata effettiva è suggerita dal modo d'attacco.

La durata delle note si intende prolungata sino alla nota successiva.

Il valore di è ad libitum. Le note piccole, di preferenza, devono essere eseguite il più rapidamente possibile. I rapporti di distribuzione indicati per e per le note piccole valgono solo come suggerimento.

♯ e ♭ valgono per una sola nota.

ABB. 2   Luciano Berio, *Sequenza [I]*, Mailand: Edizioni Suvini Zerboni o. J.,
S. [1], Ausschnitt, und S. [6], Aufführungsanweisungen (S. 5531 Z.;
© 1958, Sugarmusic S.p.A. – Edizioni Suvini Zerboni, Mailand;
mit freundlicher Genehmigung).

ABB. 3   Luciano Berio, *Sequenza I*, Wien: Universal Edition 1998, S. [1],
Ausschnitt (UE 19 957; mit freundlicher Genehmigung).

gesagt missbräuchlich sind. Ich beabsichtige effektiv, die *Sequenza I* in rhythmischer Notation neu zu schreiben: Sie wird dann weniger «offen» sein und *autoritärer*, vielleicht,
sicherlich aber zuverlässiger.[10]

Es sollten weitere 18 Jahre vergehen, in denen sich die Aufführungstradition dieses Stücks
weiter konsolidierte, bis die neue Fassung schließlich 1998 in den Druck ging (→ **ABB. 3**).[11]
Damit liegt das Stück in einer gänzlich geschlossenen Notation vor, perfekt rhythmisiert
und frei von einführenden Bemerkungen, ganz so, als hätte Berio im Befehlston sagen
wollen: «*So* müsst ihr es spielen!». Viele Interpreten haben diesen Vorgang einer Neuschrift
als wirklichen «Verrat am Autor» empfunden. Unbestreitbar ist auch, dass sich auch heute
noch die besten Aufführungen, seien sie live oder auf Tonträger eingespielt, auf die alte
Edition von 1958 stützen. Eines wichtigen interpretativen Bezugspunktes beraubt, scheinen die Lektüren der Fassung von 1998 meist wie «eingegipst». Dabei bleibe an dieser

---

10   «[...] cosicché l'esecutore potesse avere la libertà – psicologica piuttosto che musicale – di adattare
qui e là il pezzo alla sua statura tecnica. Invece, proprio questa notazione ha permesso a molti
esecutori [...] di perpetrare adattamenti perlomeno abusivi. Conto infatti di riscrivere *Sequenza I*
in notazione ritmica: sarà meno ‹aperta› e più autoritaria, forse, ma certamente più attendibile»;
Luciano Berio, *Intervista sulla musica* [1981], hrsg. von Rossana Dalmonte, Rom und Bari: Laterza
1981, 2. Auflage 2007, S. 109 (Hervorhebung von AIDB).
11   Diese Neufassung wurde bereits 1992 niedergeschrieben und von da an gelegentlich gespielt.

Stelle einmal dahingestellt, ob die «freie» Entscheidung der Interpreten, die Erstausgabe zu benutzen, ihrerseits als «Verrat» am letzten Willen des Autors betrachtet werden muss und ob folglich Aufführungen auf der Basis dieser Ausgabe überhaupt noch als «auktorial» zu betrachten sind. Unwillkürlich stelle ich mir aber die Frage, ob Berio seine ideale Interpretation der *Sequenza I* nicht hätte fixieren können, *ohne* sie in einer neuen Version einzusperren, beispielsweise durch die Publikation einer Modellaufnahme. Letzten Endes hätte er damit eine Möglichkeit gewählt, die bereits andere Musiker vor ihm, beispielsweise Karlheinz Stockhausen, genutzt hatten.[12]

Abbildung 4 zeigt die Rückseite der Schallplattenhülle von Stockhausens *Kreuzspiel*, 1974 zusammen mit *Kontra-Punkte, Zeitmaße* und *Adieu* eingespielt (→ **ABB. 4**). Komponiert im Jahre 1951, wurde das Stück erst 1960 bei der Universal Edition publiziert, versehen mit einer einzigen Seite mit Angaben zu den Instrumenten und ihrer Aufstellung auf der Bühne (→ **ABB. 5, S. 56**). Allerdings zeigten sich seit der Uraufführung von *Kreuzspiel* in Darmstadt 1952 verschiedene Probleme hinsichtlich des Gleichgewichts der dynamischen Ebenen, die von Aufführung zu Aufführung mittels Mikrophonen und sorgfältiger Verstärkung gelöst wurden.[13] So wurde der Mikrophongebrauch in der Aufführungstradition des Stücks obligatorisch, vom Autor «erzwungen», obwohl in den Aufführungsanweisungen der Erstausgabe dazu nichts vermerkt war. Erst die Schallplattenedition von 1974 schloss diese Lücke. In den Erläuterungen zu dieser Einspielung präzisierte Stockhausen:

> Diese Aufführungen und *Aufnahmen* mögen als *Ergänzungen zu den Partituren* aufgefasst werden. Im *Kreuzspiel* wurden zum Beispiel in allen öffentlichen Aufführungen Oboe und Bassklarinette mit je 1 Mikrophon und das Klavier mit 1 Mikrophon (sehr direktionell) links unter dem Klavier für die Basslage und 1 Kontaktmikrophon rechts unter dem Klavier (mit Bienenwachs angeheftet …) für den höchsten Diskantbereich verwendet. […] Die Schallplatte gibt also das Klangbild unserer öffentlichen Aufführungen wieder![14]

---

12   Hermann Danuser verortet in der «Reproduktion auf Tonträgern» eines der «vier Mittel auktorialer Traditionsbildung in interpretationsgeschichtlicher Hinsicht» («Autorintention und auktoriale Aufführungspraxis», siehe Anm. 2, S. 27, im Wiederabdruck S. 418). Diese Problematik ist sehr heikel und bedarf weiterer Forschungen. Hier sei nur daran erinnert, dass die Idee, in einer vom Komponisten selbst realisierten Aufnahme ein Mittel zur Fixierung einer «auktorial definitiven» Interpretation zu sehen, seit den 1920er Jahren von Komponisten sowohl in Zweifel gezogen (vgl. Arnold Schönberg, «Mechanische Musikinstrumente», in: *Pult und Taktstock*, 3 [1926], Nr. 3/4, S. 71–75) als auch befürwortet wurde (vgl. zum Beispiel Florent Fels, «Un entretien avec Igor Strawinsky à propos de l'enregistrement au phonographe de ‹Petrouchka›», in: *Les Nouvelles littéraires*, Nr. 321 [8. Dezember 1928], S. 11). In seinen Norton-Lectures (1993–94) hat Berio seine Wertschätzung von medialen Reproduktionen zur Sicherung von «authority» und «authenticity» zum Ausdruck gebracht; vgl. Luciano Berio, «Forgetting Music», in: ders., *Remembering the Future. The Charles Eliot Norton Lectures*, Cambridge, MA: Harvard University Press 2006, S. 61–78, hier S. 66.

13   Vgl. Stockhausens diesbezügliche Äußerungen in: «Elektroakustische Aufführungspraxis» (siehe Anm. 1), S. 552–55.

14   Begleittext von Karlheinz Stockhausen zur LP *Kreuzspiel* etc. 1974, Rückseite der Schallplattenhülle (siehe Abb. 4); Hervorhebungen im Original.

KARLHEINZ STOCKHAUSEN (* 1928)

2530 443

SEITE 1:

KREUZSPIEL [11'24]

für Oboe, Bassklarinette, Klavier und drei
Schlagzeuger
for oboe, bass clarinet, piano and three
percussionists
pour hautbois, clarinette basse, piano
et trois percussionnistes

KONTRA-PUNKTE [14'05]

für zehn Instrumente
for ten instruments
pour dix instruments

SEITE 2:

ZEITMASZE [14'23]

für fünf Holzbläser
for five woodwinds
pour cinq instruments à vent

ADIEU [15'56]

für Bläserquintett
for wind quintet
pour quintette à vent

The London Sinfonietta

Oboe: Janet Craxton (Kreuzspiel, Zeitmasze, Adieu) · Bassklarinette: Roger Fallows (Kreuzspiel, Kontra-Punkte) · Klavier: John Constable (Kreuzspiel, Kontra-Punkte) · Schlagzeug: James Holland, Peter Britton, David Corkhill (Kreuzspiel) · Flöte: Sebastian Bell (Kontra-Punkte, Zeitmasze, Adieu) · Klarinette: Antony Pay (Kontra-Punkte, Zeitmasze, Adieu) · Fagott: William Waterhouse (Kontra-Punkte, Zeitmasze, Adieu) · Trompete: John Miller (Kontra-Punkte) · Posaune: David Purser (Kontra-Punkte) · Harfe: Elizabeth Fletcher (Kontra-Punkte) · Violine: Marcia Crayford (Kontra-Punkte) · Violoncello: Christopher van Kampen (Kontra-Punkte) · Englischhorn: John Butterworth (Zeitmasze, Adieu)

Dirigent: Karlheinz Stockhausen

Produktion und Aufnahmeleitung · Production and Recording Supervision · Directeur de la production et Direction de l'enregistrement: Dr. Rudolf Werner
Toningenieure · Recording Engineers · Ingénieurs du son: Klaus Hiemann, Stuart Eltham (Kreuzspiel)
John Richards, Heinz Wildhagen (Kontra-Punkte, Zeitmasze, Adieu)
℗ 1974 Polydor International GmbH
© 1974 Karlheinz Stockhausen

Vom 9.–16. März 1973 machte ich eine England-Italien-Deutschland-Tournee mit THE LONDON SINFONIETTA. 6 Aufführungen hatten folgendes Programm: KREUZSPIEL – ZEITMASZE – STOP / KONTRA-PUNKTE – ADIEU – YLEM. Am 20. März wurde STOP (14.00–17.00 Uhr), am 21. März KREUZSPIEL (14.00–16.30) und YLEM (22.00–1.00 Uhr) im EMI-Studio, London, aufgenommen; am 8. Juli (14.00–18.00 Uhr) im CTS-Studio, Wembley (London), die KONTRA-PUNKTE, am 10. Juli (15.00–20.00 Uhr – technische Pannel) und 11. Juli (10.00–13.00 Uhr) ZEITMASZE und am 11. Juli (15.00–19.00 Uhr) ADIEU.
Diese Aufführungen und **Aufnahmen** mögen als **Ergänzungen zu den Partituren** aufgefasst werden. Im KREUZSPIEL wurden zum Beispiel in allen öffentlichen Aufführungen Oboe und Bassklarinette mit je 1 Mikrophon und das Klavier mit 1 Mikrophon (sehr direktionell) links unter dem Klavier für die Basslage und 1 Kontaktmikrophon rechts unter dem Klavier (mit Bienenwachs angeheftet . . .) für den höchsten Diskantbereich verwendet. Die äusserst schwierige Balance zwischen den Trommeln (die auch als Resonanz im Klavier gehört werden sollen) und den anderen Instrumenten wurde so auch für grosse Säle gut gelöst, wobei die Trommeln ihre ganze Lautstärke ausspielen konnten und die höchsten und tiefsten Töne des Klaviers (sehr gross im Raum) und auch die leisen Töne der Bläser überall im Saal gehört wurden. Die Schallplatte gibt also das Klangbild unserer öffentlichen Aufführungen wieder! Auf der Schallplatte sind die Werke in der Reihenfolge ihrer historischen Entstehung angeordnet:
KREUZSPIEL (1951)
KONTRA-PUNKTE (1952/53)
ZEITMASZE (1955/56)
ADIEU (1966)
KREUZSPIEL ist Doris Stockhausen geb. Andreae gewidmet, ADIEU dem Organisten Wolfgang Sebastian Meyer, der mit 27 Jahren am 10. Januar 1966 tödlich verunglückte.
Ausführliche Einführungen, Kommentare und Analysen zu diesen Werken habe ich in TEXTE Bd. I, II, III, Verlag DuMont Schauberg – Köln, veröffentlicht.
Karlheinz Stockhausen

From March 9th–16th 1973 I made a tour of England-Italy-Germany with THE LONDON SINFONIETTA. There were 6 performances with the following programme: KREUZSPIEL – ZEITMASZE – STOP / KONTRA-PUNKTE – ADIEU – YLEM. On March 20th STOP was recorded (2 p.m.–5 p.m.), on March 21st KREUZSPIEL (2 p.m.–4.30 p.m.) and YLEM (10 p.m.–1 a.m.), all at the EMI Studio in London; on July 8th at the CTS-Studio, Wembley (London) KONTRA-PUNKTE (2 p.m.–6 p.m.), on July 10th (3 p.m.–8 p.m. – technical hitches!) and July 11th (10 a.m.–1 p.m.) ZEITMASZE, and also on July 11th (3 p.m.–7 p.m.) ADIEU.
These performances and **recordings** may be understood as **completions of the scores**. In all the public performances of KREUZSPIEL, for example, 1 microphone each was used for the oboe and bass clarinet, and the piano had 1 (highly directional) microphone beneath the piano to the left for the bass register, and 1 contact microphone beneath the piano to the right (fastened with bees' wax . . .) for the high treble range. The extremely difficult balance between the drums (which should also be heard as resonance in the piano) and the other instruments was thus well solved, even for large halls: the drums could play at full volume, and the highest and lowest notes of the piano (which had a very big sound) and also the soft notes of the wind instruments were heard everywhere in the hall. So the record reproduces the sound of our public performances! On the record, the works are arranged historically in order of composition:
KREUZSPIEL (1951)
KONTRA-PUNKTE (1952/53)
ZEITMASZE (1955/56)
ADIEU (1966)
KREUZSPIEL is dedicated to Doris Stockhausen nee Andreae, ADIEU to the organist Wolfgang Sebastian Meyer, killed in an accident on January 10th 1966, at the age of 27.
I have published detailed introductions, commentaries and analyses of these works in TEXTE Vol. I, II, and III (Verlag DuMont Schauberg, Cologne).
Translated by R. Toop.

Du 9 au 16 mars 1973 j'effectuais, avec THE LONDON SINFONIETTA, une tournée à travers l'Angleterre, l'Italie et l'Allemagne. Les 6 concerts avaient le programme suivant: KREUZSPIEL – ZEITMASZE – STOP / KONTRA-PUNKTE – ADIEU – YLEM. Nous avons enregistré le 20 mars STOP (14.00–17.00 h), le 21 mars KREUZSPIEL (14.00–16.30 h) ainsi que YLEM (22.00–1.00 h) aux studios EMI à Londres; puis aux studios CTS, Wembley (Londres), le 8 juillet (14.00–18.00 h) KONTRA-PUNKTE, le 10 juillet (15.00–20.00 h – incident technique!) et le 11 juillet (10.00–13.00 h) ZEITMASZE et enfin le 11 juillet (15.00–19.00 h) ADIEU.
Ces concerts et **enregistrements** sont à considérer comme des **compléments aux partitions**. Ainsi dans KREUZSPIEL hautbois et clarinette basse jouaient, dans tous les concerts, avec chacun 1 microphone, et le piano était amplifié, pour le registre des basses, par 1 microphone (fortement directionnel) placé à gauche sous l'instrument et, pour le registre aigu extrême, par 1 microphone de contacte fixé avec de la cire à droite sous l'instrument. Ainsi le problème délicat de la balance entre les tambours (qui doivent être perçus en tant que résonnance au piano) et les autres instruments fut résolu même pour de grandes salles: les tambours pouvant donner toute leur force et les registres bas et aigus extrêmes du piano (grande présence spatiale) ainsi que les instruments à vent, jouant à faible intensité, restant audibles partout dans la salle.
L'enregistrement sur disque reproduit donc exactement la qualité acoustique des concerts. La présente gravure propose les œuvres dans leur suite chronologique:
KREUZSPIEL (1951)
KONTRA-PUNKTE (1952/53)
ZEITMASZE (1955/56)
ADIEU (1966)
KREUZSPIEL est dédié à Doris Stockhausen née Andreae, ADIEU est dédié à l'organiste Wolfgang Sebastian Meyer, mort le 10 janvier 1966 à l'âge de 27 ans, victime d'un accident de la route.
Des introductions explicites, commentaires et analyses de ces œuvres sont publiés dans TEXTE tomes I, II, III, DuMont Schauberg éd. – Cologne.
Traduction de G. Wolff

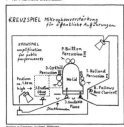

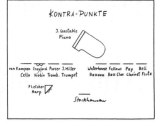

ABB. 4   Karlheinz Stockhausen, *Kreuzspiel, Kontra-Punkte, Zeitmaße, Adieu,*
The London Sinfonietta, Dirigent: Karlheinz Stockhausen,
LP Hamburg: Polydor 1974, Rückseite der Schallplattenhülle
(Deutsche Grammophon 2530 443).

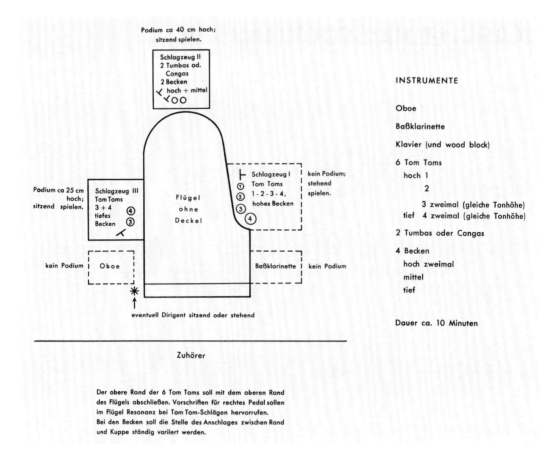

ABB. 5   Karlheinz Stockhausen, *Kreuzspiel,* Wien:
Universal Edition 1960, o. S., Aufführungsanweisungen
(UE 13 117; mit freundlicher Genehmigung).

In der Folge integrierte Stockhausen diese und andere Aspekte der in dieser Weise spezifizierten Aufführungspraxis des Stücks in das Vorwort der korrigierten vierten Auflage der Partitur von 1990, welches dadurch von einer auf fünf Seiten anwuchs (→ **ABB. 6**).[15] So handelt es sich hier um einen der vielen Fälle, in denen auktoriale Aufführungen die Editionsgeschichte eines Stücks beeinflusst haben.

15   1986 verkündete Stockhausen, dass er seit *Kreuzspiel* jedes Instrumentalwerk als «eine besondere Kunstform» verstanden habe, die jeweils im Partiturvorwort genau beschrieben ist, und fügte an: «Ich habe sogar im Vorwort der Neuauflage vom *Kreuzspiel* die Podiummaße hinzudrucken lassen und in meinen *Texten zur Musik* genau beschrieben, wie die Mikrophone anzubringen sind»; Rudolf Frisius, *Karlheinz Stockhausen, Bd. 1: Einführung in das Gesamtwerk. Gespräche mit Karlheinz Stockhausen,* Mainz etc.: Schott 1996, S. 241.

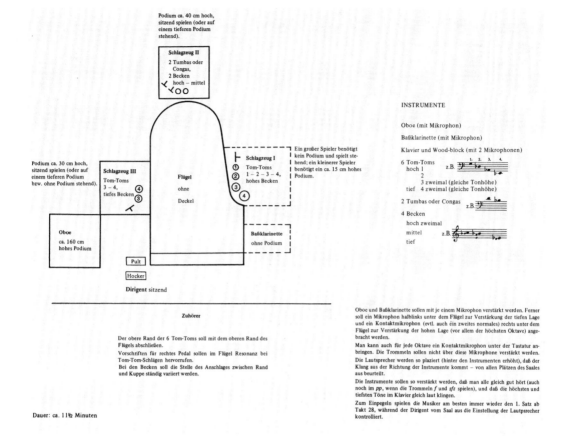

ABB. 6   Karlheinz Stockhausen, *Kreuzspiel,* korrigierte 4. Auflage,
London: Universal Edition 1990, S. [4], Aufführungsanweisungen
(UE 13 117; mit freundlicher Genehmigung).

Kehren wir nun aber zurück zu Berio und der Frage, ob er die Probleme mit der
«aufführungsmäßigen Freiheit» der *Sequenza I* nicht auch auf andere Weise hätte lösen
können. Er wäre vielleicht, wie Stockhausen, zu einer modifizierten Ausgabe derselben
Partitur gelangt, nicht aber zu einer neuen Fassung. Gräbt man in der Interpretationsgeschichte anderer Kompositionen Berios, so scheint die 1968 publizierte *Sequenza III* auf
den ersten Blick bereits eine schlüssige Antwort auf diese Frage zu enthalten. Zugleich ist
das Stück ein Musterbeispiel für die «kreative Interaktion» zwischen Autor und Interpret,
welche die endgültige Ausgestaltung des Stückes beeinflusst.

Abbildung 7 zeigt die erste Seite dieser 1968 bei der Universal Edition erschienenen
Ausgabe (→ ABB. 7, S. 58). Es ist eine «freie» Form der Notation zu sehen, die jedoch durch
präzise Sekundenangaben reguliert wird. Ohne die Mitwirkung der Interpretin Cathy
Berberian wäre das Stück allerdings nie in der vorliegenden Weise publiziert worden.

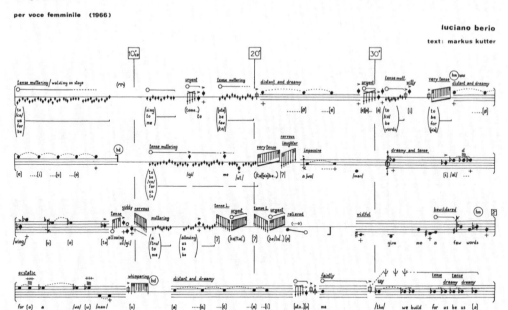

ABB. 7   Luciano Berio, *Sequenza III,* London:
Universal Edition, o. J. [cop. 1968], S. [1]
(UE 13 723; mit freundlicher Genehmigung).

Diese Werkkonfiguration stellt eine Art Kompromiss dar zwischen dem, was Berio in einer ersten Version 1965–66 notiert hatte, und dem, was Berberian für tatsächlich ausführbar hielt. Die graphische Fixierung der Partitur durchlief drei Stadien: Im Manuskript, das Cathy Berberian anscheinend erst fünf Tage vor der Uraufführung am 5. Mai 1966 bei Radio Bremen erhielt, wies ihr Part noch verschiedene Probleme auf;[16] aufgrund ihrer Erfahrungen in der Aufführung schlug Berberian Änderungen vor, die Berio in eine neue, verbesserte Fassung der Partitur aufnahm, welche dann mehr als einen Monat später in London (BBC, Juni 1966) und am 9. Oktober in den USA (Providence, Brown University, Pembroke College) aufgeführt wurde. Nach diesen Aufführungen nahm Berberian 1967

---

16   Dieser Sachverhalt wurde von verschiedenen Forschern mitgeteilt und von Berberian 1981
in einem unveröffentlichten Interview mit Silvana Ottieri bestätigt (verlesen von Cristina Berio
auf der International ASCA Conference, Universität Amsterdam, 27.–28. April 2006). Ich danke
Cristina Berio herzlich für den Zugang zur Niederschrift des Berberian-Ottieri-Interviews.

unter Aufsicht des Komponisten die *Sequenza III* erstmals auf Tonträger auf,[17] in einer Interpretation, die den in der Druckausgabe von 1968 abgebildeten Zeitproportionen erstaunlich genau folgt (→ ABB. 7). Vergleicht man diese Aufnahme mit der Partitur, so scheint es, als hätte Berberian gewissermaßen mit der Stoppuhr in der Hand gesungen und alle vom Autor vorgeschriebenen Angaben genauestens befolgt. Tatsächlich verlief der Prozess aber genau umgekehrt: Die dritte (und letzte) Fassung der Partitur, die schließlich im Druck erschien, wurde erst *nach* der Aufnahme für Wergo fertiggestellt. Es war diese Aufnahme, die in vielerlei Hinsicht vom Komponisten als «Modell» herangezogen wurde, um eine Edition «abzuschließen», die damit *auch* der Reflex einer unbestreitbar auktorialen Aufführung war. Man könnte behaupten, dass in diesen Partiturseiten eine präskriptive und eine deskriptive Funktion der Notation konvergieren, ineinander verflochten als Folge eines kreativen Prozesses, der dem von im elektronischen Studio komponierten Werken ähnelt und sich in aufeinanderfolgenden Etappen entfaltet: von der ersten Niederschrift und der ersten Ausführung (und damit verbundener Hörerfahrung), über die weitere Ausarbeitung und die Tonaufnahme bis zur Neuschrift, bis hin schließlich zur endgültigen Ausgabe des Werkes.

Dieses Beispiel zeigt, wie ausgeprägt der Wille und die Fähigkeit Berios waren, seine musikalischen Vorstellungen in «abschließender» Form auf einem Träger zu fixieren, in diesem Falle einer Partitur, die in sich bereits Erfahrungswerte aus vorausgegangenen Aufführungen enthält. Zugleich lässt sich daraus ableiten, dass für Berio keine Einspielung oder Modellaufnahme die Freiheit der Interpreten der *Sequenza I* jemals hätte aufwiegen können. Sein abschließender Wille geht stets, wie auch andere Fälle zeigen, durch ein «dekodierbares» Medium (Papier, Tonband) auf den Interpreten über – wobei von den mit der Interpretation dieser Codes verbundenen Dialektiken (und Verformungen) einmal abgesehen sei.

Diese Fähigkeit zur Kontrolle und Fixierung der eigenen Gedanken – aus meiner Sicht vielleicht jener Stockhausens gar überlegen und effizienter – blieb bei Berio auch in den mit Live-Elektronik realisierten Kompositionen nahezu intakt,[18] trotz dem Streben nach Beweglichkeit des Klangs und seiner Projektion auf räumliche Bewegungsverläufe, die jeweils ad hoc für die verschiedenen Aufführungsorte realisiert wurden, was die Stücke von Aufführung zu Aufführung stets veränderte.[19] Bei Werken wie *Ofaním* und *Altra voce* zum Beispiel ist der Einsatz der Elektronik «vollkommen verwachsen mit dem Schreiben».[20] Obwohl von Werk zu Werk unterschiedlich behandelt, verstärkte und unterstrich die

---

17 Luciano Berio, *Circles, Sequenza I, Sequenza III, Sequenza V,* mit Cathy Berberian, Aurèle Nicolet, Vinko Globokar u.a., LP Mainz: Wergo [1967] (WER 60021; Studioaufnahme); CD Neuausgabe Mainz: Wergo 1991 (WER 6021-2).

18 *Ofaním* (1988–92), *Outis* (1995–96), *Cronaca del Luogo* (1998–99), *Altra voce* (1999).

19 Bereits seit dem ersten Stück mit Live-Elektronik war sich Berio dessen bewusst, dass «the acoustic strategy of *Ofaním* (namely the software that determines its acoustic profile) has to be modified with each new performance and consequently several aspects of the work are ‹recomposed›»; Luciano Berio, «*Ofaním* (author's note)», www.lucianoberio.org/node/1516?152413916=1 (aufgerufen am 15. März 2017).

20 «[...] In Berio il *live electronics* è profondamente connaturato con la scrittura»; Francesco Giomi im Gespräch mit der Verfasserin am 25. Februar 2011.

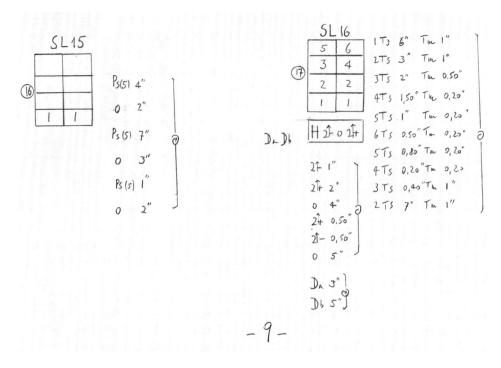

ABB. 8   Luciano Berio, *Ofaním* (1988–92) Realisationspartitur der Live-Elektronik,
Cue Klarinette, Manuskript, S. 9 (Sammlung Luciano Berio, PSS).

Live-Elektronik Berios ureigene Schreibweise und zeigt sich in den vorbereitenden Materialien auf gleicher Ebene mit den anderen Instrumenten. Die schriftliche Festlegung der
Klangprozesse ist genauestens kontrolliert, und alle Eingriffe der Elektronik sind klar und
deutlich vom Autor festgelegt. In einigen Fällen sah Berio gar Partituren für die elektronischen Teile vor, die in die vokal/instrumentalen Partituren integriert werden sollten und
für die Klangregie bestimmt waren **(→ ABB. 8)**. Die von Berio zu Lebzeiten freigegebenen
Druckausgaben dieser Werke weisen fast alle dieselben Merkmale auf: Im Gegensatz zu
den Ausgaben von Stockhausen sind hier kaum einführende Bemerkungen vorangestellt,
und der Autor scheint seine Partituren vor allem solchen Interpreten und Klangregis-
seuren anvertrauen zu wollen, die bereits mit ihm gearbeitet hatten oder zumindest seinen
ästhetischen und interpretationsbezogenen Horizont kennen. Im Laufe der Zeit müssen sich diese Werke jedoch nicht allein den Wandlungen der ästhetischen Ideale ihrer
eigenen Epoche stellen, sondern auch dem jeweiligen Entwicklungsstand der Technik.
Deswegen kann heute, was in jenen Partituren fixiert ist – wie weitgehend es auch immer
definiert sei – den Ausführenden nicht mehr genügen. Neue Editionen, herausgegeben
von eben jenen Interpreten oder von «auktorialen Zeugen», können dazu beitragen, die
Darstellung dieses «elektronischen Denkens» zu verbessern und – mittels hinzugefüg-
ter Anmerkungen zur Ausführung – technische und aufführungspraktische Aspekte zu

klären.[21] Die Berücksichtigung von Aufführungserfahrungen der Interpreten bei der Herausgabe neuer Ausgaben wird wohl in Zukunft die Aufführungstradition der Stücke steuern und modifizieren, indem sie sie um den Mehrwert der Identität der «historischen» Interpreten anreichern. Trotz aller verbalen Präzisierungen und aller Aktualisierungen auf der Ebene der Technologie können jedoch die Eingriffe nicht dazu dienen, das vom Autor erstellte musikalische Gerüst eines fixierten Werkes zu verändern.

Diese zweifellos etwas idealisierte Situation gerät in der Praxis jedoch ins Wanken: Obwohl Berio prinzipiell bereits alles festgelegt hatte, durchdachte er jede Aufführung mit Elektronik neu, wobei er das zuvor Erarbeitete oftmals revidierte. In dieser Hinsicht war jede erneute Wiederaufnahme (von *Ofaním* oder *Altra voce*) unweigerlich von den vorangegangenen Aufführungserfahrungen beeinflusst. Die Dialektik von Autorschaft und Freiheit führt auf diese Weise zu einem Paradox, das sich bei Nono noch weiter zuspitzen sollte: Die «Freiheit» der Interpreten scheint sich in der Tat bei diesen Werken nach dem Tod des Autors zu vermindern. Es ist anzunehmen, dass letzterer angesichts neuer Aufführungen weiter experimentiert und Details verändert hätte, wohingegen sich manche Interpreten – mangels Führung durch den Autor – offensichtlich dazu entschließen, die Interpretation eines Stücks an einem bestimmten Punkt auf der Skala potentieller Aufführungsmöglichkeiten einzufrieren. Jede weitere Bewegung auf dieser Skala wäre ohne Autorisierung durch den Komponisten immer von einer gewissen Willkür geprägt, auch wenn dieser selbst vielleicht viel weitergehende interpretatorische Freiheiten zugelassen hätte.

Dieses Problemfeld ist insbesondere bei der Aufführungstradition einiger Kompositionen Nonos ausgeprägt, für den die Geschichte der Hervorbringung eines Werkes meist mit jener der Aufführung und der Interpretation zusammenfiel. Seit der Zeit von *La fabbrica illuminata* (1964) oder *A floresta é jovem e cheja de vida* (1965–66) vollzog sich der Schaffensprozess Nonos in zunehmend engerem Kontakt mit den Interpreten, welche dadurch häufig die Funktion «lebendiger Materialien» übernahmen, in denen das Werk «mittels ihrer eigenen spezifisch mündlichen Tradition fixiert ist».[22] Aufgrund der Zusammenarbeit spezifischer Interpreten mit Nono während der Kompositionsphase wurde oftmals der «Wille des Autors» nicht in einer gedruckten Ausgabe definitiv festgeschrieben. Vielmehr geschah dies – mittels Hinweisen, Notizen oder Skizzen – in einer Form, die in den Anweisungen an den Interpreten eingeschlossen ist und dessen «Erinnerung» daher teilweise oder ganz mit dem Text des Werkes zusammenfällt. Die Komposition, bei der sich diese Tendenz zum ersten Mal in ihrer vollständigen Problematik abzeichnet, ist *A floresta é jovem e cheja de vida*, wofür Nono zu Lebzeiten nie eine Partitur fertiggestellt hat; sie wurde erst 1998 – einige Jahre nach seinem Tod – rekonstruiert. Man beachte, dass, obwohl

---

21 In diesem Zusammenhang sei auf die Veröffentlichung der neuen Ausgabe von *Altra voce* verwiesen (Wien etc.: Universal Edition 2012, UE 35 958; hrsg. von Francesco Giomi, Damiano Meacci und Kilian Schwoon), die auch ein technisches Handbuch für den elektronischen Part umfasst («Technical Manual», UE 35 958b).

22 «It is the interpreters themselves who correspond to the tape, ‹living materials› in whom the work is fixed by means of their own specific oral tradition»; Veniero Rizzardi, «The Score of ‹A floresta é jovem e cheja de vida›», in: Luigi Nono, *A floresta é jovem e cheja de vida*, hrsg. von Maurizio Pisati und Veniero Rizzardi, Mailand: Ricordi 1998, Nr. 131241, S. XXIX–XXXIII, hier S. XXIX.

keine Partitur vorliegt, von einem «geschlossenen» und vollendeten Werk die Rede ist, das seine eigene «auktoriale» Aufführungsgeschichte hatte, zumindest bis zum Ende der siebziger Jahre. Der Werktext von *A floresta* wurde schrittweise festgelegt, parallel zu einer im Vergleich zu herkömmlichen Gepflogenheiten völlig atypischen Aufführungspraxis: Von den Interpreten auswendig gelernt und von diesen immer wieder zusammen mit dem Autor aufgeführt, wurde das Werk in für orale Traditionen typischen Formen festgehalten. Während der 1970er Jahre empfand Nono – inzwischen auf dem Weg zu neuen Horizonten – keine Notwendigkeit mehr, *A floresta* weiterhin aufzuführen; das Stück blieb 1976 in seiner Aufführungstradition stehen.[23] Ohne eine abgeschlossene graphische Konfiguration des Werkes aber waren Aufführungen ohne die Mitwirkung des Autors nun unmöglich; dieser seinerseits wies neue Anfragen wegen Aufführungen zurück:

> Man hat mich mehrmals angefragt, es [*A floresta*] nochmals zu machen, aber ich habe nein gesagt, weil man erneut Stimmen zusammenstellen, mindestens einen Monat daran arbeiten und neue Möglichkeiten entdecken müsste … und ich ziehe es vor, ein neues Werk zu schreiben. […] Immerhin bleibt davon eine Schallplatte, und das genügt, selbst wenn sie nur 10 Prozent der Realität wiedergibt.[24]

Bei dieser Schallplatte handelt es sich um eine Aufnahme mit den historischen Interpreten von 1967, die mangels Partitur über die Jahre allmählich *den* (reproduzierbaren) Text des Werkes zu repräsentieren begann.[25]

Die Schwierigkeiten, klangliche Gegebenheiten in einer definitiven Form zu fixieren, spitzten sich im Laufe der siebziger Jahre weiter zu, bis es mit dem beginnenden Zeitalter der Live-Elektronik gleichsam zur Explosion kam. Der daraus folgende Wandel der Beziehungen zwischen Theorie und Praxis, der direkte Kontakt mit einem festen Team von Interpreten und das Experimentieren mit dem Klang in einem jeweils neuen Hörraum brachten Nono davon ab, seine Ideen ein für alle Mal auf Papier fixieren zu wollen. Schließlich begann er, den Begriff der «Tradition» zu revidieren und erklärte ein ums andere Mal, er messe «der Beständigkeit seiner Werke keinerlei Bedeutung mehr» zu,[26] er sei vielmehr fasziniert von der «Unmöglichkeit einer wiederholbaren Reproduzierbarkeit»,[27] er wolle immer weiter «präzisieren und verwandeln», und er suche sogar den «Verrat»:

---

23 *A floresta* wurde zwischen 1966 und 1976 mehrmals von Nono mit Interpreten seines Vertrauens aufgeführt, danach erst wieder 1992, nach dem Tod des Komponisten, in Stuttgart.

24 «On m'a demandé plusieurs fois de la refaire, mais j'ai dit non, parce qu'il faudrait choisir à nouveau de voix, travailler avec pendant un mois minimum, découvrir de nouvelles possibilités … et je préfère écrire une autre œuvre. […] Il reste toutefois un disque et cela suffit, même s'il donne seulement 10% de la réalité»; Luigi Nono, in: Philippe Albèra, «Entretien avec Luigi Nono» (1987), in: *Musiques en création*, Genf: Contrechamps 1997, S. 87–101, hier S. 97; italienische Ausgabe: Luigi Nono, *Scritti e colloqui*, hrsg. von Angela Ida De Benedictis und Veniero Rizzardi, Mailand: Ricordi und Lucca: LIM 2001, Bd. 2, S. 415–29, hier S. 424.

25 Luigi Nono, *A floresta é jovem e cheja de vida*, LP, Arcophon 1967 (AC 6811), mit Liliana Poli, Kadigia Bove, Franca Piacentini, Elena Vicini, Living Theatre, William O. Smith, Bruno Canino; Tonmeister: Marino Zuccheri, Klangregie: Luigi Nono.

26 Vgl. dazu Nonos Aussagen im Gespräch mit Philippe Albèra (siehe Anm. 24) und in «Colloquio con Luigi Nono. Di Michelangelo Zurletti» (1987), in: Luigi Nono, *Scritti e colloqui* (siehe Anm. 24), Bd. 2, S. 446–50.

27 «Mi affascina che il lavoro con il *live electronics* comporti proprio la impossibilità della riproducibilità ripetitiva»; Luigi Nono, «Musica in movimento. Intervista di Paolo Petazzi» (1988), in: ebd., Bd. 2, S. 463–66, hier S. 465.

> Wenn man von Tradition spricht, spricht man von «tradiert». *Tradimento* […]. Im Italienischen ist es wunderbar: «tra-dizione» – «tra-dire». Und «tradire» ist genau das Wort für betrügen. Ich glaube, man betrügt dauernd, wenn man meint, eine Tradition weiterzugeben.[28]

Auf diese Weise wurde die Flexibilität in der Aufführung, die schon Werke der sechziger und siebziger Jahre kennzeichnete – als paradigmatisch kann ..... *sofferte onde serene* … von 1976 gelten –, zu einem unveränderlichen Merkmal der Nono'schen Aufführungspraxis, das alle vor, um und jenseits von *Prometeo* geschriebenen Stücke auszeichnet. Kompositionen wie *Das atmende Klarsein* (1981), *Io, frammento dal Prometeo* (1981), *Quando stanno morendo. Diario polacco n. 2* (1982), *Omaggio a György Kurtág* (1983), *A Pierre, dell'azzurro silenzio, inquietum* (1985), *Risonanze erranti. Liederzyklus a Massimo Cacciari* (1986) und andere, bis hin zu den letzten Werken der achtziger Jahre sind auf eine «aufführungspraktische Einzigartigkeit» hin ausgerichtet, die dem Begriff der Tradition zuwiderläuft: Bei jeder Wiederaufnahme erscheint ein und dasselbe Werk jedesmal anders, und es ist in neuen Hörräumen immer wieder erneuerbar. Im Extremfall werden sogar die Grenzen gelenkter Improvisation gestreift.[29] Einige der erwähnten Kompositionen wurden von Nono selbst in äußerst lückenhaften Ausgaben publiziert, die häufig allein das Manuskript der Vokal- und/oder Instrumentalstimmen wiedergeben. Diese Ausgaben wurden lange Zeit fast ausschließlich von Ausführenden seines Vertrauens benutzt, die alle in der Partitur nicht angegebenen Aspekte selbst füllten, im besten Falle aufgrund früherer Anweisungen des Komponisten, der als Interpret meist die Klangregie ausführte. Im Unterschied zu Berio oder Stockhausen erscheint in keiner der Ausgaben von Werken Nonos mit Live-Elektronik, die zu seinen Lebzeiten publiziert wurden, ein Protokoll der elektronischen Dimension oder ein Bezug auf eine elektronische Partitur. Die Schaltungen wurden direkt in den Geräten gespeichert, und jedesmal probierte man etwas anderes aus. Die akustischen und dynamischen Lösungen wurden von Mal zu Mal *mit* den Interpreten festgelegt, welche die Partitur quasi wie einen «Entwurf» benutzten, der zusammen mit dem Autor zu entwickeln und zu vervollständigen war.[30] So lässt sich behaupten, dass die Summe der eigenen Aufführungen Nonos, wenn auch «mobil» und variabel, dazu beigetragen hat, ein Überlieferungsprinzip *sui generis* hervorzubringen, das gleichwohl «frei-auktorial» handhabbar war. Die Frage ist jedoch, ob dieses Überlieferungsprinzip für derart konzipierte Werke auch heute noch weitergeführt werden kann und, vor allem, ob man es weiterhin als «auktorial» bezeichnen kann. Obwohl in der Entstehungsphase auf einer aktiven Zusammenarbeit zwischen Autor und Interpret beruhend, ist bei diesen Werken die Rolle des Autors in der Tat nicht nur unbestreitbar; sie

---

28 Wilfried Gruhn, «Komponieren heute. Gespräch mit Luigi Nono», in: *Zeitschrift für Musikpädagogik*, 9 (1984), Nr. 27, S. 3–13, hier S. 6; italienische Ausgabe: Luigi Nono, *Scritti e colloqui* (siehe Anm. 24), Bd. 2, S. 316–31, hier S. 320.

29 Dies ist zum Beispiel bei der ersten Fassung der *Omaggio a Kurtág* von 1983 der Fall, oder auch bei problematischen Werken wie *Découvrir la subversion. Hommage à Edmond de Jabès* von 1987, nach dem Tod des Komponisten vom Herausgeberkomitee der Luigi-Nono-Werkausgabe 1993 ausgegraben; vgl. die darin enthaltenen Erläuterungen «Über ‹Découvrir la subversion. Hommage à Edmond Jabès› und ‹Post-Prae-Ludium n. 3 'Baab-arr'› von Luigi Nono», Aufsätze von Jürg Stenzl und Hans Peter Haller, mit einer Erklärung des Herausgeberkomitees der Luigi-Nono-Werkausgabe, Mailand: Ricordi 1993, S. 23–31.

30 Mitteilungen von Alvise Vidolin und André Richard (Gespräche mit der Autorin am 2. und 20. März 2011).

ist vielmehr in die performative Sphäre hinein erweitert. Genau besehen sind es wahrscheinlich genau diese mutmaßlichen Ambiguitäten der Autorenrolle im kreativen Bereich, die seine «Autorität» auf dem Feld der Aufführung stärken und konsolidieren.

Es scheint sich hier eine Art Neugewichtung der auktorialen Funktion abzuzeichnen. Anknüpfend an die oben erwähnte doppelte Autorentypologie, die ein Musikwerk – auf der Ebene des Textes wie auf jener der Aufführung – voraussetzt, könnte man behaupten, dass die Bedeutung und die Funktion des Autors sich in diesen Fällen vom Feld der Schöpfung immer weiter in jenes der Aufführung hinein erweitert. Im Falle Nonos ist wohl genau diese Verschiebung der auktorialen Achse als eine der Hauptursachen für die konstante performative Mobilität seiner Werke zu sehen: Jedes Werk wäre dann die graphische Skizze einer kompositorischen Idee, welche vom Autor selbst erst im Akt der Interpretation im Rahmen unterschiedlicher akustischer Umstände zur Vollendung gebracht wird.

Aus der Perspektive der Interpreten hingegen scheinen solche «Manipulationen», die typisch für orale Aufführungstraditionen sind, bisweilen eine Art Verschleierung der Konzepte von Autorschaft und Freiheit sowie der entsprechenden Rollen im produktiven Prozess einzuschließen[31] – eine Vernebelung, die sich mit dem Tod des Komponisten weiter verdichtet. Mit seiner Abwesenheit geht die Rolle des Autors oder «Hervorbringers» der Musik in der Tat meist an die historischen Interpreten über, an die Wahrer der Authentizität von Aufführungen, vermittelt in Interpretationskursen oder in neuen Ausgaben, deren Status jedoch, um Nicholas Cook zu zitieren, nur «geliehen» ist und allenfalls «einen Widerschein der Autorität des Komponisten» darstellt.[32] In der Editionsgeschichte einiger Werke Nonos – und ich denke hier an verschiedene Neuausgaben aus jüngster Zeit, die nach seinem Tod oft von historischen Interpreten herausgegeben wurden oder sich auf ihre Zeugnisse stützten, sowie an die darauf gegründete Tradition – führt der Wille, die Bedingungen einer korrekten und «authentischen», erklärtermaßen mit dem Willen des Autors konformen Aufführungspraxis zu klären und zu festigen, in das Feld einer «Meta-Autorschaft».[33]

---

31   In Erinnerung ist ein bekannter Brief von Carla Henius an Nono, in dem die historische Interpretin der *Fabbrica illuminata* bemängelte, der Komponist hätte sie nicht um Erlaubnis gefragt, bevor er das Stück mit einer anderen Sopranistin aufführte: «Im übrigen erlaube mir, Dir etwas in freundschaftlicher Offenheit zu sagen: Ich war sehr befremdet, als ich von anderer Seite, *und nicht von Dir*, erfuhr, daß das Stück in Holland von einer anderen Sängerin gesungen wurde und daß Du offenbar Deine Meinung geändert hast, die Du mir freundlicherweise seinerzeit erklärt hast, nämlich, daß dies Werk an meine Mitwirkung gebunden sei […]. Du kennst mich gut genug um zu wissen, […] daß ich jedoch großen Wert darauf lege, daß ein Freund, zu dem ich volles Vertrauen habe, mich freimütig und persönlich um meine Zustimmung bittet»; Carla Henius und Luigi Nono, *Carla Carissima. Briefe, Tagebücher, Notizen*, Hamburg: Europäische Verlagsanstalt 1995, S. 62, Brief vom 19. März 1966; vgl. auch die klare Antwort Nonos (ohne Datum) auf S. 63.

32   Nicholas Cook, *Music. A Very Short Introduction*, Oxford: Oxford University Press 1998, S. 24: «The authority of the performance or edition is in other words borrowed, a reflection of the composer's authority»; vgl. auch ebd., S. 88–90.

33   Vgl. unter anderem Luigi Nono, *Das atmende Klarsein*, hrsg. von André Richard und Marco Mazzolini, Mailand: Ricordi 2005 (139378), Hinweis «edizione definitiva» im Impressum; ders., *..... sofferte onde serene ...*, 2. Aufl., hrsg. von Alvise Vidolin, Mailand: Ricordi 1992 (132564); ders., *A Pierre. Dell'azzurro silenzio, inquietum*, hrsg. von André Richard und Marco Mazzolini, Mailand: Ricordi 1996 (133943), Hinweis «edizione definitiva» im Impressum; ders., *Quando stanno morendo. Diario polacco n. 2*, hrsg. von André Richard und Marco Mazzolini, Mailand: Ricordi 1999 (133462), Hinweis «edizione definitiva» im Impressum; ders., *La fabbrica illuminata*, «edizione critica», hrsg. von Luca Cossettini, Mailand: Ricordi 2010 (139738).

Von den verschiedenen Beispielen, die sich anführen ließen, sei hier nur die jüngste Edition von *Das atmende Klarsein* für kleinen Chor, Bassflöte, Live-Elektronik und Tonband von 2005 herangezogen. Die von einer «DVD didattico» mit Zeugnissen der historischen Interpreten und aufführungspraktischen Erklärungen unterschiedlicher Art begleitete Ausgabe gibt sich als «definitiva», in der Nachfolge einer früheren Ausgabe, welche jedoch ebenfalls schon als «definitiva» gekennzeichnet und von Nono selbst 1987 publiziert worden war.[34] Zweifellos finden sich in der neuen Ausgabe zahlreiche Verbesserungen im elektronischen Part (der in der Ausgabe von 1987 noch gänzlich fehlte) ebenso wie für die Bestimmung problematischer Stellen, zur Improvisation der Flöte und zur allgemeinen Dynamik. Nicht zu übersehen ist aber der normative Geist, mit dem die Autorität des Komponisten angerufen wird, um Herausgeberentscheidungen zu rechtfertigen, meist begleitet von Angaben wie «verlangt Nono», «Nono wollte ausdrücklich», Nono «sprach von» und so weiter.[35] Dies soll keineswegs die Arbeit der Herausgeber herabsetzen – es ist meine Überzeugung, dass diese Ausgabe heute die Referenzedition für alle neuen Aufführungen von *Das atmende Klarsein* sein muss. Gleichwohl möchte ich hier auf die vorhin zur *Sequenza I* von Berio gestellte Frage zurückkommen: Ersetzt und annulliert diese Ausgabe auf der Ebene der Autorschaft vollständig jene «versione definitiva», die zu Lebzeiten Nonos 1987 publiziert wurde? Ich stelle diese Frage bewusst provokativ, wobei ich insbesondere an eine einzelne Anmerkung denke, die in der Edition von 1987 erschien: «Eine Aufführung mit Bassflöte und Live-Elektronik ist möglich.»[36] In der «definitiven» Edition von 2005 wurde dies ersetzt durch:

> Luigi Nono autorisierte den Flötisten Roberto Fabbriciani, unter dem Titel *Das atmende Klarsein – Fragmente* die Flötenpartien allein zu spielen; diese erfordern eine besondere elektronische Behandlung, abweichend von der in der vorliegenden Partitur verwendeten.[37]

Kann sich Fabbriciani auch heute noch als autorisiert betrachten, jene Seiten in einer Weise aufzuführen, die nur eine halbe Vorstellung von dem Werk vermittelt? Der Autor hatte es offensichtlich zugelassen, und auf der Basis der ersten Ausgabe von 1987 lautet die Antwort: Ja. Dem späteren (mutmaßlichen) Willen des Autors zufolge, vermittelt über historische Interpreten, und aus der Sicht der Edition von 2005 hingegen: Nein.

---

34 Luigi Nono, *Das atmende Klarsein*, «Versione definitiva 1987», Mailand: Ricordi 1987 (D 20288).
35 André Richard und Marco Mazzolini, «Erläuterungen», in: Luigi Nono, *Das atmende Klarsein*, «edizione definitiva» 2005 (siehe Anm. 33), S. XIX–XXIV, hier S. XIX.
36 «È possibile l'esecuzione per flauto basso solo e live electronic»; Luigi Nono, *Das atmende Klarsein*, «versione definitiva 1987» (siehe Anm. 34), «Indicazioni per il flauto basso», o. S.
37 «Luigi Nono autorizzò il flautista Roberto Fabbriciani a eseguire le sole parti di flauto, definite *Das atmende Klarsein – Fragmente;* esse richiedono un trattamento elettronico particolare, diverso da quello impiegato nella presente partitura»; André Richard und Marco Mazzolini, «Avvertenze», in: Luigi Nono, *Das atmende Klarsein*, «Edizione definitiva» 2005 (siehe Anm. 33), S. XII.
Anstelle der vom italienischen Original abweichenden Übersetzung dieses Hinweises, die sich in der Partitur findet, wurde hier einer Neuübersetzung der Vorzug gegeben (vgl. ebd., S. XXIV: «Zu seinen Lebzeiten erlaubte Luigi Nono dem Flötisten Roberto Fabbriciani, die Flötenteile allein unter dem Titel *Das atmende Klarsein – Fragmente* zu spielen. Die leicht abgeänderte live-elektronische Realisation weiche [sic] jedoch von der der [sic] in dieser Partitur beschriebenen ab.»).

Das eben besprochene Beispiel verweist auf Problemfelder bezüglich der Aufführungstradition, die über eine «Meta-Autorschaft» hinausgehen. Im Rahmen dieses Beitrags lassen sich diese jedoch nicht ausarbeiten. So möchte ich an dieser Stelle nur nochmals klarstellen, dass kein Zweifel an der Notwendigkeit besteht, Nonos Kompositionen in Form überlieferbarer Texte zu fixieren, um sie vor dem Vergessen zu bewahren. Starke Zweifel hege ich jedoch am Stempel der «Endgültigkeit», der Partituren aufgedrückt wird, welche im Unterschied zu allen gebräuchlichen Bezeichnungen in meinen Augen weder als «kritisch» noch als «definitiv» betrachtet werden können, allenfalls als «authentisch» im Sinne einer Treue gegenüber dem Geist des Autors (oder besser: *einem* Geist des Autors). Bezüglich ihrer vorgeblichen Maßstäblichkeit kann ich mich erneut der Worte Nicholas Cooks bedienen: Die Autorschaft, die sich jenen Editionen einschreiben möchte, ist «nicht schwer zu realisieren, sie ist unmöglich».[38]

Mit der Zeit und aufgrund der Konsolidierung einer auf diese neuen Ausgaben gestützten Aufführungstradition wird man notwendigerweise den Begriff der «auktorialen» Aufführung durch den einer mehr oder weniger «authentischen» Tradition ersetzen müssen. Denn schon heute ist klar, dass sich in den neu edierten Werken und in den Interpretationen der historischen Interpreten aufführungspraktische Bedingungen kristallisieren und anschließend erneuern, die selbst wiederum nur ein ganz *bestimmtes* Stadium im Leben eines Werkes widerspiegeln, das aber nicht zwangsläufig als «definitiv» zu betrachtet ist. Trotz der großen Nähe zur letzten, vom Autor selbst realisierten bzw. autorisierten Version bleibt offen, ob und wie das Werk vom Autor weiter entwickelt worden wäre. Die historischen Interpreten verstehen und präsentieren ihre Arbeit meist als eine Art «testamentarische Aufführung». Zu entscheiden, wann dieses Testament als verraten gelten muss, ist heute schon schwierig. Morgen wird es vielleicht unmöglich sein.

Es scheint, als wäre die Situation bei Stockhausen im Rahmen dieses Beitrages am wenigsten intensiv untersucht worden. Dennoch war auch von ihm ex negativo und implizit stets die Rede, als ich mich mit den auf Nono bezogenen Problemfeldern auseinandersetzte oder, weiter zugespitzt, als ich mich auf Berios Gewohnheiten des Schreibens und Neu-Schreibens bezog. Nähern sich Musikwissenschaftler Stockhausens alten und neuen Werkausgaben und seinen Schriften, so tendieren sie gemeinhin zum Glauben, man habe es dort mit einem Autor zu tun, auf den der Begriff einer «auktorialen Aufführungstradition» genauestens zuträfe. Aus Erfahrungen bei Aufführungen selbst anhand der vom Autor am weitesten festgelegten und neu definierten Partituren (wie zum Beispiel der letzten Ausgabe von *Mikrophonie I*[39]) vertreten manche Interpreten hingegen die Ansicht, dass dieser Schein trügt. Mit dem Verschwinden des Autors haben Probleme der «Freiheit» und der Rettung einer «authentischen» Interpretation auch bei diesen Werken nicht lange auf sich warten lassen.[40]

---

38 «Situations like this are not hard to resolve, they are impossible»; Nicholas Cook, *Music* (siehe Anm. 32), S. 89. (Cook bezieht sich im ursprünglichen Kontext auf die Frage nach der Authentizität historischer Ausgaben).

39 Karlheinz Stockhausen, *Mikrophonie I*, Neuauflage, London: Universal Edition 1979 (UE 15138); vgl. auch die Realisationspartitur von *Kontakte*, Neuauflage 1995, Kürten: Stockhausen-Verlag 2008.

40 Man lese zum Beispiel Antony Pays Aussagen über seine Erfahrungen mit Stockhausen in: Derek Bailey, *Improvisation. Its Nature and Practice in Music*, Ashbourne: Moorland 1980, Abschnitt «The Composer in practice», S. 90–92; dt. als «Der Komponist in der Praxis», in: ders., *Musikalische Improvisation. Kunst ohne Werk*, Hofheim: Wolke 1987, S. 114–20, hier S. 115–19.

Wie bei Nono scheint auch bei Stockhausen die Lösung, um eine Aufführungstradition am Leben zu erhalten, die sich auktorial nennen darf, in Interpretationskursen mit den historischen Interpreten zu liegen, ein Unterfangen, das schon zu Lebzeiten Stockhausens in Kürten auf den Weg gebracht wurde und seither von Jahr zu Jahr wiederholt wird. Im Unterschied zu Nono und zum Horizont einer «Meta-Autorschaft», das die Überlieferung einiger seiner Werke prägt, frage ich mich, ob es im Falle Stockhausens nicht angebracht wäre, ein Konzept von «Post-Autorschaft» zu formulieren ...

Ich verlasse hier dieses in einem lediglich rudimentären Stadium umrissene Konzept und schließe meinen Beitrag mit einer Frage, welche seit Jahren auf literarischem wie auf musikalischem Feld zu den meist diskutierten zählt: Sind wir wirklich sicher, dass «die Bedeutung eines Textes in der ursprünglich von seinem Autor vorgezeichneten Form zu finden ist und damit identifiziert werden muss»?[41] Berio scheint in seinen Norton Lectures von 1994 eine erste, anscheinend dialektische, wenn auch klar zugunsten des Autors gewichtete Teilantwort gegeben zu haben:

> A musical text, in the mind of its composer, may take the shape of a perfectly closed and conceptually sealed entity. To an interpreter, the same text may on the contrary appear open-ended and fraught with structurally significant alternatives. But a text may also appear open-ended to its composer and closed to its interpreter. Over and above the author's intentions and the listener's *a prioris*, the performer's intentions and *a prioris* also converge in the music. They are the most relevant, but, as we know all too well, the performer is the not always legitimate heir to a terribly complex and burdensome history.[42]

Berios Worte bestätigen, wie die im vorliegenden Text angeführten Beispiele, was die Rezeptionstheorie schon seit einiger Zeit klargestellt hat: Die Bedeutung eines Textes – hier: einer Komposition – ist weit von Eindeutigkeit entfernt und offen für unendlich viele Interpretationen seitens des Autors, der Ausführenden und der Hörer. Zu dieser Komplexität gesellt sich für einige der hier diskutierten Werke die Notwendigkeit, eine Haltung zu überwinden, aus deren Sicht eine Edition, sei sie nun kritisch oder auch nur den Absichten des Autors treu, einen Text in eindeutiger Weise fixiert – und damit zugleich blockiert. Solange sich kein neues editorisches Paradigma abzeichnet, das der Beweglichkeit eines Textes in seinen verschiedenen auktorialen Varianten – und der zunehmenden Integration von technischen Apparaturen in die kompositorische Realität – folgen, sie spiegeln, restituieren und übermitteln kann, darf die Frage nach der relativen Unterwerfung des Konzepts der Autorschaft und seiner Bedeutung für einen Teil des Repertoires des 20. Jahrhunderts als weiterhin offen gelten.

ÜBERSETZUNG AUS DEM ITALIENISCHEN VON ULRICH MOSCH

---

41 «One of the most salient and powerful trends in the last few decades of literary theory has been the attempt to discredit and displace the traditional project of intentional interpretation, the idea that the meaning of a text is to be identified with or found in the intention of its author»; Richard Shusterman, «Interpretation, Intention, and Truth» (siehe Anm. 6), S. 399. Vgl. die Antwort Stockhausens in einer Videoaufzeichnung aus Proben zu *Refrain* (1959), etliche Jahre nach dem Entstehen des Werks; *Stockhausen Interview*, in: BBC, «The Culture Show with Lawrence Pollard», o. D. (ca. 2000), www.youtube.com/watch?v=mrzi4YNhvig&feature; aufgerufen am 15. März 2017.

42 Luciano Berio, «O alter Duft», in ders., *Remembering the Future* (siehe Anm. 12), S. 79–98, hier S. 92.

CAMILLA BORK

Multiple Autorschaft
Arnold Schönbergs *Pierrot lunaire* in der
Inszenierung Christoph Marthalers

Spätestens seit den 1990er Jahren kennt unsere Zeit eine Vielzahl von Musiktheater-
produktionen, in denen der Komponist, als unangefochtene Autorität und Verstehens-
norm zurückgewiesen, scheinbar nur noch eine untergeordnete Rolle spielt. Eine Partitur
wird zum Steinbruch, zum Auslöser radikal neuer Lesarten, die oft nicht einmal mehr vor
Eingriffen in die musikalische Faktur zurückschrecken, so etwa in *Le nozze di Figaro* (2001,
Christoph Marthaler, Salzburger Festspiele), *Tosca* (2008, Sebastian Baumgarten, Volksbühne Berlin), den Produktionen Christoph Schlingensiefs oder David Martons sowie in den
Arbeiten der katalanischen Gruppe La Fura dels Baus.

Mit dieser Regiepraxis hat sich auch unser Sprachgebrauch geändert. Statt des Kom-
ponistennamens wird zunehmend derjenige des Regisseurs oder Regiekollektivs mit dem
Aufführungswerk verknüpft und beides in ein possessives Verhältnis gerückt: Baumgartens
Tosca, Schlingensiefs *Parsifal*, Martons *Lulu*. Damit verblassen die Namen der Verfasser der
Texte und Partituren, die diesen Inszenierungen vorangehen, ebenso wie die aller anderen,
die an den Aufführungen beteiligt sind, zugunsten einer bevorzugten Beziehung zwischen
Regisseur und Werk. Die Kollektivität des Produktionsprozesses verschwindet hinter der
Formulierung «Marthalers *Pierrot lunaire*». Diese wiederum beschreibt ein geistiges und pro-
duktives Verhältnis, das in unserem Sprachgebrauch gemeinhin als Autorschaft verstanden
wird. Jedoch findet dieser im Sprachgebrauch übliche, erweiterte Autorschaftsbegriff in der
neueren Theoriebildung der Musik- und Theaterwissenschaft nur wenig Berücksichtigung.
Stattdessen steht im Anschluss an die performative Wende der Kulturwissenschaften seit
geraumer Zeit das Aufführungsereignis im Zentrum. «The object of analysis», so Nicholas
Cook in seinem Text über «Music and/as performance», «is now present and self-evident
in the interactions between performers and in the acoustic trace that they leave.»[1] Aufführung wird, Erika Fischer-Lichte zufolge, in diesem Zusammenhang nicht als Repräsentation
oder Ausdruck von etwas Vorgängigem, Gegebenem betrachtet, sondern als eine genuine
Konstitutionsleistung. Die Aufführung selbst sowie ihre spezifische Materialität werden im
Prozess des Aufführens von allen Beteiligten erst hervorgebracht.[2]

Welche Auswirkungen diese Perspektiv-Verschiebung von der Partitur- oder
Textanalyse auf die Aufführung für das Verständnis und die Konstruktion von Autorschaft besitzt, ist bislang jedoch wenig geklärt. Vergeblich sucht man einen Artikel zu

---

1 Nicholas Cook, «Between Process and Product: Music and/as Performance», in: *Music Theory Online*,
   Vol. 7, Nr. 2 (April 2001), Absatz 31 (www.mtosmt.org/issues/mto.01.7.2/mto.01.7.2.cook.html;
   aufgerufen am 15. März 2017).
2 Vgl. Erika Fischer-Lichte, *Ästhetik des Performativen*, Frankfurt am Main: Suhrkamp 2004, S. 47.

Autorschaft bzw. author/authorship in den neueren Nachschlagewerken wie *The Cultural Study of Music* oder dem *Metzler Lexikon Theatertheorie*, die den Anspruch erheben, theoretische Dimensionen von Musik bzw. Theater nach der «performativen Wende» zu erhellen.[3] Können wir auch dann von Autorschaft sprechen, wenn das Resultat eine Inszenierung ist und es damit nicht objekthaft vorliegt? Und falls diese Frage bejaht wird, was meinen wir, wenn wir von einem Regisseur oder einem Musiker als Autor sprechen? Wie verhält sich die Autorschaft des Regisseurs zu derjenigen des Komponisten? Bestätigen sie einander oder treten sie womöglich in Spannungsverhältnisse?

Rechtlich gesehen gilt der Regisseur in der Regel nicht als Autor bzw. Urheber, sondern höchstens als urheberverwandt. Paragraph 73 des deutschen Gesetzes zum Urheberrecht[4] bestimmt den Regisseur als ausübenden Künstler: «Ausübender Künstler im Sinne dieses Gesetzes ist, wer ein Werk oder eine Ausdrucksform der Volkskunst aufführt, singt, spielt oder auf eine andere Weise darbietet oder an einer solchen Darbietung künstlerisch mitwirkt.» Als solcher hat er ein Recht darauf, für seine Leistung anerkannt und namentlich genannt zu werden (vgl. §74). Eine Inszenierung oder Regieleistung wird jedoch nicht explizit unter den urheberrechtlich zu schützenden Werken genannt (vgl. §2), so dass der Regisseur in der gängigen Rechtslage für eingeschränkt urheberrechtsfähig erklärt wird. Allerdings können ihm Urheberrechte zugesprochen werden, wenn seine Aufführung als Bearbeitung oder als selbständiges Werk unter freier Benutzung eines anderen Werks qualifiziert wird (§3 bzw. §24: «Freie Benutzung»).[5] Zum Rechtsstreit kommt es in der Regel, wenn entweder Komponisten oder Erben gegenüber einem Regisseur ihre entsprechenden Urheberrechte geltend machen wollen oder wenn von Seiten des Intendanten Veränderungen an der Regie eingefordert bzw. vorgenommen werden. Einer der prominentesten Fälle war Peter Konwitschnys Dresdner Produktion der *Csárdásfürstin* von Emmerich Kálmán (2000/01). Auf Wunsch der Intendanz sollten zwei Szenen herausgenommen werden, die in der Premiere besonderen Unmut des Publikums entfacht hatten. Konwitschny klagte daraufhin auf «Unterlassung des Eingriffs in die Arbeit des Regisseurs» und bekam in zwei Instanzen Recht, bevor es zum außergerichtlichen Vergleich kam. Die Gerichte hatten Konwitschny in beiden Urteilen den vollen urheberrechtlichen Schutz vor unbefugten Veränderungen seiner schöpferischen Leistung zugestanden.

Doch konstituiert sich Autorschaft nicht ausschließlich über die Rechtslage. Ohne dass der vorliegende Text den Anspruch erhebt, das skizzierte Theoriedesiderat zu beheben, soll anhand eines Fallbeispiels erhellt werden, inwiefern und auf welche Weise Autorschaft bei einer Perspektive auf die Aufführung wirksam werden kann. Als Beispiel

---

3   Vgl. *The Cultural Study of Music. A Critical Introduction*, hrsg. von Martin Clayton, Trevor Herbert und Richard Middleton, New York und London: Routledge 2003, 2. Aufl. 2012, und *Metzler Lexikon Theatertheorie*, hrsg. von Erika Fischer-Lichte, Doris Kolesch und Matthias Warstat, Stuttgart und Weimar: Metzler 2005, 2., aktualisierte und erweiterte Auflage 2014.
4   Gesetz über Urheberrecht und verwandte Schutzrechte (UrhG). Die letzte umfangreiche Änderung des UrhG geht auf das Jahr 2007 zurück, einsehbar ist der Gesetzestext über die Website des Bundesministerium der Justiz (www.gesetze-im-internet.de/urhg/index.html; aufgerufen am 15. März 2017).
5   Vgl. hierzu Gunter Nitsche, «Urheberrecht des Regisseurs», in: *Art goes Law. Dialoge zum Wechselspiel zwischen Kunst und Recht*, hrsg. von Dietmar Pauger, Wien: Böhlau 2005, S. 43–50.

wähle ich die Produktion *Pierrot lunaire* von Arnold Schönberg des Schweizer Opern- und Theaterregisseurs Christoph Marthaler, die 1996 bei den Salzburger Festspielen Premiere hatte und im Anschluss u. a. im Rahmen der Ruhrtriennale, in New York und vom Zürcher Schauspielhaus gezeigt wurde.[6] Es spielte das Klangforum Wien unter der Leitung von Mathis Dulack, die Sprechstimme war mit dem Stimmkünstler und langjährigen Weggefährten Marthalers Graham F. Valentine besetzt, die Ausstattung und das Bühnenbild besorgte Anna Viebrock.

Pierrot lunaire als Musiktheater

Marthalers bühnenmäßige Realisierung ist Teil einer neueren Aufführungsgeschichte, die *Pierrot lunaire* verstärkt auf der Musiktheaterbühne lokalisiert. Eine Reihe namhafter Regisseure, unter ihnen Peter Konwitschny, Peter Stein und Stanislas Nordey, haben sich in den vergangenen Jahren an eine szenische Deutung gewagt und reagieren damit auf den ambivalenten Gattungsstatus des Werks, der vieldeutig zwischen Liedzyklus und Bühnenwerk changiert. Die Nähe zur Bühne zeigt sich bereits in der Textvorlage des Zyklus, der Gedichtsammlung Albert Girauds. Mit Commedia dell'Arte-Typen wie Pierrot, Columbine und Harlekin verwendet er nicht nur Bühnenfiguren par excellence, sondern spielt auch in den Überschriften seiner Rondels mehrfach auf die Bühnensituation an (Nr. 1 «Théâtre», Nr. 2 «Décor», Nr. 37 «Pantomime»). Giraud selbst sprach von seiner Sammlung als «théâtre de chambre».[7] Schönberg hat diese Gattungsambivalenz übernommen, indem er im Programmheft der Uraufführung sowohl Lied als auch Melodram als Gattungshintergrund erwähnt:

> Dreimal sieben Gedichte aus Albert Girauds «Lieder des Pierrot Lunaire» (deutsch von Otto Erich Hartleben) für eine Sprechstimme, Klavier, Flöte (auch Pikkolo), Klarinette (auch Baßklarinette), Violine (auch Bratsche) und Violoncell (Melodramen) Op. 21 von Arnold Schönberg. In drei Teilen.[8]

---

6 Christoph Marthaler, Bühnenmusiker und Regisseur, machte sich in den 1980er Jahren mit Bühnenproduktionen wie *Wenn das Alpenhirn sich rötet, tötet, freie Schweizer, tötet … Soldaten, Serviertöchter und ihre Lieder* (1989) am Theater Basel einen Namen. 1993 gelang ihm mit der Produktion *Murx den Europäer! Murx ihn! Murx ihn! Murx ihn! Murx ihn ab! Ein patriotischer Abend* an der Volksbühne Berlin der große Durchbruch. Neben diesen musikalischen Abenden und zahlreichen Inszenierungen dramatischer Texte wandte sich Marthaler seit Ende der 1990er Jahre verstärkt der Operette und der Oper zu. Für weiterführende Informationen vgl. *Christoph Marthaler* (*Schweizer Theaterjahrbuch*, Bd. 73), hrsg. von Joël Aguet et al., Bern etc.: Lang 2011.

7 Vgl. Jean de Palacio, «Le recueil comme scène, ou la confusion du genres», in: *Pierrot lunaire. Albert Giraud – Otto Erich Hartleben – Arnold Schoenberg. Une collection d'études musico-littéraires*, hrsg. von Mark Delaere und Jan Herman, Leuven etc: Peeters 2004, S. 25–35, hier S. 25.

8 Arnold Schönberg, *Sämtliche Werke*, Abt. VI: Kammermusik, Reihe B, Bd. 24,1: *Melodramen und Lieder mit Instrumenten. Teil 1: Pierrot lunaire op. 21. Kritischer Bericht, Studien zur Genesis, Skizzen, Dokumente*, hrsg. von Reinhold Brinkmann, Mainz: Schott und Wien: Universal Edition 1995, S. 177. Musikalisch zeigt sich die Nähe zum Liedzyklus vor allem in den Zwischenspielen sowie in den motivischen Bezügen zwischen dem Beginn des ersten und dem des letzten Liedes. Darüber hinaus lässt sich – wie Reinhold Brinkmann gezeigt hat – in der Anordnung der Melodramen eine narrative Richtung erkennen. Ausgehend von den mondbezogenen ersten drei Nummern führt der Plot über die Eindunkelung und Zerstörung in Nr. 4–7, über Nacht, Terror und die Selbstzerstörung des Ich im zweiten Teil bis hin zur erhofften Heilung durch den Blick in die Vergangenheit im dritten Teil.

In der Voraufführung und ersten Aufführungsserie schlug sich diese Ambivalenz auch in der Darbietungsweise nieder. Vor einem geladenen Publikum am 9. Oktober 1912 im Berliner Choralionsaal verwandelte sich das Konzertpodium in eine Bühne, indem ein grüner Paravent das Instrumentalensemble sowie den Dirigenten verdeckte und allein die Widmungsträgerin und Interpretin der Uraufführung, Albertine Zehme, sichtbar ließ. In einem weißen Pierrot-Kostüm trug sie vor dem Paravent den Sprechstimmenpart vor, identifizierte das lyrische Ich der Texte mit der Pierrot-Gestalt[9] und «dramatisierte» damit *Pierrot lunaire*.[10]

Während Zehme auch in späteren Aufführungen stets kostümiert auftrat, haben spätere Interpretinnen wie Marya Freund, die 1922 die Pariser Erstaufführung unter Leitung Darius Milhauds sang, Erika von Wagner oder Marie Gutheil-Schoder auf ein Kostüm verzichtet. Ebensowenig wurde die verdeckte Aufstellung des Ensembles von den nachfolgenden Aufführungen übernommen. Dennoch sind Überlegungen zur szenischen Dimension des Melodramenzyklus' nie verstummt, sei es nun im Sinne einer Inszenierung mit Kostüm oder einer inhärenten Theatralität etwa in der Anordnung des Ensembles. In diesem Sinne schreibt Pierre Boulez 1987 anlässlich einer Aufführung in Los Angeles:

> *Pierrot* is, in its own way, a theater piece, and the voice is distinguished from the instrumental ensemble by the very fact of being *isolated*. Thus I have decided to place the instrumental ensemble on the left-hand corner of the stage with the speaker slightly to the right of the center of the stage. […] This preserves a sense of the theatrical space although the arrangement still suggests a concert; and acoustically voice and instrumental ensemble are clearly distinguished so that each can evolve on its own proper dynamic plane.[11]

Neuere Produktionen machen dieses theatrale Potential explizit, wobei sich zwei Herangehensweisen unterscheiden lassen: Auf der einen Seite dient Schönbergs Komposition als Ausgangspunkt, um eine lineare Narration zu assoziieren, die in mehr oder weniger engem Zusammenhang mit den Gedichten von Giraud steht. Hierzu gehört z. B. die im März 2011 im Berliner Hebbel-Theater aufgeführte Version des kanadischen Filmkünstlers Bruce LaBruce, der die Androgynität Pierrots in den Vordergrund rückt und mit Hilfe eingeblendeter englischer Zwischentitel eine Liebesgeschichte zwischen Pierrot und Columbine erzählt, die beide als Akteure auftreten.[12] Auf der anderen Seite gibt es eine Reihe

---

9   Zehme traf damit eine Entscheidung, die sich nicht ohne weiteres aus den Gedichten rechtfertigen lässt. Die Frage «Wer singt?» bleibt in den vertonten Texten weitgehend offen. Erstmals tritt ein «Ich» in Nr. 2 auf und bezieht sich auf Columbine, andere Sprecher – wie z.B. in Nr. 5 oder Nr. 7 – sind unbestimmt. Von Pierrot hingegen ist immer in der dritten Person die Rede. Er ist Gegenstand der Gedichte, ohne dass diese als Rollengedichte von einem lyrischen Ich präsentiert würden.

10   Mehrfach wurde an Schönberg der Vorschlag herangetragen, *Pierrot lunaire* als Bühnenproduktion zu realisieren. Erstmals verfolgte der Bauhauskünstler, Choreograph und Tänzer Oskar Schlemmer ein derartiges Projekt, 1922 trug sich dann der Choreograph der Ballets Russes, Léonide Massine, mit ähnlichen Plänen. Vgl. Arnold Schönberg, *Pierrot lunaire op. 21. Kritischer Bericht* (siehe Anm. 8), S. 297 und S. 299–300.

11   Pierre Boulez, «*Pierrot Lunaire* and *Le Marteau sans Maître*», in: *From Pierrot to Marteau. An International Conference and Concert Celebrating the Tenth Anniversary of the Arnold Schoenberg Institute*, Programmbuch, Los Angeles: Arnold Schoenberg Institute 1987, S. 11–13, hier S. 11.

12   Drehpunkt ist die verschleierte, ambivalente sexuelle Identität Pierrots, die LaBruce noch multipliziert, indem sein Protagonist von einer Schauspielerin gespielt und gesungen wird, die einen Mann spielt, der eine Frau ist, die einen Mann spielt.

TAB. 1   Szenische Produktionen von *Pierrot lunaire* (Auswahl)

Christoph Marthaler/Mathis Dulack, Salzburger Festspiele 1996
Pierre Boulez/Stanislas Nordey, Théâtre du Châtelet Paris 1997
Oliver Hermann/Pierre Boulez, TV Produktion ZDF/Arte, DVD, 1999/2000
Peter Konwitschny/Johannes Harneit, Oper Leipzig 2008
Peter Konwitschny/Sebastian Tewinkel, «Pierrot hat genug», Theater Chur 2010
Bruce LaBruce/Premil Petrovič, Hebbel-Theater Berlin 2011

von Arbeiten, die der Musik eine eigenständige visuelle und zeitliche Ebene hinzufügen. Sie verzichten auf eine lineare Narration und damit auf die Erfindung eines dramatischen Plots. Beispielhaft hierfür ist die Inszenierung Christoph Marthalers (→TAB. 1).

Für unsere Fragestellung nach der Konstruktion von Autorschaft(en) scheint dieses Beispiel aus drei Gründen besonders ergiebig zu sein:

Erstens bezieht sich die Inszenierung Marthalers auf einen konkreten vorgängigen Text, der vollständig zur Aufführung gelangt. Es handelt sich also nicht, wie in vielen anderen Marthaler-Produktionen, etwa *Die schöne Müllerin* nach Franz Schubert, um eine freie Collage unter Verwendung einer Partitur neben anderen Materialien.[13] Ebensowenig haben wir es mit einer parodistischen Rekomposition zu tun, wie sie Reinhold Friedls *Pierrot lunaire. Cheap Imitation* mit dem Ensemble Zeitkratzer darstellt (Konzerthaus Wien 2005). Dagegen erheben im Falle der Marthaler-Produktion Instrumentalisten und Rezitator den Anspruch, musikalisch die Komposition Schönbergs zu realisieren. Diese enge Beziehung zwischen Aufführung und vorgängigem Text wird allein schon dadurch deutlich, dass beide denselben Titel tragen, nämlich *Pierrot lunaire*, und so klar miteinander verbunden sind.[14]

---

13   Während die *Pierrot*-Produktion bislang weder von der Musik- noch der Theaterwissenschaft näher zur Kenntnis genommen wurde, war *Die schöne Müllerin* (Christoph Marthaler nach Franz Schubert *Die schöne Müllerin*, Schauspielhaus Zürich 2001) mehrfach Gegenstand theaterwissenschaftlicher Überlegungen. Vgl. Hans-Peter Bayerdörfer, «Obdachlos in allen Lagen. Marthalers Stimmenszenar für *Die schöne Müllerin*», in: *Getauft auf Musik. Festschrift für Dieter Borchmeyer*, hrsg. von Udo Bermbach und Hans Rudolf Vaget, Würzburg: Königshausen & Neumann 2006, S. 215–27, sowie Georg-Michael Schulz, «‹Süßer Mühlengesang!› Franz Schuberts *Schöne Müllerin* in Christoph Marthalers Inszenierung», in: *Theater ohne Grenzen. Festschrift für Hans-Peter Bayerdörfer zum 65. Geburtstag*, hrsg. von Katharina Keim, Peter M. Boenisch und Robert Braunmüller, München: Utz 2003, S. 402–10.

14   Ein Gegenbeispiel, das die Differenz bereits im Titel aufruft, wäre etwa die Produktion der Komischen Oper Berlin *American Lulu. Gesamtkonzept und Neuinterpretation von Alban Bergs Oper Lulu von Olga Neuwirth* (2006–2011) (www.komische-oper-berlin.de/spielplan/american-lulu/11; aufgerufen am 15. März 2017). Oft lassen bereits die Titelformulierungen von Inszenierungen durch die Differenzierung zwischen «von» und «nach» eine mehrstufige und hierarchisch differenzierte Autorschaft erkennen. So war beispielsweise die *Meistersinger*-Produktion an der Volksbühne Berlin 2006 mit *Meistersinger. Eine Inszenierung von Frank Castorf nach Richard Wagner und Ernst Toller* betitelt und Sebastian Baumgartens *Tosca*-Produktion von 2008 hieß *Tosca nach «La Tosca» von Victorien Sardou / Musik von Tarwater und Giacomo Puccini* (www.volksbuehne-berlin.de/deutsch/volksbuehne/archiv/spielzeitchronik/2000_bis_2010; aufgerufen am 15. März 2017). Vgl. hierzu auch Carolin A. Lodemann, *Regie als Autorschaft. Eine diskurskritische Studie zu Schlingensiefs «Parsifal»*, Göttingen: V&R Unipress 2010, S. 33–37.

Zweitens ist im Programmheft der Salzburger Festspiele *Pierrot lunaire* durch beide Namen, denjenigen des Regisseurs und denjenigen des Komponisten, markiert.[15] Der Angabe «Regie» kommt dabei insofern besonderes Gewicht zu, als der zugrundeliegende Text nicht für eine szenische Aufführung bestimmt ist. Der Regisseur vermehrt das vorhandene Material, indem er zu der Musik eine szenische Dimension hinzuerfindet und damit *Pierrot lunaire* in ein Bühnenwerk transformiert.

Drittens trifft der Regisseur im Falle *Pierrots* auf einen «starken Autor», der durch zahlreiche Textäußerungen sowie durch eine Schallplatteneinspielung unter seiner Leitung versuchte, die Rezeption seines Werks im Sinne einer auktorialen Aufführungstradition nachhaltig zu beeinflussen.[16]

Exkurs: Autorschaft nach Foucault

Wenn im Folgenden von Autorschaft bzw. Diskursen mit Autorfunktion die Rede ist, beziehe ich mich u. a. auf die Überlegungen Michel Foucaults, der in seinem mittlerweile kanonischen Text «Was ist ein Autor?» unterschiedliche Diskurse mit Autorfunktion unterscheidet. Vier Merkmale charakterisieren ihm zufolge Diskurse, die «Träger der Funktion Autor» sind:[17]

1. Sie sind «Aneignungsobjekte; die Eigentumsform, auf der sie beruhen, ist recht eigenartig; sie ist inzwischen seit einer Reihe von Jahren rechtlich fixiert.»[18] Anders formuliert: Autoren bzw. Komponisten stehen in einer Eigentumsbeziehung zum Text, die mit der Entstehung des Urheberrechts juristisch festgelegt wurde.

2. Die Funktion Autor gilt «nicht überall und nicht ständig für alle Diskurse. In unserer Kultur haben nicht immer die gleichen Texte einer Zuschreibung bedurft».[19] Insbesondere literarische Diskurse – und dies betrifft auch das Feld der klassischen Musikkultur – «können nur noch rezipiert werden, wenn sie mit der Funktion Autor versehen sind: jeden Poesie- oder Fiktionstext befragt man danach, woher er kommt, wer ihn

---

15   «Arnold Schönberg, Dreimal sieben Gedichte aus Albert Girauds PIERROT LUNAIRE deutsch von Otto Erich Hartleben für eine Sprechstimme, Klavier, Flöte, Piccolo, Klarinette, Bassklarinette, Geige, Bratsche und Violoncello. Musikalische Leitung: Mathis Dulack, Regie: Christoph Marthaler, Bühnenbild und Kostüme: Anna Viebrock …», *Programmheft der Salzburger Festspiele* 1996, Redaktion: Stefanie Carp, Salzburg 1996, o.S. *Pierrot lunaire* wurde in Verbindung mit Olivier Messiaens *Quatuor pour la fin du temps* gezeigt. In der zweiten Hälfte des Abends nehmen die Musiker auf dem Platz, die Pierrots stehen auf der rechten Bühnenseite an der Waage an und gehen dann einer nach dem anderen in den Orchestergraben. Die szenischen Aktionen sind auf ein Minimum reduziert, und allein die Musik wird auf die Bühne gebracht.

16   Zum Begriff «auktoriale Aufführungstradition» vgl. Hermann Danuser, «Auktoriale Aufführungstradition», in: *Musica*, 42 (1988), Nr. 4, S. 348–55, vor allem S. 353–55, sowie ders., «Einleitung», in: *Musikalische Interpretation* (*Neues Handbuch der Musikwissenschaft*, Bd. 11), hrsg. von dems., Laaber: Laaber 1992, S. 1–72; wieder abgedruckt in: ders., *Gesammelte Vorträge und Aufsätze*, hrsg. von Hans-Joachim Hinrichsen, Christian Schaper und Laure Spaltenstein, Schliengen: Argus 2014, Bd. 1: *Theorie*, S. 394–461.

17   Michel Foucault, «Was ist ein Autor?», in: *Texte zur Theorie der Autorschaft*, hrsg. von Fotis Jannidis, Gerhard Lauer, Matias Martinez und Simone Winko, Stuttgart: Reclam 2000, S. 198–229, das Zitat S. 211.

18   Ebd.

19   Ebd., S. 212.

geschrieben hat, zu welchem Zeitpunkt, unter welchen Umständen oder nach welchem Entwurf.»[20] Das «Spiel» der Autor- bzw. Komponistensuche, im alltäglichen Umgang mit klassischer Musik ständig präsent, gehört darüber hinaus zum bevorzugten Betätigungsfeld der Musikwissenschaft. Dabei ist in beiden Fällen die Autorsuche bzw. der Autorname an ein Werturteil gekoppelt, das besonders dann zum Tragen kommt, wenn die Autorschaft im Nachhinein revidiert wird und sich dadurch der Status der Werke ändert.

3. Die Autorfunktion «ist das Ergebnis einer komplizierten Operation, die ein gewisses Vernunftwesen konstruiert, das man Autor nennt.»[21] Anders formuliert: «der ‹Autor› ist die psychologisierende Projektion einer Art und Weise, mit Texten umzugehen.»[22]

4. Die Funktion Autor «verweist nicht einfach auf ein reales Individuum, sie kann gleichzeitig mehreren Egos in mehreren Subjekt-Stellungen Raum geben, die von verschiedenen Gruppen von Individuen besetzt werden können.»[23]

Ausgehend von diesen unterschiedlichen Autorfunktionen ist zunächst zu klären, was wir im Falle von *Pierrot lunaire* unter dem «Autor» Schönberg verstehen.

Schönbergs Autorschaft und das Problem der Sprechstimme

Im Vorwort zu *Pierrot lunaire* bezeichnet Schönberg selbst seine Rolle als «Autor» und nicht als Komponist:

> Soweit dem Autor die tonmalerische Darstellung der im Text gegebenen Vorgänge und Gefühle wichtig war, findet sie sich ohnedies in der Musik. Wo der Ausführende sie vermißt, verzichte er darauf, etwas zu geben, was der Autor nicht gewollt hat. Er würde hier nicht geben, sondern nehmen.[24]

Schönberg verwendet hier den Begriff «Autor» ausgerechnet dann, wenn es darum geht, auf die Art der Ausführung bzw. auf das Verständnis seines Werks Einfluss zu nehmen. Er betont dabei explizit die Autorität und das Eigentumsrecht des Autors im Blick auf die Aufführung. Das Vorwort gehört damit zu jenen Texten, über die sich Diskurse mit Autorfunktion konstituieren. Dabei gestaltet sich die Konstruktion einer Autorinstanz hier insofern besonders komplex, als Schönberg im Falle *Pierrots* mehrere einander widersprechende Autorstimmen artikuliert. Vor allem auf die Frage hin, wie die Rezitationsstimme auszuführen sei, stehen sich bekanntermaßen unvereinbare Positionen Schönbergs gegenüber: Im Partiturvorwort betont Schönberg die rhythmische Festlegung und die Einhaltung der Tonhöhen. Der Interpret solle die Tonhöhen in eine Sprechmelodie

---

20 Ebd., S. 213. Zum Spiel der Autorsuche im Umgang mit klassischer Musik in der Alltagskultur vgl. z. B. Radiosendungen wie «Das Musikrätsel» des Bayerischen Rundfunks.

21 Ebd., S. 214.

22 Vgl. die Einleitung zu Michel Foucault, «Was ist ein Autor?», in: *Texte zur Theorie der Autorschaft* (siehe Anm. 17), S. 194–97, hier S. 195.

23 Michel Foucault, «Was ist ein Autor?» (siehe Anm. 17), S. 218.

24 Arnold Schönberg, «Vorwort», in: ders., *Dreimal sieben Gedichte aus Alberts Girauds Pierrot lunaire op. 21. Deutsch von Otto Erich Hartleben. Für eine Sprechstimme, Klavier, Flöte (auch Piccolo), Klarinette (auch Bass-Klarinette), Geige (auch Bratsche) und Violoncell*, Taschenpartitur, Wien: Universal Edition, cop. 1914/1941 (UE 5334.5336), o. S.

umwandeln, indem er «den Rhythmus haarscharf so einhält, als ob er sänge». Im Unterschied zum Gesangston gibt der Sprechton die Tonhöhe «zwar an, verläßt sie aber durch Fallen oder Steigen sofort wieder.» Was genau unter einer Sprechmelodie zu verstehen ist, wird allein darüber definiert, was es nicht sein soll, nämlich weder «eine ‹singende›» Sprechweise noch ein «realistisch-natürliches Sprechen».[25]

Im Tonsatz der Partitur ist die Singstimme oft eng in das kontrapunktische Geflecht aller Stimmen eingebunden. So ergeben z. B. in Nr. 8 «Nacht» die Anfangstöne aller einsetzenden Stimmen, inklusive der Rezitation, einen verminderten Akkord, in den Takten 10, 15/16 und 23 erscheint das zentrale Motiv (e–g–es) des Beginns im Rezitationspart und in Nr. 17 «Parodie» ergibt sich zwischen Rezitation und Piccolo ein Kanon im Oktavabstand. Diese Verflechtungen von Rezitation und Instrumentalparts lassen sich als Beleg dafür anführen, dass eine genaue Einhaltung der Tonhöhen für die Sprechstimme unerlässlich ist, da sonst die entsprechenden musikalischen Strukturen nicht hörbar werden. In diesem Sinne argumentieren etwa Friedrich Cerha und Peter Stadlen für eine Einhaltung der Tonhöhen und privilegieren die Partitur gegenüber Schönbergs Äußerungen bzw. seiner Schallplatteneinspielung.[26]

1940 leitete Schönberg eine Schallplatteneinspielung des Werks, den Sprechstimmenpart übernahm Erika Stiedry-Wagner. In ihrer Interpretation weicht sie erheblich von den in der Partitur notierten Tonhöhen ab.[27] In der Korrespondenz Schönbergs finden sich etliche Äußerungen, die darauf hinweisen, dass er die Frage der Tonhöhe als weniger wichtig bewertet. So schreibt er z. B. am 8. Juli 1923 an Josef Rufer:

> Die Tonhöhen im Pierrot richten sich nach dem Umfang der Stimme. Sie sind «gut» zu berücksichtigen, aber nicht «streng einzuhalten». Man kann den Umfang der Stimme in soviel Teile teilen, als Halbtöne verwendet werden; vielleicht ist dann jeder Abstand nur ein 3/4-Ton. Das aber muß nicht so pedantisch durchgeführt werden, da ja die Tonhöhen keine harmonischen Verhältnisse eingehen. […] Das wichtigste ist es, die «Sprechmelodie» zu erzielen.[28]

Rebecca Grotjahn zeigt in ihrem Aufsatz, wie Musikwissenschaftler und Interpreten immer wieder bemüht sind, diese Widersprüche aufzulösen, indem sie der Partitur oder der Schallplattenaufnahme bzw. den paratextuellen Äußerungen Schönbergs einen Vorrang

---

25 Ebd.
26 Vgl. Friedrich Cerha, «Zur Interpretation der Sprechstimme in Schönbergs *Pierrot lunaire*», in: *Schönberg und der Sprechgesang (Musik-Konzepte*, Bd. 112/113), hrsg. von Heinz-Klaus Metzger und Rainer Riehn, München: Edition Text und Kritik 2001 S. 62–72, und Peter Stadlen, «Die von Schönberg intendierte Ausführungsart der Sprechstimme im ‹Pierrot Lunaire›», in: *Stimme und Wort in der Musik des 20. Jahrhunderts*, hrsg. von Hartmut Krones, Wien etc.: Böhlau 2001, S. 109–26, hier S. 109.
27 *Arnold Schoenberg dirigiert* Pierrot lunaire op. 21, Aufnahme von 1940 mit Erika Stiedry-Wagner, Rudolf Kolisch, Stefan Auber, Eduard Steuermann, Leonard Posella und Kalman Bloch (Columbia M 461 [71157-D/160-D]; Neupressung 1974: CBS 61442). Zu einer Messung der Tonhöhen dieser Einspielung vgl. Rebecca Grotjahn, «Blutiger Ernst und nachsichtslose Strenge – Autorschaft, Interpretation und Werkherrschaft in Schönbergs *Pierrot lunaire*», in: *Ereignis und Exegese. Musikalische Interpretation, Interpretation der Musik. Festschrift für Hermann Danuser zum 65. Geburtstag*, hrsg. von Camilla Bork, Tobias Robert Klein, Burkhard Meischein, Andreas Meyer und Tobias Plebuch, Schliengen: Argus 2011, S. 572–80, insbesondere S. 572.
28 Arnold Schönberg an Josef Rufer, 8. Juli 1923, zitiert nach: Arnold Schönberg, *Pierrot lunaire op. 21. Kritischer Bericht* (siehe Anm. 8), S. 300.

einräumen und so versuchen, eine widerspruchsfreie und somit schlüssige Autorposition zu konstruieren. Grotjahn selbst schließt sich einer weiteren Lösung an, die in Anlehnung an die Untersuchung Avior Byrons zu den Probepressungen der Schallplattenausgabe davon ausgeht, dass «der Komponist gar keine exakte Wiedergabe aller Noten gewünscht, sondern der Interpretin bewusst ein hohes Maß an Freiheit eingeräumt hat. Diese sei ein essentieller Bestandteil des Sprechstimmen-Konzepts.»[29] Die Notierung der Tonhöhen diene dazu, einen bestimmten Sprechtonfall zu fixieren: «Nur indem Schönberg eine gewisse Gestaltungsfreiheit in diesem Bereich [der Tonhöhen] akzeptiert, kann es gelingen, den Sprachausdruck selbst zum Gegenstand des Komponierens zu machen.»[30]

Diese Diskussion über die Ausführung der Sprechstimme lässt sich nicht nur als Versuch verstehen, ein aufführungspraktisches Problem zu lösen, sondern wir haben es mit «komplizierten Operationen» zu tun, die letztlich alle dazu dienen, im Sinne Foucaults ein einheitliches Vernunftwesen, nämlich den «Autor Schönberg», zu konstruieren. Foucaults Modell und seine Überlegungen zu Diskursen mit Autorfunktion veranlassen uns, in erster Linie den wissenschaftlichen oder journalistischen Diskurs zu fokussieren. Wenden wir seine theoretischen Überlegungen, die sich auf die Autorschaft von Texten beziehen, nun aber auf eine Aufführung an, so stehen wir vor dem Problem, dass sich dann diese Diskurse mit Autorfunktion nicht an Texten, sondern an unterschiedlichen, nichtsprachlichen Praktiken, z. B. der Ausführung der Sprechstimme in einer Aufführung oder bestimmten Merkmalen einer Inszenierung, entzünden.[31] Es ist also nötig, einen Zwischenschritt einzulegen und zunächst die Regiepraxis in unserem Fallbeispiel zu beschreiben, um dann zu prüfen, inwiefern in der Diskussion über den Aufführungsstil Diskurse mit Autorschaftsfunktion wirksam werden.

Marthaler als Autor?

Inwiefern lässt sich, ähnlich wie im Falle Schönbergs, auch von Christoph Marthaler als Autor sprechen? Im Feuilleton der 1990er Jahre ebenso wie in der Theaterwissenschaft setzte schon bald eine intensive Beschäftigung mit den Produktionen Marthalers ein, die seinen Aufstieg begleitete. Es war die Rede vom «Marthalertheater». Die Bezeichnung «Marthaler» meint dabei allerdings mehr als nur die empirische Person. Sie steht für ein Theater, das von Christoph Marthaler ebenso wie von seinen langjährigen Mitarbeiterinnen und

---

29 Rebecca Grotjahn, «Blutiger Ernst und nachsichtslose Strenge» (siehe Anm. 27), S. 578.
30 Ebd., S. 579. Dies bedeutet allerdings nicht, dass Schönberg so weit ginge, der Rezitatorin bzw. dem Rezitator eine Art Ko-Autorschaft einzuräumen. Vielmehr betont er in zahlreichen Quellen zur Aufführungsgeschichte des *Pierrot lunaire* seine absolute Autorität auch über die Aufführungen (vgl. ebd.).
31 Eine grundlegende Studie zu der Frage von Regie als Autorschaft liegt mit der Dissertation von Caroline A. Lodemann vor (siehe Anm. 14). Der vorliegende Text schließt in manchem an Einsichten dieser Studie an. Allerdings konzentriert sich Lodemann dem Foucault'schen Autorschaftskonzept folgend ausschließlich auf Diskurse zur Hervorbringung von Autorschaft. Damit steht die Untersuchung zwar auf einem methodisch sicheren Fundament, sie bleibt aber zugleich auch insofern unbefriedigend, als man wenig Konkretes über die Regiepraxis und die Art der schöpferischen Auseinandersetzung des Regisseurs (in ihrem Fall Christoph Schlingensief) mit einem Werk (hier Wagners *Parsifal*) erfährt.

Mitarbeitern hervorgebracht wird und bezieht sich ebenso auf die Räume Anna Viebrocks wie auf die Arbeiten der Dramaturgin Stefanie Carp, die Stimmkünste Graham Valentines und auf Schauspieler wie Ueli Jäggi, Klaus Mertens, Martin Horn oder Susanne Düllmann. Ihre Körperlichkeit und Spielweisen sind Material und zugleich Signatur von *Pierrot lunaire* wie auch von anderen Marthaler-Abenden. Charakteristisch für dieses Theater ist vor allem eine bestimmte Atmosphäre, die als Zustand der Erschöpfung und Melancholie umschrieben wird: «Keine Fabel, sondern leer laufende Wiederholung, kein Individuum, sondern ein unfreiwilliges Kollektiv, kein Dialog, sondern misslungene Annäherungen, im allgemeinen: Autismus, kein Blickkontakt. Vor allen Dingen: keine Entwicklung, kein Sinn.»[32] Klaus Dermutz nimmt im Jahr 2000 Marthalers bis dahin vorliegendes Gesamtwerk in den Blick und charakterisiert es wie folgt: «Sein interpretatorischer Zugriff nimmt seinen Ausgangspunkt – von Inszenierung zu Inszenierung immer radikaler – vom Zustand der Erschöpfung. Das Dasein wird als eine ‹Zeit der Erschlaffung› erfahren.»[33] Stefanie Carp deutet die Langsamkeit und repetitive Zeitgestaltung in Marthalers Inszenierungen als ein politisches Statement, als eine Kritik am gesellschaftlichen Machtgefüge, dessen Konsequenzen Marthalers Theater zeige und dem es sich zugleich durch seine Langsamkeit widersetze: «Geschwindigkeit als Gewalt, als Machtausübung kommt auf Marthalers Bühne als Auswirkung vor; die Spuren der gesellschaftlichen Zeit- und Gewaltverhältnisse zeigen sich in Langsamkeiten, in Erschöpfungen, in Gleichgewichtsverlusten.»[34] Ähnliche Formulierungen lassen sich auch für die lautliche Dimension der Marthaler-Inszenierungen finden. Typisch für seine Produktionen seien der musikalische Gebrauch von Requisiten[35] ebenso wie seine Arbeit mit «asemantischen, primär lauthaften Motiven».[36] All dies wird unter der Formel «Musikalisierung» bzw. «Musik mit den Mitteln des Theaters»[37] subsumiert, für die Marthalers Arbeit stehe.

Unabhängig davon, welche unterschiedlichen Bedeutungen und ästhetischen Wirkungen der spezifischen Zeitlichkeit oder Lautlichkeit zugeschrieben werden, ist für unsere Frage relevant, dass in diesem Zusammenhang Formulierungen wie «Marthalers Bühne» oder «Marthalers Theater» fallen. Damit fassen die Rezensenten verschiedene Aufführungen zu einem Gesamtwerk zusammen, wobei der Name des Regisseurs als Ordnungs- und Strukturprinzip, d. h. als Autor wirkt. Lesen wir diese Formulierungen vor dem Hintergrund der eingangs zitierten Überlegungen Foucaults, so haben wir es – ähnlich wie im Falle der Sprechstimmen-Diskussion bei Schönberg – auch hier mit Diskursen zu tun, die Autorfunktion besitzen. Indem die Kritiker und Wissenschaftler über die Zeitlichkeit und Lautlichkeit der Inszenierungen eine Marthaler-typische «Handschrift» beschreiben, konstruieren sie zugleich ein gewisses «Vernunftwesen», «das man Autor nennt.» Wir müssen also die eingangs gestellte Frage, ob wir es auch im Falle von Inszenierungen, die nicht

---

32 Stefanie Carp, «Im Waagerechten auf die Fresse fallen», in: *Christoph Marthaler. Die einsamen Menschen sind die besonderen Menschen*, hrsg. von Klaus Dermutz, Salzburg und Wien: Residenz 2000, 2. Aufl. 2001, S. 99–112, hier S. 107.

33 Klaus Dermutz, «Weltentrauer und Daseinskomik des Halbgebirgsmenschen Christoph Marthaler, in: *Christoph Marthaler* (siehe Anm. 6), S. 9–52, hier S. 12.

34 Stefanie Carp, «Im Waagerechten auf die Fresse fallen» (siehe Anm. 32), S. 101.

35 Vgl. David Roesner, *Theater als Musik. Verfahren der Musikalisierung in chorischen Theaterformen bei Christoph Marthaler, Einar Schleef und Robert Wilson*, Tübingen: Narr 2003, S. 152.

36 Ebd., S. 84.

37 Ebd., S. 89.

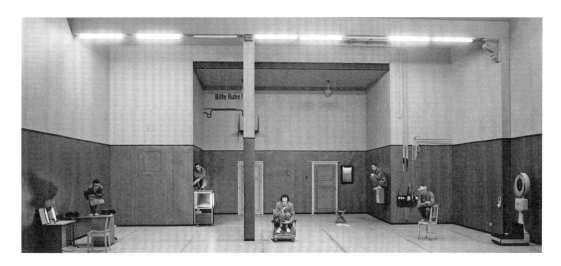

ABB. 1   *Pierrot lunaire,* Salzburger Festspiele 1996, Bühnenansicht
(Foto von Bernd Uhlig, Berlin, mit freundlicher Genehmigung).

objekthaft vorliegen, mit Autorschaft zu tun haben, bejahen. Wie aber verhält sich die
Situation, wenn wir nicht den Diskurs über die Aufführungspraxis, sondern mit Marthalers
Inszenierung eine konkrete Produktion in den Blick nehmen? Wie manifestieren sich jene
spezifische Zeitlichkeit und Lautlichkeit, über die Marthaler Autorschaft zugesprochen
wird, und wie verhalten sie sich zu den Autorstimmen Schönbergs?

Zeitlichkeit und Lautlichkeit in der Produktion Marthaler-Schönberg

In Marthalers Inszenierung sind das Instrumentalensemble und die Sprechstimme räumlich getrennt. Der Rezitator, Graham F. Valentine, ist in der Mitte in einem alten Sessel
platziert, neben ihm auf der Bühne befinden sich noch vier weitere Pierrots als stumme,
pantomimisch agierende Doppelgänger und Vervielfachungen Valentines. Alles auf der
Bühne erscheint verlangsamt. Dabei wählt der musikalische Leiter, Mathis Dulack, in den
meisten Nummern keineswegs ein sonderlich langsames Tempo, vielmehr eines, das im
Mittel der gängigen Aufnahmen liegt. Ebensowenig verlangsamen die Akteure auf der
Bühne ihre Bewegungen. Sie führen sie in Echtzeit aus, und doch scheinen sie langsam.[38]
Dieser Eindruck entsteht vor allem durch die Gestaltung des Raumes, durch die Art, wie
der Raum Zeit in Szene setzt und die Aktionen der Pierrots auf der Bühne, die immer
wieder Bewegungsabläufe repetieren und variieren.

Pierrot lunaire spielt in einem typischen Anna Viebrock-Raum, der sich nur schwer
historisch verorten läßt: Die Farbe der Wände, Details wie Schalter und das Design des
Sessels erinnern an Interieurs der 1950er Jahre **(→ ABB. 1)**. In dem im Verhältnis zu seinem

---

38   Vgl. ebd., S. 153.

ABB. 2
Pierrot lunaire, Salzburger Festspiele 1996,
oben: Graham F. Valentine, Klaus Mertens,
Susanne Düllmann, unten: Martin Horn,
Ueli Jäggi (Fotos von Bernd Uhlig, Berlin,
mit freundlicher Genehmigung).

naturalistischen Vorbild völlig überdimensionierten Raum sind einige Objekte verteilt abgestellt: Hinten rechts findet sich ein Kaugummiautomat, hinten links eine Glasvitrine mit einem sich drehenden Tortenstück, vorne rechts eine große Waage ohne Anzeige, links ein massiver Schreibtisch und in der Mitte schließlich ein verschlissener Sessel. In dem zu groß geratenen Raum wirken die Objekte umso verlorener. Während der Kaugummiautomat und die Waage sich vielleicht noch in einem schäbigen Bahnhofsbüffet oder einer trostlosen Wartehalle finden ließen, gehört der Sessel in einen privaten Innenraum. Alle Gegenstände sind aus ihren ursprünglichen funktionalen Kontexten herausgelöst, und ihre Kombination ist unwahrscheinlich, geradezu unmöglich. Hans-Thies Lehmann deutet diesen Raumtypus Viebrocks als Erinnerungsraum, der auf «Traumatisierungen der Kindheit» anspiele, auf «erschreckend weite, abweisende und große Räume, in denen man verloren war» und die so eine «Mythologie des Profanen» entfalten, eine Raumqualität «Innen/kein Außen».[39] Letztere zeigt sich auch im Bühnenraum für *Pierrot lunaire:* Zwar verweisen

---

39   Hans-Thies Lehmann, *Postdramatisches Theater,* Frankfurt am Main: Verlag der Autoren 1999,
S. 301.

die Türen im Hintergrund auf ein Außen, jedoch werden sie niemals geöffnet. Im Verlauf des Abends schraubt einer der Pierrots eine Türklinke nach der anderen ab, so dass keiner der Beteiligten entkommen kann. Das Geschehen vollzieht sich in der klaustrophobischen Abgeschlossenheit eines Raumes, in dem die Zeit scheinbar stehengeblieben ist.

Eine weitere zeitliche Dimension eröffnet sich in den Kostümen. Jeder der Pierrots trägt unter seinem schlecht sitzenden Anzug, dessen Schnitt ebenfalls an die Mode der 1950er Jahre erinnert, ein weißes Pierrot-Kostüm verborgen (→ **ABB. 2**). Jedesmal bevor ein Pierrot zu tanzen beginnt, kleidet er sich aus und verwandelt sich in einen schwebend tanzenden Clown des Fin de siècle. Gezeigt werden also nicht die «Zeit des Dargestellten oder der Darstellung allein»,[40] sondern unterschiedliche Zeitebenen: das Fin de siècle mit seinem Pierrot-Kult, eine unbestimmte Zwischenzeit der 1950er Jahre – als Erinnerungsraum Kindheit – und die Gegenwart der Aufführung. Der Bühnenraum verweigert eine Synthese dieser unterschiedlichen Zeitebenen. «Sache des Zuschauerblicks ist es, zwischen ihnen sehend, erinnernd und reflektierend hin und her zu wechseln, nicht sie mit Gewalt zu synthetisieren.»[41]

Jeder der beziehungslos im Raum abgestellten Gegenstände wird zur «Wartestation» für den Rezitator und die vier stummen Pierrots. Isoliert voneinander im weiten Raum hocken oder stehen sie ton- und tatenlos herum, verharren auf dem Kaugummiautomaten, der Kuchenvitrine oder neben einem Stuhl, versunken in sich selbst. Das tatenlose Warten wird zur Grundform des Abends und zugleich zur fiktiven Eigenzeit der Figuren. Diese ist völlig losgelöst von der Zeit der Musik, die die Pierrots – abgesehen von Graham Valentine – nicht zu hören scheinen. Vor allem diese ausgedehnten Wartesequenzen vermitteln den Eindruck, das Geschehen auf der Bühne verliefe langsam. Von dieser Grundform des Wartens heben sich unterschiedliche Aktionen der Schauspieler ab, etwa das Abschrauben der Türklinken, die wiederkehrenden Versuche, untereinander Kontakt aufzunehmen und das Besteigen der Waage. Gemeinsam ist diesen Aktionen, dass die Akteure sie alle ohne «emotionales ‹Anlaufnehmen›»[42] oder emotionale Aufladung beginnen und ebenso unvermittelt wieder in ihre Wartepositionen zurückfallen. Sie scheinen «einen Sinnzusammenhang verloren [zu] haben».[43]

Anders als im Falle des Wartens und der übrigen Aktionen verdichtet sich das Bühnengeschehen in den kurzen Tanzsequenzen. Fühlt sich einer der Pierrots für einen Moment unbeobachtet, geht er in eine Ecke, zieht seinen Anzug aus und beginnt in seinem zuvor verborgenen Pierrot-Kostüm selbstvergessen zu tanzen. Für einen Augenblick ist alle Trübseligkeit des Raumes verschwunden. Sobald er jedoch den Blick der anderen spürt, bricht er den Tanz beschämt ab, zieht sich wieder an und kehrt mit verlegen gesenktem Kopf in eine seiner Wartepositionen zurück. Der Tanz markiert einen kurzen Moment des Ausbrechens, der – kaum hat er begonnen – sogleich wieder durch die Blicke der anderen verboten wird. Diese Momente semantischer Verdichtung bilden jedoch eher die

40 Ebd.
41 Ebd.
42 Susanne Schulz, *Die Figur im Theater Christoph Marthalers*, St. Augustin: Gardez 2002, S. 42.
43 Stefanie Carp, «Im Waagerechten auf die Fresse fallen» (siehe Anm. 32), S. 111.

TAB. 2   Bewegungsmotive (Auswahl)

Motiv A	Abschrauben von Gegenständen (Susanne Düllmann)	z.B. in Nr. 1, Nr. 4, Nr. 6, Nr. 14, Nr. 18, Nr. 19
Motiv B	Bewegungsfolge: Sich setzen, die Hose schließen, an den Kopf greifen, Geste des Merkens (Klaus Mertens)	z.B. in Nr. 1, Nr. 2, Nr. 3, Nr. 6, Nr. 11, Nr. 13, Nr. 14
Motiv C	Kontaktaufnahme: auf die Schulter tippen	z.B. in Nr. 4, Nr. 6, Nr. 11, Nr. 19
Motiv D	Herausziehen von weißem Stoff/Pierrot-Kostüm	z.B. in Nr. 2, Nr. 5, Nr. 13, Nr. 14, Nr. 9, Nr. 7, Nr. 18, Nr. 19, Nr. 20
Motiv E	Ausziehen, Tanz in Pierrot-Kostüm, Blicke der anderen, Scham	z.B. in Nr. 7, Nr. 9, Nr. 10, Nr. 13

Ausnahme. Parallel zum musikalischen Geschehen läuft vielmehr eine zweite «Schicht» von Bewegungsfolgen und -motiven ab, die zunächst beziehungslos und quasi improvisatorisch scheinen, bei näherem Hinsehen aber komplexer sind als vermutet und sich als planvolles Spiel von Wiederholung und Variation erweisen.[44]

Ich unterscheide fünf Bewegungsmotive, die zunächst zusammenhangslos aufeinander folgen und nebeneinander stehen (→ TAB. 2). Im Verlauf der 21 Nummern werden dann einzelne Motive in immer neuer Weise wiederholt, manchmal nur minimal verändert bis hin zu überraschenden Coups. Im weiteren Verlauf der Aufführung breiten sie sich immer stärker aus, werden mehr und mehr ineinander verschlungen, ohne dass sich ihnen aber zwangsläufig konkrete Bedeutungen zuschreiben ließen. Zu diesen Bewegungssequenzen gehören typische Motive des Clownrepertoires. So lässt z. B. Susanne Düllmann immer wieder in den unergründlichen Tiefen ihrer schmalen Tasche neben Türknäufen, diversen Schaltern und Kabeln auch ein Telefon und schließlich ein ganzes Pierrot-Kostüm verschwinden. Andere Bewegungsfolgen werden nicht nur unverändert wiederholt, sondern in ihren einzelnen Komponenten variiert und weiterentwickelt. Klaus Mertens beispielsweise erwacht plötzlich aus seiner Warteposition rechts neben einem Stuhl: Er beginnt sich hinzusetzen, unterbricht die Bewegung jedoch, greift an den Reißverschluss seiner Hose, als wolle er ihn schließen, kratzt sich mit der rechten Hand am Kopf, merkt mit dem rechten Zeigefinger auf und gestikuliert den Finger drehend in der Luft. Innerhalb dieser Folge vermischen sich Gesten, die eine funktionale Bestimmung haben (sich hinsetzen, die Hose schließen) mit solchen, die sich als kommunikative Zeichen lesen lassen, wie am Kopf kratzen, als ob er nach etwas Vergessenem forsche, oder den Zeigefinger heben, als sei es ihm plötzlich wieder eingefallen, und mit einer dritten Art von Gesten, die sich nicht näher bestimmen lassen, wie etwa das Gestikulieren mit dem Finger am Schluss. Ohne dass der Folge eine konkrete Bedeutung zuschreibbar wäre, wird sie mehrfach wiederholt: zunächst zweimal genau gleich, dann kehren einzelne

---

44 Berichte über Marthalers Arbeitsweise weisen immer wieder darauf hin, dass er oft von Improvisationen der Schauspieler ausgeht. In diesem Sinne schreibt Graham Valentine in einer E-Mail an die Verfasserin vom 1. März 2012 über den Probenprozess zu *Pierrot lunaire:* «Improvisation spielte eine große Rolle, alle haben Elemente angeboten, die dann weiter geschliffen wurden.»

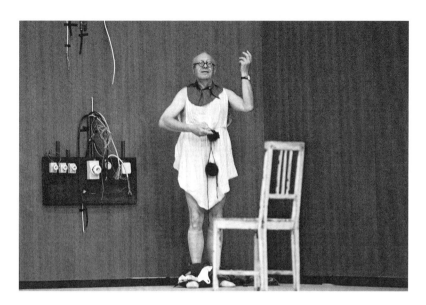

ABB. 3 *Pierrot lunaire,* Salzburger Festspiele 1996, Klaus Mertens
(Foto von Bernd Uhlig, Berlin, mit freundlicher Genehmigung).

Versatzstücke wieder, während Mertens hektisch im hinteren Teil des Raums hin und her läuft. Am Schluss bleibt nur noch das Aufmerken mit dem Zeigefinger übrig – als Pose im Pierrot-Kostüm (→ **ABB. 3**).

All diese Wiederholungen lenken die Wahrnehmung des Zuschauers auf das Detail und machen Nebensächliches bedeutungsvoll. Die Hierarchie von wichtig und unwichtig wird brüchig. «Immer sieht man an dem, was man schon gesehen hat, anderes. Das Gleiche ist, wiederholt, unvermeidlich verändert: in und durch Wiederholung ist es das Alte und das Erinnerte, es ist entleert (schon bekannt) oder überfrachtet (Wiederholung macht bedeutungsvoll).»[45] Durch die Wiederholung werden auf der Bühne ständig Bedeutungsangebote konstruiert, um wenige Zeit später wieder relativiert zu werden. Je mehr sich also das Geschehen auf der Bühne einer Sinnzuschreibung entzieht, umso mehr stellt sich die Gewissheit ein, dass es gar nicht um das Wiederholte geht, sondern «um die Wiederholung selbst.»[46]

Damit treffen in der Produktion Marthaler–Schönberg zwei einander widerstrebende Zeitverläufe aufeinander: Teil 1: 1+1+4+1 / Teil 2: 1+4+2 / Teil 3: 2+5.

Musikalisch formieren sich in der Abfolge der einzelnen Melodramen, die Schönberg deutlich in drei Teile gegliedert hat, immer größere Einheiten: Während zu Beginn die Nummern durch Pausen getrennt sind, werden sie im Verlauf des Zyklus' durch Zwischenspiele oder attacca-Anschlüsse zu immer länger werdenden Einheiten verbunden, bis am Schluss die letzten fünf Nummern (von «Parodie» bis «O alter Duft») ohne

---

45 Hans-Thies Lehmann, *Postdramatisches Theater* (siehe Anm. 39), S. 336.
46 Ebd., S. 337.

Pausen aufeinander folgen. Dadurch entsteht eine dramatische Verdichtung zum Ende hin. In Marthalers Inszenierung hingegen ergibt sich durch die vielen Pausen, das Warten auf der Bühne und die zahlreichen wiederholten Aktionen ein nicht endenwollender, unsynthetisierbarer Zeitverlauf.[47] Auf diese Weise läuft das szenische Geschehen «gegen» die Musik, indem es die Formtotalität, die sich musikalisch konstituiert, durch die zahlreichen Wiederholungen destrukturiert und dekonstruiert. Musik und Szene treten immer mehr in ein Spannungsverhältnis zueinander.

Ähnliches lässt sich für die lautliche Dimension der Inszenierung beschreiben: Auch hier fügt Marthaler der Schönberg'schen Musik weitere akustische Elemente hinzu. Immer wieder sind Geräusche der Bühne wahrnehmbar, die musikgleich das Geschehen rhythmisch strukturieren und zugleich die strikte Trennung zwischen Bühne und Orchestergraben aufbrechen. Besonders markiert sind der Anfang, der Schluss des zweiten Teils und das Ende. Der Abend wird eröffnet, indem sich der Dirigent im Orchestergraben die Hände wäscht. Nach «Die Kreuze» (Nr. 14) beginnen alle Pierrots auf ihren jeweiligen «Wartestationen» mit den Füßen zu trappeln, und am Schluss des Zyklus' entriegelt einer der Akteure den Kaugummiapparat im Hintergrund. Eine Fülle von bunten Kaugummikugeln rauscht heraus, kullert über die Bühne, bis eine Kugel nach der andern in den Orchestergraben fällt. Der «alte Duft der Märchenzeit» der letzten Nummer konkretisiert sich in diesem Bild der fallenden Kaugummikugeln zur «Märchenzeit» der Kindheit. In allen drei Fällen werden Requisiten wie das Waschbecken, der Sessel, die Waage oder der Kaugummiautomat zu musikalischem Spielmaterial, die den Zeitverlauf des Abends akustisch grundieren.

Ganz im Sinne dieser eigenen Lautdimension der Bühne lässt sich auch Graham Valentines Interpretation des Sprechstimmenparts verstehen. Valentine geht vom rhythmischen Sprechen aus. Exakt folgt er den rhythmischen Vorgaben, behält den Tonhöhenumriß der Melodie jedoch nur ungefähr bei, ohne die notierten Tonhöhen oder auch nur Intervalle zu sprechen oder zu singen. Es scheint ihm weniger darum zu gehen, Schönbergs Intentionen oder eine historische Aufführungsweise zu rekonstruieren. Ebensowenig sieht er sich in einer ungebrochenen Tradition. Vielmehr nähert er sich dem Part radikal aktualisierend ganz aus einer Perspektive des Schauspielers, dessen Ausgangspunkt die klanglich-rhythmische Dimension von Sprache ist: «Das Rhythmische ist das Wesentliche und der Dynamismus der Stimme. Sonst ist für mich das Gefühl der Freiheit massgebend. Die habe ich gehabt bei Marthaler und Klangforum, und auch bei den anderen Ensembles, mit denen ich zusammengearbeitet habe.»[48]

Die Sprechstimme artikuliert er nun in einer Art und Weise, die oft den Körper als Ganzes affiziert. Bald krümmt er sich spastisch in seinem viel zu klein geratenen Sessel, der seine überlangen Beine und Arme wie nicht dazugehörige Fremdkörper erscheinen lässt, bald ergreift der Rhythmus der Sprache seinen gesamten Körper und zwingt ihn, seine Arme und Beine rhythmisch zu werfen, während er den Beginn von «Der Dandy» (Nr. 3) hervorstößt.

---

47   Vgl. ebd., S. 336.
48   Graham Valentine, E-Mail an die Verfasserin vom 1. März 2012. Zu den unterschiedlichen Modi der Interpretation vgl. Hermann Danuser, «Einleitung» (siehe Anm. 16), S. 13–17, im Wiederabdruck S. 403–09.

ABB. 4   Arnold Schönberg, *Pierrot lunaire* op. 21, Nr. 7: «Der kranke Mond»,
T. 17–26 (Sämtliche Werke, Abteilung 6, Kammermusik,
Bd. 24, Reihe A, Mainz: Schott und Wien: Universal Edition 1996,
S. 39, UE 33384; mit freundlicher Genehmigung).

Doch affiziert nicht nur das rhythmische Sprechen den Körper, umgekehrt dringt auch der Körper selbst in die Art des Sprechens ein. An einem Ausschnitt aus «Der kranke Mond» sei dies kurz näher erläutert (→ **ABB. 4**): Valentine spricht den Rhythmus und variiert dabei die Tonhöhen seines Sprechens so, dass sie dem Umriss des Notierten entsprechen. Darüber hinaus manipuliert er jedoch die einzelnen Phrasen durch einen unterschiedlichen Stimmklang. Die erste Phrase flüstert er fast unhörbar im Falsett, die zweite singt er im Falsett, aber gepresst klingend mit Stimmansatz im Hals, die dritte und vierte flüstert er wieder, nun allerdings mit Bruststimme. Die Hochtöne der Phrasen markiert er jeweils durch kleine spitze Schreie, mischt in die letzte Phrase zunehmend ein Röcheln und Spucken, bis er den letzten Ton so dünn und ohne jede Atemstütze ansetzt, dass er ständig wegzubrechen droht.

All diese virtuose Stimmakrobatik nutzt Valentine hier nicht nur, wie etwa in seiner Interpretation eigener Sprachkompositionen, um die klanglichen Optionen der Sprache hervorzukehren, vielmehr schiebt er zwischen Sprache und tonhöhengebundenem Sprechtonfall noch eine weitere Ebene körperbetonter Geräuschhaftigkeit ein. Hierdurch wird der Text immer unverständlicher. Darüber hinaus stören und «verunreinigen» diese Geräusche aber auch den Sprachklang, der eigentlich durch das tonhöhengebundene Sprechen entsteht. Es kommt zum Konflikt zwischen Körper, Sprache und Musik. So lassen sich zwar das Röcheln und das Wegbrechen der Stimme am Schluss als Illustration der

Textstelle «du nächtig todeskranker Mond» deuten, gleichzeitig ist die Geräuschhaftigkeit hier aber so übertrieben und bis zum Exzess gesteigert, dass sie – nicht mehr dechiffrierbar – umschlägt in reinen Klang. Valentine stellt seine Stimme nicht ausschließlich in den Dienst von Sprache und Musik, sondern kehrt ihre Materialität hervor. Die «Rauheit» seiner Stimme drängt sich zunehmend in den Vordergrund und stört die Kommunikation, indem sie ein eindeutiges Verstehen von Text und Musik erschwert. Valentine lenkt so die Aufmerksamkeit des Zuhörers immer wieder auf die Stimme selbst.[49] Welche Konsequenzen ergeben sich nun hieraus für die Frage der Autorschaft?

Multiple Autorschaft – ein vorläufiges Fazit

In der lautlichen Dimension der Inszenierung manifestiert sich, abgesehen von den oben genannten Autorstimmen Schönbergs, die sich zur Aufführung der Sprechstimme äußern, noch eine weitere Stimme, die wir als diejenige des «Autors Marthaler» bezeichnen können. Diese ist zwar verhältnismäßig nah an der von Avior Byron konstruierten Autorintention Schönbergs, die den Sprechausdruck in den Vordergrund rückt und die Verantwortung für die Tonhöhen an die Sprecherin bzw. den Sprecher abgibt, geht aber in vielem, vor allem in dem geräuschhaften Sprechen, weit über sie hinaus. Graduell treten die verschiedenen Autorstimmen im Verlauf der Inszenierung immer weiter auseinander: So wie in der Zeiterfahrung die Verdichtung der Musik, die weitgehend ohne Wiederholungen auskommt, durch die szenischen Wiederholungen zunehmend untergraben wird, droht auch in der akustischen bzw. musikalischen Erfahrung der Inszenierung stets von neuem der Sinn des Textes bzw. der Musik zu entgleiten. Die Geräuschhaftigkeit der Bühne und insbesondere Valentines Verkörperung und Interpretation der Sprechstimme wirken mal als Deutung und Zuspitzung der Schönberg'schen Partitur, mal scheinen sie sie zu konterkarieren und lassen sie sogar unverständlich werden. Als Zuhörer schwanken wir ständig zwischen Verstehen und Nicht-Verstehen, zwischen Nähe und Ferne zu Schönbergs Partitur. Auf diese Weise gelingt es Marthaler, den scheinbar vertrauten Klassiker *Pierrot lunaire* immer wieder in Distanz zu rücken und ihn unserer Verfügbarkeit zu entziehen.

Diese Herangehensweise hat noch weitere Konsequenzen: Indem Marthaler in der zeitlichen und lautlichen Gestaltung seiner Inszenierung zunehmend Diskrepanzen zwischen Szene und Musik bis hin zur offenen Beziehungslosigkeit hervortreten lässt, erschwert und verweigert er dem Zuschauer oftmals eine sinnvolle Strukturierung. Konventionelle Deutungsmuster etwa von Wiederholungen werden ebenso in Frage gestellt wie eine synthetisierende Wahrnehmung des klanglichen und visuellen Geschehens. Indem Marthaler diese Widersprüche offen und scheinbar «gegen» die Partitur bzw. die

---

49 Vgl. hierzu Roland Barthes, «Die Rauheit der Stimme», in: ders., *Der entgegenkommende und der stumpfe Sinn: Kritische Essays III*, Frankfurt am Main: Suhrkamp, 1990, S. 269–78, sowie z. B. Valentines Rede in *Stunde Null oder die Kunst des Servierens. Ein Gedenktraining für Führungskräfte* von Christoph Marthaler und Stephanie Carp, Deutsches Schauspielhaus Hamburg 1995; diese Rede wird ausführlich besprochen bei David Roesner, *Theater als Musik* (siehe Anm. 35), S. 81–89.

verschiedenen Autorstimmen Schönbergs inszeniert, findet er einen Weg, die krisenhafte, grenzüberschreitende Modernität von *Pierrot lunaire* als Musiktheater neu erfahrbar zu machen.

In einer Rezension der Zeitschrift *Musik und Theater* anlässlich der Premiere von *Pierrot lunaire* in Salzburg kritisierte Reinhard Kager die Interpretation Graham Valentines mit folgenden Worten: «Graham F. Valentine spielt ihn [Pierrot] an der Grenze zum Wahnsinn und deklamiert dementsprechend exaltiert, girrt und gurrt, schreit lauthals und säuselt wieder falsettierend (schiesst aber im allzu freien Umgang mit dem Notentext ein wenig übers Ziel hinaus).»[50] Liest man diese Kritik vor dem Hintergrund unserer Inszenierungsanalyse, so spielt Kager hier den Autor Schönberg gegen den Autor Marthaler aus. Während Valentines Interpretation im Zusammenhang der Inszenierung einer klaren ästhetischen Auffassung folgt, tritt sie in dem Zitat in Konflikt mit einem Autor «Schönberg», der über die Tonhöhen konstruiert wird.

Dieser von Kager konstatierte Konflikt lässt sich nur dann sinnvoll lösen, wenn wir bereit sind, im Blick auf die Aufführung unsere geläufigen Vorstellungen von Autorschaft zu überdenken. Die oben angeführten Zitate haben gezeigt, dass offensichtlich auch im Falle einer Inszenierung bzw. eines Regisseurs Diskurse mit Autorfunktion wirksam sind. Wir müssen also unsere Vorstellung von Autorschaft zunächst dahingehend erweitern, dass wir nicht nur mit Blick auf objekthaft vorliegende Dinge, sondern auch im Falle von Aufführungen mit Autorschaft konfrontiert sind. Darüber hinaus haben die Diskussion über die Sprechstimme, die Analyse der Inszenierung und der Diskurs über den Autor Marthaler deutlich gemacht, dass wir es im Falle der szenischen Produktion nicht mehr mit einem Autor, sondern mit einer Zersplitterung der Autorfunktion zu tun haben. Statt von *einem* Ordnungsprinzip wird dasselbe Werk von zwei oder mehreren ergänzend markiert. Diese verschiedenen Ordnungsprinzipien regulieren sich gegenseitig. Sie können sich, wie wir anhand der Inszenierungsanalyse gesehen haben, an einigen Stellen affirmativ verhalten, in anderen Momenten in unterschiedliche Spannungsgrade zueinander treten. In allen Fällen eröffnen sie neue Möglichkeiten für ästhetische Erfahrungen. Damit «antwortet» die Vorstellung von multipler Autorschaft aber auch auf das eingangs skizzierte Problem. Ausgegangen waren wir von der Frage, inwiefern man bei einer Perspektive auf die Aufführung überhaupt noch sinnvoll von Autorschaft sprechen könne. Die Perspektive multipler Autorschaft bietet hier einen möglichen Ausweg, indem sie die Aufführung eben nicht mehr ausschließlich als Ausführung und Realisierung von etwas Vorgängigem versteht und bewertet. Sie macht sie vielmehr als eine eigenständige Kunstform beschreibbar, die sich im Spannungsfeld unterschiedlicher Autorstimmen konstituiert.

---

50 Reinhard Kager, «Gefangen in der Blackbox», in: *Musik und Theater,* 16 (1996), Nr. 9, S. 58–59, hier S. 59.

ÖFFNUNGEN: MEDIALITÄT UND TECHNOLOGIE

GOTTFRIED BOEHM

Visuell-akustische Arbeit
Interferenzen von Bild und Klang

Transformationen, am Beispiel Kagel

Die Frage, die wir heute stellen, erscheint einfach und schwierig zugleich. Allgemein formuliert lautet sie: Was haben *musikalische Klänge* mit *Bildwerken* zu tun? Sind sie imstande zu interagieren, womöglich als eine einzige Größe zu erscheinen? Den Anschein des Abstrakten verliert diese Frage sehr schnell, wenn man sich daran erinnert, dass die Konfiguration musikalischen und bildlichen Ausdrucks eine eingeführte kulturelle Praxis war und ist. Man *sieht* den Sänger singen und den Musikanten spielen, ohne dieser Erfahrung aber in der Regel *musikalisches* Gewicht zu geben. Anders ist es dann schon beim Tanz, der hörbaren Rhythmus und sichtbare Posen als ein integrales Geschehen erscheinen lässt, anders bei der Oper oder modernen, technischen Versionen des klingenden bzw. sprechenden Bildes, die sich *kinetischer* bzw. *kinematographischer* Medien bedienen. Diese wenigen Beispiele sind schon deshalb aufschlussreich, weil sie die Bedingungen erkennen lassen, unter denen sich Klang und Bild überhaupt verschränken können. Es bedarf nämlich der *Bewegung* des Ikonischen, um es musikalisch oder theatralisch adaptierbar zu machen. Mit anderen Worten: Die Temporalisierung ist das Vehikel, welches die getrennten Welten des Auges und des Ohres als ein einziges Geschehen erscheinen lassen kann. Nach der Seite des Bildes bzw. der Kunstwissenschaft gewendet – von der aus ich argumentiere – geht es also um das Problem, ob und inwieweit sich Bildwerke als *Ereignisse* beschreiben lassen. Dieser Gedanke erschüttert, so provisorisch er erscheinen mag, die Fundamente dessen, was wir traditionellerweise als Bild verstehen, und jene eingeführte Ordnung, die uns Zeitkünste von Raumkünsten prinzipiell zu unterscheiden veranlasst – worauf wir zurückkommen werden.

Die Dringlichkeit der angesprochenen Fragen verstärkt sich nochmals, wenn wir den Prozess der Auflösung der alten und stabilen Gattungsgrenzen ins Auge fassen, wie er von den Avantgarden im 20. Jahrhundert vorangetrieben wurde. Er hat zu Erscheinungsweisen des Ikonischen geführt, die wie das Happening, die Klanginstallation oder die Performance ein «theatralisches» Geschehen sehr verschiedener Art in Gang setzen. Das weitgehend statisch gedachte Bildwerk – Gemälde, Zeichnung oder auch Skulptur – nimmt gleichsam Fahrt auf. Zugleich schaffen diese historischen Transformationen neue Zugänge zu der von uns gestellten Frage: Nicht länger geht es nämlich darum, zwei oder drei bereits ausgeformte und selbständige künstlerische Praktiken miteinander zu verbinden, wie dies beim Tanz der Fall ist, wenn er die Kunst der Bewegung mit derjenigen der Musik verknüpft, oder gar bei der Oper, deren Gesamtheit Mimus, Bühne, textgestützte Dramatik und gesanglich-orchestrales Klanggeschehen umfasst. Was sich an Mauricio Kagels *Zwei-Mann-Orchester,* an das wir uns im Folgenden halten wollen, ablesen lässt, ist die Infragestellung dessen, was musikalische Komposition sein kann und soll, und gleichzeitig damit die Unterminierung ihrer gewohnten Sichtbarkeit in der Aufführung. Kagel hat selbst diesen Regress auf die Prämissen und Voraussetzungen als eine Musik vor der Musik beschrieben («Vor-Musik»), zu der sich in der bildenden Kunst des 20. Jahrhunderts zahllose Parallelen aufweisen lassen, in denen es um Bilder *vor* den Bildern gegangen ist.[1] Wenn aber nicht schon feststeht, was das Auditive und was das Ikonische jeweils sind, und wie sie zusammen in Gebrauch genommen werden können, wird die Konvergenzfrage auf eine zuvor unbekannte Weise aktuell, aber auch aufschlussreich. Halten wir uns zunächst aber an Kagels Werk, das wir vor allem von seiner visuellen Seite her erschließen wollen, um danach jene allgemeinere Diskussion aufzunehmen, die das Bild als Ereignis zu bestimmen sucht.

Nur zur Erinnerung: Kagels Werk stammt aus einem historischen Zusammenhang, in dem Happening, Aktionskunst und Performance entstanden sind.[2] Der Musiker nahm an diesen im Rheinland zwischen Düsseldorf und Köln zentrierten Aktivitäten teil, ohne darüber seine kompositorische Intention aufzugeben. Er ritt eine forsche Attacke gegen den tradierten Musikbetrieb des Orchesters – im Einklang mit dem Neodadaismus der Nachkriegszeit – und er verband dieses Tun mit der Einsicht, dass im Interferenzbereich der Künste neue und mannigfache Möglichkeiten brach lagen. Dem widmete sich auch sein «visuell-akustisches Laboratorium», das er unter anderem mit seiner Frau, der Bildhauerin Ursula Burghardt, und mit Wolf Vostell betrieb. Der Begriff der *visuell-akustischen Arbeit*, den wir in unseren Titel aufgenommen haben, ist besonders gut geeignet, Verständnis auch für das *Zwei-Mann-Orchester* zu bewirken und gleichzeitig die damit verbundenen weiterführenden Fragen aufzugreifen.[3]

Ein Orchester der Dinge

Wer an einer Aufführung von Kagels *Zwei-Mann-Orchester* teilnimmt, ist als Hörer und Betrachter gleichermaßen involviert. Diese Interferenz geht aber allzu leicht verloren, denn manches dürfte den Teilnehmenden veranlassen, sich wie ein gewöhnlicher Konzert-

---

1   Kagel spricht gar von «Vor-Vormusik» in Bezug auf musikalische Arbeit mit Kindern (Mauricio Kagel, «Kinderinstrumente oder Instrumente für Kinder?», in: *Kind und Kagel. Mauricio Kagel und seine Kinderinstrumente*, hrsg. von Matthias Kassel, Basel: Paul Sacher Stiftung und Mainz etc.: Schott 2006, S. 7–8). Vgl. Matthias Kassel, «Sammler-Stücke, Klang-Objekte. Zu Mauricio Kagels Werken mit experimentellen Klangerzeugern», in: *Aufgehobene Erschöpfung – Der Komponist Mauricio Kagel. Symposion, 20. und 21. September 2008, Alte Oper Frankfurt am Main*, hrsg. von Hans-Klaus Jungheinrich, Mainz: Schott 2009, S. 159–71, hier S. 164–65. Der Ausdruck «Vor-Musik» lässt sich auf Kagels kompositorisches Prozedere insgesamt erweitern. Zur bildnerischen Seite des Problems: Gottfried Boehm, «Bilder jenseits der Bilder. Transformationen in der Kunst des 20. Jahrhunderts», in: *Transform. BildObjektSkulptur im 20. Jahrhundert*, hrsg. von Theodora Vischer, Ausstellungskatalog, Basel: Kunstmuseum und Kunsthalle 1992, S. 15–21.

2   Vgl. die Beiträge und Materialien in: *Mauricio Kagel: Zwei-Mann-Orchester. Essays und Dokumente*, hrsg. von Matthias Kassel, Basel: Schwabe 2011.

3   Vgl. ebd., S. 71–92; zum «Labor zur Erforschung akustischer und visueller Ereignisse, e. V.» insbesondere S. 83–84 und S. 90–92; vgl. auch das Gespräch mit dem Kagel-Interpreten Theodor Ross über «Die Erstfassung von Mauricio Kagels *Zwei-Mann-Orchester*», in diesem Band S. 221–31.

besucher zu verhalten, dem allerdings erhebliche Verfremdungen der Tonwelt zugemutet werden. Auch die anlässlich der Aufführung im Museum Tinguely im April 2011 entstandene Videoaufnahme[4] praktiziert eine eher traditionelle Sichtweise, wenn sie den Blick jener zeitlichen Spur folgen lässt, die von den jeweils zum Klingen gebrachten Dingen vorgezeichnet wird. Die Sukzession der etwa 150 Klangquellen bestimmt dann, was man sieht, ähnlich wie der Zuhörer eines Symphoniekonzertes einzelne aktive Instrumente oder Instrumentengruppen betrachtet, sofern er nicht den Gesten des Dirigenten folgt. Auf diesem Wege würde die für das Bildliche unverzichtbare Simultaneität der Wahrnehmung unterdrückt, und eine veritable Verschränkung von Klang und Bild käme *nicht* zustande. Man sieht zwar, was man hört, das Visuelle ist aber ein bloßes Superadditum, auf das schon bei der Reproduktion der Musik auf einen Tonträger problem- und scheinbar folgenlos verzichtet wird. Die Sphäre der Sichtbarkeit gewinnt auf diese Weise keine eigene Wertigkeit, bzw. sie wird als solche nicht wahrgenommen. Wie wird man der Interferenz nun aber besser gerecht? Wie bringt Kagel im seinem Werk *Zwei-Mann-Orchester* Sichtbares und Hörbares auf eine artikulierte Art zur Geltung?

Die bisherige Diskussion dieses Teils seines künstlerischen Œuvres hat einige aufschlussreiche Gesichtspunkte zu Tage gefördert. Da ist zunächst das Offensichtliche zu unterstreichen: Die auf drei niedrigen Podesten aufgestellten Gegenstände verdanken sich der Sammelleidenschaft Kagels, die lange Wege durch Brockenstuben, Depots, Werkstätten, Antikenläden oder über Schrottplätze zurückgelegt hat. Diese museologische, vom Auge gelenkte Sammeltätigkeit und die daran anschließende Bricolage – eine Umrüstung und Instrumentierung des Vorgefundenen zum Zwecke des Konzertes – wird auch von den Protagonisten jeder neuen Aufführung erwartet, die auf Kagels originäre Sammlung nicht zurückgreifen können und sollen. Auch sie sind deshalb veranlasst, Dinge aufzulesen und eine Werkstatt zu eröffnen. Mit anderen Worten: Die Sammlung der Objekte *ermöglicht* jeweils erst die klangliche Realisation und verleiht ihr darüber hinaus einen spezifischen Charakter. Denn das standardisierte Klangreservoir, das beispielsweise die Instrumente eines Streichorchesters beinhalten, welche damit eine im Prinzip vertraute Klangwelt evozieren, kommt ganz ausdrücklich *nicht* zum Zug. Es lag Kagel aber auch fern, eine Art dadaistisches Spiel mit Zufällen in Gang zu setzen. Durchaus verstand er sich als «Com-positeur», d. h. als Stifter eines gegliederten Ordnungsganzen, im akustischen wie im visuellen Verständnis. Seine Notationen, die er auswendig zu realisieren vorschreibt und die aus einem «Modulvorrat aus Motiven, Rhythmen und Bewegungen» bestehen,[5] bedürfen eines offenen *Raumes*, in dem sich die Klangkörper versammeln und in dem sie ertönen; genauer gesprochen: eines Raumes, der nicht bereits existiert, sondern dank der resonanzbefähigten Dinge überhaupt erst Erfahrbarkeit und Präsenz gewinnt. Diese Verschiebung des musikalischen Geschehens aus einer bindenden Zeitfolge in eine freie, *räumliche* Erscheinungsform ist hoch bemerkenswert und wir kommen darauf zurück.

---

4   Mauricio Kagel: *Zwei-Mann-Orchester. Basler Fassung 2011*, Spieler: Wilhelm Bruck und Matthias Würsch, DVD, Basel: Point de vue 2011.

5   Matthias Kassel, «Sammler-Stücke, Klang-Objekte» (siehe Anm. 1), S. 166.

ABB. 1   Mauricio Kagel, *Zwei-Mann-Orchester*, Fassung Basel 2011,
Aufführung am 6. Mai 2011 im Museum Tinguely, Basel
(Foto von Ute Schendel/PSS).

Das «Dingorchester» – um die Begriffsalternative zwischen «Instrumentalem
Theater» und «Theater der Instrumente» zu vermeiden[6] – präsentiert sich als eine kunst-
voll arrangierte, visuelle Auslegeordnung. Es ist ein «Stück» und gleichermaßen eine
«Objekt-Collage». Nicht zufällig ist das *Zwei-Mann-Orchester* bei Gelegenheit auch auf-
führungslos als ein rein musealer Körper ausgestellt worden.[7] Er hat mithin, tendenziell
zumindest, auch im Raum der Objektkunst Vorkommen und Bestand. Mit anderen
Worten: Das Dingliche besitzt sein eigenes Gewicht, was auch anlässlich der Basler
Präsentation, vor, während und nach der Aufführung, deutlich geworden ist. Was man
sieht, ist klar als ein «Ganzes» komponiert, so dass man sich zur Charakteristik auch
des Begriffs einer «Ding-Collage» bedienen kann. Die Präsentation auf drei Podien hebt
die Objekte heraus, trennt sie vom Kontext und stärkt ihre stumme Sichtbarkeit, sie
assoziiert den Sockel und dessen Rolle für die Skulptur. Manche der Objekte scheinen sich ausschließlich visuell zu rechtfertigen, denn sie bieten sich völlig verschlos-
sen und klangfern dar – ihren Gebrauch als Klangerzeuger kann man sich noch nicht
einmal imaginieren. Dem *Aufführen* geht insgesamt ein *Auf- und Ausstellen* voraus, und

6   Ebd., S. 162–63.
7   Onno Mensink, «Das Zwei-Mann-Orchester als Museumsstück», in: *Mauricio Kagel: Zwei-Mann-
Orchester. Essays und Dokumente* (siehe Anm. 2), S. 51–58, und Martin Kirnbauer, «Kagel im
Museum», ebd., S. 41–50.

das klanglose Zeigen, das Ostentative verleiht dem *Zwei-Mann-Orchester* überhaupt erst materielle Dauer, sichert seine Existenz, auch dann, wenn es nicht zu hören ist. Seine Kontinuität ist, so gesehen, rein dinglicher und visueller Natur, unterbrochen von den kurzen Klangphasen der Aufführung. Danach gehen die Dinge wieder in die unzugängliche Anonymität eines Depots ein, dem Gehör völlig entzogen, mit der Aussicht, als Museumsstück einmal wieder aufzuerstehen.

Für die Bildseite des Klanges ist mit anderen Worten die simultane Präsenz des *Zwei-Mann-Orchesters* von ausschlaggebender Bedeutung. Kagel legte großen Wert darauf, eine möglichst große Zahl klangfähiger Dinge zusammenzutragen, ein schieres Gewimmel zu erzeugen. Diese visuelle Unüberschaubarkeit stärkt – wie es auch die Fotos demonstrieren – den Totalitätsaspekt (→ **ABB. 1**). Die installative Anordnung präsentiert sich nicht als Addition, sondern als ein anschauliches Ganzes. Von seinem jeweiligen Standpunkt oder Sitzplatz aus kann der Betrachter die Summe der Einzelteile nicht durchlaufen. Dieser visuelle Befund hat entscheidende Folgen für den Klang – oder soll man sagen: für das Klangbild? Sie sind von hohem Interesse, auch über Kagels Werk hinaus.

Denn die Resonanzen, welche die jeweiligen Klangkörper stets *nacheinander* erzeugen und die jeweils nur einmal zu Gehör kommen, erschaffen ihren ganz eigenen Raum. Kagel unterläuft die Hörerwartung der Musik als eine Sukzessionsfolge, welche Takte oder Sätze aufweist, sich in Synkopen oder Peripetien steigert, sich wiederholt bzw. insgesamt in der Zeit entwickelt. Das klangliche Geschehen entfaltet sich *im* Raum, genauer gesprochen: als ein Geschehen *des* Raumes. Vom Raum aber gilt, dass er jenseits seines abstrakten Vorkommens als schiere Dimensionalität, zugleich sichtbar und hörbar gemacht werden kann. Die Auslegeordnung der Klangkörper ermöglicht beides zur gleichen Zeit.

Damit tritt an die Stelle einer musikalischen *Zeitlogik*, samt ihrer spannungsreichen Sukzessionsfolge – wie sie der Hörer von Musik kennt – eine Entfaltung der Klänge, die einer statischen *Raumlogik* folgen. Sie prädestiniert den Teilnehmer gleichzeitig zum Zuhörer wie zum Betrachter.

Matthias Kassel hat die Frage erörtert, inwieweit dieser Raum nicht auf die alte Form des «Theatrums» zurückverweist, zu der u. a. die Kunst- und Wunderkammern bzw. Sammlerkabinette zählen.[8] Denn es war ja keineswegs nur für die Aufführung von Opern, Konzerten oder Schauspielen bestimmt, sondern diente darüber hinaus auch als ein epistemischer, Staunen erregender Schau- bzw. Erbauungsraum. Derartige Vergleiche haben dort ihre Grenzen, wo es Kagel nicht darum geht, die gesammelten Klangerzeuger als Repräsentanten einer wie auch immer geordneten Ordnung der Welt zu verstehen, die sich in den zusammengetragenen Dingen eines Kabinetts spiegelt, sondern als *Agenten eines Geschehens*, dessen Klänge ins Offene bis dahin unbekannter Erfahrungswelten vordringen.

---

8 Matthias Kassel, «Theatrum compositorum. Mauricio Kagels Materialsammlungen», in: *Der Schall. Mauricio Kagels Instrumentarium*, hrsg. von Michael Kunkel und Martina Papiro, Saarbrücken: Pfau 2009, S. 29–39.

Vom Ohr zum Auge

Was aber geschieht, wenn sich die beschriebene Auslegeordnung in der Aufführung aktiviert? Welche Rolle ist den Spielern zugewiesen? Zunächst: Sie sitzen links und rechts jeweils auf einem Hocker und sind *inmitten* der Klangerzeuger platziert, von denen sie umringt werden. Sie widmen sich nicht ihrem jeweiligen Instrument, sondern sind von ihrer Vielfalt umgeben, so gesehen: der aktive Teil der dinglichen Anordnung. Ihren starken Einbezug verdeutlichen die Gurte, Schnallen und Riemen, mit denen sie angetan sind und mit deren Hilfe es ihnen möglich gemacht wird, sich im rechten Moment an die Klangkörper anzuschließen, ihre Bewegungen auf die Objekte so zu übertragen, dass deren jeweiliges akustisches Potential mobilisiert werden kann.[9] Die Spieler sind an ihren

---

9   Vgl. Michael Kunkel, «À la recherche des joueurs perdus. Wo sind die Spieler in Kagels *Zwei-Mann-Orchester*? Ein Rettungsversuch», in: *Mauricio Kagel: Zwei-Mann-Orchester. Essays und Dokumente* (siehe Anm. 2), S. 31–40. Der Autor zitiert (S. 31) eine Werkbeschreibung von Werner Klüppelholz von 1981, in der es unter anderem heißt: «Zwei Spieler, Gefesselten gleich, eingezwängt inmitten einer labyrinthischen Dingwelt, Gewirr von Geräten, Knäuel von Schnüren, Seilzügen, Transmissionsriemen, teils Werkstatt, teils Müllplatz, teils Folterkammer [...]; ferngelenkte, mit nahezu allen Körperteilen der Ausführenden verbundene Klangerzeuger, die auf mechanische Weise und aus Distanz zum Klingen kommen»; Werner Klüppelholz, «*Zwei-Mann-Orchester* für zwei Ein-Mann-Orchester», in: ders., M*auricio Kagel 1970–1980*, Köln: DuMont 1981, S. 105–07, hier S. 105.

ABB. 2   Mauricio Kagel, *Zwei-Mann-Orchester*, Fassung Basel 2011,
Aufführung am 17. November 2012 in der Sala Bicentenario des
Teatro Colon, Buenos Aires (Fotos von Matthias Kassel/PSS).
2A Matthias Würsch (links)   **2B** Wilhelm Bruck (rechts)

Sitz weitgehend fixiert, wie Maschinisten im Führerstand einer komplizierten Maschine, die so ausgestattet ist, dass es möglich wird, auch in einigem Abstand positionierte Dinge mittels gespannter Schnüre, Drähte, Gelenke, Scharniere oder Transmissionsstangen in Aktion zu versetzen.

Kagel war wichtig, dass sich die Musiker nicht selbst in Szene setzten, wozu er entsprechende Vorschriften erlassen hat. Sie sollten nicht mittels Gestik, Mimik oder Bewegung zu Darstellern werden, welche die Erzeugung der Klänge nur zum Vorwand nehmen. Ohne wechselseitigen Blickkontakt und mit Buster-Keaton-Miene sind sie vielmehr gehalten, sich in konzentrierter Sachlichkeit der musikalischen Aufführung zu widmen, Effekte des Skurrilen oder Burlesken niederzuhalten. Wie sehr diese sich anbieten, verdeutlicht ein kurzer Seitenblick auf Fischli/Weiss' Filmwerk *Der Lauf der Dinge*, das mit einer ganz anderen, nämlich sukzessiven Ordnung der Objekte, die durch eine Reaktionskette miteinander verbunden sind, auf eine surreale Komik zielt.[10]

Andererseits ist das *Zwei-Mann-Orchester* auch keine kalte Maschine. Die ernsthafte Konzentration auf die Klangkörper und ihr jeweiliges Potential folgt einer strikten Vorgabe, die aber durchaus Spielräume eröffnet. Es geht also darum, eine Mitte zu halten, sich mit

---

10   Peter Fischli und David Weiss, *Der Lauf der Dinge* (1987), DVD, Zürich: T&C Edition, cop. 2005.

«Neutralität» auszustaffieren, einer «Maske», die es ermöglicht, «der Szenerie den Sog der Genauigkeit» zu entlocken, «der eine ernsthafte Aufmerksamkeit des Publikums heranzieht.»[11]

Wir hatten davon gesprochen, dass Kagel seine Komposition als das Ereignis eines
Raumes entworfen hat, der zugleich hör- und sichtbar wird. Das bestätigte sich während
der Aufführung. Was man jeweils vernimmt – zum Beispiel das Ausschütten kleiner Stei-
ne, das Anschlagen von Metall oder gespanntem Fell, das Anblasen eines Rohrs –, begleitet
eine ausgeprägte Seherfahrung. Für ihr Gewicht ist entscheidend, dass kein Ton, der zu
hören ist, auf kürzestem Wege dem virtuosen Umgang mit dem jeweiligen Instrument
oder Klangkörper entspringt. Das Spielen ist dank der Bricolage systematisch erschwert,
es folgt oft ganz unwahrscheinlichen Umwegen, um einem Objekt schließlich doch noch
einen Klang zu entlocken. Dieser wird gefunden, er wird gegen Widerstände erzeugt, er
gewinnt dabei aber weder Schmelz noch Schönheit, sondern demonstriert seine zweifel-
hafte Herkunft aus der akustischen Welt der Geräusche. Manches herkömmliche Musikinstrument wird im wörtlichen wie übertragenen Sinne gegen den Strich genutzt: eine
Violine zum Beispiel nicht als Streich-, sondern als ein Kratz- oder Perkussionsinstrument
gebraucht; Hörner, Tuben oder Rohre fauchen, bevor sie auf rudimentäre Weise klingen
etc. Das Sichtbare und das Hörbare behalten ihren Eigenwert gerade deshalb, weil ihre
Interaktionen mit allerhand Verzögerungen, Umständen, Zufällen und Störungen ein-
hergehen. Das Vergnügen des Zuhörers hat nicht zuletzt damit zu tun, dass er immer
wieder beobachten kann, wie sich der Sprung vom sichtbaren Objekt zum Klang mit
einem Ritardando vollzieht.

Das *Zwei-Mann-Orchester* bleibt in seiner Aufführung und den damit verbundenen Lenkungen der Aufmerksamkeit des Zuhörers stets als eine installative Ganzheit
präsent. Sie wird auf besondere Weise auch durch die zahlreichen Fäden, Schnüre und
Drähte gestärkt, die von den Sitzen der Spieler ausgehen, das ganze Terrain durchziehen,
die einzelnen Podien überspannen (→ ABB. 2, S. 96–97). Ihr Netzwerk ist wiederum doppelt
motiviert. Es breitet sich sichtbar aus, seine Vektoren dienen gleichzeitig aber auch der
Übertragung innermechanischer Kräfte, die imstande sind, akustische Effekte hervorzubringen. Es sind einzelne Linien, die als Schnüre gebraucht werden, als ein Geflecht oder
Gespinst machen sie dagegen den Zusammenhang des ganzen Orchesters visuell erfahrbar, Nervenbahnen vergleichbar, die eine Struktur repräsentieren und zugleich Energien
und Informationen steuern. Die visuell-akustische Doppelbestimmtheit gilt auch für die
Stäbe, Stangen, Stecken, Riemen oder Gabeln. Sie tragen dazu bei, die Heterogenität der
Objekte, das bloße Archiv der Dinge, visuell zu organisieren. Ihre auditive Rolle liegt,
einmal mehr, darin, Klänge anzubahnen bzw. anzustoßen.

Der Besucher der Aufführung des *Zwei-Mann-Orchesters* ist gehalten, auf Funk-
tionsabläufe im Detail wie auf die Struktur des Ganzen zu achten, mithin eine doppelte
Aufmerksamkeit zu kultivieren. Er lenkt sie auf das jeweilige Objekt, das sich gerade
akustisch meldet, er verfolgt, wie es dazu gekommen ist, dass es ertönt, zugleich aber hat
er das Geflecht der Linien vor Augen, welches dem lebendigen Organismus des Orchesters
den entscheidenden inneren Zusammenhang verleiht.

---

11   Matthias Kassel, «Sammler-Stücke, Klang-Objekte» (siehe Anm. 1), S. 167.

Körperraum und Gebärde

Aus den Beobachtungen an Kagels Werk lassen sich Schlüsse ziehen, die in eine viel allgemeinere Diskussion überleiten. Ihr Gegenstand ist der Ordnungs- oder Organisationszusammenhang des Musikalischen und des Bildnerischen. Auf welcher gemeinsamen Basis kann sich eine «visuell-akustische Arbeit» überhaupt vollziehen? Wir nehmen diese Frage aus der Perspektive der Kunstwissenschaft auf, die sich seit Lessings maßgeblichem Vorschlag an der grundsätzlichen Opposition von Zeit- und Raumkünsten orientiert hatte. Danach wären Bilder durch einen «Mangel an Zeit» gekennzeichnet: starre und materielle Größen, als deren angestammtes Terrain deshalb der Raum galt. Gegenüber den Künsten, die sich wie Poesie und Musik in und mit der Zeit entfalten konnten, war das Bildnerische auf die sekundäre Stufe einer Hierarchie verwiesen, auf der es von der Partizipation an temporalen Ereignissen ausgeschlossen war.

Wie wenig dies schon für komplexe Ausdrucksformen in der Art des Tanzes, der Oper und selbst des Tableau vivant zutraf, blieb weitgehend undiskutiert. Denn «Bild» war nur, was sich innerhalb der Gattungsordnung als statische Form ausgebildet hatte. Das Ikonische an der Bühne, des bewegten Körpers, die Idee des bewegten Bildes – in welchem Sinne auch immer – überdeckte der lange Schatten des Laokoon-Paradigmas.[12] Er begann sich erst aufzuhellen, als das Kino und dann die Avantgarden der Kunst nach 1945 Performance oder Klanginstallationen schufen und damit das Bild mit der Zeit auf eine Weise kontaminierten, die sich mit den alten stabilen Ordnungsvorstellungen nicht mehr auffangen ließ. Dabei stellte sich dann mehr und mehr heraus, dass auch das vorgeblich starre und zeitlose Bild, zum Beispiel als Zeichnung oder Gemälde, einer temporalen Logik folgt.[13]

Ein solches Umdenken würde auch durch Kagels visuell-auditives Werk befeuert, und wir machen uns nunmehr daran, das argumentative Terrain zu skizzieren, auf dem die unterschiedlichen Künste mit- und gegeneinander agieren. Bevor wir dann auf die schon genannte Frage zurückkommen, auf welcher Basis eine visuell-auditive Arbeit überhaupt erfolgreich operieren kann, was sie implizite voraussetzt.

Die Revision des Laokoon-Paradigmas in den Wissenschaften kann sich nicht nur auf die durch die Avantgarden geschaffenen neuen Realitäten berufen; ihre begrifflichen und argumentativen Instrumente sind mit einem sehr breiten Umdenken verbunden. Eine neue Ordnung von Zeit und Raum zu denken: Das betrifft zahlreiche Disziplinen und Wissensformen. Dazu geben wir an dieser Stelle nur einige Hinweise. So hat sich die Linguistik, unterstützt durch Neurowissenschaft, Evolutionspsychologie, Paläontologie und Verhaltensforschung an Primaten, der Erforschung jener Gebärdensprache gewidmet, die von Taubstummen gebraucht wird.[14] Dabei ließ sich die starke Hypothese

---

12 Gotthold Ephraim Lessing, «Laokoon: oder über die Grenzen der Malerei und Poesie», in: ders., *Werke und Briefe in zwölf Bänden*, Bd. 5, Teil 2: *Werke 1766–1769*, hrsg. von Wilfried Barner, Frankfurt am Main: Deutscher Klassiker Verlag 1990, S. 13–321, und Kommentar S. 616–916, insbesondere Abschnitt «Struktur und Gehalt», S. 661–74.

13 Gottfried Boehm, «Bild und Zeit», in: *Das Phänomen Zeit in Kunst und Wissenschaft*, hrsg. von Hannelore Paflik, Weinheim: VCH Acta humaniora 1987, S. 1–23.

14 Ludwig Jäger, «Bild/Sprachlichkeit. Zur Audiovisualität des menschlichen Sprachvermögens», in: *Sprache und Literatur*, 37 (2006), Nr. 98, S. 2–24.

weitgehend verifizieren, dass das menschliche Sprachvermögen generell und von Anfang an audio-visuell organisiert ist, vom «gestischen Ursprung der Sprache» bzw. einer Gleichursprünglichkeit ikonischer und lingualer Potenzen ausgegangen werden kann, wobei «ikonisch» alles meint, was sich mittels körperlicher Bewegungen *zeigen* lässt. Der Homo pictor geht mithin dem Homo loquens voraus und zeugt sich in dessen Sprachfertigkeit fort. Mit anderen Worten: Es lässt sich nachweisen, «dass das Sprachliche ohne Verlust an kommunikativer und kognitiver Reichweite im genuinen Raum des Bildlichen situiert zu werden vermag.»[15]

Diese Einsicht ist jetzt auch deshalb weiterführend, weil sie musikalische Ausdrucksformen einzubeziehen erlaubt – welche von der Linguistik in aller Regel kaum diskutiert worden sind. Ließe sich, parallel zur Entwicklung der Sprache, auch von einem gestischen Ursprung der Musik reden? Anders gefragt: Welche Rolle spielt der Körperraum dafür, dass sich der Mensch musikalisch ausdrücken will und kann? Die wortlosen Gebärden jedenfalls können sich deshalb zu Sprachen fortbilden, weil sie aus einem körperlichen Aktionsraum entstehen, der noch nicht festgelegt ist hinsichtlich der Differenz zwischen visuell und akustisch bzw. hinsichtlich der Unterscheidung zwischen sprachlichen und musikalischen Zeichen. Das Sich-Entwickeln in der Zeit hat die Musik mit der Sprache gemeinsam, während ikonische Zeichen dem körperlichen Tonos Nachdruck verleihen.

Die vielleicht wichtigste Feststellung aber besteht darin, dass der Raum im Lessing'schen Sinne nicht *gegen* Zeit steht, die Vorstellung einer hierarchischen Schichtung durch die vielfältiger Konvergenzen und Konkreszenzen zu ersetzen ist. Der körperliche *Gebärdungsraum* ist jedenfalls immer temporal determiniert. Die *Temporalität* eines Bewegungsvollzugs wiederum gewinnt ihre Bestimmungskraft aus den Koordinaten des körperlichen Raumes, der immer situiert ist. Dazu noch einige Bemerkungen.

Gebärden erscheinen im Alltag wenig artikuliert, oft eher als improvisierte oder emotionale Begleiter der Kommunikation, sieht man einmal von der Kultivierungsform des Schauspiels, der Pantomime oder der Rhetorik ab. Dabei übersieht man leicht das Wichtigste: Es geht nicht um die einzelne Gebärde und das, was sie eventuell bedeuten könnte, es geht um die Etablierung eines körperlichen Aktionsfeldes, das Menschen mit sich führen bzw. das sie ständig neu hervorbringen.[16] Dieses Feld ist durch die Brust und das Gesicht des Sprechenden begrenzt und öffnet sich frontal in einem Vorraum, in dem Zuhörer bzw. Unterredner einbezogen werden. Dieser Gebärdenraum ist, wie gesagt, situativ organisiert und er stellt die Koordinaten bereit, die wir auf die Welt übertragen, in ihr als «gültig» oder «gegeben» vorfinden. Nur vom Körper aus ist Links links, Rechts rechts, Oben oben, Unten unten usw. Damit aber ist das Schema einer Ordnung entworfen, in der gleichermaßen räumliche wie zeitliche Unterscheidungen zusammenfinden. Nicht zuletzt ist der Rhythmus, in dem sich ein Mensch gebärdet, nicht nur Ausdruck seiner inneren Spannung und Motorik, sondern stets auch eine verräumlichte Form der Zeit,

---

15   Ebd., S. 7.
16   Vgl. Gottfried Boehm, «Die Hintergründigkeit des Zeigens. Deiktische Wurzeln des Bildes», in: ders., *Wie Bilder Sinn erzeugen. Die Macht des Zeigens*, Berlin: Berlin University Press 2007, 4. Aufl. 2015, S. 19–33, und die Beiträge des Basler Symposiums *Zeigen. Die Rhetorik des Sichtbaren*, hrsg. von Gottfried Boehm, Sebastian Egenhofer und Christian Spies, München: Fink 2010.

gleichermaßen für visuelle wie akustisch-sprachliche Ausprägungen offen. Der menschliche Körperraum bleibt meist ganz aus dem Blick, wenn wir ein bestimmtes Bildwerk, zum Beispiel ein Gemälde an der Wand, betrachten. Es gehört aber zu den wissenschaftlichen Fortschritten der jüngsten Zeit, die systematische Genese von Bildformen aus dem Gebärdenraum darzulegen.[17] Das beginnt bei der anschaulichen Ordnung, in der wir eben jene Koordinaten wiederfinden, derer wir durch unseren Körper habhaft werden. Wer ein Bild betrachtet, begegnet dieser vorgängigen, der körperlichen Gebärdung entsprungenen Ordnungsstruktur wieder. Wer ein Bild betrachtet, der hält still, gebärdet sich im wörtlichen Sinne zwar nicht, aber seine Körpermotorik nimmt auf, was sich im Bildwerk jeweils an Orientierungen und gestalteten Räumen vorfindet. Schließlich kommt auch das in der Gebärdung implizite temporale Momentum im Prozess der zeitlichen Realisierung des Bildes wieder zur Geltung. Mit anderen Worten: Zwischen dem starren und zeitenthobenen Bild im Raum und der zeitlichen Realisierung gibt es eine enge Wechselwirkung, die das Gebilde erst als lebendig und bedeutungsträchtig erscheinen lässt. Es ist mithin die beschriebene Struktur der körperlichen Artikulation, in der das Räumliche und das Zeitliche als Aspekte einer gemeinsamen Erfahrung erkennbar und verständlich werden.

Diese Hinweise erlauben es uns, am Ende nochmals auf Kagels *Zwei-Mann-Orchester* zurückzukommen. Wir hatten in der Analyse schrittweise von einer Collage aus Dingen, von einzelnen Klangkörpern (d. h. resonanten Schallerzeugern) und schließlich, ganz am Ende, vom *Zwei-Mann-Orchester* als einem komplex organisierten *Organismus* gesprochen, der zugleich sicht- wie hörbar erscheint. Und Kagels Neigung, den Verlauf der Klänge in der Zeit in eine räumliche Präsenz zu verschieben, hatte darüber hinaus deutlich werden lassen, dass die Musik als die Zeit-Kunst schlechthin auf diese dominante Koordinate keineswegs festgelegt ist, eine Konfiguration zeitlicher und räumlicher Art auszubilden vermag.

An dieser Stelle wird noch einmal wichtig, welche Rolle und welchen Ort Kagel den Spielern zugewiesen hatte. Sie sind in die Auslegeordnung der Dinge völlig integriert, gehen in ihr auf. Indem sie in ihr tätig werdend, d. h. spielend ihr die Vitalität und Motorik ihres Körpers leihen, erwacht der Organismus der Dinge selbst zum kurzen Leben der Aufführung. Kagels *Zwei-Mann-Orchester* wird hörbar, *weil* es sichtbar ist. Die spezifische Verbindung, die er mit seiner visuell-akustischen Arbeit in die Welt gesetzt hat, basiert auf der unsichtbaren Gegenwart eines Körperraums, der sich im Organismus des dreiteiligen Dingorchesters ausdifferenziert und dessen Potentialität die beiden Spieler realisieren.

---

17 Vgl. Gottfried Boehm, «Die Hintergründigkeit des Zeigens» (siehe Anm. 16), sowie ders., «Das Zeigen der Bilder», in: *Zeigen* (siehe Anm. 16), S. 19–53, insbes. S. 39–44.

TOBIAS PLEBUCH

«Playing video on a violin»
Musik und Performanz in der Videokunst

«Someday», prophezeite Nam June Paik 1965, «artists will work with capacitors, resistors & semi-conductors as they work today with brushes, violins & junk.»[1] Dass Musik, die Zeit-kunst par excellence, in der Entwicklung der Medienkunst wie ein Katalysator wirkte, ist naheliegend, obgleich ihre Rolle hierbei bisher wenig Beachtung gefunden hat.[2] Zunächst fällt auf, dass sich viele Videopioniere von ihrer musikalischen Ausbildung oder gar eige-nen kompositorischen Erfahrungen auf neue Bahnen führen ließen. Die Zusammenhänge sind so vielfältig, dass sie nicht in einer griffigen These zu bündeln sind, aber sie lassen sich vorab am Beispiel von neun der bekanntesten Videokünstler andeuten:

• Nam June Paik studierte Musik- und Kunstgeschichte und verfasste 1956 an der Universität Tokyo seine Abschlussarbeit über Arnold Schönberg.[3] Er zog im selben Jahr nach München, um Musikwissenschaft bei Thrasybulos Georgiades und Kunstgeschichte zu studieren, wechselte aber bald an die Freiburger Musikhochschule, wo er Kompositions-unterricht von Wolfgang Fortner erhielt. 1957 und 1958 schloss er Bekanntschaft mit Karl-heinz Stockhausen und John Cage bei den Darmstädter Ferienkursen für Neue Musik. Auf Empfehlung Fortners ging er 1959 an das Kölner Studio für Elektronische Musik beim WDR. Die Zusammenarbeit mit Stockhausen, Cage und der Cellistin Charlotte Moorman gab Paik entscheidende Anregungen für seine Videoarbeiten.

• Wolf Vostell hatte zwar keine musikalische Ausbildung, ließ sich aber von Stock-hausens Arbeit im Kölner Studio zu seinen TV-Décollagen anregen und arbeitete 1968 mit Mauricio Kagel im multimedialen Kölner Labor zur Erforschung akustischer und visueller Ereignisse e.V. zusammen.

• Bill Viola wies selbst darauf hin, dass das Musizieren (als Schlagzeuger in einer Rockband) und die Beschäftigung mit dem Moog-Synthesizer wichtig für seine Entwick-lung als Videokünstler waren.[4] Vor allem aber gingen von der langen Zusammenarbeit mit

---

1 Paiks Flugblatt «Electronic Video Recorder» zur ersten öffentlichen Ausstellung von Videos, New York, 4. Oktober 1965, in: *Nam June Paik, Werke 1946–1976. Musik – Fluxus – Video*, hrsg. von Wulf Herzogenrath, Ausstellungskatalog, Köln: Kölnischer Kunstverein 1976, 2. Aufl. 1980, S. 118.

2 Substanzielle Berücksichtigung findet das Thema bei Edith Decker, *Paik Video*, Köln: DuMont 1988; Yvonne Spielmann, *Video. Das reflexive Medium*, Frankfurt am Main: Suhrkamp 2005; Chris Meigh-Andrews, *A History of Video Art. The Development of Form and Function*, Oxford und New York: Berg 2006.

3 Die Arbeit befindet sich im Archiv Hanns Sohm, Staatsgalerie Stuttgart.

4 «In the university I also took classes in electronic music. We had one of the first of the early music synthesizers, the Moog; working with it was like doing sculpture. I had always liked tape recorders, microphones, and so on, and this took me even further into electronics and technical things. Now I always advise my students to take a class in electronic music, because a lot of video techno-logy was predated by electronic music technology, which was itself predated by the telephone.» Raymond Bellour, «An Interview with Bill Viola», in: *October*, 34 (1985), S. 91–119, hier S. 92.

David Tudor in der Gruppe Rainforest (später: Composers Inside Electronics) bedeutende Impulse für seine künstlerische Entwicklung aus.[5] Tudors Experimente mit Klang, Stille, Resonanzen, Aufnahmen von Naturgeräuschen und seine verhaltene, anthroposophisch und fernöstlich geprägte Spiritualität sind bis heute in Violas Schaffen zu spüren.

• Steina Vasulka studierte Violine und tritt bis heute als «Video-Geigerin» auf.

• Wie Paik, Robert Cahen, Tony Conrad und Brian Eno komponiert auch Woody Vasulka. Er produzierte biographische Videos über Jimi Hendrix und Paganini.

• Robert Cahen studierte bei Pierre Schaeffer am Pariser Konservatorium und war Mitarbeiter der Groupe de recherches musicales beim ORTF. Seine Arbeiten zeigen Einflüsse der Musique concrète und eigener akustischer Forschung; einige reagieren explizit auf Kompositionen, z. B. *Boulez-Répons* (Video 1985) oder *CHOPINPIANO Hommage à Chopin* (Installation 2010).

• Tony Conrad ist Komponist, Performance- und Videokünstler.

• Brian Eno übertrug wie schon Nam June Paik Techniken der elektronischen Musik auf Video-Installationen, z. B. Schleifen und verzögerte Rückkoppelung.

• Das Duo Granular Synthesis (Kurt Hentschläger und Ulf Langheinrich) wendet die Kompositionstechnik der Granularsynthese auf seine Videoarbeiten an.[6]

Die Beispiele zeigen, dass die wichtigsten musikalischen Einflüsse auf die Videokunst nicht von überlieferten Repertoires, Gattungen und Formen ausgehen, sondern von der Praxis des Musizierens, von neuer Technologie (Magnetband, elektronische Signalverarbeitung), verschiedenen Strömungen der Neuen Musik (Minimal Music, Musique concrète u. a.) und von der Bereitschaft der Avantgarde zum Experiment.

Technik und Ästhetik der Videokunst formten sich nicht nur in elektronischen Studios, sondern auch in der rebellischen Atmosphäre von Fluxus und Antikunst der 1960er Jahre. Nam June Paik, Wolf Vostell, Joan Jonas, Tony Conrad, Dan Graham, Vito Acconci, Peter Weibel und etliche andere kamen aus dem Fluxus, nahmen aktiv an Happenings teil oder traten mit eigenen Performances auf. Video war für die medien- und gesellschaftskritischen Künstler der ersten Generation ein attraktives Medium, weil es vor der Einführung von Magnetband-Kassetten in den 1970er Jahren flüchtig war. «Working ‹live› was in itself a political and artistic statement.»[7]

---

5   Viola widmete seinem Lehrer 2004 einen liebevollen Aufsatz, in dem er sich Tudors Persönlichkeit und der Inspiration erinnerte, die seine Arbeit auf andere ausstrahlte; vgl. Bill Viola, «David Tudor: The Delicate Art of Failing», in: *Leonardo Music Journal*, 14 (2004), S. 48–56.

6   Iannis Xenakis wandte das Verfahren mit Hilfe von Analoggeräten und Tonbändern in *Analogique A + B* (1958/59) erstmals an und formulierte seine stochastischen Grundlagen in *Formalized Music: Thought and Mathematics in Composition*, Bloomington: Indiana University Press 1971. *Modell 5* (1994–96) von Granular Synthesis verwendet Aufnahmen der japanischen Sängerin und Performancekünstlerin Akemi Takeya in einer computergestützten Videoinstallation. Die audiovisuellen Schleifen sehr kurzer Samples lassen die Wahrnehmung umschlagen: Das Gehör ist relativ leicht in der Lage, die repetierten Stimmpartikel als Soundeffekte wahrzunehmen, wie sie auch im Industrial Techno verwendet werden. Der entsprechende visuelle Prozess zerschreddert dagegen ein Bild, das als Gesicht erkennbar bleibt (vgl. die Dokumentation von *Modell 5* unter www.granularsynthesis.info, aufgerufen am 15. März 2017).

7   Chris Meigh-Andrews, *A History of Video Art* (siehe Anm. 2), S. 5.

Die Dekade der «performativen Wende» in den Künsten, in der tradierte Auffassungen von Werk, Text, Bedeutung und Autorschaft radikal in Frage gestellt wurden, ist ein wichtiger historischer Bezugspunkt des akademischen Diskurses, der seit den 1980er Jahren Begriffen wie Performanz, Leiblichkeit, Materialität und Ereignis verstärkt Aufmerksamkeit widmet. Die Theoriediskussion hat zunehmend die ästhetische Kategorie der Präsenz fokussiert.

Die künstlerische Praxis der performativen Wende und die auf sie bezogene Ästhetik des Performativen stehen den technischen Massenmedien überwiegend kritisch gegenüber. Es geht – in der Theorie – um nicht weniger als das «Glücksversprechen der Zivilisation» und die Warnung vor falschen Propheten. Wenn die Präsenzästhetik den suspekten semiotischen, hermeneutischen und formalistischen Ballast abwirft und der vermeintlichen Übermacht der technischen Medien die Stirn bietet, um ihnen das Erlebnis der Performanz tapfer entgegenzustellen, schlägt Sprache mitunter in mystisches Raunen um. Nur die leibliche Gegenwart des Akteurs als «embodied mind», schreibt Erika Fischer-Lichte, schenke dem Publikum die Möglichkeit, «das eigene gewöhnliche Dasein als außergewöhnlich zu erleben, als verwandelt, ja transfiguriert.» Zwar strebten auch die technischen Medien

> nach der Aufhebung der Dichotomie von Körper und Bewußtsein, Materie und Geist. Der Weg, den sie einschlagen, ist allerdings dem der Präsenz diametral entgegengesetzt. Während in der Präsenz der menschliche Leib auch und gerade in seiner Materialität in Erscheinung tritt, als energetischer Leib, als lebendiger Organismus, rufen die technischen und elektronischen Medien den Schein der Gegenwart des menschlichen Leibes hervor, indem sie diesen entmaterialisieren, ihn entleiblichen.[8]

Die «‹Magie› der Präsenz» realer Menschenkörper öffnet Fischer-Lichte zufolge eine quasi-eschatologische Perspektive, einen «Augenblick der ‹Erleuchtung› am eigenen Leibe». In einer fiktiven Rede formuliert sie eine Heilsbotschaft von Theater und Performance-Kunst:

> «Seht sie euch an, diese Körper, die ihr im Namen eines anderen verschwinden lassen wollt, seht ihr Leiden und ihr Leuchten, und ihr begreift – sie erscheinen doch bereits als das, was ihr werden wollt: als verklärte Körper.» Die *promesse de bonheur* des Zivilisationsprozesses ist in ihnen längst eingelöst.[9]

Die technische Reproduktion löse dagegen die realen Gegenstände und menschlichen Körper in «Lichtspiele» und «Zusammenballungen von Pixeln» auf, die nur einen «Schein von Gegenwärtigkeit» hervorbringen. Das illusionistische Gaukelspiel habe im 20. Jahrhundert mit der Omnipräsenz medialer Abbilder einen Höhepunkt erreicht und zugleich einen Erzengel zum Streit gerufen. «Eine Ästhetik des Performativen ist in diesem Sinne eine Ästhetik der Präsenz, nicht der Präsenz-Effekte, eine ‹Ästhetik des Erscheinens›, nicht eine Ästhetik des Scheins».[10]

---

8   Erika Fischer-Lichte, *Ästhetik des Performativen*, Frankfurt am Main: Suhrkamp 2004, S. 173 und 174–75.
9   Ebd., S. 159, die vorigen Zitate S. 169 und 126.
10 Ebd, S. 174 und 175.

In der Tat beruhen die Präsenz-Effekte der audiovisuellen Medien Film, TV und Video auf Sinnestäuschungen: Rosen, Dolche, Menschenleiber werden durch Pixelgruppen abgebildet; ihre Bewegungen sind Trug; Flöten, Explosionen, Sopranistinnen tönen aus schwingenden Pappmembranen. Auch die schwärmerischen Topoi der Entrückung sprechen nicht gegen die Triftigkeit von Fischer-Lichtes Thesen. Die mystische Erfahrung ist ein Ausnahmezustand, in den Künsten aber kein marginaler, insbesondere nicht in der Musik, ihrer Theorie und ihrer Literatur. Wenn es um ästhetische Fragen geht, lässt sich nichts begreifen, ohne sich ergreifen zu lassen, obwohl dies nicht eben leicht mit den Gepflogenheiten akademischer Sprache zu vereinbaren ist. Begriffe wie «Substanz», «Präsenz», «Wirklichkeit», «Sein» – darin stimme ich Hans Ulrich Gumbrecht zu – sind in den Geisteswissenschaften einer intellektuellen Einschüchterung zum Opfer gefallen, durch die das Verständnis unserer eigenen Kultur verarmt ist.[11] Gleichwohl: Weder die ästhetische Verklärung leiblicher Präsenz noch der schlichte Antagonismus von Performanz und technischen Medien sind überzeugend.

Bevor ich auf diesen Zweifel zurückkomme, möchte ich begriffliche und technische Grundlagen der Videokunst knapp umreißen und in exemplarischen Analysen verschiedene Möglichkeiten vorstellen, wie Musik und Performanz in ihr zur Geltung kommen können. Die Technik des Mediums Video determiniert keinen Stil, aber sie determiniert spezifische Möglichkeiten (und Grenzen) von Performanz und Präsenz.

Grundlagen

Video ist ein audiovisuelles technisches Medium wie Fernsehen und Film. Die Eigenart des Mediums Video beruht auf praktischen und technischen Voraussetzungen, welche die Ästhetik der Videokunst entscheidend prägen. Mit der globalen Verbreitung audiovisueller Medien, ihrer rasanten technischen Entwicklung und der wachsenden Vielfalt ihrer Anwendungsmöglichkeiten ist der Begriff Video jedoch immer unschärfer geworden. Er umfasst kurze kommerzielle Filme im Fernsehen und Internet (Videoclips), insbesondere Musikvideos zur Vermarktung von Popmusik, auch Amateurfilme für private oder politische Zwecke, weiterhin auf Magnetband oder DVD vertriebene Kinofilme (Videothek, Home-Video), außerdem mit Videogeräten hergestellte Skulpturen, Installationen und Filme mit künstlerischem Anspruch sowie die Videotechnik selbst.

In ihrer kulturellen Praxis unterscheiden sich Video und TV vor allem durch ihre Distribution: Fernsehen wird von einem Sender auf zahlreiche, weit entfernte Empfangsgeräte übertragen. Video im engeren Sinne überträgt Bild und Ton von einem Ort zu einem anderen in der Nähe, zum Beispiel in Videoüberwachungsanlagen, -installationen und -performances. TV wird in hohem Maße von kulturellen Konventionen und kommerziellen Interessen bestimmt. Video ist leichter verfügbar und viel offener für Experimente und künstlerische Arbeit.

---

11   Hans Ulrich Gumbrecht, *Production of Presence. What Meaning Cannot Convey,* Stanford: Stanford University Press 2004, S. 53 und 56; dt. *Diesseits der Hermeneutik. Die Produktion von Präsenz,* Frankfurt am Main: Suhrkamp 2004, S. 72 und 75.

Die für die Videokunst ausschlaggebenden Besonderheiten liegen darin, dass Videotechnik 1. Bild und Ton in unmittelbarer räumlicher und zeitlicher Nähe ihres Ursprungs reproduziert oder präziser: neu synthetisiert, 2. Bilder rastert, also in Lichtpunkte zerlegt und in eine Signalfolge verwandelt, und 3. sowohl Licht als auch Schall in elektronische Signale verwandelt, die innerhalb des Systems flexibel manipuliert und in direkte Wechselwirkung gebracht werden können.

1. Zur technischen Herstellung eines (fotografierten) Films werden Bilder zunächst am Drehort auf Zelluloidstreifen belichtet, danach entwickelt, im Studio bearbeitet, dann kopiert und schließlich im Kino auf eine Leinwand projiziert. Video- und Fernsehtechnik sind hingegen Verfahren, um Bilder fast simultan (in «Echtzeit»[12]) zu erfassen, in eine Folge elektrischer Impulse umzuwandeln, diese zu übertragen und im Empfangsgerät zu reproduzieren. Video ist also nicht (wie Film) auf ein Speichermedium angewiesen:

> You don't need a recorder to have video. You turn it on, and the circuits are all activated – it's humming, it's going. It's more related to sound than to film or photography because it's exactly the same as the microphone/speaker relationship. We have a microphone here and all of a sudden your voice is coming out across the room, it's all connected – a living, dynamic system, an energy field. There are no frozen, discrete moments.[13]

2. Durch Rasterung werden Bilder im Videosystem, das aus mehreren gekoppelten Komponenten bestehen kann, in Signalfolgen verzeitlicht und verlieren (wie Töne) ihre Qualität. Die etwas komplexeren Videosysteme sind schon in den späten 1960er Jahren mit Analogcomputern vergleichbar, die Daten mit Hilfe von Programmen verarbeiten, z. B. die Videosynthesizer von Nam June Paik und Shuya Abe (1969–70) sowie von Steve Rutt und Bill Etra (1972). Technische Verfahren der elektronischen Musik spielten daher in den frühen Videoexperimenten von Paik, Cahen, Steina und Woody Vasulka eine wichtige Rolle. Nicht im Kino, sondern am Audiosynthesizer lernte Bill Viola die Grundlagen seiner Arbeit mit dem «Instrument» Video:

> When electronic energies finally became concrete for me, like sounds are to a composer, I really began to learn; as I said, it all became a primary process again, like sculpture. Soon I made what was for me an easy switch over to video. I never thought about it in terms of images so much as electronic process, a signal.[14]

Bildverzerrung, Videofeedback, Überlagerung und Reihung verschiedener Kamerabilder (Keying, Sequencing), Schleifen, Zeitlupe und -raffer sind modelliert nach Verfahren der elektronischen Musik, die selbst zum Teil auf alten Kompositionstechniken aufbauen, denn nicht alle Gestaltungsprinzipien der elektronischen Musik sind revolutionär:

---

12 «Echtzeit» bedeutet genau genommen nicht, dass Bild und Ton gleichzeitig aufgenommen und wiedergegeben werden, sondern dass das dazwischengeschaltete Videosystem sie in einem bestimmbaren, meist sehr knappen Zeitrahmen verarbeitet und reproduziert. Dabei können aber auch systembedingte Verzögerungen und Zwischenspeicher eingeplant werden.
13 Raymond Bellour, «An Interview with Bill Viola» (siehe Anm.   ), S. 100.
14 Ebd., S. 93.

> Komponieren und Komputieren sind Synonyme. Wir mußten nicht erst auf die elektro-
> nische Musik warten, um diesen Charakter der Musik zu erkennen: Das Universum der
> Musik ist ein ebenso kalkuliertes und komputiertes wie das der technischen Bilder.[15]

Kammermusik wird bei Vilém Flusser zum Modell «telematischer Kommunikation», weil
auch sie ein Universum ohne semantische Dimension sei. Simple und sehr alte Kompositionstechniken wie Wiederholung, Dehnung, Transposition, Krebs, Fragmentierung führen allerdings in der elektronischen Musik zu anderen Resultaten als in der traditionellen.
Musiker können Töne nicht akustisch genau wiederholen, augmentieren, transponieren,
umkehren oder zerteilen. Sie musizieren eine Tonfolge rückwärts, aber nicht den Hall
und Einschwingvorgang der Töne[16] – all das, was durch das «Gitter des Symbolischen»[17]
fällt, weil es in Notation nicht oder nur vage andeutbar ist und mit Instrumenten oder
der menschlichen Stimme gar nicht zu realisieren ist. Musiker verschieben nicht einen
bestimmten Ton mit seinem Obertonspektrum auf- oder abwärts, sondern spielen und
singen in den Klangfarben, die Instrument und Stimme in den verschiedenen Lagen bieten. Performanz wird durch die Bild- und Tontechnik aber nicht gestoppt oder behindert;
sie kann sich ihrer als erweiterter und neuartiger Instrumente bedienen.

3. Video ist eine audiovisuelle Technik, die Bild und Ton nicht kombiniert wie der Film,
sondern ambivalent verarbeiten kann, denn sie transformiert sowohl Bilder als auch Töne
in gleichartige (elektrische) Impulse, die innerhalb des Systems, etwa durch Sequenzer
und Synthesizer, miteinander verschaltet oder gegeneinander vertauscht werden können:
Tonsignale können Bildsignale beeinflussen und umgekehrt; Tonsignale können als Bildsignale interpretiert werden und umgekehrt. Damit ist im Medium selbst eine neue Art
von Intertextualität gegeben, die eine der wichtigsten Grundlagen der experimentellen
Videoästhetik ist.

Aus diesem Grunde konnten die ersten Fernsehbilder in Deutschland 1929 auf
Rundfunkfrequenzen übertragen und im Radio als ein Knattern gehört werden. Die Ver-
tauschbarkeit und potenzielle Wechselwirkung von Videobild und -ton wurde schon im
folgenden Jahr von Fritz Winckel erforscht und beschrieben. Winckel übertrug Klänge
aus dem Radio als elektronische Signale auf einen Monitor und erzeugte dadurch Muster, die an die bekannten Chladnischen Figuren erinnern (→ ABB. 1). Grundlage seiner
Experimente ist das Verfahren, sowohl Licht als auch Schall in die gleiche Signalform, in
modulierten Wechselstrom, zu übersetzen, der anschließend «in sinnlich wahrnehmbare
und ästhetische Formen gebracht werden kann, nämlich in die Form von Ton und Bild.»[18]

---

15 Vilém Flusser, *Ins Universum der technischen Bilder*, Göttingen: European Photography 1985,
    5. Auflage als Bd. 4 der *Edition Flusser*, hrsg. von Andreas Müller-Pohle, Göttingen: European
    Photography 1996, das Zitat S. 179.
16 In Michael Beils *Mach Sieben* (2000) spielt ein Pianist gegenüber und mit seiner eigenen rückwärts
    ablaufenden Videoprojektion. Im Unterschied zu den Körperbewegungen verändert die zeitliche
    Umkehrung der Klaviermusik ihren Charakter stark (vgl. die Dokumentation von *Mach Sieben*
    unter www.michael-beil.com/Texte/Mach Sieben.htm; aufgerufen am 15. März 2017).
17 Friedrich Kittler, *Grammophon, Film, Typewriter*, Berlin: Brinkmann & Bose 1986, S. 21.
18 Fritz Winckel, «Vergleichende Analyse der Ton-Bildmodulation», in: *Fernsehen. Zeitschrift für
    Technik und Kultur des gesamten elektrischen Fernsehwesens*, 1 (Berlin 1930), Nr. 4, S. 171–75,
    die Abb. auf S. 173.

Abb. 1
Sopranstimme
mit Klavierbegleitung

Abb. 2
Baritonstimme
mit Klavierbegleitung

Abb. 3
Geigensolo

ABB. 1 Projektion von Audiosignalen auf einen Fernsehbildschirm; Abb. nach Fritz Winckel, «Vergleichende Analyse der Ton-Bildmodulation» (siehe Anm. 18), S. 173.

Streng genommen braucht Video weder eine Kamera noch ein Mikrophon, um Signale im System selbst zu generieren, zu verändern und daraus Bilder und Klänge zu synthetisieren. Daher Paiks Idee, elektronische Technik nicht mehr als Vermittler (Medium), sondern als Instrument wie Geige und Pinsel zu verwenden.

Fallbeispiele

1. Paik wies darauf hin, wie wichtig seine Erfahrungen im Studio für Elektronische Musik des WDR für seine frühen Experimente mit Fernsehgeräten waren:

> Wenn Sie außerdem tagtäglich in einer Rundfunkstation arbeiten, wie ich es in Köln tat, an eben dem Ort, wo Fernsehleute tätig sind, wenn Sie mit allen Arten klangerzeugender elektronischer Apparaturen arbeiten, ist es natürlich, daß Sie denken, die gleiche Sache lasse sich auch auf das Videoverfahren anwenden.[19]

Die Geräte, auf die Paik hier anspielt, waren Tonbänder, Filter, Rauschgeneratoren, Ringmodulatoren und ein Oszilloskop, das synthetisierte Töne sichtbar machte. Auch ein primitiver Synthesizer aus Röhrengeneratoren, das Melochord von Harald Bode, wurde im Kölner Studio in den 1950er Jahren eingesetzt.[20] Paiks erste Ausstellung *Exposition of Music – Electronic Television,* die als Geburtsstunde der Videokunst gilt, führt seine

---

19 Paik im Gespräch mit Douglas Davis, in: Douglas Davis, *Vom Experiment zur Idee. Die Kunst des 20. Jahrhunderts im Zeichen von Wissenschaft und Technologie. Analysen, Dokumente, Zukunftsperspektiven,* Köln: DuMont Schauberg 1975, S. 185–91, das Zitat S. 185 (Original engl., *Art and the Future: A History/Prophecy of the Collaboration between Science, Technology and Art,* New York: Praeger 1973; Auszüge der engl. Fassung des Gesprächs wiederabgedruckt bei Chris Meigh-Andrews, *A History of Video Art,* siehe Anm. 2, S. 12). Paik arbeitete noch ausschließlich mit TV-Geräten. Erst ab 1967 verfügten Amateurfilmer, Künstler und politische Aktivisten mit Sonys batteriebetriebener Portapak-Kamera über eine handliche Videotechnik.

20 Vgl. Marietta Morawska-Büngeler, *Schwingende Elektronen. Eine Dokumentation über das Studio für Elektronische Musik des Westdeutschen Rundfunks in Köln, 1951–1986,* Köln-Rodenkirchen: Tonger 1988, S. 32–38, und Anhang «Apparatur», S. 111–15.

wichtigsten Erfahrungen der vergangenen Jahre zusammen: die klassische Ausbildung als negatives Vorbild für Antikunst und Antimusik, das Vorbild John Cages, die Arbeit im Kölner Studio und die Aktionen des Fluxus. Die *Exposition of Music* war im März 1963 in der Galerie Parnass (den Privaträumen des Architekten Rolf Jährling in Wuppertal) täglich von 19:30 bis 20:30 Uhr geöffnet, um das Abendprogramm des deutschen Fernsehens empfangen zu können.[21] Der Titel deutet auf eine Anschaulichkeit von Musik, die auf der oben beschriebenen Wechselwirkung von Bild- und Tonsignalen beruht. Paik stellte aber nicht nur präparierte Objekte aus, sondern lud die Besucher zu ihrer experimentellen Erkundung ein.

Mit Hilfe eines Fernsehtechnikers hatte Paik 12 Fernsehgeräte präpariert, darunter drei, deren Bilder durch Töne generiert und gestört wurden: *Kuba TV* war mit einem Tonband verbunden; auf einem weiteren Gerät konnten die Besucher (oder vielmehr: Mitwirkenden) mit einem Mikrophon Funkenregen auf der Mattscheibe erzeugen; *One Point TV* war an ein Radio angeschlossen, dessen Lautstärkeregler einen Punkt auf dem Bildschirm steuerte (lauter = größer). Die 12 TV-Geräte rufen Cages *Imaginary Landscape No. 4* (1951) in Erinnerung, in dem 12 Radios wie Musikinstrumente eingesetzt werden. Dass Paik sich damals selbst als Mitstreiter der musikalischen Avantgarde sah, die sich polemisch gegen die bürgerliche Institution Kunst und die in der Neuen Musik fortwirkende abendländische Tradition positionierte, wird deutlich in den anderen Ausstellungsstücken: manipulierte Tonbänder, ein präpariertes Klavier, eine Violine, die Paik zu ungewohnten Klängen nutzte, indem er sie an einer Schnur hinter sich herzog, und zwei *Schallplatten-Schaschliks*. Auf jeweils zwei Stangen von 1 m Länge montierte Paik mehrere Schallplatten, von denen die Ausstellungsbesucher (Hörer, Ausführende und Komponisten als «Musik-Zusammensetzer» zugleich) mit einem frei beweglichen Tonarm Musik einsammeln und über ein Radio, das hier lediglich als Verstärker und Lautsprecher diente, abspielen konnten.

Für seine Videoarbeiten komponierte Paik keine eigene Musik, sondern benutzte vorhandene oder live improvisierte Musik, indem er sie collagierte und technisch manipulierte. Dazu zählen insbesondere die performativen Video-Objekte für die Cellistin Charlotte Moorman: Der *TV Bra for Living Sculpture* (1969) ist ein Büstenhalter aus zwei kleinen Bildschirmen, auf denen entweder ein Videoband oder das laufende Fernsehprogramm oder live aufgenommene Videobilder des Publikums gezeigt wurden, während Moorman improvisierte oder Stücke spielte, die aber nicht festgelegt waren. Paik benutzte vorzugsweise überstrapazierte, allzu bekannte Werke des klassischen Reperoires (den «Schwan» von Saint-Saëns, die «Mondscheinsonate» usw.). In einer vierten Variante konnten die Töne des Cellos (nach dem Prinzip, das Winckel 1930 erforscht und Paik 1963 ausgestellt hatte) von einem Mikrophon aufgenommen und direkt in die Monitore geleitet werden, um deren Bilder zu stören.

---

21 Die ARD sendete damals nur ein paar Stunden täglich. Vgl. Manuela Ammer, «Bei der Technik gibt es stets das andere, *den* Anderen», in: *Nam June Paik. Exposition of Music. Electronic Television Revisited*, Ausstellungskatalog Museum Moderner Kunst Stiftung Ludwig Wien, 13. Februar – 17. Mai 2009, hrsg. vom Museum Moderner Kunst Stiftung Ludwig Wien/Susanne Neuburger, Köln: Buchhandlung Walther König 2009, S. 44–58, insbesondere S. 49–50.

TV Cello (1971) – ein Cello aus drei besaiteten Monitoren und einem Hals aus Plexiglas – bietet dieselben vier Möglichkeiten der Bild/Ton-Performance. In der Dokumentation *Processing the Signal* (1989) «überspielt» Moorman den Cellisten Alan Schulman, der unmittelbar neben ihr klassisches Repertoire musiziert, während die Monitore ihres Instruments Livebilder des Cellisten zeigen.

Ein besonders schönes Beispiel ist die *Electronic Opera No. 1* (März 1969), für die Paik Hippies als Mitwirkende von der Straße in das Bostoner Studio WGBH-TV holte («Participation TV») und ihre Videobilder technisch bearbeitete. Die «Oper» ist ein Nebenprodukt der Arbeit am oben erwähnten Paik-Abe-Videosynthesizer, mit dem sich Videobilder von Bändern oder Kameras miteinander kombinieren und in Farbe und Form manipulieren lassen. Die Musik dazu ist der Mittelsatz aus dem dritten Brandenburgischen Konzert in der Bearbeitung von Walter Carlos. Sie ist selbst bereits eine ausgedehnte Improvisation auf dem Audiosynthesizer von Robert Moog über die zwei Akkorde (!), mit denen Bach den Satz zur Improvisation freigab. Um die Genese und Analogie von Video und Audiosynthesizer zu pointieren, könnte man etwas salopp formulieren, dass der Paik-Abe-Synthesizer ein Instrument ist, um mit Bildern in mehreren Stimmen (Kameras) kontrapunktische Variationen zu improvisieren. Die *Electronic Opera No. 1* wirkt sorgfältig ausgearbeitet, verdeckt aber nicht die Spuren ihrer Entstehung im Experiment. Mit Hilfe der Videosynthese strebte Paik an, den Bildschirm gestalten zu können «so präzise wie Leonardo, so frei wie Picasso, so farbenfroh wie Renoir, so profund wie Mondrian, so gewalttätig wie Pollock und so lyrisch wie Jasper Johns.»[22]

Paiks «Kompositionen» aus den 1960er Jahren sind dagegen «Ereignis-Partituren» in der Nachfolge von Cage und im Zeichen des Fluxus.[23] Die «Konzerte» und «Kompositionen» des Fluxus ironisierten häufig klassische Gattungsbegriffe. *Young Penis Symphony* und *Serenade für Alison* (Paik), *Sibirische Symphonie* (Joseph Beuys) und *Counting Song* (Emmett Williams) sind neodadaistische Aktionen. Umgekehrt verbirgt sich (Anti-)Musikalisches hinter Titeln wie *Fluxus Champion Contest* (Paik) und *566 for Henry Flynt* (La Monte Young). Paiks *Hommage à John Cage: Musik für Tonbänder und Klavier* (1959) beschrieb ein Beobachter: «Im vierten Satz, dem Finale furioso, raste Paik wie ein Berserker durch die Gegend, zersägte mit einem Küchenmesser die Klaviersaiten und kippte endlich den Klimperkasten um. Piano-forte est morte. Es war des Beifalls kein Ende.»[24] Paiks Kompositionstexte geben hingegen direkte Handlungsanweisungen in einer oft surrealistisch oder dadaistisch gefärbten Sprache. Die meisten von ihnen legen es auf performative Paradoxe an, indem sie sehr konkret und lakonisch zu Aktionen auffordern, die teilweise unausführbar, d. h. zu imaginierende musikalische Aktionen sind, wie stellvertretend zwei Passagen aus Paiks *Symphonie Nr. 5* (1965) veranschaulichen (→ ABB. 2, S. 112).

---

22 Zitiert nach Nam June Paik, *Niederschriften eines Kulturnomaden. Aphorismen, Briefe, Texte*, hrsg. von Edith Decker, Köln: DuMont 1992, S. 129.

23 Zum Begriff «Ereignis-Partitur» vgl. Liz Kotz, «Post-Cagean Aesthetics and the ‹Event› Score», in: *October*, 95 (2001), S. 54–89.

24 Zitiert nach www.medienkunstnetz.de/werke/hommage-a-cage/ (aufgerufen am 15. März 2017).

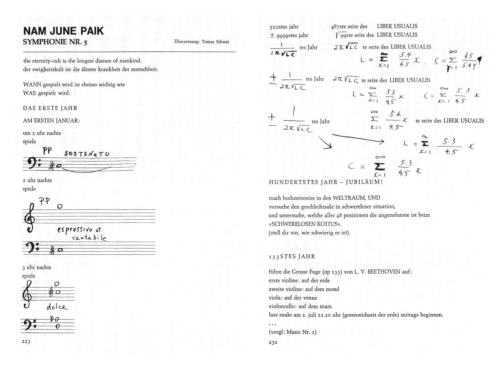

ABB. 2   Nam June Paik, *Symphonie Nr. 5* (1965; Ausschnitt).
Abb. nach *Happenings. Fluxus, Pop Art, Nouveau Réalisme.
Eine Dokumentation,* hrsg. von Jürgen Becker und Wolf Vostell,
Reinbek bei Hamburg: Rowohlt 1965, S. 223 und 231.

2. «Playing video on a violin» ist ein Ausdruck, mit dem die Geigerin und Videokünstlerin Steina Vasulka ihre frühen Videoarbeiten beschreibt.[25] *Violin Power* ist eine experimentelle Performance, die Vasulka in ihren Grundzügen 1969 konzipierte und seither (heute mit MIDI-Violine und digitaler Technik) auf immer neue Weise live realisiert. Vasulkas Geigenspiel beeinflusst das gleichzeitig projizierte Videobild auf unterschiedliche Weise: Die Töne werden von einem Mikrophon aufgenommen und im System abgesenkt, da tiefere (langsamere) Frequenzen sich besser zur hier gewünschten Bildmanipulation eignen. Der doppeldeutige Titel von *Violin Power* verweist auf den Geist in der Maschine, der Bilder und Töne mischen und verwandeln kann: Elektrizität.

Zunächst steuern die Töne einen «Keyer», der die Bilder zweier Kameras kombiniert. Später verzerren sie durch einen «Scan Processor» das Rasterbild. Die Standbilder in Abbildung 3 zeigen einen Moment, in dem das *a¹* der Violine auf *d* abgesenkt, d. h. die Tonfrequenz gedrittelt wird (**→ABB. 3).** Der Lautsprecher begleitet also die Geigen-

---

25   Yvonne Spielmann, «Video and Computer. The Aesthetics of Steina and Woody Vasulka», Online-Publikation 2003, S. 3/8 (www.fondation-langlois.org/html/e/page.php?NumPage=461; aufgerufen am 15. März 2017); vgl. dies., «Video und Computer: Steina und Woody Vasulka», in: dies., *Video* (siehe Anm. 2), S. 327–53.

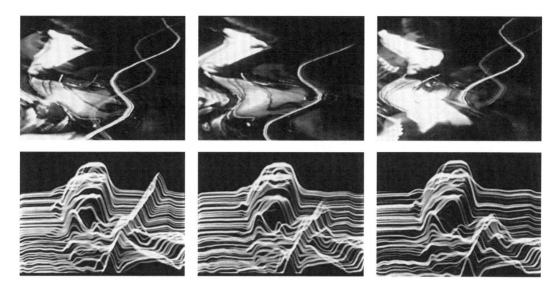

ABB. 3   Steina Vasulka, *Violin Power* (Konzeption 1969, Aufzeichnung 1978),
Video-Stills. Bild- und Tonmodulation durch den Rutt/Etra Scan Prozessor
(mit freundlicher Genehmigung von Steina Vasulka, Santa Fe, NM).

improvisation in parallelen Duodezimen. An einigen Stellen der Videoaufzeichnung ist
auch der Monitor zu erkennen, auf dem Steina die Effekte ihrer Improvisation beobachtet
und darauf reagiert. Es entstehen so eine optische Mise en abyme (am Ende der Aufzeichnung sogar ein tiefes Video-Feedback) und eine musikalische Rückkoppelung: Steina spielt
im Duett mit der Apparatur und mit sich selbst. *Violin Power* veranschaulicht, warum
Yvonne Spielmann Video ein «reflexives Medium» nennt.[26] Gewiss können alle Medien
reflexiv genutzt werden, Video eignet sich aber besonders zu spielerischer, performativer
Selbstbeobachtung. Trotz existierender Videoaufzeichnungen ist *Violin Power* weniger ein
Werk als eine Performance, weil die Selbstbeobachtung der Musikerin, ihre experimentelle
Gestaltung von Bild und Ton und ihr Spiel mit der Technik in Echtzeit von wesentlicher
Bedeutung sind. «It is in ‹interactive real time› where I feel video becomes a category apart
from the others (film on one side and computer graphics on the other).»[27]

3. Bill Viola wird (seit dem Tod Nam June Paiks) von vielen als der bedeutendste Videokünstler der Gegenwart angesehen. In seinen Videoinstallationen und -filmen erschafft
er mit großer Sorgfalt integrierte meditative Bild- und Klangwelten, die existenziellen
Themen gewidmet sind: Abschied, Begegnung, Geburt, Tod, Vergänglichkeit, Spiritualität.
In *Anthem* (1983) verwendet Viola den Schrei eines elfjährigen Mädchens, aufgenommen

26   Siehe Anm. 2.
27   Robert A. Haller, «An interview with Steina», 28. Oktober 1980 (zitiert nach der Transkription,
     Typoskript, 3 S., das Zitat S. 2; zugänglich unter www.fondation-langlois.org/html/e/docnum.
     php?NumEnregDoc=d0001911112, aufgerufen am 15. März 2017).

ABB. 4   Melodieverlauf in Bill Violas *Anthem*
(1983), Transkription.

in einer Bahnhofshalle (Union Railroad Station, Los Angeles) als Klangmaterial. Es gibt keinen Ton in dem über elfminütigen Video, der nicht von diesem «Urschrei» mittels Schnitt und Tempomanipulation der Aufnahme abgeleitet ist, Techniken also, die in Tonbandkompositionen der Nachkriegsjahre erstmals angewendet wurden und später aufgrund desselben Trägermediums von der Videokunst adaptiert wurden. Viola veröffentlichte 2002 eine Arbeitsskizze des Werkes: «1. Compose melody (on guitar or dulcimer) / 2. Calculate frequencies of notes, get frequency counter / Determine fundamental note(s).»[28] Es folgen Notizen über Tonleitern und die Verwendung und Vermeidung bestimmter Intervalle im Gregorianischen Gesang («7th never used»). Tatsächlich komponiert Viola aus den Transpositionen des Schreis eine langgestreckte Melodie, deren wohlgeformter Spannungsbogen hervortritt, wenn wir sie transkribieren (→ ABB. 4; die Tondauern und -höhen sind hier nur annäherungsweise dargestellt).

Die ansteigende Melodie, Beschleunigung der Bewegung, «verbotene» Septime und die Gleittöne unterstreichen die wachsende Intensität der Bilder. Diese formen keinen Handlungszusammenhang, sondern zeigen Momentaufnahmen aus dem südlichen Kalifornien: Bäume, Stadt, Passanten, Industrie, die christlichen Symbole Kelch und Brot und das Mädchen, aus dessen Schrei die Melodie von *Anthem* geformt wurde. Der Spannungsgipfel, musikalisch eingeleitet durch die Septime a^1–$g\#^2$, zeigt Bilder von Operationen am offenen Herzen, an weit aufgerissenen Augen und Röntgenbilder. Die Schlussbilder (ab $c^2 \backslash a^1$) kehren zurück zum Kind in der leeren Bahnhofshalle und Bildern aus dem kalifornischen Alltag. Die dreifach gesteigerte Zeitlupe verrät nun erst das zugrunde liegende Verfahren und seine Auswirkung auf Bild und Ton: Die sichtbaren Bewegungen des Mädchens werden verlangsamt; die Stimme verändert dagegen ihren Charakter (Timbre und Höhe). Die Transposition durch Verlangsamung auf A beispielsweise erinnert an den Klang eines Nebelhorns, auf a^1 wirkt sie wie ein Wolfsheulen. Viola beschrieb die Grundidee dieses Werkes: «Related in form and function to the religious chant, *Anthem* describes a contemporary ritual evocation centered on the broad theme of materialism».[29] Der Kinderschrei durchwandert mehr als vier Oktaven und durchdringt zugleich eine Bildercollage der westlichen Moderne wie eine Anrufung: Industrie, Konsum, Freizeit,

---

28   Bill Viola: *Anthem* (1983), in: *PAJ. A Journal of Performance and Art*, 24 (2002), Nr. 2, S. 14–15, hier S. 15.
29   Ebd.

Verkehr und eine technisch avancierte Medizin im Kampf gegen den Tod. Doch erklingt der Hymnus wie aus einer anderen Welt, weit entfernt von diesen Bildern, denn es gibt keinen Bildton. Wald, Maschinen, Passanten sind stumm, als nähme die Welt nicht die geringste Notiz von dem Gesang, der dröhnend laut und doch den Menschen unvernehmlich ist. Die transformierte Stimme bildet einen spirituellen Kontrapunkt zur sichtbaren Welt, der rätselhaft wirkt und doch tief verwurzelt im Lebensgefühl der amerikanischen Westküste ist.

4. Spielt Steina Vasulka Video auf der Geige, so musiziert Mikomikona (Birgit Schneider und Andreas Eberlein) mit Overhead und Video. Das Duo tritt mit audiovisuellen Live-Improvisationen auf Festivals, in Clubs und Workshops auf und beschränkt sich dabei seit 2005 bewusst auf Analogtechniken. In *Fourier Tanzformation I+II* (seit 2002) verwandelt Mikomikona bewegte abstrakte Muster von zwei Overheadprojektionen mit Hilfe einer Videokamera und eines gewöhnlichen Verstärkers in «sichtbare Musik». Übereinanderliegende und gegeneinander verschobene Folien mit Streifen, Punktrastern, Sternen usw. bilden optische Interferenzen (→ ABB. 5, S. 116).

Zwei Kameras erfassen die Bewegungsbilder der Projektion. Ein Filter entfernt aus den Videosignalen lediglich das Synchronsignal, das den Zeilensprung steuert. Die Signale werden danach unverändert in einen Audioverstärker und zwei Lautsprecher geleitet. Es erklingt eine breite Skala verschiedener Brummtöne, Knistern, Zirpen, klarer Einzeltöne und Akkorde aus der Obertonreihe über der Grundfrequenz von 50 Hz. Diese beruht auf der Bildwechselfrequenz im PAL-System, die als «Bordun» (ungefähr G_1) während der ganzen Performance ertönt. Die Frequenzen, welche in den Lautsprechern Obertöne erzeugen, resultieren aus der Multiplikation der Bildwechselfrequenz mit der Zahl der horizontalen Lichtstreifen, die in den bewegten Schattenmustern entstehen. Die in der Projektion sichtbaren Interferenzen, die trotz gleitender Bewegung der Folien ruckartig in neue Muster umschlagen (bewegte Moiré-Effekte), können so bei geschickter Handhabung Obertonglissandi wie auf Streichinstrumenten zum Erklingen bringen. Da zwei Overheadprojektoren gleichzeitig «gespielt» werden, entsteht ein Duett aus Geräuschen und Tönen. Treffen beispielsweise 18 Lichtstreifen in einer Projektion auf 12 in der anderen, so erklingt eine Quinte (3:2). Überlagern sich mehrere weite und enge Querstreifenmuster, so entstehen komplexere Spektren, die an synthetische Stimmen erinnern. Werden die beiden Projektoren in verschiedenen Geschwindigkeiten periodisch gedimmt, entstehen pulsierende Rhythmen. Blitzlichter aus dem Publikum während einer Aufführung regten das Duo dazu an, Stroboskope zum Schluss- und Höhepunkt zu verwenden.[30] Aus kurzem Abstand, direkt auf die Videokamera gerichtet, erzeugt ein Stroboskop hohe perkussive Klänge. Werden die Blitzlichter als kleinere pulsierende Lichtflecken aus dem Innenraum des Projektors auf die dunkle Wand gespiegelt, erzeugen sie dumpfe Schlaggeräusche.

---

30 Interview des Verfassers mit den Künstlern im April 2011; vgl. die Dokumentation unter www.zuviel.tv/mikomikona.html (aufgerufen am 15. März 2017).

ABB. 5   Mikomikona, *Fourier Tanzformation I+II*, Garage Festival Stralsund 2003
(Fotos von Mikomikona, mit freundlicher Genehmigung).

Fourier Tanzformation I+II wird nach einer Ablaufskizze improvisiert. Sie zeigt ein einfaches dramaturgisches Konzept, das sich beschreiben ließe als Introduktion – wachsende Komplexität der Formen – Zurücknahme – finale Steigerung. Ein «Werk» auf Grundlage einer «Partitur» wäre auf diese Weise grundsätzlich möglich. Mikomikona bevorzugt aber die audiovisuelle Improvisation, die sich aus freiem Experimentieren im Laufe der Jahre leicht verfestigt und eine Form angenommen hat, welche die Aufführungserfahrungen des Duos reflektiert.

Kritik

Ich komme nach diesen kurzen Analysen auf die eingangs erwähnte Diskussion von Performanz im Kontext elektronischer Medien und das Problem ihrer Dichotomisierung zurück.

Erstens: Fischer-Lichtes «radikale Neudefinition»[31] von Verkörperung als energetischer Körper, der nicht mehr primär Zeichenträger ist, sondern «embodied mind», ist radikal im Rahmen einer Ästhetik des Theatralischen. Eine geläufige, fast alltägliche Erscheinung ist er jedoch im Musizieren und in körperlicher Liebe, wenngleich auch hier semiotische Gesten vorkommen. Grundsätzlich aber braucht musikalisches und sexuelles Tun

---

31   Erika Fischer-Lichte, *Ästhetik des Performativen* (siehe Anm. 8), S. 139.

keine Hermeneutik. Es zu bezeichnen oder als Zeichen eines eigentlich Gemeinten aufzufassen, kann sogar störend wirken. Daher ist es nicht erstaunlich, dass Musizieren und Sexualität in der Performance-Bewegung der 1960er Jahre wichtig wurden und dass Paiks Absicht, die Musik zu sexualisieren, nicht obszön gemeint war, obschon sie so aufgefasst wurde.[32]

Zweitens: Die doppelte Erscheinung von Kunst als Stoff und Zeichen kann auch durch elektronische Medien nicht entmaterialisiert werden. Performative Medienkunst kann sie sogar in irritierende und drastische Extreme treiben. Video, TV und Film sind nicht nur Massenmedien, sondern können in geschickten Händen zu Werkzeugen oder Instrumenten werden; hier scheint Fischer-Lichte die Bäume vor lauter Wald nicht zu sehen. Es ist gerade die un- oder programmatisch antikünstlerische Bedeutungsstörung, die Zersetzung von Menschenbildern in Pixel, von Bewegung in Stasis, von Stimmen und Instrumentenklängen in Schall, die neue Präsenz unerwartet erzeugen kann. Darum sind Störung, Zerstörung, Zufall und Partizipation des Publikums (ein anderer Zufallsgenerator) beliebte Arbeitsprinzipien der frühen Videokunst.

Drittens: Als Franz Marc den Einwand hörte: «Pferde sind doch gar nicht blau», soll er geantwortet haben: «Das sind auch keine Pferde. Das sind Bilder.» Es mag moralische, politische oder stilistische Gründe geben, «Live»-Präsenz der Präsenz von technisch erzeugten Bildern und Klängen vorzuziehen, aber keine ästhetischen. Der Lautsprecherklang einer Stimme ist keine technisch veränderte Stimme, auch nicht «Stimme plus Technik», sondern ein stimmähnliches, aber vollständig künstliches Phänomen. Mediale «Reproduktionen» demontieren nicht etwas, um dasselbe an anderem Ort oder zu anderer Zeit wieder zusammenzusetzen. Sie synthetisieren Wahrnehmbares, das genauso Gegenstand ästhetischer Erfahrung ist wie Live-Gesang, eine körperliche Berührung oder das Papier eines Gedichtbandes.

Viertens ist die Distanz zu Körpern, die wir durch Mediatisierung, Beschreibung und Interpretation erreichen, nicht nur ein ästhetisches Verlustgeschäft. In der Performance *Claim* (New York, 1971) verbarg sich Vito Acconti mit verbundenen Augen im Keller unter dem Ausstellungsraum. Eine Videoinstallation zeigte allen Besuchern den kräftigen, mit einer Brechstange bewaffneten Künstler. Aus dem Lautsprecher drohte seine Stimme jedem, der sich die Treppe hinunterwage, Schläge an. Niemand wollte sich auf das transzendierende Erlebnis von Präsenz am eigenen Leibe einlassen. Ich will nicht auf das moralische Argument hinaus, dass der «embodied mind» noch anderes als Glücksversprechen bietet. Dem In-der-Welt-Sein mit realen Dingen und Leibern kann man nicht durch «Vorstellung» entkommen, weil man sich nicht vor die Welt stellen kann, als befände

---

32 Paik erklärte im Programmheft zur *Opera Sextronique* (1967): «Gerade die Säuberung vom Sex unter dem Vorwand, ‹ernsthaft› zu sein, unterminiert die sogenannte ‹Ernsthaftigkeit› von Musik als klassische Kunst im Vergleich mit Literatur und Malerei»; zitiert nach Nam June Paik, *Niederschriften eines Kulturnomaden* (siehe Anm. 22), S. 122. Nachdem die deutsche Uraufführung in Deutschland keinen Skandal ausgelöst hatte, wurde Charlotte Moorman 1967 während der New Yorker Premiere verhaftet und später wegen «indecent exposure» auf Bewährung verurteilt. 1980 erinnerte sich Moorman in einem Interview, dass ihre Entblößung in der Aufführung aufgrund ihrer klassischen Ausbilung – sie hatte Violoncello an der Juilliard School studiert – als besonders unanständig empfunden wurde (Interview mit Fred Stern, 1980, www.youtube.com/watch?v=B2xU4Arb8FI; aufgerufen am 15. März 2017).

man sich außerhalb ihrer. Gewiss hätte die Performance an Intensität gewonnen, wenn Acconti im Ausstellungsraum aufgetreten wäre und einen Kreidekreis um sich gezogen hätte. *Claim* erlaubt es aber zumindest, die Bilder und Klänge nicht nur nach dem Modus des Erhabenen aus sicherer Distanz als Repräsentation wahrzunehmen, sondern als das, was sie auch sind: Lichtpunkte auf einer Mattscheibe und Vibrationen eines Lautsprechers.

Fünftens: Fischer-Lichtes Verwendung des Begriffs «Effekt» erinnert nicht nur aufgrund seines moralischen Untertons, sondern auch im konkreten Argumentationszusammenhang an Wagners Polemik gegen Meyerbeers Opern:

> So wenden wir ein ausländisches, unserem natürlichen Gefühle nicht unmittelbar nahestehendes Wort, wie eben dieses «Effekt», an. Wollen wir daher genau das bezeichnen, was wir unter diesem Worte verstehen, so dürfen wir «Effekt» übersetzen durch «Wirkung ohne Ursache».[33]

Den Effekt jener populären Spektakel, über die Wagner sich ärgerte, ohne seine Faszination verbergen zu können, erklärt er als ein «Meisterstück der Mechanik». Wie später Kino, TV und Video wird 1851 die Grand Opera angeklagt, die Massen durch Effekte zu hypnotisieren – ein Vorwurf der auch die avancierte Bühnentechnik in Paris traf – und um das wahre Kunsterlebnis zu betrügen. Trügerische Präsenzeffekte sind aber kein Alleinstellungsmerkmal von Film, TV und Video. Wer die reale Gegenwart von Dingen und Leibern zur höchsten oder einzig wahren ästhetischen Erfahrung verklärt, muss den Stab über ein Trompe-l'œil auf bemalter Leinwand ebenso wie über Bildprojektionen auf der Kinoleinwand brechen, muss Menschenbilder aus Marmor gering achten, die Instrumentalmusik als schwache Imitation der menschlichen Stimme unter die Vokalmusik stellen und das Puppenspiel verdammen, «wo sich ein Poltergeist auf hundert Arten zeigt, / und Doctor Faust das Volk zu Zauberkünsten neigt.»[34]

Fazit

Die Bewertung der elektronischen Medien pendelt zwischen Extremen. Ratsam ist es, «unsere Medienumwelt weder zu verteufeln noch durch eine geheimnisvolle Aura zu überhöhen».[35] Auch Gumbrecht verwendet (im Anschluss an Jean-Luc Nancy) den Begriff «Präsenzeffekte», aber nicht pejorativ, sondern dialektisch auf «Bedeutungseffekte» bezogen: Nur in einer Kultur, die so stark von Bedeutung geprägt ist wie unsere, können wir Präsenz als das Andere der Bedeutung erleben. Doch ist Präsenz nicht so einfach zu produzieren wie Bedeutung. Ästhetisches Erleben ist geprägt durch ein «Oszillieren zwischen Präsenzeffekten und Sinneffekten».[36]

33   Richard Wagner: *Oper und Drama* (1851), in ders., *Sämtliche Schriften und Dichtungen*, Bd. 3, Leipzig: Breitkopf & Härtel 1911, S. 301.

34   Johann Christoph Gottsched, Sendschreiben an Franz Christoph von Scheyb (Oktober 1750), in: ders., *Ausgewählte Werke*, Bd. 1: *Gedichte und Gedichtübertragungen*, hrsg. von Joachim Birke, Berlin: de Gruyter 1968, S. 362–68, hier S. 365.

35   Hans Ulrich Gumbrecht, *Diesseits der Hermeneutik* (siehe Anm. 11), S. 163.

36   Ebd., S. 127 (ähnlich bereits in ders., «Epiphanien», in: *Dimensionen ästhetischer Erfahrung*, hrsg. von Joachim Küpper und Christoph Menke, Frankfurt am Main: Suhrkamp 2003, S. 203–22, hier S. 212–13).

Die Kategorien Performanz und Präsenz haben in den Künsten selbstverständlich grundverschiedene Bedeutung und sind daher auch theoretisch von jeher ganz unterschiedlich beachtet und bewertet worden. Dass wirkliche Musik anders als Literatur und Theater nicht nur und nicht einmal primär im Text gegeben ist, dass also das «Beste der Musik» nach Gustav Mahlers berühmtem Ausspruch «nicht in den Noten» steht, ist eine der wenigen Überzeugungen, auf die sich seit Jahrhunderten die meisten Musiker, Wissenschaftler, Pädagogen und das Laienpublikum einigen konnten. Eine Partitur kann das reflektierende Denken und Sprechen über Musik zwar vertiefen, ist aber hauptsächlich eine Instruktion zum Musizieren. In vielen musikalischen Kulturen, Epochen und Repertoires hat sie den Rang einer Gedächtnisstütze, eines Mittels zum Zweck, oder fehlt ganz. Gumbrecht meint sogar, dass die Dimension der Präsenz beim Musikhören immer die der Bedeutung dominiere.[37] Sicher ist jedenfalls, dass das Spielerleben des Musizierens sich unterscheidet vom Hörerleben und bei «unbequemen» Stücken beide sogar weit auseinanderklaffen können. Musiker kennen den «embodied mind», weil sie es *sind*. Körperliche, intellektuelle und emotionale Schwierigkeiten sind aufs engste miteinander verbunden im Üben und Vortragen beispielsweise einer vierstimmigen Klavierfuge von Bach. Das «Spielgefühl» ist eine Erfahrung (oder ästhetische Dimension) von Performanz, die sich einer noch so gründlichen Analyse von Notentexten, Aufnahmen und Aufführungen allenfalls annähernd erschließen kann, wenn man es aufgrund von Spielerfahrung zu imaginieren versucht. Gleiches gilt natürlich für das Singen und für performative Videokunst.

Die «Schattenhaftigkeit geschriebener Musik»[38] ist die eigentlich triviale Voraussetzung zahlreicher Traktate über die richtige und gute Ausführung von Notentexten seit dem 17. Jahrhundert. «Performanz» ist aber avant la lettre nicht nur ein Gegenstand der Musikpädagogik, sondern in der Musikphilologie seit der zweiten Hälfte des 19. Jahrhunderts, dann in der Erforschung historischer Aufführungspraktiken seit dem Beginn des 20. Jahrhunderts und neuerdings mit der konzeptionell weiter gefassten Interpretationsforschung seit den 1980er Jahren als ein zentrales Problem und Thema wissenschaftlicher Arbeit erkannt worden. Eine genauere Erkundung von Performanz kann unser Verständnis von Musik (auch in technischen, multimedialen Zusammenhängen) vertiefen, wenn sie nicht nur aus beobachtender Perspektive, «von außen» erfolgt (wozu Wissenschaft von sich aus neigt), sondern auch die performative Praxis aus der Perspektive der Musiker/Performer einbezieht.

Die historische Entwicklung zwingt beinahe dazu, wenn in der aktuellen Videokunst und ihrer Ausweitung zur Medienkunst Performanz über den Werkcharakter dominiert oder ihn weitgehend verdrängt, wenn auf einen Text bewusst verzichtet wird und eine Aufzeichnung nur eine von vielen verschiedenen Realisierungsmöglichkeiten dokumentiert. Viele Künstler (der Begriff schließt hier Musiker und Programmierer ein) konfigurieren Handlungs- und Erlebnisräume, in denen Menschen, Apparate, reale und virtuelle Objekte

---

37 Ebd., S. 130.
38 Carl Dahlhaus, «Musik als Text» (1979), in: ders., *Gesammelte Schriften*, hrsg. von Hermann Danuser, in Verbindung mit Hans-Joachim Hinrichsen und Tobias Plebuch, Laaber: Laaber 2000, Bd. I, S. 388–404, hier S. 389.

interagieren können. Ihr erklärtes Ziel ist es, die tradierte Rollenaufteilung zwischen aktiv schöpferischen Künstlern und passiv rezipierendem Publikum in Frage zu stellen oder weitgehend zu beseitigen. Einer ähnlichen Tendenz folgt auch die neuere Kreativitätsforschung, indem sie ihre Aufmerksamkeit nicht mehr nur auf Personen und ihre Fähigkeiten (Intelligenz, Fantasie, Gedächtnis) richtet, sondern auch auf die Art und Weise, wie Personen in Gruppen zusammenarbeiten. Wenn Installationen und «Environments» das Publikum dazu einladen, an der Gestaltung von Bild und Klang in gewissen Grenzen aktiv mitzuwirken, so werden aus Rezipienten Akteure und zumindest potenziell Koautoren.[39]

Walter Benjamin ahnte, die fortschreitende Technisierung der Produktion und Reproduktion von Kunst führe dazu, dass «die Unterscheidung zwischen Autor und Publikum […] ihren grundsätzlichen Charakter» verliere.[40] Er begrüßte diese Entwicklung als gesellschaftlichen Emanzipationsprozess, in dem Kreativität zum Gemeingut werde. Seine Vorahnung wird bestätigt durch starke Strömungen der Video- und Medienkunst und die verstreute, zunehmend diffuse und anonyme Kreativität im Internet. Woody Vasulka und der Komponist und Theoretiker David Dunn gehen von grundlegend neuen Kriterien im digitalen Raum aus:

> These new criteria shift the role of the author away from merely describing a world for aesthetic contemplation towards the design of worlds for dynamic exploration. Additionally this necessitates a redefinition of audience away from the *time sharing* of experience characteristic of cinema and performance to that of an individual who can exert greater freewill in the exploration of an elastic perceptual environment.[41]

Dem künstlerischen Experiment kommt damit eine Bedeutung zu, die nicht nur eine Institution der Avantgarde, eine Veranstaltungsform der Aufbruchsstimmung nach dem Zweiten Weltkrieg fortsetzt, sondern in den elektronischen Künsten heute ein gängiges Arbeitsprinzip ist.

Sowohl künstlerische als auch naturwissenschaftliche Experimente werden entworfen, vorbereitet, durchgeführt, beobachtet und interpretiert. Naturwissenschaftliche Experimente scheinen darauf zu zielen, Kausalzusammenhänge beobachtbar zu machen. Genaugenommen ist dies aber nicht möglich, weil Kausalität eine Verstandeskategorie, also nicht beobachtbar ist. Vielmehr versucht ein prinzipiell austauschbares, neutral

---

39   So verändern in *Murmuring Fields* (1997–99) von Monika Fleischmann und Wolfgang Strauss die Besucher durch ihre Bewegungen Klänge im Raum, darunter Ausschnitte aus Reden der Medientheoretiker Vilém Flusser, Marvin Minsky, Paul Virilio und Joseph Weizenbaum. Eine Kamera erfasst hierzu aus der Vogelperspektive die Bewegungen und übermittelt sie an einen Computer, der sie in einer schematisierten Videoprojektion auf einer Wand repräsentiert. Durch Körperbewegungen lassen sich zugleich die Geräusche und Redefragmente steuern. *Murmuring Fields* lädt Besucher dazu ein, sich in einen doppelten, realen und virtuellen Raum zu begeben («mixed Reality») und wie Avatare mit den dabei entstehenden Bildern und Klängen zu spielen (vgl. den Eintrag zu *Murmuring Fields* unter netzspannung.org/archive; aufgerufen am 15. März 2017).

40   Walter Benjamin, *Das Kunstwerk im Zeitalter seiner technischen Reproduzierbarkeit. Drei Studien zur Kunstsoziologie,* Frankfurt am Main: Suhrkamp 1963, 10. Aufl. 1977, S. 29.

41   David Dunn and Woody Vasulka, «Digital Space: A Research Proposal», in: *Digitale Träume – Virtuelle Welten/Digital Dreams – Virtual Worlds,* Katalog Ars Electronica 1990, Linz: Veritas 1990, Bd. 2, o. S. (Hervorhebung von TB; online unter www.aec.at/festival/en/archiv/, aufgerufen am 15. März 2017; das englische Original ist im Vergleich zur dort ebenfalls zugänglichen deutschen Übersetzung klarer formuliert).

gedachtes Beobachter-Subjekt in einem naturwissenschaftlichen Experiment, Hypothesen über Kausalität oder Probabilität in der Natur zu verifizieren, zu falsifizieren, zu modifizieren und/oder zu quantifizieren. Hierum geht es aber nicht in künstlerischen Experimenten, denn ihre «Beobachter» werden zu Mitwirkenden, die handeln, eingreifen, begreifen und sich ergreifen lassen sollen. Künstlerische Experimente prägen einen Grundzug deutlich aus, der Kunst (nach Luhmann) in der modernen, funktional differenzierten Gesellschaft von anderen gesellschaftlichen Teilsystemen und von älteren Funktionen der Kunst unterscheidet, denn sie wird allein dazu hergestellt, «spezifische Formen für ein Beobachten von Beobachtungen in die Welt zu setzen.»[42] Ein gravierender Unterschied zu naturwissenschaftlichen Experimenten liegt nicht einmal in der «Kreativität» künstlerischer Experimente, denn allein die Idee, Körper von unterschiedlichem Gewicht von einem Turm fallen zu lassen, um die Gesetze der Schwerkraft zu ergründen, ist eine kreative Leistung. Der Unterschied liegt eher in der Zielsetzung und «Auswertung» des künstlerischen Experiments. Es zielt auf die Erzeugung und Erfahrung kontingenter Ereignisse und emergenter Präsenz, die gerade nicht oder nicht vollständig erklärbar sind, auch anders ausfallen und für verschiedene Mitwirkende verschieden belangvoll sein können. Auch künstlerische Experimente können besser oder schlechter angelegt werden, wenn man davon ausgeht, dass Luhmanns «In-die-Welt-setzen» nicht nur ein *Herstellen* ist, sondern auch ein *Bereitstellen* von Konfigurationen für Performanz, spielerisches Erkunden, aktives Mitwirken, ästhetisches Erfahren, Beobachten und Interpretieren. Wenn hinter einer Ästhetik immer auch ein Menschenbild steht, so ist die Video- und Medienkunst das Revier des Homo ludens.

---

42 Niklas Luhmann, *Die Kunst der Gesellschaft*, Frankfurt am Main: Suhrkamp 1995, S. 115.

MARK KATZ

Autorschaft im Zeitalter konfigurierbarer Musik

Man denke sich zwei Musiker des 21. Jahrhunderts. Beide machen Musik, indem sie Bruchstücke bestehender Werke zu Klangcollagen mischen. Der eine ist ein «Turntablist», eine Spielart des Hip-Hop-DJ, übt seine Kunst vor Publikum aus und benutzt Plattenspieler als Musikinstrumente. Der andere, den ich Mashup-Künstler nenne, benutzt digitale Musikdateien und einen Computer und konstruiert im Stillen Collagen, die er dann anonym im Internet vertreibt. Beide erschaffen etwas, das man konfigurierbare Musik nennen kann: Mit Hilfe elektronischer Techniken werden Werke erstellt, die als Veränderungen vorgefundener Klänge und Kompositionen erkennbar sind.[1]

Trotz solcher Ähnlichkeiten haben die beiden Künstler sehr unterschiedliche Ansichten, was die Autorschaft ihrer Schöpfungen angeht.[2] Im Allgemeinen erheben Turntablists nachdrücklich Anspruch auf Autorschaft über ihre Schöpfungen, und zwar innerhalb der Turntablism-Szene unangefochten. Im Gegensatz dazu weisen Mashup-Künstler das Konzept, dass sie Autoren (oder Komponisten) sind, von sich und beschreiben ihre Tätigkeit als Arrangieren, Remixen, Übereinanderschichten. Woher rühren so grundsätzlich unterschiedliche Ansichten von Autorschaft angesichts der Gemeinsamkeit, dass beide Künstlergruppen Musik erschaffen, indem sie bestehende Werke manipulieren? Die Unterschiede haben wenig mit der Musizierpraxis oder dem Inhalt zu tun. Eine größere Rolle für das schöpferische Selbstverständnis spielen die Werte, Ideale und der jeweilige geschichtliche Hintergrund der Turntablism- und Mashup-Szenen. Indem ich dies auf Autorschaft im allgemeinen ausweite, vertrete ich hier die These, dass sich musikalische Autorschaft am besten nicht als objektiv messbares Phänomen begreifen lässt, sondern als kulturelles Konstrukt.

Ein Turntablist ist eine Art Diskjockey, kurz DJ.[3] Während es viele Unterarten von DJs gibt, bezeichne ich Turntablists als aufführende DJs, die ihre Ausrüstung als Musikinstrument benutzen. (Dieses «Musikinstrument» besteht gewöhnlich aus zwei Plattenspielern, Schallplatten und einem Mischpult, das Dynamik und Klang der Plattenspieler regelt.) Deswegen wählen Turntablists Schallplatten nicht bloß aus, sondern manipulieren sie in Echtzeit vor Publikum. Diese Manipulation kann aus Wiederholungen kurzer Abschnitte einer Aufnahme bestehen («looping»), aus dem kontrapunktierenden

1 Den Ausdruck «konfigurierbare Musik» (configurable music) übernehme ich von Aram Sinnreich, *Mashed Up. Music, Technology and the Rise of Configurable Culture*, Amherst und Boston: University of Massachusetts Press 2010.
2 Mit Autorschaft meine ich die Quelle oder den Ursprung eines künstlerischen Werkes sowie das Selbstverständnis eines (zumeist) einzelnen Individuums als Urheber des Werkes. In diesem Aufsatz verstehe ich daher «Komponist» als eine Art von Autor.
3 Es folgt ein kurzer Überblick über den «Turntablism». Eingehender habe ich ihn dargestellt in *Groove Music. The Art and Culture of the Hip-Hop DJ*, New York: Oxford University Press 2012, S. 127–52.

Mischen von Klangbruchstücken vieler Aufnahmen («beat juggling») oder aus dem Deformieren des Klangs durch das Vor- und Zurückbewegen der Platte unter dem Tonabnehmer («scratching»).

Die Geschichte des Turntablism reicht zurück bis in die Anfänge des Hip-Hop im New York der 1970er Jahre. Der Hip-Hop entstand, als eine kleine Gruppe afroamerikanischer und Latino-DJs im New Yorker Viertel Bronx begann, auf Tanzpartys Schallplatten in ungewohnter Weise abzuspielen. Statt die Platten ganz zu spielen, isolierten und wiederholten sie kurze, «break» genannte Schlagzeugsoli. Den DJs war aufgefallen, dass die Tänzer während solcher Breaks ausgelassener tanzten, und dieses Verhalten wollten sie durch Wiederholen bedienen. Als Reaktion darauf entstand eine neue Form des Solo-Tanzes, B-Boying oder B-Girling genannt – besser bekannt als Breakdance. Der Hip-Hop entstand also aus der Neuzusammensetzung bestehender Musikaufnahmen durch den DJ. Das Rapping – das ursprünglich Instrumentalbegleitung durch den DJ in Form von Break-Schleifen erforderte – wurde erst später üblich.[4]

Im Lauf der 1980er Jahre entwickelte sich die Kunst des Hip-Hop-DJs hin zum Komplexen und Virtuosen; eine Untergruppe der DJs begann sich als «Turntablists» zu bezeichnen. Der unter dem Namen Babu bekannte, in Kalifornien lebende DJ, dem die Popularisierung dieses Ausdrucks zugeschrieben wird, erklärte dazu: «You know, we can't even really call ourselves DJs anymore. […] There's guitarists, there's pianists, why not turntablists?»[5] Turntablists sind, so Babu, «Performer», d. h. Live-Musiker, wobei man sie auch als Komponisten, genauer als Musiker-Komponisten betrachten kann. Obwohl Turntablists häufig improvisieren, schaffen viele auch festgefügte (und fast immer nicht-notierte) Werke, die über wiederholte Aufführungen hinweg in Klang und Struktur stabil sind. Solche Kompositionen werden «Routines» genannt; man hört sie üblicherweise in Live-Darbietungen, häufig in den «Battles» genannten Wettbewerben.

Die Routines sind normalerweise kurz und dauern zwischen einer und zehn Minuten; alle werden aus der Manipulation bestehender – und veröffentlichter – Schallplatten erzeugt. Die Urheberschaft jedoch wird, wie ich noch erläutern werde, fast immer eindeutig dem DJ zugeschrieben, nicht dem Komponisten der manipulierten Werke. Als Beispiel kann eine sehr bekannte Routine dienen. Der Musiker ist Rob Swift; die Routine wurde 1992 für eine Battle geschaffen, doch führte er sie auch später oft auf und veröffentlichte eine Version auf dem Album *Return of the DJ*.[6] Die Routine dauert, gemäß

4   Auch wenn Hip-Hop häufig synonym mit Rap gebraucht wird, lässt Hip-Hop sich besser als das kulturelle Umfeld begreifen, in dem DJing, Rapping (auch MCing), B-Boying/B-Girling und Graffiti entstanden; diese Kunstformen sind typischerweise gemeint, wenn von den vier Elementen des Hip-Hop die Rede ist. Eine ausgezeichnete Geschichte des Hip-Hop schrieb Jeff Chang: *Can't Stop, Won't Stop. A History of the Hip-Hop Generation*, New York: Picador 2005.

5   DJ Babu, zitiert nach Neva Chonin, «An Itch to Scratch. The New School Turntablists», in: *Option*, Nr. 77 (November–Dezember 1997), S. 56–61, hier S. 60.

6   Das ursprünglich zum Vortrag gezeigte Video «Rob Swift DMC 1992», (www.youtube.com/watch?v=GGT-r8qrjOw) ist nicht mehr verfügbar; vgl. das inzwischen von Rob Swift eingestellte Video der Routine «DJ Rob Swift's 92 East Coast DMC 6 min winning set» (www.youtube.com/watch?v=AXx_qA7j1Ac; aufgerufen am 15. März 2017). Die CD-Fassung wurde unter dem Titel «Rob Gets Busy» auf dem Album *Return of the DJ Vol. 1* veröffentlicht (Bomb Hip-Hop CD BOMB 2002, 1995).

ABB. 1 «DJ Rob Swift's 92 East Coast DMC 6 min winning set»,
Screenshots (Quelle: YouTube Video; siehe Anm. 6).

den Regeln der Battle, etwa sechs Minuten. Swift beginnt mit dem Anfang des Liedes «Blow Your Head» von Fred Wesley and the J. B.'s von 1973, und erzeugt aus einem langen Synthesizerton eine kurze Melodie, indem er die Geschwindigkeit und damit die Tonhöhe leicht verändert. Er geht dann rasch zu einem anderen Sample über: «The Bridge» (1985) von MC Shan and Marley Marl, seinerseits eine Manipulation des Schlagzeugbreaks aus «Impeach the President» von den Honeydrippers aus dem Jahr 1973. Es ist kein Zufall, das Swift zu «The Bridge» greift: Das Lied ist eine Hommage an den New Yorker Stadtteil Queens, wo Swift geboren wurde; wie im Video deutlich sichtbar, nickt Swift markant, als eine Stimme MC Shan und Marley Marl mit den Worten ankündigt: «They want to tell you a story about where they come from». Diese beiden Samples bilden lediglich die einleitenden 30 Sekunden der Routine. Der größere verbleibende Teil bedient sich eines einzigen Stücks: «Nobody Beats the Biz» von Biz Markie aus dem Jahr 1988. («Nobody Beats the Biz» wiederum verwendet die Keyboard-Stimme aus «Fly Like an Eagle» der Steve Miller Band von 1976 und die Schlagzeugpartie aus «Hihache» von The Lafayette Afro Rock Band von 1973). Swift greift nur wenige Töne aus «Nobody Beats the Biz» her-aus, die er während der folgenden Minuten variiert durch Veränderungen von Tonhöhe, Tempo, Rhythmus und Klang des Ursprungsmaterials. Nach insgesamt fast vier Minuten wechselt Swift erneut die Platten: Er greift zu «Welcome to the Terrordome» von Public Enemy, ein Stück, das seinerseits mindestens ein Dutzend weiterer Samples verwendet. Swift jongliert mit der von Chuck D gesprochenen Textzeile «I got so much trouble on my mind» und ein paar weiteren Bruchstücken und formt sie um bis an die Grenze der Ver-ständlichkeit – und wieder zurück. Um darüber hinaus sein Können zu zeigen, geht Swift am Ende seiner Routine zu sogenannten «body tricks» über; er dreht sich um die eigene Achse, stoppt die Platte mit seinem Rücken und lässt sie weiterlaufen, bevor er unter dem Jubel des Publikums die Bühne verlässt (→ **ABB. 1**).

Es wäre verständlich, wenn ein Wissenschaftler die Routine von Rob Swift als postmoderne Collage hörte und sie wegen ihres dichtgewobenen Netzes aus Anspielungen und Entlehnungen zweiter und dritter Hand zur virtuosen Dekonstruktion jeglichen Begriffes von Urheberschaft erhöbe. In der Turntablism-Szene steht jedoch die Urheberschaft dieser Routine, wie jeder Routine überhaupt, außer Frage. Kein Insider würde Swifts Routine als antiauktoriale Collage oder als Interpretation, gar als Arrangement eines Biz-Markie-Titels schildern, auch wenn sich die Routine zu großen Teilen aus «Nobody Beats the Biz» speist und die Quelle auch gut erkennbar ist. Turntablists und Anhänger nennen diese Routine üblicherweise «Rob Swifts Nobody-Beats-The-Biz-Routine»; die auf der CD *Return of the DJ* veröffentlichte Fassung heißt «Rob Gets Busy». Der einzige Name, der fest mit der Routine in Verbindung gebracht wird, ist der Rob Swifts. Er selber bezeichnet sie als eine seiner «turntable compositions».[7] «I definitely consider myself a composer», teilte Swift mir direkt mit, «I just happen to use a non-conventional instrument.»[8]

Alle Turntablists greifen auf bestehende Aufnahmen zurück; darin besteht schlicht ihre Kunst. Kreativität und damit Autorschaft wird weniger aufgrund des verwendeten Materials beurteilt als vielmehr aufgrund der Originalität und der Geschicklichkeit, mit der der DJ die bestehenden Klänge manipuliert. Bewundert wird Swifts Routine dafür, dass er die Aufnahmen auf eine Art mischt, auf die andere DJs nie gekommen wären. Aufschlussreich ist die Erklärung, die Swift in einem kurzen, nach der Battle 1992 entstandenen Dokumentarvideo gibt, nachdem er einen Teil der Routine vorgeführt hat:

> Another DJ who wasn't pushing himself would have probably just kept backspinning this part. He would have ended like that, real normal, you know what I'm saying? But that's not the goal. The goal is to, you know, try to be as different and as creative as possible.[9]

Wegen dieser Neuartigkeit nennen Fans und andere Turntablists Swifts Routine «genial», ein Wort, das mehrfach in den Zuschauerkommentaren auf YouTube auftaucht, wo dieses Video veröffentlicht wurde. Doch Swifts schöpferische Manipulation des Materials von Biz Markie, Public Enemy und anderen gibt in der Turntablism-Szene eben nicht nur Anlass zu Lob, sondern auch zu der Einschätzung, dass diese Routine ein Werk von niemand anderem als Rob Swift ist. Andere DJs könnten in einer Routine dieselben Aufnahmen verwenden; wenn die Routine aber nicht originell genug ausfiele, liefen sie Gefahr, als «biter» beurteilt zu werden. Im Hip-Hop-Jargon bedeutet «bite» «klauen», und ein «biter» verdient nicht einmal die Verachtung der Eingeweihten.

Oft verbieten die Regeln einer Battle sogar ausdrücklich, dass Teilnehmer dieselben Aufnahmen verwenden. So die Regeln der «Gong Battle» in New York 2010:

---

7   Rob Swift, «X-Ecutioner Style», www.djrobswift.com/2011/10/14/x-ecutioner-style/ (aufgerufen am 15. März 2017). Das englische Wort «busy», ausgesprochen «Biz-zy», ähnelt klanglich «Biz»; der Titel soll damit wohl auf den Namen Biz Markie anspielen.
8   Rob Swift, E-Mail an den Verfasser, 28. November 2011.
9   «Ein nicht so ehrgeiziger DJ hätte vielleicht diese Passage immer weiter wiederholt. Dabei wäre dann etwas total Normales rausgekommen, verstehst Du? Aber darum geht es nicht. Es geht doch darum, so anders und so kreativ wie möglich zu sein.» Rob Swift, zitiert nach dem Video «Origins of Rob Swift's ‹Nobody Beats The Biz›», www.youtube.com/watch?v=2b0X1WQOTT8 (aufgerufen am 15. März 2017).

> Biting, repeating routines and outright wackness: A DJ will be gonged if the judges think that he/she is biting or wack. It's OK to show influence but outright use of the same records and doing the same routine will be grounds for being eliminated by way of the gong.[10]

Wegen dieser Auffassung von Autorschaft, ja Eigentum schrecken manche DJs davor zurück, die Routine eines anderen DJs nachzumachen, und sei es zu Studienzwecken. So stellte der DJ X2K ein Video mit dem Titel «DJ Babu's Blind Alley Juggle Explained» auf seine Internet-Seite, nicht ohne große Mühe darauf zu verwenden, Babu als Autor herauszustellen und immer wieder deutlich zu machen, dass er keinesfalls die Routine Babus klauen wolle. In einem Text, der der Demonstration vorangestellt ist, heißt es:

> This video [...] is for educational purposes only! Do not learn this and perform it or try to claim it as your own!!! *Remember biting is a crime!*[11]

Auf seiner Webseite ergänzt DJ X2K:

> Disclaimer: I hope that should DJ Babu find out about this that he'll see it as a mark of respect rather than an act of theft, should he request for me to remove this video then I would without question.[12]

In Battles kennt die Biting-Regel eine Ausnahme: Ein DJ darf Klänge oder Aufnahmen, die man mit einem Konkurrenten verbindet, benutzen, um diesen zu parodieren oder zu übertreffen. So spielte Mix Master Mike 1996 in einer legendären Battle zwischen ihm und Rob Swift eine Routine, die auf dem langgezogenen Synthesizer-Ton aufbaute, den Swift zu Beginn seiner «Nobody-Beats-The-Biz»-Routine verwendet.[13] Das war ein Wagnis, und seine Verwendung eines Klanges, der so deutlich mit Swift in Zusammenhang steht, diente offenkundig dem Zweck, Swift auf eigenem Terrain auszustechen. Dieses Verfahren, manchmal als «flipping» bezeichnet, war ausschließlich insoweit verständlich, als die Zuhörer den Bezug auf Swifts Routine erkannten. Sowohl «biting» als auch «flipping» bestätigen also die große Rolle, die Autorschaft im Turntablism spielt.

Diese Auffassung ähnelt stark dem romantischen Begriff von Autorschaft. Beide Auffassungen orientieren sich an Originalität, Kreativität und dem Zusammenwirken von Fleiß und Inspiration; beide räumen dem Komponisten einen hohen Status ein und erheben manche Komponisten zu Genies. Im Turntablism reicht das Ideal allerdings noch

---

10 «Klauen, Wiederholen und Pfusch: Ein DJ wird gegongt [disqualifiziert], wenn die Jury der Meinung ist, dass er/sie klaut oder pfuscht. Es ist OK, sich auf Vorbilder zu beziehen, aber wer einfach dieselben Aufnahmen benutzt und dieselbe Routine macht, wird durch den Gong eliminiert.» «Gong DJ Battle Info & Rules», www.myspace.com/thegongdjbattle/blog/242145843 (nicht mehr zugänglich).

11 «Dieses Video [...] dient ausschließlich Schulungszwecken! Versuche nicht, diese Routine auswendig zu lernen, aufzuführen oder als deine Routine darzustellen! Denk dran: *Klauen ist ein Verbrechen!*»; «DJ Babu's Blind Alley Juggle Explained», www.youtube.com/watch?v=9kGieT8UQ-8 (aufgerufen am 15. März 2017).

12 «Rechtshinweis: Ich hoffe, dass DJ Babu, sollte er diese Seite sehen, sie als Zeichen von Respekt erkennt und nicht als Diebstahl. Wenn er mich auffordert, dieses Video zu entfernen, werde ich das selbstverständlich tun.» www.x2k.co.uk/2008/05/03/dj-babus-blind-alley-juggle-explained/ (aufgerufen am 15. März 2017).

13 Diese Routine wird gezeigt im Dokumentarfilm *As the Tables Turn*, Red Line Music DVD (ohne Nr.), 2007.

weiter: Hier gilt die Urheberschaft so viel, dass dem Urheber eine Verfügungsmacht über sein Werk eingeräumt wird, die ausschließt, dass andere es aufführen.

Es könnte keinen größeren Unterschied geben als den zwischen Turntablists und denen, die ich als Mashup-Künstler bezeichne. Mashup, wie es heute üblich ist, geht etwa auf das Jahr 2000 zurück, als billige Software zur Manipulation von Musikdateien auf den Markt kam und Filesharing-Netze wie Napster entstanden, mit deren Hilfe man sich nun Musikaufnahmen weitaus leichter und schneller über das Internet aneignen und sie weitergeben konnte.[14] Mashups werden meistens durch das Kombinieren erkennbarer Bestandteile von zwei oder mehr veröffentlichten Popsongs am Computer erzeugt. Am weitesten verbreitet ist das sogenannte A+B-Mashup: Der Instrumentalpart eines Songs begleitet die Singstimme eines anderen Titels. So kann in einem Mashup die Synthesizer-stimme des Songs «Sweet Dreams (Are Made of This)» von den Eurythmics (1982) den Schnellfeuer-Rap aus Eminems Titel «Without Me» (2002) begleiten; oder Ben E. Kings Gesang aus «Stand By Me» schwebt über den gebrochenen Gitarrenakkorden aus «Every Breath You Take» von The Police (1983). Komplexere Mashups können auch größere Ab-schnitte von drei oder mehr Songs oder Fragmente aus mehr als einem Dutzend Stücken kombinieren.

Ungeachtet der Zahl der verwendeten Songs oder des Ausmaßes der Bearbeitung jedoch lehnen Mashup-Künstler es ab, Autorschaft zu beanspruchen. Wie sehr Mash-up-Künstler solche Ansprüche meiden, wurde mir klar, als ich 2009 eine Umfrage an eine Webseite richtete, auf der sich Mashup-Künstler über ihre Arbeiten austauschen.[15] Ich stellte folgende Frage: Würden Sie, als jemand, der Mashups erzeugt, sich als Kom-ponisten betrachten? Fast alle Antwortschreiber lehnten diesen Ausdruck ab. Als Alter-nativen wurden vorgeschlagen: Assembler, audio hacker, bootlegger, burglar, charlatan, manipulator, re-arranger, recomposer, tickler of tunage, wanker. Mein Lieblingsbegriff war «composter», ein wunderbares Mashup aus Komponist, «imposter» (Betrüger) und vielleicht Kompost. Besonders die herabwürdigenden Ausdrücke legen nahe, dass viele Antwortschreiber es für anmaßend hielten, sich als Komponisten zu bezeichnen. Einer schrieb, man müsse sich schon ziemlich viel einbilden, wenn man das Konstruieren eines Mashups für Komponieren hielte.

Wie kommt eine solche anti-auktoriale Einstellung zustande? Zunächst einmal sind die meisten Mashups illegal, denn sie verletzen das Urheberrecht; deswegen haben Mashup-Künstler allen Grund, keinen Anspruch auf Autorschaft zu erheben. Auch auf das Verfahren selbst lässt sich verweisen. Üblicherweise zielt es darauf ab, die Songs nahtlos zu kombinieren, sodass der Eingriff des Mashup-Künstlers, ja seine Existenz möglichst wenig auffällt. Tendenziell meiden Mashups das Herausstellen eines Autors. Im Gegensatz dazu

---

14 Ausführlich behandle ich Mashups in *Capturing Sound. How Technology has Changed Music*, Berkeley etc.: University of California Press 2004, revidierte Ausgabe 2010, S. 165–74. Siehe dazu auch Aram Sinnreich, *Mashed Up* (siehe Anm. 1).

15 Diese Diskussion wurde am 24. Mai 2009 angestoßen; alle Zitate stammen von der Adresse www.gybo5.com/index.php?option=com_kunena&Itemid=3&func=view&catid=17&id=55675; diese Adresse ist nicht mehr aktiv.

soll man einer Turntablist-Routine die Hand des Komponisten buchstäblich anmerken, denn die Hände des DJs stehen im Mittelpunkt der Aufmerksamkeit, und der Eingriff in die bestehenden Klänge ist offensichtlich.

Diese Beobachtungen erklären jedoch die Einstellung der Mashup-Szene zur Autorschaft nicht hinreichend. Denn da die meisten Mashups nicht verkauft werden, werden Mashup-Künstler selten verklagt. Zudem mindert das scheinbare Ausmerzen des Künstlers in einem Mashup keineswegs die Bedeutung seines Eingriffs. Der Eindruck von Nahtlosigkeit, den die besten Mashups hinterlassen, beruht auf äußerster Sorgfalt bei Auswahl, Manipulation und Verbindung der Klangfragmente – und das alles erfordert Kreativität und ein gutes Ohr. Ein Mashup-Macher namens Adrian sagte mir:

> The best mashup producers are people who understand songcraft. You need to understand what a verse and a chorus and a bridge are, you need to understand keys. You also have to understand audio engineering to take two or more completely different songs and mash them up into something listenable.[16]

Das Mashup-Handwerk wird in Internet-Foren diskutiert, und aus dem Diskurs hat sich ein eigener Jargon ergeben, zum Beispiel die Ausdrücke «OOT» und «OOK». Sie werden verwendet, wenn die Songs in einem Mashup entweder «out of time» sind, also das Tempo nicht passt, oder wenn sie «out of key» sind, sich also die Tonarten aneinander reiben. Diese Ausdrücke verweisen darüber hinaus auf die Sorgfalt, mit der Mashup-Künstler zu Werke gehen. Bedenkt man solche Hingabe an die Arbeit, so könnte man denken, dass Mashups Kompositionen eigenen Rechts sind und dass ihre Erzeuger allen Anlass haben, sich als Komponisten zu betrachten. Und doch: Auf meine Umfrage hin, ob Mashup-Künstler sich als Komponisten sähen, wirkten viele Antwortschreiber geradezu beleidigt; ganz so, als ob ich ihnen ein unerwünschtes Etikett aufkleben wollte.

Damit können wir zur Eingangsfrage des Beitrags zurückkehren: Wie lassen sich so unterschiedliche Sichtweisen von Autorschaft erklären? Um diese Frage zu beantworten, müssen wir Geschichte und Wertesystem der Turntablist- und der Mashup-Szene genauer betrachten.

Als in den 1990er Jahren der Ausdruck «turntablism» gebräuchlich wurde, sollte damit nicht bloß eine bestimmte Art des DJing bezeichnet werden. Die Endung «-ism» ist mehr als nur ein Suffix; sie soll der Kunst Ernsthaftigkeit verleihen. Außerhalb der Szene gelten DJs gemeinhin als Plattenaufleger, die Musik reproduzieren, statt sie zu machen. Turntablists sind aber, was sie gern betonen, Musiker und Instrumentalisten eigenen Rechts. Zur öffentlichen Geringschätzung kam noch die Marginalisierung durch die Hip-Hop-Szene selber. Schon seit den 1980er Jahren wurden die DJs von den Rappern verdrängt, von Aufnahmen und Tourneen ausgeschlossen und ihre Analogkunst ersetzt

---

16 «Die besten Mashup-Künstler sind Leute, die etwas vom Songschreiben verstehen. Du musst wissen, was eine Strophe, ein Refrain und eine Überleitung sind, du musst dich in Harmonik auskennen. Du musst dich auch in Tontechnik auskennen, um zwei oder mehr verschiedene Lieder herzunehmen und sie so zusammenzumashen, dass es nach etwas klingt.» DJ Adrian, Gespräch mit dem Verfasser, San Francisco, 1. November 2006.

durch Schlagzeugcomputer, Sampler und DAT (Digital Audio Tape). Die Battles und Turntable-Konzerte in den Neunzigern schufen dem DJ also ein neues Podium. Demnach lässt sich das Aufkommen des Turntablism als Reaktion auf die Marginalisierung verstehen, als Versuch, die Unabhängigkeit und Kunstfertigkeit des DJs hervorzuheben. Darüber hinaus beanspruchen Turntablists häufig Eigenständigkeit auch jenseits des Hip-Hop, vergleichen sich mit Jazzmusikern und richten nach universitärem Vorbild DJ-Akademien ein. Sieht man diesen Zusammenhang, so versteht man, warum Turntablists für sich Autorschaft ihrer Routinen beanspruchen und warum sich einige auch als Komponisten empfinden. All das gibt ihnen jene Daseinsberechtigung, die ihnen die Öffentlichkeit und sogar ihre Hip-Hop-Kollegen so oft verwehrten.[17]

Bei Mashups spielte dagegen die Daseinsberechtigung nie eine Rolle. Subversivität gehört schon lange zum Selbstverständnis der Mashup-Szene, und viele Mashup-Künstler sind stolz darauf, dass sie einen musikalischen Untergrund bilden. Adrian erklärt: «Part of the mashup mystique is their illegality.»[18] Allgemeiner gesprochen, und für unsere Überlegungen besonders wichtig: Die Subversivität des Mashups zielt darauf ab, schöpferischer Absicht zu widerstehen oder sie zu verweigern. Als Beispiel kann das bekannte Mashup aus «Smells Like Teen Spirit» (1991) von Nirvana und «Bootylicious» von Destiny's Child (2001) dienen: Sowohl über die nihilistische Verbohrtheit des Ersteren als auch über die hirnlose Lüsternheit des Letzteren scheint es sich lustig zu machen. Ein Autor schrieb, dieses Mashup (wie Mashups im Allgemeinen) «undermines author intent and erases originally coded meanings and readings».[19]

Auch in anderer Hinsicht kann man Mashups als oppositionell betrachten. In den 1990er Jahren kamen die beliebtesten Tanzmusik-DJs in den Genuss von Status, Ansehen und Bezahlung eines Rockstars; der Aufstieg des Mashup muss auch im Zusammenhang mit diesem «DJ god-star phenomenon» – wie Simon Reynolds es nannte – gesehen werden.[20] «The emergence of mash-up culture», so John Shiga, «is in this sense a backlash against the cultural authority of professional DJs».[21] Dieser Begriff von (Kultur-)Hoheit ist eng an Autorschaft gebunden, denn diese Star-DJs wurden bald dargestellt als die ersten und einzigen Schöpfer der Musik – durchweg aus verschiedenartig neu zusammengesetzten bestehenden Aufnahmen –, die sie in Clubs spielten oder auf CDs veröffentlichten. Mit Blick auf die Figur des Star-DJs als «musical author-god» meinte Bill D. Herman:

---

17   Zur Daseinsberechtigung in der Turntablist-Szene siehe auch Mark Katz, *Groove Music* (siehe Anm. 3), Kapitel 7, S. 179–213.
18   DJ Adrian, Gespräch mit dem Verfasser (siehe Anm. 16).
19   Michael Serazio, «The Apolitical Irony of Generation Mash-Up: A Cultural Case Study in Popular Music», in: *Popular Music and Society*, 31 (2008), Nr. 1, S. 79–94, hier S. 83.
20   Simon Reynolds, zitiert nach John Shiga, «Copy-and-Persist: The Logic of Mash-Up Culture», in: *Critical Studies in Media Communication*, 24 (2007), Nr. 2, S. 93–114, hier S. 104. Allerdings bezieht sich dieser Ausdruck ursprünglich auf bestimmte Tanzmusik-DJs, nicht auf die Turntablists, um die es in diesem Aufsatz geht.
21   Ebd.

I argue that the DJ's authorship comes not from what he or she does but how those practices get represented in a capitalist system. Further, I argue that the industry instilled the DJ with authorship to fill a vacuum left by the increasing anonymity of dance music producers.[22]

Anders gesagt: Der «musikalische Autor-Gott» war zum Teil eine Konstruktion, die Einnahmen aus elektronischer Tanzmusik generieren sollte, denn diese galt als besser verkäuflich, wenn sie mit wiedererkennbaren Autoren verbunden wurde. Das Herunterspielen der Autorschaft in der ersten Generation der Mashup-Künstler kann man als Protestreaktion auf die Künstlichkeit der Star-DJs sehen; zugleich lenkte sie die Aufmerksamkeit wieder auf die Musik statt auf den DJ oder Remixer. Der Verzicht auf Autorschaft kann also ideologisch motiviert sein (oder durch Eifersucht oder Ablehnung).[23] Wichtiger jedoch ist, für Turntablists ebenso wie für Mashup-Künstler, dass der Grund zur Betonung oder Ablehnung von Autorschaft, wie immer er auch lauten mag, weitgehend außermusikalischer Natur ist.

Autorschaft ist ein kulturelles Konstrukt, genauer: ein subkulturelles. Ansichten über Autorschaft werden geformt, ja erzeugt durch die Wertvorstellungen kleiner Gruppen von Künstlern und Hörern. Um das zu zeigen, habe ich den Blick auf zwei Szenen gelenkt, die konfigurierbare Musik erschaffen. In vielerlei Hinsicht ähneln sich die Arten, wie sie die Neukonfiguration von Musikaufnahmen vornehmen, was uns erwarten lässt, dass Turntablists und Mashup-Künstler vergleichbare Ansichten von Autorschaft pflegen. Dass ihre Haltungen zu Autorschaft so unterschiedlich sind, ist, wie ich meine, eine Funktion der Art und Weise, wie sich diese vergleichsweise kleinen Gruppen sowohl zu den musikalischen Sphären, in denen sie tätig sind – Hip-Hop, elektronische Tanzmusik –, als auch zur Mainstream-Kultur ins Verhältnis setzen. Turntablists reagierten auf ihre Marginalisierung damit, dass sie Virtuosität und Autorschaft betonten; Mashup-Künstler dagegen marginalisierten sich bewusst selber und arbeiteten in fast völliger Anonymität und Verborgenheit, womit sie ihre Subversivität betonten und ihre Ablehnung der Figur des Star-DJ zum Ausdruck brachten.

Die Unterschiede zwischen diesen beiden Haltungen zur Autorschaft berühren zwei allgemeinere Themen, mit denen ich schließen will. Viele Wissenschaftler sprechen den Produkten und Verfahren der Schöpfer konfigurierbarer Kunst einen deutlichen Ausnahmestatus zu. So stellt Aram Sinnreich in seinem Buch *Mashed Up* von 2010 schlichtweg fest: «I must disagree with any claims of continuity between past and present cultural

---

22   «Ich behaupte, dass die Autorschaft des DJ nicht davon herrührt, was er oder sie tut, sondern wie die Tätigkeit im kapitalistischen System repräsentiert wird. Darüber hinaus behaupte ich, dass die Industrie dem DJ zur Autorschaft verhalf, um das Vakuum zu füllen, das die zunehmende Anonymität der Tanzmusikproduzenten hinterlassen hatte.» Bill D. Herman, «Scratching Out Authorship: Representations of the Electronic Music DJ at the Turn of the 21st Century», in: *Popular Communication*, 4 (2006), Nr. 1, S. 21–38, hier S. 21.

23   Das heißt nicht, dass alle Mashup-Künstler einer solchen Motivation folgen. Außerdem spielte die oppositionelle Natur des Mashup in dessen frühen Zeiten eine stärkere Rolle. Heute, zehn Jahre später, hat sich eine Mashup-Szene mit ihren eigenen, sie kennzeichnenden Praktiken gebildet, die keinen stark oppositionellen Charakter mehr hat.

practices.»[24] Und Steve Savage behauptet in *Bytes and Backbeats*: «[...] music making in the digital environment represents not just a change in degree, but a fundamental change in ‹kind› – a change that strikes at the very heart of music creation.»[25] Beiden Autoren muss ich jedoch widersprechen, denn ich sehe eine starke Kontinuität, früher und heute. Turntablists lassen sich als moderne Verkörperung des Virtuosen-Komponisten des 19. Jahrhunderts verstehen; man kann sie auch mit der Figur des Bebop-Jazzmusikers vergleichen, mit einem geistig unabhängigen Künstler am Rand der breiten Jazzszene. Die Musik der Mashup-Künstler dagegen scheint eine gewisse Familienähnlichkeit zu postmodernen Werken des 20. Jahrhunderts von Andy Warhol, George Crumb oder Luciano Berio zu zeigen. Wir könnten Mashups sogar im Vergleich mit der Musik von Charles Ives oder den Parodiemessen des 16. Jahrhunderts untersuchen.

Natürlich gingen die Routines der Turntablists oder des Mashup nicht aus diesen alten Praktiken hervor, doch ergeben sich aus ihnen ähnliche Fragen zu Autorschaft, und der Vergleich könnte beide Seiten in neuem Licht zeigen. Grundsätzlich stimme ich mit Henry Jenkins überein, der einen lohnenden Blickwinkel eröffnete, welcher sowohl das Neue digitaler Remix-Verfahren als auch ihre selten erkannten historischen Vorgänger einbezieht:

> [...] the digital era has refocused our attention on the expressive potential of borrowing and remixing, expanding who gets to be an author and what counts as authorship, but [...] this new model of authorship is not that radical when read against a larger backdrop of human history, though it flies in the face of some of the most persistent myths about creative genius and intellectual property that have held sway since the Romantic era.[26]

Anders gesagt: Wenn wir den romantischen Autorbegriff statt als Norm als historische Anomalie betrachten, erkennen wir, dass sowohl der Mashup-Künstler als auch der Turntablist alte Traditionen des Entlehnens und des Neukonfigurierens bestehender Werke fortführen und dabei neue Werke schaffen. Oder, theologisch gesprochen: Autorschaft selber lässt sich am besten nicht als creatio ex nihilo verstehen, sondern als creatio ex materia.[27]

---

24 «Ich muss allen Behauptungen widersprechen, zwischen früheren und heutigen Praktiken bestehe Kontinuität.» Aram Sinnreich, *Mashed Up* (siehe Anm. 1), S. 74.

25 «Musikmachen in digitaler Umgebung bedeutet nicht nur einen graduellen, sondern einen grundsätzlichen Wandel – einen Wandel, der den Kern des Musikschaffens berührt.» Steve Savage, *Bytes and Backbeats. Repurposing Music in the Digital Age*, Ann Arbor: University of Michigan Press 2011, S. 9. Ich finde die Bücher von Sinnreich und Savage überzeugend und nützlich, auch wenn ich diese Thesen nicht teile.

26 «Das digitale Zeitalter hat unsere Aufmerksamkeit auf die Ausdrucksmöglichkeiten des Entlehnens und Remixens gelenkt und so unsere Begriffe davon erweitert, wer ein Autor ist und was als Autorschaft zählt, doch ist dieses neue Bild von Autorschaft nicht so radikal neu, wenn wir es vor einem größeren geschichtlichen Hintergrund betrachten, auch wenn es vielen unserer zähesten Mythen über den schöpferischen Genius und geistiges Eigentum widerspricht, wie sie seit der Romantik vorherrschen.» Henry Jenkins, «Multiculturalism, Appropriation, and the New Media Literacies: Remixing Moby Dick», in: *Mashup Cultures*, hrsg. von Stefan Sonvilla-Weiss, Wien: Springer 2010, S. 98–119, hier S. 109.

27 Schon viele Wissenschaftler haben darauf hingewiesen, dass sich die Bedeutung des Wortes «Autor» mit der Zeit gewandelt hat und dass seine Wurzel ursprünglich auf Vergrößerung (augmentatio) verwies statt auf Schöpfung; siehe z. B. Stephen Donovan, Danuta Fjellestad und Rolf Lundén, «Introduction: Author, Authorship, Authority, and Other Matters», in: *Authority Matters. Rethinking the Theory and Practice of Authorship*, hrsg. von dens., Amsterdam und New York: Rodopi 2008, S. 1–19.

Außerdem, dies ist mein zweiter Punkt, kann es sich für die Wissenschaft lohnen, Autorschaft unter ethnographischen Gesichtspunkten zu untersuchen. Zweifellos ist es wichtig, musikalische Prozesse, Praktiken und Formen zu verstehen, wenn es um Autorschaft geht. Gleichwohl erschließt uns das Studium «der Musik selbst» – soweit das ein sinnvoller Ausdruck ist – nicht alles, was für Autorschaft von Musik von Belang ist. Einen rein objektiven Maßstab von Autorschaft gibt es nicht. Wenn wir Musikpraktiken untersuchen, ohne ihr Entstehungsumfeld zu berücksichtigen, laufen wir Gefahr, sie misszuverstehen oder an falschen Werten zu messen. Ich glaubte einmal, Mashup-Künstler als Komponisten beschreiben zu müssen; ich meinte, sie verdienten mehr Achtung, und drückte ihnen, die sich selber als Bastler, Bootlegger und Composter begriffen, eine unerwünschte Bezeichnung auf. Denn als ich sie nach ihrer Meinung fragte, merkte ich, dass ich ihnen damit keinen Gefallen getan, ja sie beleidigt hatte. Diese Erfahrung brachte mir ein tieferes Verständnis dieser Musik und neue Achtung vor dem Tun der Künstler ein. Mein Austausch mit Turntablists war ebenso erhellend. Hätte ich einfach nur Turntablist-Darbietungen untersucht, so hätte ich ihre radikale Neukonfiguration der Werke anderer Komponisten als heftige Ablehnung traditioneller Autorschaftsbegriffe interpretiert. Doch wie ich im Gespräch mit ihnen entdeckte, hätte das falscher nicht sein können. Die Lehre daraus ist einfach: Wir können viel mehr von Musikern lernen, wenn wir auch darauf hören, was sie sagen – und nicht bloß darauf, was sie spielen.[28]

---

28 Natürlich bin ich nicht der erste, der die Bedeutung der Binnenperspektive für Aufführungs- und Kompositionspraxis hervorhebt. Noch deutlicher tat das Ingrid Monson, die meinte, «the only ethical point of departure for work in jazz studies and ethnomusicology remains the documentation and interpretation of vernacular perspectives»; Ingrid Monson, *Saying Something. Jazz Improvisation and Interaction*, Chicago und London: University of Chicago Press 1996, S. 6. Für ein solches Verfolgen der «Binnenperspektive» vgl. ferner Paul Berliner, *Thinking in Jazz. The Infinite Art of Improvisation*, Chicago und London: University of Chicago Press 1994, und Joseph G. Schloss, *Making Beats. The Art of Sample-Based Hip-Hop*, Middletown, CT: Wesleyan University Press 2004.

SIMON OBERT

«Bittersüße» Zuschreibungen
Autorschaft in populärer Musik zwischen Copyright, ökonomischem Kalkül und ästhetischer Tradition

Am 16. Juni 1997 veröffentlichte die Britpop-Band The Verve eine Single mit dem Titelsong «Bitter Sweet Symphony». Auf der CD-Hülle sind den Song betreffend folgende Angaben zu lesen:

> Written By Richard Ashcroft
> Produced By Youth Co-produced By The Verve
> Additional Production and Mixing By Chris Potter
> […]
> Sample On Bitter Sweet Symphony From «The Last Time»
> (Jagger/Richards) Taken From Andrew Oldham Orchestral Stones Hits
> Licenced Courtesy Of Decca Record Company Ltd.
> [«Bitter Sweet Symphony»] Ashcroft Published By EMI Music Publishing,
> «The Last Time» Jagger/Richards the Worldwide copyright owner is Abkco Music Inc.[1]

Der Single ließen The Verve einige Wochen später, am 29. September 1997, ihr Album *Urban Hymns* folgen. Als Opener fungiert dort wiederum der Song «Bitter Sweet Symphony», und zwar in der exakt gleichen Einspielung wie auf der Single. Doch sind nun zu dem Song im CD-Booklet ganz andere Informationen zu lesen:

> Performed by The Andrew Oldham Orchestra
> Produced by Andrew Loog Oldham courtesy of The Decca Record Company Ltd.
> Vocals by Richard Ashcroft.
> «Bitter Sweet Symphony» written by Mick Jagger and Keith Richards
> Published by Abkco Music Inc.
> Lyrics by Richard Ashcroft.
> Produced by Youth / The Verve,
> Additional production and mixing by Chris Potter.[2]

Wie kam es, dass für ein und denselben Song zu einem früheren Zeitpunkt Richard Ashcroft, zu einem späteren aber Mick Jagger und Keith Richards die Autorschaft zugeschrieben wurde (abgesehen vom Text), und dass zum früheren Zeitpunkt EMI Publishing Ltd., zum späteren hingegen Abkco Music Inc. als Verlag angegeben war? Was war geschehen,

---

1   The Verve, *Bitter Sweet Symphony,* Hut Recordings 1997 (HUTDG 82). Die Orthographie folgt der CD-Hülle. Die Auslassung und Ergänzung in eckigen Klammern betreffen Informationen zu den drei anderen auf der Single-CD veröffentlichten Aufnahmen («Lord I Guess I'll Never Know», «Country Song» und «Bitter Sweet Symphony» in einem gekürzten «Radio Edit»).
2   The Verve, *Urban Hymns,* Hut Recordings 1997 (CD HUT 45). Die Orthographie folgt dem CD-Booklet. Die genannten Daten beziehen sich auf die Erstveröffentlichungen in Großbritannien.

dass der Song der späteren Information zufolge vom Andrew Oldham Orchestra gespielt wird (abgesehen vom Gesang), das doch gemäß der früheren Information lediglich auf einem Sample zu hören ist? Wodurch wurde die Änderung hervorgerufen, dass zunächst als Produzenten Youth, The Verve und Chris Potter genannt werden, später hingegen Andrew Loog Oldham als Produzent fungiert, wobei Erstere noch am Ende (warum?) angeführt werden? Was war zwischen Juni und September 1997 passiert?

Ein Sample und die Konsequenzen

Um diese Fragen – soweit derzeit möglich – zu beantworten, ist zunächst zu klären, worin die textliche Funktion solcher Booklet-Informationen besteht und auf welche außertextliche Praxis sie sich beziehen. Denn ungeachtet tatsächlicher oder unzutreffender Bezugnahmen auf vergangene Handlungen (written, performed, produced, published) verweisen solche Angaben in letzter Konsequenz auf juristische, genauer: urheberrechtliche Sachverhalte, die im Folgenden zu erläutern sind.[3] Dabei werden die englischen Rechtsbegriffe anstatt der deutschen verwendet, um die Sachverhalte des aufgeworfenen Falls zutreffend, das heißt gemäß dem britischen Recht zu benennen. Der deutsche Begriff des Urheberrechts deckt sich nur teilweise mit dem englischen des Copyright. Zwischen den beiden Rechtssystemen – einerseits das in der römischen Rechtstradition wurzelnde auf dem europäischen Kontinent, andererseits das angelsächsische in Großbritannien und Nordamerika[4] – herrschen signifikante Unterschiede, die sich bereits in den Grundsätzen zeigen, wer oder was das zentrale Rechtsobjekt sei: Wo nach kontinentaleuropäischer Rechtsauffassung das Urheberrecht unveräußerlich ist und im Prinzip beim Autor verbleibt, stellt das Copyright nach angelsächsischem System ein Eigentumsrecht dar, das übertragen, veräußert oder erworben werden kann. Folglich geht das kontinentaleuropäische Recht vom Autor aus und schreibt diesem ein Werk zu: «Anzusetzen ist deshalb unmittelbar bei der Person des Schöpfers: Das Urheberrecht ist das Recht des schöpferischen Geistes.»[5] Demgegenüber steht im Zentrum des angelsächsischen Rechtsverständnisses eher das Werk, das durch das Copyright geschützt wird, weil dadurch die Interessen des jeweiligen Copyrightinhabers, der nicht der Autor sein muss, vertreten werden: «Copyright […] is a right given against the copying of defined types of cultural, informational and entertainment productions.»[6] Und im Prinzip sind die unterschiedlichen Standpunkte bereits an den Bezeichnungen ablesbar, wo im einen Fall vom Recht

---

3   Für präzisierende Hinweise bezüglich der juristischen Sachverhalte danke ich Friedemann Kawohl.
4   Diese Einteilung orientiert sich freilich nur an allgemeinen Rechtsprinzipien, und es versteht sich von selbst, dass im Detail zahlreiche Differenzen zwischen den einzelnen nationalen Rechtssystemen bestehen.
5   Haimo Schack, *Urheber- und Urhebervertragsrecht*, Tübingen: Mohr Siebeck, 7. Aufl. 2015, S. 4.
6   William Cornish, David Llewelyn und Tanya Aplin, *Intellectual Property: Patents, Copyright, Trade Marks and Allied Rights*, London: Sweet & Maxwell, 7. Aufl. 2010, S. 8. Vgl. in diesem Sinn auch: «The law of copyright protects certain kinds of works by making it unlawful to do certain acts in relation to those works without the permission of the owner of the copyright»; Peter Kleiner, E.P. Skone James, Gavin McFarlane und Melville B. Nimmer, Artikel «Copyright», in: *The New Grove Dictionary of Music and Musicians*, hrsg. von Stanley Sadie, 2. Ausgabe, London: Macmillan 2001, Bd. 6, S. 418–44, hier S. 420.

des Urhebers, im anderen Fall vom Recht auf eigene und Schutz vor fremder Vervielfältigung eines Werks ausgegangen wird, unabhängig davon, ob dieses Recht der Urheber oder jemand anderer besitzt.

Als Autor[7] genannt zu werden («written by»), sichern die Moral Rights zu, die dem Genannten außerdem eine gewisse Kontrolle über sein (oder das ihm zugeschriebene) Werk einräumen. So kann der Autor entscheiden, ob oder in welcher Form es veröffentlicht wird, und rechtlich Einspruch erheben, wenn er dessen Integrität verletzt sieht, beispielsweise durch Parodien oder Adaptionen.[8] Sobald ein Werk materiell fixiert ist, etwa auf Papier oder als Aufnahme, und nicht mehr nur als Idee existiert, ist der Autor automatisch der erste Copyrightinhaber. Im Zuge der weiteren Nutzung und Verwertung des Werks ist es heutzutage üblich, das Copyright dem Verwerter, beispielsweise einem Verlag oder einer Tonträgerfirma zu übergeben, «in exchange for manufacturing, promoting, and distributing the work»,[9] weil ein Einzelner angesichts der komplexen wirtschaftlichen Situation dazu kaum in der Lage wäre. In rechtsökonomischer Hinsicht ist der Autor derjenige, dem die Autorentantiemen zustehen.

Die Angabe «published by» benennt den Verlag, der die Noten veröffentlicht hat bzw. das Copyright im primären Sinn, das sogenannte Publishing Right, an dem Werk besitzt. Im Bereich der populären Musik sind die meisten Verlage jedoch nur noch Unterabteilungen der Tonträgerkonzerne, und ihre Hauptaufgabe besteht nicht im Verlegen von Noten, sondern in der Verwaltung der Ansprüche und Einnahmen, die aus der Verwertung des Werks und seiner unterschiedlichen Formen resultieren. Sie sind es auch, die dem Autor die Tantiemen auszahlen. Hierfür ist zu bedenken, dass bei Vokalmusik aus juristischer Perspektive zwischen Text und Komposition unterschieden wird: Ersterer stellt ein literarisches, Letztere ein musikalisches Werk dar, die somit in gesonderten Copyrights geschützt sind; daher müssen auch Textautor und Komponist, sofern unterscheidbar, separat aufgeführt werden. Üblicherweise sind die Verlage der Tonträgerfirmen alleinige Inhaber des Copyrights an einem Werk, wie im vorliegenden Fall von «The Last Time», wo die Rechte an dem Song – abgesehen von den Moral Rights, die unveräußerlich Jagger und Richards zustehen – ausschließlich Abkco Music Inc. innehat.

Mit den Angaben, wer auf der Aufnahme spielt und wer sie produziert hat, gelangen weitere Rechte ins Blickfeld, die ebenfalls Copyrights darstellen, aber vom Copyright im engeren Sinn zu unterscheiden sind. Denn nach britischem Recht genießen nicht nur musikalische Werke als solche Schutz, sondern auch Klangaufnahmen, die damit im juristischen Sinn ebenfalls Werkstatus besitzen. Die rechtliche Anerkennung der Beiträge zu Klangaufnahmen und deren Verwertungen sind in den Neighbouring Rights organisiert.

---

7   Der sprachlichen Einfachheit halber werden hier und im Folgenden Numerus und Kasus in dieser Form, d. h. geschlechtsneutral verwendet.

8   Vgl. dazu Dave Laing, «9. Copyright», in: *Continuum Encyclopedia of Popular Music of the World*, hrsg. von John Shepherd, David Horn, Dave Laing, Paul Oliver und Peter Wicke, Bd. 1: *Media, Industry and Society*, London und New York: Continuum 2003, S. 480–93, hier S. 490.

9   Mark Katz, *Capturing Sound. How Technology Has Changed Music*, Berkeley etc.: University of California Press, revidierte Ausgabe 2010, S. 201. Vgl. auch William Cornish, David Llewelyn und Tanya Aplin, *Intellectual Property* (siehe Anm. 6), S. 548–49: «In music industry practice the composer will normally assign copyright to the individual publisher».

Zu diesen zählen in erster Linie das Mechanical (Reproduction) Right, also das Recht, eine Klangaufnahme zu vervielfältigen (beispielsweise auf CD), sowie das Performing Right, das die Verwertung von Werken und Klangaufnahmen in öffentlichen Aufführungen regelt, wodurch Konzerte ebenso abgedeckt sind wie Radio- und Fernsehsendungen, die Verwendung in Filmen und Computerprogrammen oder auch das Abspielen in Diskotheken, Supermärkten und anderen öffentlichen Räumen. Das Copyright an einer Klangaufnahme steht dem Besitzer des ersten Tonträgers, z. B. des Mastertapes zu, was in den meisten Fällen die Tonträgerfirma ist. Diese leitet dann, je nach Art der vertraglichen Vereinbarung, die Tantiemen oder eine Entlöhnung an die beteiligten Musiker und Produzenten weiter.

Bezieht man diese Sachverhalte des Copyrights auf «Bitter Sweet Symphony», folgt daraus: Besaß im Juni 1997 die EMI Music Publishing das Copyright an dem Song, war es später Abkco Music Inc.; genossen zunächst The Verve den Nutzen aus ihrer Einspielung, waren es später Andrew Loog Oldham (als Produzent des Andrew Oldham Orchestra) und Richard Ashcroft (für seinen Gesang); und standen diesem anfangs die Autorentantiemen allein zu, so musste er sie sich später mit Jagger und Richards teilen. Die erste Änderung wäre für sich betrachtet ein gewöhnlicher Geschäftsvorgang: EMI könnte das Copyright an dem Song an Abkco verkauft haben. Auch die zweite Änderung ließe sich noch durch vertragliche Vereinbarungen erklären. Was aber führte zur alleinigen Autorschaft von Jagger und Richards an der Komposition «Bitter Sweet Symphony» (Ashcroft gilt nur noch als Textautor), da doch die Moral Rights, im Gegensatz zu anderen Copyrights, kein veräußer- oder erwerbbares Eigentumsrecht darstellen? Was war also im Sommer 1997 passiert?

The Verve verwendeten für ihre Aufnahme von «Bitter Sweet Symphony» ein Sample – eine kurze Kopie aus einer bestehenden Klangaufnahme, die in eine neue eingefügt wird –, das sie einer Orchesterversion des Rolling Stones-Songs «The Last Time» entnahmen. Diese Version, arrangiert von David Whitaker und unter der Produktion von Andrew Loog Oldham eingespielt, erschien 1966 auf der Platte *The Rolling Stones Songbook* des Andrew Oldham Orchestra beim Label Decca.[10] (Oldham war von 1963 bis 1967 Manager und Produzent der Rolling Stones.) Vor der Singleveröffentlichung von «Bitter Sweet Symphony» handelte das Management von The Verve mit der Decca Record Company, nach wie vor Inhaberin der Mechanical Rights an der Orchesterversion von «The Last Time», einen Lizenzvertrag für die Verwendung des Samples aus, eine sogenannte Sample Clearance, nicht aber mit Abkco als Inhaber des Publishing Right, was ebenfalls erforderlich gewesen wäre.[11] Nachdem die Single veröffentlicht war, drohte der New Yorker

---

10 Die LP wurde 2004 auf CD wiederveröffentlicht: The Andrew Oldham Orchestra, *The Rolling Stones Songbook*, London: Decca 2004 (9816711).

11 Offenbar wollten The Verve mit Abkco einen Lizenzvertrag abschließen, aber es kam zu keiner Einigung; dies wird in einem Zeitschriftenartikel angedeutet: «Just as ‹Bitter Sweet Symphony› was about to be issued as a single in England last June, ABKCO Music head Allen Klein refused clearance of the sample»; David Fricke, «The Verve: Bittersweet Triumph», in: *Rolling Stone*, Nr. 784 (16. April 1998), S. 32–36 und 91, hier S. 35. Vgl. auch Fred Goodman, *Allen Klein. The Man Who Bailed Out the Beatles, Made the Stones, and Transformed Rock&Roll*, Boston: Houghton Mifflin Harcourt 2015, S. 265–67.

Rechtsanwalt Allen Klein mit einer juristischen Klage wegen Copyrightverletzung. Klein, der 2009 starb, war Besitzer jenes Musikverlags Abkco Music Inc. und von 1965 bis 1970 Manager der Rolling Stones. In dieser Zeit erwarb er die Copyrights an allen bisherigen Jagger/Richards-Songs, so auch an «The Last Time», die er sodann auf seine Firma Abkco Music Inc. übertrug. Der Rechtsstreit zwischen den Parteien wurde außergerichtlich beigelegt, indem The Verve und ihr Verlag die wesentlichen Copyrights an dem Song abtraten: Die Moral Rights an der Komposition gab Ashcroft zugunsten Jagger und Richards auf, und das Publishing Right ging von EMI an Abkco über.[12]

Der springende Punkt an dem ganzen Vorgang ist jedoch, dass Klein erst dann aktiv wurde, als der Song direkt nach seiner Veröffentlichung zu einem nationalen Hit wurde – er stieg gleich in der ersten Woche auf Platz 2 der britischen Single-Charts ein[13] – und demnach für die geplanten Veröffentlichungen in anderen Ländern ebenfalls hohe Chartplatzierungen zu erwarten waren. Anders ausgedrückt: Mit dem Song war eine Menge Geld zu verdienen. Durch die zwischen The Verve und Klein getroffene Einigung flossen jene Einnahmen, die über das Publishing Right geregelt sind, vollständig an Klein, der den beiden von ihm verwalteten Autoren Jagger und Richards den ihnen zustehenden Tantiemenanteil auszahlte.[14]

Trotz des großen Medieninteresses, das der Vorfall 1997 und nochmals 1998 erregte, als Abkco den Song zum Gebrauch in einem Werbespot an den Sportartikelhersteller Nike lizenzierte,[15] bleibt an ihm einiges unklar, was auch zu zahlreichen widersprüchlichen

---

12 Über den Fall wurde seinerzeit in der Tages- und Musikpresse ausführlich berichtet (siehe Anm. 15), wobei sich einzelne Aussagen zuweilen widersprachen. Von den bisherigen Darstellungen des Vorfalls erscheinen am schlüssigsten: Gunnar Berndorff, «Wie gewonnen, so zerronnen», in: *Keys. Magazin für Musik und Computer*, Nr. 2 (Februar 1998), S. 154–55; Helen Gammons, *The Art of Music Publishing: An Entrepreneurial Guide to Publishing and Copyright for the Music, Film and Media Industries*, Amsterdam etc.: Elsevier 2011, S. 133–35; Friedemann Kawohl und Martin Kretschmer, «Von Tondichtern und DJs – Urheberrecht zwischen Melodieneigentum und Musikpraxis», in: *Wissen und Eigentum. Geschichte, Recht und Ökonomie stoffloser Güter*, hrsg. von Jeanette Hofmann, Bonn: Bundeszentrale für politische Bildung 2006, S. 189–220, hier S. 206–07.
13 Vgl. «Top 75 Singles», in: *Music Week* (28. Juni 1997), S. 10. *Music Week* ist das Branchenblatt der britischen Musikindustrie, wo die offiziellen Charts für Großbritannien (im Gegensatz zu Charts einzelner Radiostationen oder anderer Zeitschriften) publiziert werden. Das Datum der Zeitschriftenausgabe ist für eine Woche rückwirkend zu verstehen, bezeichnet also den letzten Tag der Gültigkeit.
14 Ob Klein auch Tantiemen an Ashcroft als dem Textautor zahlte oder ob dieser im Zuge der Vereinbarung darauf verzichtete, ist unklar. Infolge der Medienaufmerksamkeit, die der Fall kurz nach Bekanntwerden erhielt, gab Verve-Manager Jazz Summers sarkastisch zu Protokoll, es sei ein «fifty-fifty deal» vereinbart worden: «fifty percent Keith Richards and fifty percent Mick Jagger»; David Fricke, «The Verve: Bittersweet Triumph» (siehe Anm. 11), S. 35.
15 Vgl. anonym, «Verve's ‹Bitter› blow», in: *New Musical Express* (16. August 1997), S. 3; anonym, «Verve on the road to Wigan», in: *New Musical Express* (24. Januar 1998), S. 3; Eric Boehlert, «The Industry», in: *Rolling Stone*, Nr. 781 (5. März 1998), S. 38; Lloyd Bradley, Sue Smith und Mat Snow, «This Just In … All the news that fits on two pages», in: *Mojo* (Oktober 1997), S. 10–11; Maureen Callaham, «Mad for It», in: *Spin* (Januar 1998), S. 27; Carol Clerk, «Praise be! The Verve's mainman on life, love … and Liam», in: *Melody Maker* (4. Oktober 1997), S. 5; Tom Doyle, «The History Man», in: *Q*, Nr. 134 (November 1997), S. 108–20; Matt Hendrickson, «Grapevine», in: *Rolling Stone*, Nr. 774 (27. November 1997), S. 26; Paul Moody, «Psalms and the Man», in: *New Musical Express* (23. August 1997), S. 15 und 17; Alice Rawsthorn, «Nike deal sweetens US prospects of British band», in: *Financial Times* (6. April 1998), S. 8; David Sinclair, «Bittersweet Success», in: *Rolling Stone*, Nr. 775 (11. Dezember 1997), S. 21, 23 und 34; Julie Taraska, «Sampling Remains Prevalent Despite Legal Uncertainties», in: *Billboard* (14. November 1998), S. 12 und 14.

Aussagen in der Berichterstattung führte. Beispielsweise trifft es nicht zu, dass The Verve verklagt wurden, Klein drohte mit einer Klage.[16] Und obwohl zwar The Verve bzw. EMI mit der Abgabe des Publishing Right an Abkco die Kontrolle über das Werk «Bitter Sweet Symphony» und damit auch den wesentlichen Anteil der Einnahmen verloren, trifft es ebenfalls nicht zu, dass die Gruppe kein Geld mit ihrem Hit verdient habe.[17] Ihnen standen nach wie vor die Tantiemen als Musiker zu, die die Aufnahme eingespielt hatten. Daher erhielten sie auch einen Anteil an der Lizenzgebühr, die Nike für die Verwendung von «Bitter Sweet Symphony» bezahlte.[18] Gewiss rührt ein Teil solch widersprüchlicher Aussagen auch daher, dass der Rechtsstreit außergerichtlich beigelegt wurde und somit kein öffentliches Gerichtsurteil erfolgte; außerdem dürfte es, einer gängigen Praxis in solchen Fällen folgend, Teil der Vereinbarung gewesen sein, dass die Parteien gegenüber den Medien Stillschweigen bezüglich der wesentlichen Punkte bewahren mussten. Aber es ist nicht zu übersehen, dass viele Darstellungen des Falls dem Klischee einer Täter-Opfer-Dichotomie verpflichtet sind – hier die geldgierige Musikindustrie, dort die leer ausgehenden Musiker –, infolgedessen eine differenzierte Berücksichtigung der Details unter den Tisch fällt.

Am meisten muss an dem gesamten Vorfall jedoch erstaunen, dass The Verve überhaupt die Vereinbarungen mit Klein eingegangen sind – denn irgendwelche Elemente, die der Orchesterversion von «The Last Time» klanglich ähneln oder gar gleichen, also auf einem Sample beruhen könnten, sind in «Bitter Sweet Symphony» kaum auszumachen. In dem vollen Klangbild der Aufnahme, das auf der Schichtung sehr vieler Instrumentalspuren sowie ihrer Abmischung in einem homogenen dynamischen Bereich beruht, sind einzig an wenigen Stellen Glockenklänge zu hören, die auf die gesampelte Vorlage verweisen dürften.[19] Allerdings ist die Ähnlichkeit der melodischen Kontur in den Strophen von «The Last Time» und «Bitter Sweet Symphony» auffallend (→ **ABB. 1**).

Ob Klein nun aber wegen der fehlenden Sample-Lizenz oder wegen der Melodieübernahme mit einer Klage drohte, ist letztlich nebensächlich. Er dürfte jedenfalls genügend Hinweise gehabt haben, um erfolgreich eine einstweilige Verfügung vor Gericht zu beantragen – und mutmaßlich drohte er damit. Eine solche Verfügung, die das inkriminierte Produkt bis zur Klärung der Copyrights vom Markt nimmt, kann kurzfristig

---

16 Vgl. Kembrew McLeod, *Freedom of Expression®. Overzealous Copyright Bozos and Other Enemies of Creativity*, New York etc.: Doubleday 2005, S. 100: «the group was sued by former Stones manager Allen Klein»; vgl. auch Melissa Hahn, «Digital Music Sampling and Copyright Policy – A Bittersweet Symphony? Assessing the Continued Legality of Music Sampling in the United Kingdom, the Netherlands, and the United States», in: *Georgia Journal of International and Comparative Law*, 34 (2005/06), S. 713–41; demgegenüber aber Julie Taraska, «Sampling Remains Prevalent» (siehe Anm. 15), S. 14: «ABKCO Music threatened to sue.»

17 So stellt es McLeod dar in *Freedom of Expression®* (siehe Anm. 16), S. 101.

18 Vgl. anonym, «Verve probe Peugeot car ad», in: *New Musical Express* (28. Februar 1998), S. 4; und Eric Boehlert, «The Industry» (siehe Anm. 15). The Verve spendeten ihren Anteil der Werbeeinnahmen einer Wohltätigkeitsorganisation.

19 Es trifft jedenfalls nicht zu, dass, wie immer wieder behauptet wurde, die charakteristische Achtelfigur der Streicher in «Bitter Sweet Symphony» (ab 0'12") aus der Orchesterversion von «The Last Time» stamme, was auch Ashcroft betont: «But the string riff that hooked everyone into [the song] was written in our studio by us»; zitiert nach Tom Doyle, «The History Man» (siehe Anm. 15), S. 113.

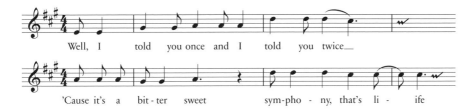

ABB. 1   Melodische Patterns der Strophen in «The Last Time» (oben)
und «Bitter Sweet Symphony» (unten).

erreicht werden, «if the matter is particularly urgent, in a few days or hours».[20] Möglicherweise führte dieses juristische Mittel dazu, dass The Verve in jene für sie nachteilige Vereinbarung einwilligten. Denn die Eventualität, dass der Song während seines größten Erfolgs nicht mehr verfügbar war und dass außerdem die Wiederveröffentlichung auf der folgenden LP, deren Verkäufe durch das Hitpotential von «Bitter Sweet Symphony» natürlich gesteigert wurden, in Frage stand, wollte die Band offenbar vermeiden. (Und tatsächlich scheint eine Einigung sehr rasch erreicht worden zu sein: Bereits in der dritten Woche nach Veröffentlichung verzeichneten die britischen Charts für den Song Jagger, Richards und Ashcroft als Autoren sowie Abkco als Verlag.[21]) Der Song war aber für The Verve noch aus einem anderen Grund essentiell. Die Gruppe hatte sich 1995, nachdem sie in den beiden Jahren zuvor eher mäßig erfolgreiche Platten veröffentlicht hatte, im Streit getrennt. Unterstützt durch wohldosierte Medienmeldungen lancierte sie 1997 ihr Comeback, dessen Gelingen wesentlich auf dem Erfolg der ersten Single, eben «Bitter Sweet Symphony», aufbaute. Auch das Comeback wäre somit durch die drohende Verfügung gefährdet gewesen.

In den Grundzügen ist damit die Geschichte um The Verve und ihren Signature Song erzählt – doch bekanntlich gibt es zu jeder Geschichte eine Vorgeschichte. Als Jagger und Richards 1965 «The Last Time» schrieben und mit den Rolling Stones aufnahmen, also ein Jahr, bevor das Andrew Oldham Orchestra seine Version einspielte, bedienten auch sie sich bei einem älteren Song. Für ihren Chorus übernahmen sie im Wesentlichen den Text und die melodischen Phrasen aus dem Chorus des Gospel-Songs «This May Be the Last Time» (→ **ABB. 2, S. 142**).[22]

Rechtliche Konsequenzen erwuchsen daraus keine, weil der Song als «Traditional» gilt und insofern nicht von Copyright belegt ist. Er gehört, juristisch gesehen, der Public Domain an und kann frei verwendet werden.

---

20 Peter Kleiner et al., «Copyright» (siehe Anm. 6), S. 425.
21 Vgl. «Top 75 Singles», in: *Music Week* (12. Juli 1997), S. 14. Interessanterweise werden hier als ausführende Musiker The Verve genannt und nicht, wie in dem eingangs zitierten CD-Booklet zu *Urban Hymns* (siehe Anm. 2), das Andrew Oldham Orchestra. Auch dies stellt eine der oben erwähnten Unklarheiten dar.
22 Keith Richards gibt in seiner Autobiographie an, er und Jagger hätten den Song durch eine Einspielung der Staple Singers (1955) gekannt; vgl. Keith Richards und James Fox, *Life*, London: Weidenfeld & Nicolson 2010, S. 172–73.

ABB. 2   Melodien der Chorusse aus «This May Be the Last Time» (oben)
und «The Last Time» (unten).

Autorschaft als juristische und kulturelle Funktion

Dass Artefakte auf frühere Bezug nehmen, sei es mittels Zitat, Allusion oder ähnlicher Verfahren, ist eine gängige kulturelle Praxis. So zahlreich die Beispiele sind, die die Geschichte bereithält, so vielfältig sind die Gründe dafür: Anleihen und Bezugnahmen können der Hommage, der Persiflage, der eigenen Geschichtsreflexion und der Plagiierung geschuldet sein oder aus didaktischen Gründen erfolgen, um an Vorbildern zu lernen. (In schriftlosen Kulturen sind sie ein wesentlicher Bestandteil, ohne den keine Tradierung auskommt.) Was The Verve und die Produzenten taten, als sie ein Sample und melodische Teile aus «The Last Time» in «Bitter Sweet Symphony» integrierten, war demnach nichts Außergewöhnliches. Insofern ließe sich für den Song jenes Textverständnis in Anschlag bringen, wie es Roland Barthes in seinem Essay «Der Tod des Autors» ausführt. Barthes beschreibt dort anhand der Literatur den Text als «vieldimensionalen Raum, in dem sich verschiedene Schreibweisen, von denen keine einzige originell ist, vereinigen und bekämpfen. Der Text ist ein Gewebe von Zitaten aus unzähligen Stätten der Kultur.»[23] Indem The Verve aus einem Musikstück zitieren, das eine Coverversion eines Songs ist, der seinerseits einen weiteren Song zitiert, sind all diese Ebenen, wie vermittelt auch immer, in «Bitter Sweet Symphony» eingeflossen. Und dieser Strang stellt nur eine mögliche Perspektive dar. Ebenso könnte der Verbreitung des dem Song zugrunde liegenden Akkordpatterns oder früheren Verwendungen des Wortes «Symphony» in Popsongs, oder der Signifikanz des Streicherklangs in populärer Musik nachgegangen werden. Ein solches Text- und Kulturverständnis kollidiert freilich mit der Vorstellung vom singulären und originär schaffenden Künstler,

---

23   Roland Barthes, «Der Tod des Autors» (1967), in: *Texte zur Theorie der Autorschaft,* hrsg. von Fotis Jannidis, Gerhard Lauer, Matias Martinez und Simone Winko, Stuttgart: Reclam 2000, S. 185–93, hier S. 190.

weswegen Barthes den Tod des Autors proklamiert. Dass es sich dabei jedoch lediglich um einen symbolischen Abgang handeln kann, der jenen individualisierten Autortypus meint, wie er in der frühen Neuzeit entstanden war und besonders im Gefolge der romantischen Genieästhetik verbreitet wurde, und daher nicht absolut zu verstehen ist, sei nur am Rande erwähnt.[24] Allerdings stehen mit jener Vorstellung vom autonomen Künstler zwei Autorfunktionen in enger Verbindung, die im Folgenden bedacht werden sollen: die juristische Funktion des Autors sowie seine symbolische Funktion in der Popkultur.

Das Copyrightsystem ist in den letzten Jahren vielfach kritisiert worden, weil es den Typus des singulären Autors sowie seines originalen Werks favorisiere und dadurch andere kulturelle Praktiken, die auf kollektiven und/oder anonymen Schaffensprozessen beruhen, nicht adäquat berücksichtigen könne.[25] Diese Kritik trifft jedoch allenfalls indirekt zu. Denn zum einen lässt das Copyright multiple Autorschaft durchaus zu und wurde, über die Neighbouring Rights, auch auf andere an der Herstellung kultureller Gegenstände Beteiligte ausgeweitet, wie etwa Produzenten und ausübende Musiker. Zum anderen schreibt der britische Copyright, Designs and Patents Act von 1988 zwar vor, dass ein Werk «original» sein müsse, um unter das Copyright zu fallen. Doch in der juristischen Praxis wird der Begriff alles andere als autonomieästhetisch angewandt: «What is required is not a creative gift of a high order but that some time, skill and labour shall have been spent by the author in creating the work, and that it derives from him.» Und hinsichtlich der Bezugnahme auf andere Werke heißt es weiter: «The fact that the work is based on earlier work of another is not a bar to copyright in the derived work, provided that some new work has been done.»[26] Angesichts eines solchen Copyrightverständnisses wäre es, hätten die Zuständigen nicht versäumt, eine vollständige Sample Clearance für «Bitter Sweet Symphony» auszuhandeln, kaum zu jenem Rechtsstreit im Sommer 1997 gekommen. Denn trotz der Zitate sind die klanglichen und strukturellen Unterschiede zwischen dem Verve-Song und den Versionen von «The Last Time» so ausgeprägt, dass es sich bei Ersterem erkennbar, weil beruhend auf «some new work», um ein «original work» handelt.

Ein weiterer wesentlicher Kritikpunkt am Copyright bezieht sich auf ein Besitzstandsdenken, das in der engen Bindung von Copyrightinhaber und Werk wurzelt. Dadurch käme es juristisch zur Umwandlung von «creative expression into private property»[27]

---

24 Als einer der ersten hat Foucault auf die begrenzte Reichweite von Barthes' Forderungen hingewiesen; vgl. Michel Foucault, «Was ist ein Autor?» (1969), in: ebd., S. 198–229. Die Kritik an Barthes' Text (ohne ihn zu nennen), findet sich S. 204–08.

25 Vgl. Daphne Keller, «The Musician as Thief: Digital Culture and Copyright Law», in: *Sound Unbound. Sampling Digital Music and Culture,* hrsg. von Paul D. Miller, Cambridge, MA, und London: MIT Press 2008, S. 135–50; Kembrew McLeod, *Freedom of Expression®* (siehe Anm. 16); Siva Vaidhyanathan, *Copyrights and Copywrongs. The Rise of Intellectual Property and How It Threatens Creativity,* New York und London: New York University Press 2001.

26 Peter Kleiner et al., «Copyright» (siehe Anm. 6), S. 421.

27 Daphne Keller, «The Musician as Thief» (siehe Anm. 25), S. 136. Es ist zumindest bemerkenswert, wie diejenigen, die sich bei ihrer Kritik am Copyright gegen den ihm zugrunde liegenden, exklusiven Begriff vom singulären Künstler und seinem originalen Werk wenden, da er aus einer inadäquaten Autonomieästhetik stamme, genau solche exklusiven Vorstellungen von Kunst als «creative expression» tradieren.

und der Zugang zu kulturellen Gegenständen werde behindert. Doch ist der Einwand bereits in seinem Ansatz einseitig, denn er übersieht, dass kulturelle Gegenstände zunächst einmal Ergebnisse von tätiger und materieller Investition, das heißt von Arbeit sind. Sofern man nicht das Prinzip des Ausgleichs zwischen Wert (des Gegenstands) und Gegenwert (bei seinem Gebrauch) ablehnt (man mag es kapitalistisch nennen), sollte eine materielle und ideelle Anerkennung des Wertes selbstverständlich sein. Die Forderung der Kritiker, das Copyright zu lockern, um dadurch den Zugang zu kulturellen Gegenständen zu erleichtern, ist demnach zweischneidig. Denn zum einen schützt das Copyrightsystem zwar Werke und deren Copyrightinhaber, wodurch eine Festschreibung dieser beiden Größen impliziert ist. Darüber hinaus schützt es aber auch, zumindest im Prinzip, die Ansprüche all jener, die an der Herstellung kultureller Gegenstände sowie deren Produktformen beteiligt sind. Eine Lockerung des Copyrights hätte zur Folge, dass diese Personen weniger Ansprüche geltend machen könnten. Zum anderen hat in manchen Bereichen, allein durch die Verbreitung der Samplingpraxis, ein Umdenken eingesetzt. Hatte noch 1991 das Gericht, das den ersten Fall von Copyrightverletzung durch Sampling in den USA verhandelte, sein Urteil mit dem achten Gebot – «Thou shalt not steal» – eingeleitet,[28] stellen heute Lizenzvergaben für Samples eine willkommene Einnahmequelle für Copyrightinhaber dar.

Problematisch ist insofern weniger das Copyright an sich, denn es erwies sich bislang als flexibel genug, um neuen technologischen Entwicklungen jeweils angepasst zu werden; problematisch ist dessen Handhabung durch die Musikindustrie, die das grundlegende Prinzip des Copyright, für kulturelle Gegenstände einen Ausgleich zwischen individueller Kontrolle und öffentlichem Zugang zu gewährleisten,[29] durch horrende Lizenzgebühren und Schadensersatzforderungen ad absurdum führt. Gegenüber der willkürlichen Handhabe, wie Copyrightinhaber Lizenzen für die Nutzung ihrer Produkte erteilen, wäre daher ein – je nach Gebrauch und Profit aus der Weiterverwertung – einheitliches, öffentlich nachvollziehbares Vergabesystem erforderlich.

Auch die Popkultur ist einer im 19. Jahrhundert wurzelnden Genieästhetik verpflichtet, die sich hier in einer durch die Massenmedien geprägten Personenzentriertheit äußert. Der Star, auf den sich epizentrisch alle Aufmerksamkeit richtet, fungiert dabei als integrativer Bezugspunkt, aus dem Werte und Bedeutungen generiert werden. Mit dem Startum besitzt die Populärkultur ein Zuschreibungssystem, das hochgradig autoritativ funktioniert: Den Song «Hound Dog» identifiziert man mit Elvis Presley, die Hülle der LP *Sgt. Pepper's Lonely Hearts Club Band* mit den Beatles, das Video zum Song «Thriller» mit Michael Jackson, den Kinofilm *8 Mile* mit Eminem, das Buch *Life* mit Keith Richards – unabhängig davon, ob oder inwiefern die einzelnen Stars am Zustandekommen des

---

28 Der HipHop-Musiker Biz Markie sampelte aus dem Song «Alone Again (Naturally)» von Gilbert O'Sullivan; vgl. zum Fall «Grand Upright Music, Ltd. v. Warner Bros. Records, Inc.» Daphne Keller, «The Musician as Thief» (siehe Anm. 25), S. 136–37, und Markus Häuser, *Sound und Sampling. Der Schutz der Urheber, ausübenden Künstler und Tonträgerhersteller gegen digitales Soundsampling nach deutschem und US-amerikanischem Recht*, München: Beck 2002, S. 176–77.

29 Vgl. Mark Katz, *Capturing Sound* (siehe Anm. 9), S. 201–04.

jeweiligen Gegenstands beteiligt waren.[30] Neben anderen Eigenschaften, die einen Star auszeichnen – etwa performatives Können, Aussehen oder mediale Präsenz –, fungiert er als solcher wesentlich aufgrund einer symbolischen Autorschaft. Und da Startum nur zusammen mit seinem korrelativen Gegenpart, dem Fantum, funktioniert, entsteht ein solcher Autorbegriff in der populären Musikkultur durch Zuschreibung und ist demnach in letzter Konsequenz ein Rezeptionsphänomen. Mit anderen Worten: Jenes massenmedial geprägte Handlungs- und Verstehensfeld hält konzeptuelle Vorstellungen über Kategorien wie «Werk» oder «Autor» und deren Verhältnis zueinander immer schon besetzt. Diese Konzeptionen werden bei jedem Rezeptionsakt konkret bestätigt bzw. modifiziert oder, allgemeiner gesagt, ihrer abstrakten Konzeptualität enthoben und aktualisiert. Das gilt auch im Fall von «Bitter Sweet Symphony», wo ein juristischer Eingriff die konkrete Autorschaft zwar verändert, die grundsätzliche Zuordnung von Song und Autor, von Artefakt und Urheber aber intakt bleibt – ja, intakt bleiben muss, denn die Verfügungsgewalt, die von dem juristischen Diktum ausgeht, speist sich aus der Affirmation des possessiven Autorbegriffs im Verhältnis zum Artefakt, unabhängig davon, ob die Position des Autors, wie im vorliegenden Fall, mit Ashcroft oder Jagger/Richards besetzt wird. Solche Zuweisungen, die die konzeptuellen Positionen von «Werk» und «Autor» konkretisieren, spiegeln die organisierende Kraft des Autorbegriffs im Zuge von Verstehensvorgängen wider. Die Begriffe «Autor» und «Werk» stellen gewissermaßen Realitätskonzepte dar, die das Denken, Handeln und Verhalten der Beteiligten in einem kulturellen Feld disponieren. Bei derartigen zuweisenden Verstehensvorgängen handelt es sich jedoch nur vordergründig um ein quasi-neutrales Verstehen, vielmehr zeigt das Beispiel von «Bitter Sweet Symphony», dass in der Organisation des Verstehens Werte impliziert sind, weshalb es zu Urteilen wie «eigentlicher» oder «falscher» Autor kommen kann, je nachdem, ob man die kreative Integrität von Ashcroft an- oder aberkennt. Jedoch ist zu berücksichtigen, dass es sich dabei um symbolische Zuschreibungen handelt. Diese Symbolik trifft zunächst in einem ganz trivialen Sinn zu, weil alle, die nicht an der Produktion des Werks beteiligt waren, schlicht nicht wissen, was dabei zu welchem Zweck und mit welchen Anteilen vor sich ging. Doch die Tragweite des Autorbegriffs reicht darüber hinaus, weil er als Begriff Realität nicht nur zu repräsentieren vermag, sondern als Symbol, das heißt in seiner offenen, erst jeweils zu besetzenden Verfügbarkeit, Realität mitbestimmt. Solange der Autorbegriff diese symbolhafte Potentialität besitzt, ist aber nicht er selbst verfügbar, verfügbar sind nur jeweilige, konkrete Autorschaften.

---

30 «Hound Dog» wurde von Jerry Leiber und Mike Stoller geschrieben; das auf dem Cover von *Sgt. Pepper* zu sehende Arrangement stammt von Peter Blake, fotografiert wurde es von Michael Cooper; beim «Thriller»-Video führte John Landis Regie, das Drehbuch schrieben Landis und Jackson; bei *8 Mile* führte Curtis Hanson Regie, das Drehbuch schrieb Scott Silver; neben Keith Richards wird als Ko-Autor von *Life* auf dem Titelblatt James Fox genannt. Zur Autorschaft in populärer Musik vgl. David Brackett, *Interpreting Popular Music*, Berkeley: University of California Press 2000, S. 1–17; Keith Negus, «Authorship and the Popular Song», in: *Music & Letters*, 92 (2011), S. 607–29.

FALLSTUDIEN:
BLICKE AUFS
STREICHQUARTETT

ROBERT PIENCIKOWSKI

Vom Ent-Binden des Streichquartetts, oder:
Wie das *Quatuor* zum *Livre* wird

Als ich im Blick auf die Frage der Autorschaft musikalischen Schaffens in Zeiten, in denen man auf die Konsequenzen des Begriffs «offenes Werk» trifft, um einen Beitrag über Pierre Boulez' *Livre pour quatuor* gebeten wurde, schien mir auf den ersten Blick dieses Streichquartett einer solchen Vereinnahmung zu widerstehen. Es zeigt gewiss einige Züge der nur wenig später in diesem Kontext entstandenen Werke, in denen ein Teil der schöpferischen Initiative ins Ermessen der Interpreten gestellt wird, wenngleich es hier auf die Entscheidung begrenzt ist, das ganze Werk oder nur einzelne der sechs Sätze, die teilweise wieder in «Infra-Sätze» gegliedert sind, zu Gehör zu bringen. Doch eine vertiefte Reflexion führte mir die Möglichkeit vor Augen, das Werden des Werkes als Entwicklung des *Quatuor à cordes* zum *Livre pour cordes* in die Thematik des Symposions einzubinden, wobei die Begriffe ohne Grenzüberschreitung zum Willkürlichen so auszurichten waren, dass sie zumindest plausibel werden. Der Beitrag besteht aus drei Teilen: einer Studie über die Werkgenese, Bemerkungen zur Forschungsgeschichte sowie einem Anhang mit drei Dokumenten.

I   Vier Akte mit Prolog, Intermezzo und Epilog

Prolog: Die Vorgeschichte   Beginnen wir mit dem Begriff des *Klangs:* Stockhausen hatte in einer einstmals kühnen Aussage ernsthaft erwogen, die prädeterminierten Klänge seiner eigenen elektronischen Kompositionen urheberrechtlich schützen zu lassen, da deren Herstellung von der strukturellen Konzeption dieser Werke nicht zu trennen sei. Ließe sich ein ähnlich begründetes Urheberrecht auf einen konventionellen Klangkörper der westlichen Musikkultur wie das Streichquartett ausdehnen, wenn man bedenkt, dass es sich hier um eine Angelegenheit des Gemeineigentums handelt? Ohne den Gedanken bis zur Musterkollektion von Klängen prestigeträchtiger Ensembles weiterzuführen (mit Tarifen nach in internationalem Urheberrecht für akustisches Eigentum festgelegten Normen), können wir feststellen, dass der Klang des Streichquartetts aus Pierre Boulez' historischer, von der Gestalttheorie mitgeprägter Sicht der 1950er Jahre an sich schon «geschichtsbeladen» ist, um eine seiner geliebten Formulierungen

---

Anm. des Übersetzers: Im originalen französischen Titel dieses Beitrags, «Dé-livrer le quatuor, ou Comment passer du *Quatuor* au *Livre*», schwingen die Assoziationsfelder *dé* (Würfel), *livre* (Buch), *livrer* (preisgeben) und *délivrer* (befreien) mit; die Übertragung stellt mit *entbinden* (loslösen, befreien, zur Welt bringen) und *binden* (Buch) einen Teil dieser Vielfalt dar.

aufzugreifen.[1] So gesehen trägt das Streichquartett, ohne dass dafür ein Recht auf Erklingen einzufordern wäre, ein gewichtiges historisches Erbe mit sich, zu dem Hauptwerke eines vorwiegend deutschen Repertoires zusammentreten – Haydn, Mozart, Beethoven, Schubert, Mendelssohn, Schumann, Brahms, das heißt: ein gewichtiger Anteil der deutschen Kammermusik des 18. und 19. Jahrhunderts, gekrönt von den Meisterwerken der Zweiten Wiener Schule und Béla Bartóks.[2]

Im Vergleich zu dieser Ahnentafel erscheint die französische Linie der Quartettgattung eher schmal. Dabei mangelt es keineswegs an Meisterwerken, ganz im Gegenteil, doch verdankt sich ihr Glanz einem Ausnahmestatus. Die berühmtesten Beispiele sind einzig und einzigartig zugleich: Franck, Debussy und Ravel. Gegenbeispiele fehlen nicht: Darius Milhaud und Arthur Honegger. Aber Strawinsky und später Dutilleux nahmen sich der Gattung nur ausnahmsweise an, Varèse und Messiaen mieden sie ganz. Als Boulez sich seiner schöpferischen Berufung bewusst wurde, lastete das deutsche Kulturerbe noch auf dem französischen Musikschaffen, wie schon einmal, nach der Niederlage von 1870, sich patriotische, ja nationalistische Initiativen häuften, um durch den Aufbau eines französischen Sinfonik- und Kammermusikrepertoires mit den einschüchternden Modellen zu rivalisieren. Mit der Komposition eines Streichquartetts nach dem Krieg nahm Boulez die Herausforderung an, sich weder furchtsam noch waghalsig diesen Monumenten zu stellen – «Auch hier ruft man: zurück!»[3]

---

1   Vgl. das Gespräch mit Theodor W. Adorno, *Avantgarde und Metier* (NDR 1968), abgedruckt als Dokument A zum vorliegenden Beitrag, in diesem Band S. 159–60, sowie das Vorwort von Pierre Boulez zu Stéphane Goldets Monographie *Quatuors du 20ᵉ siècle* (Paris: IRCAM und Arles: Actes Sud 1989, S. [3]); wieder abgedruckt als Dokument C zum vorliegenden Beitrag, in diesem Band S. 162.

2   Ich bin mir durchaus bewusst, dass ich hier mit einer drastisch eingeengten Auswahl berühmter Namen über die Gattung spreche – übrigens erscheint diese Auswahl auch in Goldets bereits erwähnter Monographie, die den Eindruck erweckt, sie sei eine kleine Anthologie von Modellen für Boulez. Es bleibt der Leserschaft überlassen, dieser umfangreichen Liste jene Namen hinzuzufügen, die hier nicht aufgerufen wurden: Jolivet, Schostakowitsch usw.

3   «Kurz, das Quartett bleibt eine *Probe* im Sinne einer Initiation», Boulez im Vorwort zu Goldet, *Quatuors du 20ᵉ siècle* (siehe Anm. 1), in diesem Band S. 162 (Hervorhebung im Original).

4   Das Végh-Quartett war im Rahmen der Quinzaine de musique autrichienne nach Paris gekommen und hat dabei auch seine Interpretation von Alban Bergs *Lyrischer Suite* vorgestellt (Konzert vom 5. November 1947). In der Folge dieser Ereignisse hat Boulez, der damals mitten in der Komposition der Zweiten Klaviersonate war, auf André Souris' Einladung den Artikel «Incidences actuelles de Berg» geschrieben; veröffentlicht in: *Polyphonie. Revue musicale trimestrielle*, Nr. 2 (1948), S. 104–08 (wieder abgedruckt in: *Relevés d'apprenti*, Paris: Éditions du Seuil 1966, S. 235–40, und in: *Points de repère I: Imaginer*, hrsg. von Jean-Jacques Nattiez und Sophie Galaise, Paris: Christian Bourgois 1995, S. 37–42; deutsche Übersetzung: «Missverständnisse um Berg», in: *Anhaltspunkte*, hrsg. von Josef Häusler, Zürich: Belser 1975, S. 318–24). Vgl. Robert Wangermée, *André Souris et le complexe d'Orphée*, Lüttich: Mardaga 1995, S. 272–77. In derselben Ausgabe der *Polyphonie* wurde auch Boulez' «Propositions» veröffentlicht, seine erste Abhandlung über die serielle Organisation des Rhythmus (siehe Anm. 8).

5   Brief von Pierre Boulez an Pierre Souvtchinsky, Ende Februar 1948 (Paris, Bibliothèque Nationale de France, Fonds Pierre Souvtchinsky).

6   Pierre Boulez, *Quatuor à cordes*, Partiturentwurf, S. 21 (Sammlung Pierre Boulez, PSS). Die Entstehungsgeschichte des Streichquartetts und seiner Überarbeitungen wurde von mir im Artikel «A propos du *Livre pour quatuor*» nachgezeichnet; publiziert in: *Pierre Boulez: Techniques d'écriture et enjeux esthétiques*, hrsg. von Jean-Louis Leleu und Pascal Decroupet, Genf: Contrechamps 2006, S. 39–43; seit dieser Veröffentlichung konnte die Sammlung Pierre Boulez der PSS um den Briefwechsel Pierre Boulez – Andrée Vaurabourg-Honegger erweitert werden, dem zusätzlich Erhellendes zur Genese und zur Konzeption des Werkes zu entnehmen ist.

**Erster Akt,1948–49:ProjektderseriellenBehandlungderKlangfarbe/Entpersön-
lichung des musikalischen Diskurses: von der Zweiten Klaviersonate zu *Polyphonie X***
Der Entschluss, ein Streichquartett zu komponieren, verdankte sich vermutlich der Bekanntschaft mit Bergs *Lyrischer Suite:*[4] Das erste im Bleistiftmanuskript notierte Datum
ist der 25. März (1948; → **ABB. 1, S. 152–53**), d. h. nur kurze Zeit nach Abschluss der Komposition der Zweiten Klaviersonate.[5] Die Fortschritte der Komposition bis zu deren Vollendung am 27. Juli 1949 sind sorgfältig festgehalten.[6] Wenige Monate später begann Boulez
das Bleistiftmanuskript der ersten Version von *Polyphonie X*.[7]

Boulez' Quartett besteht wie die *Lyrische Suite* aus sechs Sätzen, deren Tonhöhen-
organisation, von zwei strukturell verzahnten Zwölftonreihen getragen, durch interne
Bezüge verbunden ist (man erinnere sich, dass bei Berg zwölftönige und reihenfreie Sätze
abwechseln und die Sätze durch Zitate miteinander verknüpft sind). Die dem Streichquartett auferlegte Ausdünnung der instrumentalen Mittel, der eine Fülle verschiedener
Spielweisen gegenübersteht, muss verstanden werden als eine Antwort, die Boulez selbst
aufgrund seiner Kritik an den willkürlichen Einkleidungen der rhythmischen Strukturen
bei Messiaen hin vorschlägt.[8]

Boulez suchte dem Eindruck eines Handicaps angesichts der germanischen Tradition durch eine Umkehrung der satztechnischen Prioritäten zu begegnen, indem er der
Ausarbeitung rhythmischer «Skelette» den Vorrang einräumte vor der satztechnischen Einbindung der anderen Klangparameter, insbesondere der Tonhöhenstrukturen: Die Diaste-
matik ordnet sich der Polyphonie des Rhythmus unter (der sich nur wenig später in Form
von Dauerneinheiten auf das Elementarste reduziert). Durch diesen Kunstgriff ging Boulez
das Streichquartett subkutan an, verminte es im Inneren und brachte damit den Kern
der Gattung zur Implosion. In dieser neuen strukturellen Strenge, die in erster Linie die
Prädetermination des Rhythmus betrifft (hergeleitet von Messiaen, Musik des Mittelalters
und Strawinsky), zeichnet sich unbewusst die Montagetechnik mit dem Magnettonband
in den ersten Experimenten elektronischer Musik ab: Die Aufgabe des Interpreten wird
von vornherein auf die unpersönliche Rolle eines Ausführenden reduziert.[9] Rhythmische
Strukturen – Einzeldauern oder rhythmische Zellen – erscheinen innerhalb von Zeitfeldern, die von der Länge der Bandfragmente bestimmt werden, aus deren Anordnung
und Montage rhythmische Sequenzen entstehen. Bleibt als Hauptproblem die Gestaltung
des Tempos, denn das Beschleunigen oder Verlangsamen des Tonbandes reicht nicht aus,
um die in den einzelnen Zeitfeldern unterschwellig vorhandenen internen Verhältnisse
des Zeitmaßes zu definieren: daher die Spannung, der Konflikt zwischen auszuführendem

---

7   27. Dezember 1949, Anmerkung im Bleistiftmanuskript von *Polyphonie X*, S. 1 (Sammlung Pierre
     Boulez, PSS).
8   «Chez Messiaen […] les recherches restent à l'état de canevas recouvert tant bien que mal par une
     masse d'accords. Quand Messiaen fait un canon rythmique, par exemple, il est tout de suite mis en
     évidence par des plâtras d'accords, sans nécessité aucune; il intervient dans la construction au petit
     bonheur; il disparaît sans plus de façons»; Pierre Boulez, «Propositions», in: *Polyphonie. Revue mu-
     sicale trimestrielle*, Nr. 2 (1948), S. 65–72, hier S. 67; wieder abgedruckt in: *Relevés d'apprenti* (siehe
     Anm. 4), S. 65–74, und in: *Points de repère I: Imaginer* (siehe Anm. 4), S. 253–64; deutsche Überset-
     zung: «Vorschläge», in: *Werkstatt-Texte*, hrsg. von Josef Häusler, Berlin etc.: Ullstein 1972, S. 10–21,
     hier S. 15.
9   *Études de musique concrète* (1951–52).

ABB. 1   Pierre Boulez, *Quatuor à cordes* (1948–49), Partiturentwurf,
S. 1 (Sammlung Pierre Boulez, PSS).
1A Ausschnitt, Ecke oben links, mit Datierung «25 mars»
1B Ganze Seite

Text und rhythmischer Organisationskraft der Interpreten, der sich beim Vortrag in Form konvulsivischer Gesten äußert, welche bei der muskulären Umsetzung der unaufhörlich variierten Pulsationen entstehen. Als Boulez die Partitur dem Végh-Quartett vorlegte,[10] wichen die Musiker so deutlich vor den scheinbar unüberwindlichen Schwierigkeiten der Ausführung zurück, dass er sich veranlasst sah, über Mittel und Wege zur Überwindung des Problems der Lesbarkeit nachzusinnen.

Zweiter Akt, 1954–59: Projekt der formalen Relativität (die Wahlmöglichkeit des Interpreten) / Wiederaufnahme der Registerfrage (die Wahlmöglichkeit des Komponisten) / auf der Suche nach einem Quartett und einem Verleger   Zunächst war Boulez' Haltung zu diesem Werk eher von Ablehnung geprägt.[11] Dann aber scheint er sich anders besonnen zu haben und fasste nun eine Veröffentlichung ins Auge, wobei sich bei der Erstellung der Druckvorlage ernste Probleme ergaben.[12] Die Arbeit ging sehr langsam voran, unterbrochen durch andere Projekte, so dass Boulez sie erst 1954 anlässlich einer vom Kölner Streichquartett beabsichtigten Aufführung wieder aufnahm.[13] Die neue Abschrift brachte ihn dazu, die akustische und formale Konzeption zu überarbeiten, welche er aufgrund der Entwicklung seiner Satztechnik zu prüfen sich veranlasst sah.

---

10   Brief von Henri Pousseur an Pierre Boulez vom 27. März 1952 (vgl. *Pierre Boulez: Techniques*, siehe Anm. 6, S. 40). Das Quartett wurde 1940 von dem ungarischen Violonisten Sándor Végh (1912–1997) gegründet und setzte sich zusammen aus Sándor Végh (erste Violine), Sándor Zöldi (zweite Violine), Georges Janzer (Viola) und Paul Szabó (Violoncello). Es hatte sich unter anderem auf die Wiedergabe der Streichquartette Béla Bartóks spezialisiert, deren Gesamtaufführung durch das Végh-Quartett Pierre Boulez 1950 in Paris beiwohnte (vgl. den Brief an John Cage, Nr. 8 [April 1950], in: Pierre Boulez und John Cage, *Correspondance et Documents*, hrsg. von Jean-Jacques Nattiez, revidierte Neuausgabe hrsg. von Robert Piencikowski, Mainz etc.: Schott 2002, S. 107–10, hier S. 109–10). Das Quartett hat sich 1980 aufgelöst.
11   «Ta rencontre m'a fait terminer une période ‹classique› avec mon quatuor, qui est maintenant bien loin», Brief an John Cage, Januar 1950, in: Boulez und Cage, *Correspondance et documents* (siehe Anm. 10), S. 90–94, hier S. 92.
12   Brief an John Cage, 30. Dezember 1950, ebd., S. 154–65, hier S. 154.
13   Gegründet von Wolfgang Marschner (erste Violine), Günter Krone (zweite Violine), Ernst Sandfort (Viola) und Maurits Frank (Violoncello); die Teile Ia, Ib und II des *Livre pour quatuor* wurden schließlich im Rahmen der *Donaueschinger Musiktage für zeitgenössische Tonkunst* am 15. Oktober 1955 aufgeführt.

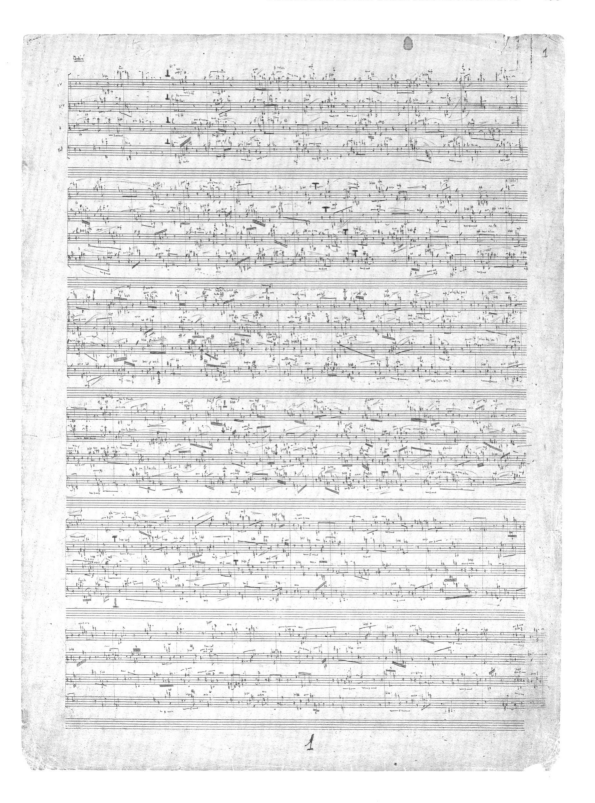

> Car ce quatuor, j'en fais éditer les mouvements, et il devient un *livre pour quatuor.* La numérotation des pièces indique en quelque sorte comment on peut jouer les divers mouvements. J'ai retravaillé beaucoup le texte original. En travaillant, je me suis rendu compte que le *contrôle harmonique* était d'une importance capitale. La *classe des agrégats* est très importante, de même que la disposition des intervalles, en quelque sorte la tension de l'accord – par son contenu et sa réalisation. On n'a pas tenu compte de cela suffisamment jusqu'à présent: la distribution des intervalles, et leur fonction de tension.[14]

Im Zuge der Transkription entschied er sich für eine Veränderung der Disposition der Partitur durch die Wahl eines Querformats. Was die Form betrifft, brach er die einzelnen Sätze auf und ordnete sie durch Permutation neu an: Ia – Ib, II, IIIa – IIIb – IIIc, [IV], V, VI. Dieser zeitgleich zur Kopie der zweiten Reinschrift des *Marteau sans maître* erfolgten Überarbeitung kamen seine neuen kompositionstechnischen Errungenschaften zugute, die Auflockerung der Textur und die erneute, hier paradoxerweise von Varèse beeinflusste Hinterfragung der Harmonik.[15] Bei der formalen Neuordnung des Quartetts wurde die Funktion der Interpreten – in umsichtiger Weise – gestärkt, die sich dazu aufgefordert sehen, die Abfolge der «Formanten» selbst festzulegen. In der Tat ruhte die graphisch verdeutlichte Fragmentierung und Kombinatorik des zerstückelten Diskurses latent bereits in der ursprünglichen Konzeption: die zukünftige Form mit alternierenden Unterbrechungen, die Boulez ausgehend von seinen Beobachtungen bei Debussy (*Jeux*), Strawinsky (*Symphonies d'instruments à vent*), Berg (*Lyrische Suite*) und Bartók (*Musik für Saiteninstrumente, Schlagzeug und Celesta*) ersonnen hat als Versuch, den Gegensatz zwischen traditionellem Durchkomponieren/Durchführen und der Form als Reihung von Bausteinen zu überwinden, wie er es 1946 bereits in seiner *Sonatine pour flûte et piano* und in der Ersten Klaviersonate unternommen hatte. Allerdings geschah das noch auf der Grundlage einer streng prädeterminierten kontrapunktischen Konstruktion und im engen Rahmen einer von vornherein festgelegten Form.

Zunächst wurden 1959 Fragmente des Werkes vom Parrenin-Quartett[16] aufgeführt, die Partitur im darauf folgenden Jahr endlich herausgegeben[17] und 1961 die bislang noch nicht aufgeführten Sätze gespielt,[18] mit Ausnahme des unvollendet gebliebenen vierten Satzes.[19] In diesem Sinne – und auf mehr oder weniger unfreiwillige Weise – folgte Boulez dem eigentlichen Wortsinn der Formulierung Roland Barthes' vom «Nullpunkt des Schreibens»: Die *Abwesenheit* an sich wird *signifikant.*[20] Wir werden später sehen, was darauf folgte.

---

14 Brief an Karlheinz Stockhausen vom 16. Oktober 1954, in: *Pierre Boulez: Techniques* (siehe Anm. 6), S. 41; Hervorhebung von RP.

15 Vgl. Robert Piencikowski, «Zwischen Text und Rand: Varèse und Pierre Boulez, 1952–1965», in: *Edgard Varèse – Komponist, Klangforscher, Visionär,* hrsg. von Felix Meyer und Heidy Zimmermann, Mainz etc.: Schott 2006, S. 382–89.

16 Konzerte in Besançon (5. September 1959), Venedig (21. September 1959) und Darmstadt (29. August 1961); 1944 gegründet, vereinte dieses Quartett Jacques Parrenin (erste Violine), Marcel Charpentier (zweite Violine), Michel Walès (Viola) und Pierre Penassou (Violoncello).

17 Paris: Heugel, 1960 (ohne den vierten Satz).

18 Die Sätze V–VI in Darmstadt, 9. September 1961, gespielt vom Hamann-Quartett: Bernhard Hamann (erste Violine), Fritz Köhnsen (zweite Violine), Fritz Lang (Viola) und Siegfried Palm (Violoncello); die Sätze IIIa, IIIb und IIIc in Darmstadt, 8. Juli 1962, wiederum aufgeführt vom Parrenin-Quartett.

19 Das Manuskript des ersten Stadiums der Komposition ist in der Sammlung Pierre Boulez der PSS aufbewahrt.

20 Roland Barthes, *Le Degré zéro de l'écriture,* Paris: Éditions du Seuil 1953.

Intermezzo: *Figures doubles prismes*   Zwischen den zwei ersten und den beiden späteren Kapiteln der Werkgenese, auf die später noch eingegangen wird, liegt eine scheinbar außerhalb der Entwicklung des Quartetts liegende Episode, die jedoch die zukünftigen Überarbeitungen beeinflussen wird. Ich spreche von einer der Extensionen der Komposition *Figures doubles prismes*,[21] die aus einer hauptsächlich den Streichern anvertrauten Entwicklung besteht und deren Satztechnik mit ihrer funktionellen Einbindung der extremen Gruppenteilung von der neuen Beachtung zeugt, die Boulez der Dimension des Orchestersatzes schenkte. Aus historischer Perspektive ist der Gedanke nicht abwegig, dass das neuerwachte Interesse am Streichersatz von ähnlichen Versuchen sehr verschiedener Komponisten geweckt worden sein könnte wie Xenakis (*Metastaseis*, 1953–54) und Messiaen (*Chronochromie*, 1959–60), in geringerem Maße Penderecki (*Anaklasis*, 1959–60) und Ligeti (*Lontano*, 1967) – wie weit diese Versuche auch von Boulez' ästhetischen und technischen Vorlieben entfernt sein mögen.

Dritter Akt, 1968: Formale Fixierung / Extension der Klänge   Vor Beginn der Überarbeitung nahm Boulez die zweite Reinschrift des *Livre pour quatuor* wieder auf, wobei er einen unerwarteten Zusatz einbrachte: er wies den einzelnen Sätzen oder Satzfragmenten Überschriften zu. Da diese nicht in die Druckfassung übernommen wurden, seien sie hier so zitiert, wie sie in der handschriftlichen Partitur erscheinen:

Ia: Variation	Ib: Mouvement	
II: Développements		
IIIa: Mutations = éclats	IIIb: Mutations = fragments	IIIc: Mutations = état
[IV]		
V: Mutations = échange – alternative		
VI: Partition		

Boulez' Terminologie spielt mit der Doppeldeutigkeit von Begriffen, die, dem akademischen Musikvokabular entnommen, diesem aber entfremdet sind – daher die Schwierigkeit, ihrem wörtlichen Sinn zu folgen –, und ihrer Koexistenz mit außermusikalischen Begriffen. In diesen Zeitraum fiel die auf Modelle der Wiener Schule bezogene Debatte mit Adorno: Die Mobilität betraf nicht mehr die formale Präsentation, sondern die klangliche Konzeption. Diese Hinterfragung der Modelle Weberns (op. 5) und Bergs (*Lyrische Suite*), selbst Schönbergs (*Verklärte Nacht*) und, nicht zu vergessen, die eigenen Erfahrungen mit der Extension von Streichersektionen in *Figures doubles prismes* (1964), *Éclat/Multiples* (1965–70) und *Domaines* (1968–69) belebten das Interesse für den Streicherklang aufs neue, wobei jede ehemals individuelle Partie zu einer Art *Hyper-Instrument* aufgefächert wurde, in dem die einzelnen Instrumente wie in den Anfängen der Klangkomposition elektronischer Musik die Rolle von Sinustönen übernahmen.[22]

---

21   Erste Fassung: *Doubles* (1957–58); in den Jahren 1963 und 1965-68 durchgesehen und erweitert unter dem Titel *Figures doubles prismes;* 1988 erneut wieder aufgegriffen.

22   Vgl. Pierre Boulez, «… auprès et au loin.», in: *Cahiers de la Compagnie Madeleine Renaud – Jean-Louis Barrault,* 2 (1954), Nr. 3, S. 7–27; wieder abgedruckt in: *Points de repère I: Imaginer* (siehe Anm. 4), S. 297–314, hier S. 309.

Vierter Akt, 1988: Überarbeitung der Überarbeitung: der Zeitraum von *Répons* (1981/84) und der *Notations* für Orchester (1977–78/1997)   Während bislang zwischen den verschiedenen Arbeitsperioden ein Abstand von etwa zehn Jahren lag, trennen nicht weniger als zwanzig Jahre das erste provisorische *Livre pour cordes* und die Überarbeitung der ersten Hälfte des einzigen ersten Satzes. In dem Maße, wie die Zeit fortschreitet, neigt die Materie ihrerseits dazu, sich wie eine Peau de chagrin zusammenzuziehen oder wie ein Millefeuille immer vielschichtiger zu werden. Zwischen dem anfänglichen Projekt (Nachdruck des Anfangs), der Herausgabe und den verschiedenen fragmentarischen Aufführungen (Hinauszögern des Abschlusses) liegen so große Intervalle, dass das Werk in seinem Werden die Spuren der durchquerten Zeitschichten sedimentartig in sich aufgenommen hat. Wie viele Werke im Zustand eines *Work in progress* tendierte auch Boulez' anfängliches Projekt unter dem Gewicht der sukzessiven Umformungen oder Wiederherstellungen zum Zusammenbruch. Gleichwohl zeichnet diese Komposition, wie andere Partituren, eine Verlaufslinie von Boulez' musikalischer Entwicklung, deren Konturen jede einzelne Überarbeitungsetappe offenbart. Aber in dem Maße, wie die Entfernung zur ursprünglichen Konzeption zunahm, wich das Interesse des Komponisten an der Weiterführung und Vollendung der verschiedenen Stadien des Werkes einem vom gewandelten Entwicklungskontext bestimmten Versuch eines Neuansatzes. Daher auch die zunehmende Verkürzung des Werkes, das nacheinander einen, dann vier, und schließlich noch einen halben Satz verlor: Die Verdichtung der Textur verlief umgekehrt proportional zur Ausdehnung des Werkes, und die verworfenen Teile waren unwiderruflich preisgegeben. Wäre der Gedanke nicht abwegig, so könnte man sich eine Neufassung der letzten Überarbeitung vorstellen, die auf den Auftakt vor dem Satz Ia beschränkt wäre, auf die Stille, die dem ersten Bogenstrich vorausgeht! Das liefe darauf hinaus, das Bonmot eines berühmten Pariser Komödianten umzukehren: «Wenn man sich anschickt, ein Stück von Boulez zu hören, dann stammt schon die Stille vor der Musik von ihm».[23]

2000…, Epilog: Exhumierung / Apotheose (?)   Seit geraumer Zeit lassen sich die Versuche verfolgen, eine Partitur wieder auferstehen zu lassen, die im Rufe steht, wenn nicht unspielbar, so doch in einem so hohen Maße problematisch zu sein, dass es beim besten Willen nicht gelingt, eine «definitive» Präsentation des Werkes zu verwirklichen. Nachdem es das Arditti-Quartett bei einem Versuch belassen hatte,[24] konnte das Quatuor Parisii in verdienstvoller Weise dem Publikum eine unter Mitarbeit des Komponisten realisierte, fast vollständige Fassung des Quartetts darbieten.[25] Damit sind wir unmerklich

---

23 «Ô privilège du génie! Lorsqu'on vient d'entendre un morceau de Mozart, le silence qui lui succède est encore de lui»; Sacha Guitry (1885–1957), *Toutes réflexions faites,* Paris: Éditions de l'Élan 1947, Neuausgabe *Cinquante ans d'occupations,* Paris: Presses de la Cité 1993, S. 69.

24 Konzert vom 31. März 1985 während der vom Südwestfunk Baden-Baden anlässlich des sechzigsten Geburtstags des Komponisten organisierten Festlichkeiten. Weitere Konzerte in Villeneuve-lèz-Avignon (12. Juli 1988), London (12. Dezember 1988), Ojai (3. Juni 1989) und Mailand (18. Juni 1990).

25 Konzert am 16. Juni 2001 in Fontainebleau. Diese Aufführung und die nachfolgende Einspielung wurden neben Boulez' Ratschlägen von der äußerst genauen Vorbereitung durch Jean-Louis Leleu getragen, der dazu die in der Sammlung Pierre Boulez aufbewahrten Dokumente konsultiert hatte.

in eine Epoche eingetreten, in der das *Livre pour quatuo*r nun selbst seinen Einzug in die Musikgeschichte gehalten hat. Wäre in diesem Kontext nicht auch eine Vollendung des vierten Satzes vorstellbar? «Messieurs, faites vos jeux!»[26]

Diese Betrachtungen veranlassen mich, für dieses Werk von Pierre Boulez den Initiatoren des Kolloquiums auf die Frage «Wessen Klänge?» sechs Antworten anzubieten:
· die *impliziten* Klänge der Tradition der Klassik,
· die *pulverisierten* Klänge der Dekonstruktion der Musiksprache,
· die *ins Ermessen der Interpreten gestellten* Klänge (erklingen lassen / schweigen),
· die *personalisierten* Klänge des Hyper-Instruments,
· die auseinander- und übereinander-*gefalteten* Klänge des Meta-Hyper-Instruments,
· die *historisierten* Klänge der aktiven Rückblende.

II Bemerkungen zur Forschungsgeschichte

Bevor es möglich war, die Dokumente zu Pierre Boulez' Schaffen in der Paul Sacher Stiftung einzusehen, blieben die im Umlauf befindlichen Einsichten in die formale Disposition und die interne Struktur des Streichquartetts beschränkt auf Jean Barraqués Artikel «Rythme et développement»,[27] der auf Boulez' Informationen beruhte, und auf eine vom Komponisten auf Luciano Berios Anfrage hin verfasste lakonische Programmnotiz anlässlich einer Aufführung von Teilen des Werkes in Venedig im Rahmen der Biennale 1959:

> Pour le «Livre pour quatuor», voici quleques mots: Ce Livre est un ensemble de mouvements, indépandants les uns des autres, que, néanmoins, relie un travail assez poussé. Ces mouvements sont au nombre de 6, couplés deux à deux. N° I et n° II, n° IV et n° VI, n° III et n° V. V est un renversement des caractéristiques de III, tandis que IV et VI sont des combinaisons entrecroisées de I et II. Ces grands mouvements peuvent se subdiviser eux-mêmes en fragments, isolables ou non (Ia, Ib – IIIa, IIIb, IIIc etc. …) ou composent des développements à enchaîner obligatoirement (II, V, VI). Un schéma principal de forme générale indique toutes les combinaisons formelles que l'on peut utiliser pour une exécution.[28]

Weitere Informationen konnten hier und da aus den zahlreichen Interviews mit dem Komponisten zusammengetragen werden, wobei die Qualität der Auskünfte nicht selten vom Scharfsinn der Fragesteller abhing, während der Komponist ebenso oft seiner Neigung zu

---

26 Das französische Quatuor Diotima kündigte, forsch den Tatsachen vorausgreifend, die Uraufführung des vierten Satzes im Rahmen einer auf vier Konzerte verteilten Gesamtaufführung für November/Dezember 2012 an, doch musste die Aufführung von Nr. IV im letzten Moment abgesagt werden.

27 In *Polyphonie*, Nrn. 9 und 10 (1954): *Inventaire des techniques rédactionnelles*, S. 47–73 (das Schriftbild der Musikbeispiele 15 bis 23 stammt von Pierre Boulez). Selbstverständlich war die Partitur damals noch nicht veröffentlicht, so dass die Leser den Kommentatoren vertrauen mussten.

28 Pierre Boulez, Brief an Luciano Berio (Baden-Baden, 10. August 1959 [Fragment]), darin Programmnotiz für das Konzert des Parrenin-Quartetts am 21. September 1959 in Venedig, im Rahmen des XXII. Festival Internazionale di Musica Contemporanea (*Livre pour quatuor*, Aufführung der Sätze Ia, Ib und II; Sammlung Luciano Berio, PSS). Zitiert nach Robert Piencikowski, «A propos du *Livre pour quatuor*», in: *Pierre Boulez: Techniques* (siehe Anm. 6), S. 43. Nach meinem Kenntnisstand erscheint in keinem der zugänglichen Manuskripte der Partitur eine solche schematische Übersicht der Gesamtdisposition.

extremer Vereinfachung nachgab, ganz zu schweigen von den zahllosen, unvermeidbaren Wiederholungen, die sich wörtlich von einem Gespräch zum nächsten fortsetzen. Ansonsten mussten sich die Kommentatoren auf ihren eigenen Spürsinn verlassen, um den hauchdünnen Faden zwischen der Partitur und den Aussagen des Komponisten nicht zu verlieren. Auch die gedruckte Partitur selbst warf zahlreiche Fragen auf, denn nachdem das Quartett zunächst nur in Form von Einzelstimmen verfügbar war, erschien Anfang der 1960er Jahre eine alles andere als zufriedenstellende Partiturausgabe. Vergleicht man den gedruckten Text mit dem als Vorlage dienenden Manuskript, scheint es ganz ausgeschlossen, dass der Leser sich in diesem Irrgarten ineinander verschachtelter Tonfiguren zurechtfindet. Dabei bildeten weniger das Querformat – à l'italienne – und die durchgehende Disposition der Systeme auf Doppelseiten ein Hindernis für die Lektüre, vielmehr war die graphische Anordnung der Systeme zuweilen so engräumig, dass selbst der gutwilligste Kopist an den eines Mallarmé würdigen Feinheiten zu scheitern drohte. Erst das von Roman Haubenstock-Ramati der Universal Edition vorgeschlagene Notensatz-Modell bot graphische Lösungen für den Druck von Partituren, die den Ansprüchen der zu Beginn der sechziger Jahre von den Komponisten konzipierten räumlichen Dispositionen genügten. Alles in allem hatten daher die meisten Kommentatoren – denen es an gutem Willen zweifellos nicht fehlte – keine andere Wahl, als die spärlichen Informationen zu paraphrasieren, die ihnen zur Verfügung standen.[29]

Seit der Eröffnung der Paul Sacher Stiftung im Jahre 1986 indessen stürzten sich einige wagemutige Forscher auf das Archiv, um die seit langem ersehnten Dokumente zu konsultieren. Aber die Anzahl derer, die ihre Neugierde dazu trieb, sich insbesondere in die Manuskripte des Streichquartetts zu vertiefen, war keineswegs groß. Unter diesen wenigen verdienen Thomas Bösche und Jean-Louis Leleu besondere Erwähnung.[30] Ihre Recherchen reihen sich in jene musikwissenschaftliche Forschungslinie ein, deren Hauptinteresse sich auf Pierre Boulez' Satztechnik dort richtete, wo sie sich am strengsten zeigt: in

---

29 Wie verdienstvoll die Beiträge von Antoine Goléa, Paul Griffiths, Dominique Jameux, Susan Bradshaw, Theo Hirsbrunner und Stéphane Goldet auch sein mögen, sind sie doch für die aktuellen strukturellen Recherchen nur als Rezeptionsgeschichte interessant.

30 Vgl. Thomas Bösche, «A propos du *Livre pour quatuor*», in: *Pierre Boulez* (*Musik-Konzepte*, Nr. 89/90), hrsg. von Heinz Klaus Metzger und Rainer Riehn, München: Edition Text und Kritik 1995, S. 91–111; Jean-Louis Leleu, «*Livre pour quatuor*», in: *Pierre Boulez à Fontainebleau. L'intégrale de l'œuvre pour cordes*, Programm ProQuartet, IRCAM, Centre Georges Pompidou, 16.–17. Juni 2001, S. 28–32 (Sammlung Pierre Boulez, PSS); ders., «Sens musical et notation rythmique dans le *Livre pour quatuor* de Pierre Boulez», in: *Musicorum 2003: Analyse et interprétation des sources musicales de la deuxième moitié du 20ème siècle*, Tours: Presses universitaires François Rabelais 2004, S. 45–60; ders., «Cellules rythmiques et développement organique: la fonction des champs harmoniques dans le mouvement IIIb du *Livre pour quatuor* de Pierre Boulez», in: *Musicalia. Annuario internazionale di studi musicologici*, Nr. 1 (2004), S. 89–105; englische Fassung: «Rhythmic Cells and Organic Development: The Function of Harmonic Fields in Mouvement IIIb of *Livre pour quatuor* by Pierre Boulez», in: *Ex tempore*, 14 (2009), Nr. 2, S. 94–110; ders., «L'Écriture polyphonique dans le *Livre pour quatuor* de Pierre Boulez: aspects techniques et esthétiques», in: *Pierre Boulez: Techniques* (siehe Anm. 6), S. 13–38; ders., «Notes sur la pièce manquante du *Livre pour quatuor*: le mouvement IV», in: *Immagini di Gioventù. Saggi sulla formazione e sulle prime opere di Pierre Boulez* (*Musicalia. Annuario internazionale di studi musicologici*, Bd. 7/2010), hrsg. von Paolo Dal Molin, Pisa und Rom: Fabrizio Serra 2014, S. 95–115. Alle Beiträge von Leleu zum *Livre pour quatuor* wurden wieder abgedruckt im Sammelband Jean-Louis Leleu, *La Déconstruction de l'idée musicale. Essais sur Webern, Debussy et Boulez*, Genf: Contrechamps 2015.

ihrem Ausgangspunkt bei der Wiener Schule. Die hauptsächliche Schwierigkeit, die dem Analytiker bei der ernsthaften Auseinandersetzung mit dem *Livre pour quatuor* begegnet, liegt jedoch im Umstand, dass die strukturelle Organisation in erster Linie den Rhythmus betrifft. Anders als bei den klassischen Zwölftonwerken müssen die rhythmischen Zellen hier *vor* den Tonhöhenstrukturen bzw. Intervallen untersucht werden, da diese jenen als akustische Materialisierung untergeordnet sind. Selbst wenn sie ihrerseits einer strengen zwölftönigen Organisation entstammen, sind die Tonhöhen in den meisten Fällen a posteriori hinzugefügt, was ihre Reihenordnungen oft stört, denn die Abfolge passt sich stets dem jeweiligen polyrhythmischen Kontext an. Das Wesentliche der formalen Konzeption beruht also, wie Bösche und Leleu unterstrichen haben, auf polyrhythmischen Kanons, die zumeist paarweise auf zwei Instrumente verteilt sind und sich dabei meist als Chiasmus, seltener in Form eines exakten Palindroms in einem Zentrum begegnen. Die «Stimmen» dieser Kanons bestehen aus sequenzierten Konstellationen rhythmischer Basiszellen, die nach den von Olivier Messiaen übernommenen Konventionen variiert werden. Fragen der zu alternativen «Formanten» führenden Fragmentierung der Sätze und der zweifachen Überarbeitung für Streichorchester bilden weitere Kapitel, die für künftige analytische Annäherungsversuche noch offen stehen.

III Dokumente

A Boulez und Adorno diskutieren über die Askese des Klanges (1968)[31]

ADORNO: Diese Askese bedeutet – damit man uns nicht missversteht –, dass man auf allen Aufputz und auf alle Mittel verzichtet, die von außen her den Anschein von Modernität bewirken, ohne dass sie der Substanz nach, das heißt: nach dem, was in der Musik strukturell sich zuträgt, wirklich gerechtfertigt wären. Ich selber neige dazu, eine Askese des Klangmaterials sehr zu advozieren, vor allem weil ich finde, dass die fortschreitende Bevorzugung des Orchesters gegenüber der Kammermusik etwas mit einer Regression des Hörens, einer Verlagerung des Interesses von der Sache selbst auf ihre *Färbung* zu tun hat, die nicht im Bereich der Avantgarde allein, sondern im allgemeinen Bewusstsein gilt. Es ist konformistisch, dem nachzugeben, und was Sie Askese genannt haben, scheint mir der avantgardistischen Forderung des «Nicht-Mitspielens» zu entsprechen. Das Orchester selber hat heute bereits etwas «Karajanistisches», und deshalb sollte man, wenn man dieser ganzen Sphäre des offiziellen Musiklebens so kritisch gegenübersteht wie wir, an dieser Stelle sehr rigoros sich verhalten. [...]

BOULEZ: Aber ich meine, dass die Sprache mehr eine große Gruppe von Musikern verlangt als eine kleine Gruppe. Die Kammermusik war das beste Mittel in einem bestimmten Feld für das 19. Jahrhundert. Noch Webern und Schönberg haben ihre besten Mittel in der Kammermusik gefunden, denn sie wollten sich über die musikalischen Prinzipien nicht täuschen. Man sollte indessen wie die Maler im 16. Jahrhundert auch mit

---

31 Auszug aus: *Avantgarde und Metier,* Gespräch von Pierre Boulez mit Theodor W. Adorno, aufgenommen von Samuel Bächli für das Dritte Programm des NDR Hamburg am 6. Januar 1968 im Hessischen Rundfunk in Frankfurt am Main; ausgestrahlt in drei Sendungen des NDR vom 14., 16. und 18. Januar 1968 (Transkription RP; bisher unveröffentlicht; Abdruck mit freundlicher Genehmigung von Pierre Boulez und von der Hamburger Stiftung zur Förderung von Wissenschaft und Kultur).

Perspektiven arbeiten können, doch Kammermusik kann meiner Meinung nach überhaupt keine Perspektiven, kein Trompe-l'œil bieten. Diese Arbeit mit falschen oder richtigen Perspektiven – mit einer Art Trompe-l'œil im besten Sinn – ist nötig, um ein Orchester zu kriegen. Wenn man Kammermusik schreibt, gibt es reine Farben, die Instrumente haben ihre Individualität und *bleiben* bei ihrer Individualität – es gibt keine Ambiguität –, aber was mich an Musik heute interessiert, das ist gerade Ambiguität: die Ambiguität in allen Feldern, in der Form wie im Klang. Und diese Ambiguität kann man nur mit einer gemischten Palette kriegen.

ADORNO: Da denke ich ein bisschen anders. Ich glaube, dass gerade die Wiener Schule, die ja, wie Sie sagen, von der Kammermusik – und das heißt im Grunde vom Streichquartett – ausgegangen ist, eine so außerordentlich weitgehende Differenzierung innerhalb des Streicherklangs und des Quartettklangs herbeigeführt hat, dass man nun auch klanglich unvergleichlich viel mehr mit einem Streichquartett oder -trio bauen, differenzieren und Perspektiven herstellen kann, als es nach der üblichen Auffassung der Fall ist. Bei Schönberg gab es dazu, vor allem in den ersten beiden Streichquartetten, sehr weitgehende Ansätze, die er später nicht weiter verfolgt hat. Mit einem relativ asketischen Material wie dem Streicherklang operieren, aber daraus doch Perspektiven und perspektivische Wirkungen entwickeln, scheint als Möglichkeit durchaus gegeben und fügte einem solchen asketischen Programm sich sehr gut ein. Im Übrigen meine ich mit Askese nicht, dass man auf alle bunten Farben verzichten soll, sondern nur darauf, Farb*valeurs* als solche, ohne Funktion in der Erscheinung der Musik selber, bereits für etwas Modernes zu halten.

BOULEZ: Ich bin nicht dieser Meinung. Ich möchte ein Beispiel geben. Von Anton Weberns Fünf Stücken für Streichquartett habe ich die Fassung für Streichorchester ziemlich oft dirigiert, die 1929 geschrieben wurde, ungefähr zwanzig Jahre nach der Komposition. Die zweite Fassung befriedigt mich mehr als die erste Fassung. Warum? Das ist nicht nur eine Frage der Farbe, des Reichtums der Farbe, sondern eine Frage von Askese, denn Sie können bei der Streichorchesterfassung die Strukturen viel mehr und viel leichter verfolgen als bei der Streichquartettfassung. Wenn Webern orchestriert, orchestriert er nicht nur aus Hedonismus …

ADORNO: Natürlich, er hat immer strukturell instrumentiert.

BOULEZ: Genau, und diese Struktur kommt mit einem Streichorchester mehr ans Licht. […] Ich habe mehrmals beide Fassungen studiert und habe immer gefunden, dass, für mich, es war klarer und überzeugender in der Orchesterfassung als in der Streichquartettfassung. Ich finde, dass das Streichquartett sehr von Geschichte und Geschichten belastet ist. […] Dieser Klang ist mit einem Stil verbunden. […]

B *Livre pour cordes* – eine Notiz von Pierre Boulez (1970)[32]

2 Mouvements – Variation
Mouvement

Le texte initial, *Livre pour quatuor*, a été rédigé en 1948–1949. Deux motifs m'ont amené à réviser la conception originale: la difficulté de mise au point et la désuétude, à mes yeux, de l'écriture pour quatuor. Je les ai mentionnés dans cet ordre, mais je pense que les réflexions pratiques et théoriques se sont mutuellement renforcées. (Avoir joué nombre de fois les transcriptions par Webern de ses cinq pièces op. 5 m'a aiguillé vers la conviction.)

Le texte original est dans cette version complètement adapté à sa nouvelle destination. Il ne s'agit pas d'une orchestration, mais d'une recomposition de l'œuvre – ce qui ne va pas sans difficultés, après un tel laps de temps.

La pièce intitulée «Variation» est formée de trois parties: la première basée sur des éléments statiques simples, comme en suspens; la deuxième étant un enchevêtrement de lignes ornées qui se reflètent, pour ainsi dire, dans des dispositifs instrumentaux variés, comme en de multiples miroirs; la troisième partie combine ces deux éléments, le second restant toutefois prédominant.

La seconde pièce, «Mouvement», est d'un seul tenant: une «invention» dont aucun élément ne revient à proprement parler. Elle peut donc se décrire par son évolution: qui la mène d'une relative simplicité à une multiplication très dense des figures sur elles-mêmes, puis la ramène à une détente rejoignant l'aspect initial.

Le caractère de ces deux pièces est, en général, de demi-teinte, la sonorité des cordes y étant surtout utilisée pour des effets de ton sur ton – des graphismes plus précis s'inscrivant sur des fonds, sur des plages aux contours estompés.

2 Sätze – Variation
Mouvement

Der Ausgangstext, *Livre pour quatuor*, wurde 1948–49 komponiert. Ich habe die ursprüngliche Konzeption aus zwei Gründen überarbeitet: die Schwierigkeit der Feinarbeit und der in meinen Augen veraltete Streichquartettsatz. Ich habe die Gründe in dieser Reihenfolge genannt, weil ich glaube, dass die praktischen und theoretischen Überlegungen sich gegenseitig bestärkt haben. (Diese Überzeugung reifte im Zuge meiner zahlreichen Aufführungen von Weberns Bearbeitung seiner Fünf Stücke op. 5.)

Der Ausgangstext ist in dieser Version völlig seiner neuen Bestimmung angepasst. Es handelt sich nicht um eine Orchestrierung, sondern um eine Neukomposition des Werkes – was nach so einem langen Zeitraum nicht ohne Schwierigkeiten zu bewältigen ist.

Das mit «Variation» überschriebene Stück besteht aus drei Teilen: Der erste Teil basiert auf statischen, in der Schwebe gehaltenen Elementen; der zweite besteht aus einem Geflecht ornamentaler Linien, die von verschiedenen Instrumentaldispositionen wie von vielen Spiegeln reflektiert werden; im dritten Teil verbinden sich beide Elemente, wobei das zweite durchaus dominierend bleibt.

---

32 Diese und eine *Domaines* betreffende Notiz wurden am 6. Mai 1970 von Baden-Baden aus an Lawrence Morton gesandt und waren für das Programm eines Konzerts am 6. Juni 1970 in der Ojai Festival Bowl bestimmt, in dessen Rahmen die nordamerikanische Premiere des *Livre pour cordes* durch das Los Angeles Philharmonic unter der Leitung von Pierre Boulez stattfand (abgedruckt in englischer Sprache im zugehörigen Programmheft; französische Fassung nach dem Originalmanuskript, Sammlung Pierre Boulez, PSS; Übersetzung ins Deutsche von Werner Strinz; Abdruck mit freundlicher Genehmigung von Pierre Boulez).

Das zweite Stück, «Mouvement», bildet eine geschlossene Einheit: eine «Invention», bei der genau genommen kein einziges Element wiederkehrt. Es kann deshalb anhand seiner Entwicklung beschrieben werden, die von relativer Einfachheit zu sehr dichten, in sich selbst vervielfältigten Figuren fortschreitet und dann zu einer Entspannung führt, die zum anfänglichen Zustand zurückfindet.

Im Ganzen sind beide Stücke durch einen gebrochenen Charakter bestimmt, wobei der Streicherklang vor allem für Ton-in-Ton-Wirkungen verwendet wird – präzise gezeichnete Figuren auf dem Hintergrund von Feldern mit verwischten Konturen.

C   Das Streichquartett nach Pierre Boulez (1989)[33]

Ist das Streichquartett eine tabuisierte Form, ein Fossil, oder ist seine Tradition noch lebendig? Seit zwei Jahrhunderten ist das Streichquartett dazu ausersehen, die tiefsten und nobelsten Bestrebungen des Musikers auszudrücken, die schwierigsten und anspruchsvollsten Aufgaben des kompositorischen Handwerks zu repräsentieren, den wichtigsten Teil unseres musikalischen Erbes zu beinhalten. Man kann sich dem Streichquartett nur mit dem größten Respekt annähern, und es ist, ganz besonders seit Beethoven, zum Symbol eines zum Gipfel des Vermögens und der Konzentration gesteigerten musikalischen Ausdrucks geworden.

Man kann sich fragen, ob in einer Epoche wie der unseren, in der die Bedeutung und die Rolle des Instruments sich sehr entwickelt haben, in der die Instrumentengruppen durch vielseitige, oft aus anderen Kulturen stammende Beiträge vergrößert und bereichert wurden, in der die Vorstellungskraft des Komponisten ebenso mit einem aufwendigen Orchester wie mit neuen, von der Elektronik und vom Computer bereitgestellten Materialien agieren kann – ja, man kann sich fragen, ob die Zeit des Streichquartetts nicht abgelaufen ist, ob es nicht erschöpft ist und nur einen durchaus besonderen Moment unserer Kultur repräsentiert, der instrumentalen ebenso sehr wie der musikalischen. *Nein, sollte man meinen*,[34] denn man schreibt nach wie vor für das Streichquartett, dessen vorzüglichstes Verdienst es ist, zum Nachdenken anzuregen über die Nüchternheit der Mittel und über die Konzentration des Gedankens, der sich nicht in vielerlei Möglichkeiten zerstreuen darf.

Die Tradition des Streichquartetts ist stark geblieben, weil die Mehrzahl der bedeutenden Komponisten der ersten Hälfte des 20. Jahrhunderts sich dieses Ausdrucksmittels, wenn auch nur zeitweise, angenommen hat. Das Streichquartett lebt, es ist vielleicht nicht mehr mit einem Tabu belegt – und das ist gut so. Aber es bleibt sicher das Arbeitsmittel einer gewissen Askese – ich sage nicht Sparsamkeit, denn das Streichquartett besitzt ein reiches Klangpotential. In jedem Fall verlangt es vom Komponisten höchsten Anspruch und Disziplin, es legt die Schwäche des Gedankens und seiner Umsetzung offen, es verherrlicht die Erfindungskraft ebenso sehr, wie es sie läutert. Kurz, das Quartett bleibt eine *Probe*[35] im Sinne einer Initiation.

ÜBERSETZUNG AUS DEM FRANZÖSISCHEN VON WERNER STRINZ

---

33 Pierre Boulez, Vorwort zu Stéphane Goldet, *Quatuors du 20ᵉ siècle*, Paris: IRCAM und Arles: Actes Sud 1989, S. [3].
34 Hervorhebung von RP – welch ein Ausdruck von Resignation!
35 Hervorhebung im Original.

ULRICH MOSCH

Was heißt Interpretation bei Helmut Lachenmanns Streichquartett *Gran Torso*?

Bei komponierter Musik kommt Autorschaft – einmal abgesehen vom auditiven Rezeptionsprozess, falls man diesen überhaupt unter das Stichwort fassen möchte – grundsätzlich in zwei Phasen ins Spiel: zum einen beim Komponieren, das heißt, wenn ein Klangkunstwerk oder ein künstlerisches Konzept zur Hervorbringung von Klängen entsteht, und zum anderen beim Spielen, wenn also eine schriftlich fixierte Musik durch Musiker oder Interpreten klanglich realisiert, will heißen «vergegenwärtigt» wird. Dass wir im Blick auf Musik vom «schaffenden» und vom «nachschaffenden» Künstler sprechen, drückt genau diesen Sachverhalt aus: Beide sind, wenn auch auf unterschiedliche Weise, Schaffende.

    Das Verhältnis von Komponist und Interpret hat sich nun in der Musik des 20. Jahrhunderts teilweise dramatisch verändert. Bei manchen Stücken wandelte sich die Rollenverteilung grundlegend zugunsten des Interpreten, dem nicht nur ein größerer Spielraum eingeräumt wird. Bei konzeptuellen Werken hat er vielfach Entscheidungen zu treffen, welche die hervorgebrachte Klanggestalt überhaupt erst bestimmen. Was aber heißt «nachschaffen»? Die bloße Ausführung von Spielanweisungen allein, die eine Partitur ja immer auch darstellt, kann es nicht sein. Es muss mehr sein – und auf dieses «Mehr» zielt die im Titel dieses Beitrages formulierte Frage.

    Betrachtet man auf diesem Hintergrund Helmut Lachenmanns Schaffen und sein musikalisches Denken, so wird schnell deutlich, dass wir es bei ihm mit einem Komponisten zu tun haben, der klare Vorstellungen vom Verhältnis von Schaffendem und Nachschaffendem hat und für sich selbst eine starke Stellung als Autor reklamiert. Zwar experimentierte er in den sechziger Jahren kurzzeitig mit aleatorischen Musikformen, die den Interpreten größere Entscheidungsspielräume zugestanden (*Fünf Strophen*, 1961; *Introversion I* und *II*, 1963 und 1964). All diese Werke zog er aber später zurück, und zwar wohl aus grundsätzlichen Erwägungen, die direkt mit seinem Kunstbegriff zusammenhängen: Lachenmanns Komponieren zielt auf eine Veränderung des «Hörens» beziehungsweise des «Hörers», auf einen bewussten Eingriff in bestehende gesellschaftliche Verhältnisse. Ohne ein präzise und eindeutig umrissenes Werk – und nur das kann «Kunst als Produkt und Zeugnis von [kritischem] Denken»[1] sein – ist verantwortliche Kunst für ihn nicht vorstellbar. Darin liegt auch der Grund für die besondere Bedeutung der Schriftlichkeit für sein Schaffen und für die oft über viele Jahre sich hinziehende, immer weitere Verfeinerung der schriftlichen Fixierung seiner Werke.

---

[1] Helmut Lachenmann, «Zum Verhältnis Kompositionstechnik – Gesellschaftlicher Standort» [1971/72], in: ders., *Musik als existentielle Erfahrung. Schriften 1966–1995*, hrsg. von Josef Häusler, Wiesbaden etc.: Breitkopf & Härtel 1996, 2., aktualisierte Auflage 2004, S. 93–97, hier S. 95.

Das musikalische Kunstwerk als Fluchtpunkt seiner künstlerischen Tätigkeit stand für Lachenmann nie in Frage, und das ist bis heute so geblieben, allen anderslautenden philosophischen Diagnosen und Zweifeln zum Trotz, was die Macht des Subjekts und seine (scheinbare) Depotenzierung angeht. In seinem über alle Wandlungen seiner Musik hinweg stabilen Kunstverständnis steht die Werkkategorie im Zentrum, ganz gleich, ob er Kunst wie um 1971 definiert als «Medium der Ungeborgenheit»[2] oder in jüngster Zeit als «reflektierte, vom Geist beherrschte Magie».[3]

Das 1971/72 entstandene erste Streichquartett *Gran Torso*, das ich im folgenden unter dem Blickwinkel der klingenden Interpretation näher betrachten möchte, gehört zu einer Gruppe von um 1970 entstandenen Werken, die Lachenmann selbst als «Musique concrète instrumentale» bezeichnet hat. Ausgangspunkt seines Komponierens und seiner Poetik ist seit jener Zeit ein Grundproblem, vor das sich jeder Komponist nicht erst heute, heute aber in besonderem Maße, gestellt sieht, nämlich die Besetztheit des musikalischen Materials, das Aufgeladensein der Klänge durch den Gebrauch, der von ihnen in der Vergangenheit gemacht wurde beziehungsweise in der Gegenwart gemacht wird. Ein musikalischer Ton oder Klang ist daher mit vielfältigen Konnotationen behaftet, über die der Komponist nicht einfach verfügen kann, da die Menschen aufgrund von sedimentierter Erfahrung diesen Aspekt des Materials sozusagen «in den Ohren» haben.

Ende der sechziger Jahre reagierte Lachenmann auf diesen Umstand zunächst durch Vermeidung der traditionellen Klänge. Um den Hörern Erfahrungen einer Unmittelbarkeit und Intensität zu ermöglichen, die heute anders nicht mehr zu machen sind, bemühte er sich um die Erschließung neuer, unberührter Klänge und setzte konsequent auf eine gänzlich neue, «exterritoriale» Klangwelt, die von musikalischem Gebrauch bis dahin noch nicht angetastet war. Dieses Vorgehen war verbunden mit einem durchaus melancholischen Blick auf die eigene Epoche, die solches nicht mehr unmittelbar zulässt, es sei denn bei jemandem, der – in unserer mit musikalischen Klängen durchsetzten Welt allerdings kaum mehr vorstellbar – bisher noch überhaupt nicht mit Musik der Vergangenheit in Berührung gekommen wäre.[4] Im Extremfall heißt «exterritoriale Klangwelt», dass Lachenmann in seinen Stücken keinen einzigen in herkömmlicher Weise erzeugten Ton mehr verwendet, so etwa in der «Klavierstudie» *Guero* (1970), oder nur wenige, so in *Pression* für einen Cellisten (1969–70), wo genau ein einziger «philharmonischer Ton» (Lachenmann) vorkommt. Später betrachtete der Komponist diese Strategie indessen als ein «Ausweichen» vor der wirklichen Herausforderung: «Da es nicht um neue Klänge, sondern um ein neues Hören geht, muß sich dieses auch am ‹schönen Ton› einer Cello-Saite bewähren», stellte er Ende der achtziger Jahre lapidar fest.[5]

---

2   Ebd., S. 95.

3   Helmut Lachenmann, «Vier Fragen zur Neuen Musik» [1992], in: ders., *Musik als existentielle Erfahrung* (siehe Anm. 1), S. 357–58, hier S. 357.

4   Dies ist ein Thema, das viele Künstler der Moderne, und nicht nur Musiker, beschäftigt: Man denke etwa an Paul Klee oder an John Cage.

5   Helmut Lachenmann, «Fragen – Antworten. Gespräch mit Heinz-Klaus Metzger» [1988], in: ders., *Musik als existentielle Erfahrung* (siehe Anm. 1), S. 191–204, hier S. 194.

Lachenmann war nämlich bald klar geworden, dass das Ausweichen in exterritoriale Klangwelten seinen Preis hatte: Da er nicht erzwingen konnte, dass die Hörer, was sie hörten, als Musik akzeptieren, setzte er mit einer solchen ästhetischen Strategie den Kontakt zum Publikum aufs Spiel. Um 1973 änderte daher der Komponist die Strategie und verlagerte vorsichtig Schritt für Schritt den Akzent auf das Freilegen des Unbekannten im scheinbar Bekannten oder Vertrauten, das heißt in den herkömmlichen Klängen. Daher das zunehmende, immer jedoch genau kontrollierte Wiedereinbeziehen «traditioneller» Klanglichkeit in seinem Schaffen seither. Das Werk, um das es hier geht, *Gran Torso* mit dem Untertitel «Musik für Streichquartett», entstand kurz vor dieser ästhetischen Wegscheide. Welches außerordentliche Potential Lachenmann in diesem Komponieren sah, lässt sich einer Äußerung zum Titel des Stücks in einem Einführungstext zur Uraufführung der Neufassung in Witten 1978 entnehmen:

> «Torso» heißt das Stück deshalb, weil all die strukturellen Bereiche, die berührt werden, deutlich die Möglichkeit in sich tragen, selbständig in sich weiter fortentwickelt zu werden. Auf diese Möglichkeit, die jeglichen realistischen Rahmen einer Aufführung im Konzert sprengen würde (wo es doch seine Wirkung tun soll), wird gleichsam «widerstrebend» verzichtet: deshalb «Gran Torso».[6]

Zurück zur «Musique concrète instrumentale»: Lachenmann setzte kompositorisch, um neue Materialaspekte freizulegen und damit neue Horizonte zu eröffnen, bei der Klangerzeugung an, beim Instrument und seinem Gebrauch. Zunächst untersuchte er die Instrumente auf alle nur denkbaren Klangerzeugungsmöglichkeiten hin. Das einzelne Instrument mutierte damit eine Zeitlang zum bloßen «Klangerzeuger», um in den Kompositionen dann wieder Instrument im eigentlichen, allerdings neu definierten Sinne zu werden. Dabei spielte das Verlassen des bis dahin privilegierten Klangerzeugungsortes – beim Streichinstrument die Saite zwischen Steg und Bund – ebenso eine wichtige Rolle wie eine Erweiterung der Klangerzeugungsarten. Aus den so gewonnenen Erzeugungsmöglichkeiten von Klängen wählte er die prägnantesten aus und machte sie zum «Material» für die Kompositionen. Bei den Streichern sind die Variablen der Klangerzeugung (→ TAB.1, S. 166).[7]

Unter den zahlreichen Möglichkeiten, die verschiedenen Variablen zu kombinieren, ist die herkömmliche Klangerzeugung, die den «Streich»-Instrumenten ursprünglich ihren Namen gab, nur noch eine unter vielen anderen: Der gewohnte Ordinarioklang, der «philharmonische Ton», kommt in dieser Musik entsprechend selten vor.

Im Fokus dieses Komponierens steht nicht mehr eine im Hintergrund wirksame abstrakte Tonordnung, etwa eine Reihenordnung der Tonhöhen. Vielmehr beruht das qualitativ abgestufte Klangmaterial auf einer *Erzeugung*sordnung, eine Akzent-

---

6 Helmut Lachenmann, «Gran Torso. Musik für Streichquartett (1971/72)» [1978], in: ders., *Musik als existentielle Erfahrung* (siehe Anm. 1), S. 386.

7 Vgl. dazu Ulrich Mosch, «Das Unberührte berühren – Anmerkungen zur Interpretation von Helmut Lachenmanns *Pression* und *Allegro sostenuto*», in: *Musik inszeniert. Präsentation und Vermittlung zeitgenössischer Musik heute* (Veröffentlichungen des Instituts für Neue Musik und Musikerziehung Darmstadt, Bd. 46), hrsg. von Jörn Peter Hiekel, Mainz: Schott 2006, S. 25–46, insbesondere S. 27–38.

TAB. 1   Variablen der Klangerzeugung beim «Streich»-Instrument

---

Klangerzeugungsort
Saite (vor und hinter dem Steg, über und unter der einzelnen Saite),
Steg, Saitenhalter, Korpus (Wirbel)

Klangerzeugungsart
a) Bogenhand:
• mit dem Bogen (Holz, Haare oder beides):
  Streichen, Schlagen (auch saltando, balzando), Knirschen
  dabei Variation des Bogendrucks, der Bogengeschwindigkeit,
  der Bewegungsrichtung (quer oder parallel zu den Saiten)
• mit den Fingern, mit der Hand: Reiben, Zupfen (pizzicato)

b) Griffhand:
• Normalgriff, Flageolette etc., Dämpfung (auch mit dem Kinn)
• Pizzicato
• Reiben, Wischen

---

verschiebung, die sich in Lachenmanns Schriften bereits früh andeutet,[8] die er aber erst gegen Ende der sechziger Jahre kompositorisch ganz umsetzte. Aus unterschiedlichen Erzeugungsarten resultieren indessen teilweise auch ähnliche Klänge, so dass sich neben der Ordnung der Klänge nach der Art ihrer Erzeugung auch eine zweite Ordnungsmöglichkeit nach der Qualität der Klänge ergibt. Diese Ebene erlaubt zum Beispiel, Übergänge auszukomponieren. Verbunden mit der Verschiebung von der Tonordnung zu einer Erzeugungsordnung ist eine grundlegende Veränderung der «Topographie» des Instruments[9] und zugleich eine tiefgreifende Veränderung des Musikinstrumentes als «soziale Tatsache» (Émile Durkheim), welche die Musiker hinsichtlich der Bewegungsgewohnheiten und -repertoires ebenso wie in ihrem Selbstverständnis bis ins Innerste herausfordert.

Direkte Konsequenz von Lachenmanns Vorgehen ist, dass die konkrete instrumentale Klangbildung bei dieser Musik in der Aufführung nicht mehr abgesichert ist in einer tradierten Technik, durch eine im Werdegang der Instrumentalisten in Fleisch und Blut übergegangene Spielpraxis. Sie muss vielmehr von jeder Musikerin und jedem Musiker neu erforscht und erarbeitet werden, nicht zuletzt auch, weil das Resultat zum Teil mit den Gegebenheiten des einzelnen Instruments und mit den physischen Voraussetzungen bei den Interpreten mehr oder weniger stark variiert. Entsprechend groß ist, was die Klangbildung betrifft, die Streuungsbreite der verschiedenen Realisierungen. Die Klangvarianz, die etwa an den drei Studioaufnahmen aus jüngster Zeit (→ TAB. 2) zu beobachten ist, erklärt sich aber nicht allein aus der Fragilität der Klangerzeugung, sondern genauso

---

8   Vgl. Helmut Lachenmanns Einführungtext zu *Echo Andante* von 1962: «Klangdenken, in dem Struktur nicht Mittel zu expressiven Zwecken, sondern Expressivität als vorweg Gegebenes, den Mitteln bereits Anhaftendes, zum Ausgangspunkt für strukturelle Abenteuer wurde», in: ders., *Musik als existentielle Erfahrung* (siehe Anm. 1), S. 370.

9   Vgl. zu diesem Ansatz, durchgeführt am Beispiel des Klavierstücks *Serynade*, Eberhard Hüppe, «Topographie der ästhetischen Neugierde. Versuch über Helmut Lachenmann», in: *Nachgedachte Musik. Studien zum Werk von Helmut Lachenmann*, hrsg. von Jörn Peter Hiekel und Siegfried Mauser, Saarbrücken: Pfau 2005, S. 85–104.

TAB. 2 Tonaufnahmen von *Gran Torso*
(1: Konzertmitschnitt, 2–5: Studioproduktionen)

Erste Fassung (1971–72)	
1 Società Cameristica Italiana	
Aufnahme: Radio Bremen, 1972	
LP ERZ 1003 (Ed. Robert Zank), 1990	Dauer 26'45
Zweite Fassung («Neuschrift» 1976)	
2 Berner Streichquartett	
Aufnahme: SWF Baden-Baden, 1986	
CD col legno AU 31804 CD, 1991	Dauer 21'14
Zweite Fassung (revidiert 1988)	
3 Arditti String Quartet	
Aufnahme: WDR Köln, 26.–28. Mai 2006	
CD Kairos 0012662KAI, 2007	Dauer 23'04
4 Stadler Quartett	
Aufnahme: Berlin, 3.–8. Juli 2007	
SACD Neos 10806, 2010	Dauer 22'05
5 Jack Quartet	
Aufnahme: WDR Köln, 7. November 2008	
CD Mode Records mode 267, 2014	Dauer 24'08

auch aus der Musikerindividualität – bei herkömmlicher Musik hätte man gesagt: aus dem unterschiedlichen «Ton» der jeweiligen Interpreten. Wichtig festzuhalten ist jedenfalls, dass bereits auf dieser Ebene deren Gestaltungs- und Vorstellungskraft ins Spiel kommt.

Was die Klangbildung angeht, stehen heiklere neben weniger heiklen Klängen. Dies hängt mit den Einschwingvorgängen, etwa dem unterschiedlichen Ansprechen der Saiten, genauso zusammen wie mit der Kontrollierbarkeit des Klangverlaufs; verschiedene Klangtypen besitzen dabei jeweils unterschiedliche «Eigenzeiten». Die Klänge in einer Aufnahme auf Tonträger genau abzubilden ist dann noch einmal ein ganz eigenes Problem, insbesondere was die Mikrophonierung betrifft. Da es nicht mehr abzubilden gilt, was an einem privilegierten Klangerzeugungsort – der Saite – passiert, sondern an einer Vielzahl unterschiedlicher Orte, dazu noch zum Teil sehr feine Klänge an der unteren Schwelle der Wahrnehmbarkeit, bedarf es einer sehr aufwendigen Aufnahmetechnik, möchte man ein einigermaßen realistisches Klangbild erzielen.

Im folgenden möchte ich mich anhand von kurzen Beispielen aus den fünf vorliegenden auf CD veröffentlichten Aufnahmen mit lediglich zwei zentralen Aspekten der klanglichen Realisierung dieser Musik befassen: mit der instrumentalen Klangbildung einerseits und mit dem Klangzusammenhang, insbesondere mit der formalen Artikulation beziehungsweise «Phrasierung» andererseits. Da Klangbeispiele im vorliegenden Rahmen nicht möglich sind, wurde hilfsweise auf eine Visualisierung mittels Sonagrammen zurückgegriffen, an denen insbesondere die rhythmische Gliederung und der zeitliche Verlauf der einzelnen Klänge gut verfolgbar ist. In diesen Sonagrammen spiegelt sich zugleich auch die in den einzelnen Aufnahmen jeweils unterschiedliche Plastizität, Sättigung und Räumlichkeit der Klänge aufgrund unterschiedlicher Mikrophonierung und Abmischung.

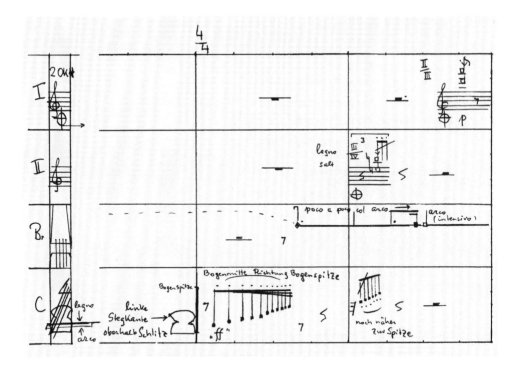

ABB. 1A Helmut Lachenmann, *Gran Torso,* Musik für Streichquartett (1971–72, 2. Fassung 1976,
rev. 1988), Partitur, S. 14, T. 139–40 (© 1972 by Musikverlage Hans Gerig, Köln;
1980 assigned to Breitkopf & Härtel, Wiesbaden; diese und die folgenden Partiturabbildungen reproduziert mit freundlicher Genehmigung).

Klangbildung

Ungewöhnliche Spieltechniken gibt es in *Gran Torso* einige. Um den Aspekt der Klangbildung zu illustrieren, habe ich aus der großen Zahl vier Klangtypen beziehungsweise
Kombinationen solcher Typen herausgegriffen, an denen sich die Thematik gut entwickeln
lässt: zwei Typen, die den springenden Bogen in unterschiedlicher Weise nutzen («balzando» und «saltando»), eine Folge von drei Typen, bestehend aus «Pfiff», Pressklang und
«Knirschen», sowie eine zusammengesetzte Rauschfigur.

    a) Der «balzando»-Typus im Violoncello in den Takten 139–40, kombiniert mit
«col legno saltando» und «col legno battuto» in zweiter und erster Violine (→ **ABB. 1A**). Laut
Spielanweisungen in der Partitur bedeutet «balzando»: «Ein ruhiges ‹Ausspringenlassen›
des durch sein Eigengewicht auf der Saite zurückfedernden Bogens. Es resultiert ein sehr
allmähliches accelerando des Aufschlaggeräusches.»[10] Obwohl in der Spielanweisung nicht

---

10 Helmut Lachenmann, «Erläuterungen zu Notation und Aufführungspraxis», in: *Gran Torso,*
    Musik für Streichquartett, Partitur, Wiesbaden: Breitkopf & Härtel o. J. (cop. 1980; Kammermusik-
    Bibliothek 2233), o. S. [S. 2–5, hier S. 5].

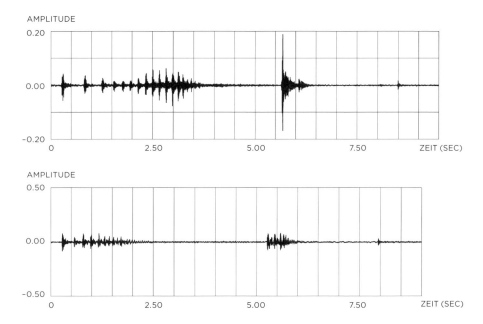

ABB. 1B Helmut Lachenmann, *Gran Torso,* Sonagramm von T. 139–40,
         oben in der Aufnahme mit dem **Arditti Quartet** (13'48"–13'57"75),
         unten in der Aufnahme mit dem **Jack Quartet** (14'56"–15'05"75).

davon die Rede ist, wird in dem Streichquartett dieser Klangtypus auch auf der Stegkante
ausgeführt, hier jener des Violoncellos. Die beiden Takte entstammen einer Passage, in
der als Grundtempo Viertel = ca. 56 vorgeschrieben ist, d. h. ein Viertel entspricht etwas
mehr als einer Sekunde. Als Beispiele für eine klangliche Realisierung dieser Stelle mögen
die Aufnahmen mit dem Arditti Quartet und dem Jack Quartet genügen (**→ ABB. 1B**).

　　Was die Lautstärke (Amplitude) und das Frequenzspektrum betrifft, unterscheiden sich die beiden Aufnahmen grundlegend: Die Einspielung des Arditti Quartet ist
dynamisch wesentlich stärker differenziert und weist zudem ein obertonreicheres Spektrum der Klänge auf. Um bei den leisen Stellen die Amplitudenausschläge überhaupt
sichtbar machen zu können, musste in den Sonagrammen nicht selten die Bezugsgröße
geändert werden. Die anstelle von ⁺∕₋ 1.00 gesetzten Werte sind jeweils links neben der
Vertikalskala angegeben. Die Aufnahmen unterscheiden sich aber nicht nur hinsichtlich
Dynamik und Klangfarbe, sondern auch hinsichtlich der zeitlichen Artikulation. Beide
weichen, wie im Sonagramm zu sehen, von der notierten Dauer dieser Takte erheblich
ab, allerdings aus unterschiedlichen Gründen. In der Aufnahme des Arditti Quartet ist
die «Balzando»-Figur im Violoncello mit knapp dreieinhalb Sekunden Dauer fast doppelt so lang wie vorgeschrieben, während die Einsatzabstände nach dem Ende der Figur
weitgehend dem Notierten entsprechen. In der Aufnahme des Jack Quartet dagegen hat
zwar die «Balzando»-Figur die richtige Dauer; der anschließende Einsatz weicht aber
erheblich vom Notierten ab, so dass aus dem ⁴∕₄-Takt ein ⁵∕₄-Takt wird. Gleichwohl ist
in beiden Aufnahmen die klangliche Physiognomie der Stelle mit der Abfolge von vier

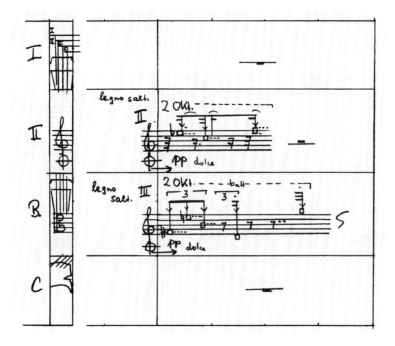

ABB. 2A Helmut Lachenmann, *Gran Torso,* Partitur, S. 15, T. 157.

verschiedenen Klangerzeugungsarten: «balzando» im Cello, «legno poco a poco col arco» in der Bratsche, «legno saltando» in der zweiten Violine und «legno battuto» in der ersten Violine – gut sichtbar in den verschiedenen graphischen Erscheinungsformen insbesondere im Sonagramm der Aufnahme des Arditti Quartet – klar herausgearbeitet, wenn auch mit unterschiedlicher klanglicher Prägnanz. Dass sich der Cellist des Arditti Quartet, Lucas Fels, mit der «Balzando»-Figur soviel Zeit lässt, mag damit zusammenhängen, dass Lachenmann erklärtermaßen die plastische Entfaltung des jeweiligen Klangcharakters besonders am Herzen liegt.[11] Gleichwohl ist die Dehnung des Taktes um ein bis anderthalb Viertel in den beiden Aufnahmen unter dem Gesichtspunkt der zeitlichen Proportionen und des Kontextes kritisch zu sehen.

  b) Der «saltando»-Typus, in zweiter Violine und Bratsche in Takt 157, hier ganz leise «col legno» auf der Saite hervorgebracht (→ ABB. 2A). Den Spielanweisungen zufolge ist unter «saltando» ein «dichter Praller des geschlagenen Bogens» zu verstehen. Für die Notationsweise gilt, was diese zum Thema «col legno battuto» ausführen:

> […] zusätzlich zum Griff der linken Hand, der sehr oft ein Dämpfgriff ist, [wird] die Aufschlagstelle der Bogenstange als Tonhöhe angegeben. Diese als rechteckiger offener Notenkopf notierte Tonhöhe ist approximativ zu verstehen; bei normalem Spiel würde sie von der linken Hand gegriffen werden, in diesem Fall soll sie durch möglichst genaues

---

11   Vgl. dazu Ulrich Mosch, «Das Unberührte berühren» (siehe Anm. 7), S. 37.

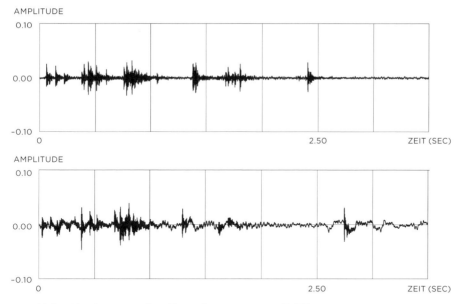

ABB. 2B Helmut Lachenmann, *Gran Torso,* Sonagramm von T. 157,
oben in der Aufnahme mit dem **Arditti Quartet** (15′04″25–15′07″75),
unten in der Aufnahme mit dem **Jack Quartet** (16′10″40–16′13″90).

Auftreffen der Bogenstange an dieser Stelle zum Erklingen kommen. Deutlich hörbar wird
sie allerdings nur dort, wo für die linke Hand das Dämpfzeichen vorgeschrieben ist, also
alle vier Saiten so locker abgedeckt sind, daß keine Saitenschwingung möglich ist, die den
legno-Ton zudecken würde.[12]

Dies ist bei unserem Beispiel der Fall. Auch bei diesem Klangtypus müssen zwei Versionen einer klanglichen Realisierung aus denselben Aufnahmen wie beim vorhergehenden
Beispiel genügen **(→ ABB. 2B)**.

In beiden Aufnahmen ist der Umriss der rhythmischen Figur mit ihren acht Ereignissen in zweiter Geige und Bratsche deutlich erkennbar. Das Sonagramm der Aufnahme
des Arditti Quartet, die deutlich schneller ausgeführt ist als vorgeschrieben, nämlich mit
Viertel = ca. 75 anstelle von Viertel = ca. 56, lässt klar die Differenz zwischen «legno saltando» (Ereignisse 1–5 und 7) und «legno battuto» (Ereignisse 6 und 8) erkennen. Das Jack
Quartet ist, was das Tempo betrifft, näher an der Partiturvorgabe, spielt jedoch mit etwas
mehr als Viertel = 60 ebenfalls etwas schneller als vorgeschrieben. Die Prägnanz der einzelnen Ereignisse ist allerdings bei dieser Aufnahme weit weniger stark ausgeprägt. Auch
wenn eine exakte rhythmische Realisierung der Passage offenbar schwer zu sein scheint,
weisen dennoch beide Aufnahmen eine klare klangliche Physiognomie auf.

---

12 Helmut Lachenmann, «Erläuterungen zu Notation und Aufführungspraxis» (siehe Anm. 10),
[S. 5 und S. 4].

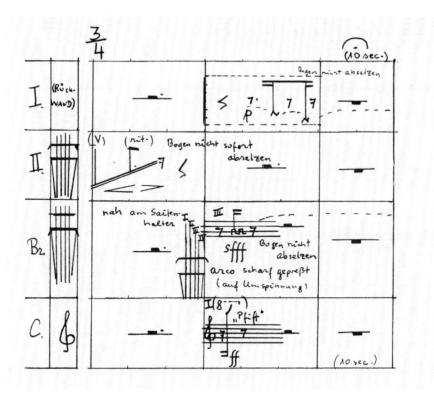

ABB. 3A Helmut Lachenmann, *Gran Torso,* Partitur, S. 2, T. 13–15.

c) Eine Folge von drei Klangtypen in Takt 14, an der mit Ausnahme der zweiten Violine alle Instrumente beteiligt sind, bestehend aus «Pfiff», Pressklang und «Knirschen». Letzteres ist eine Spielweise, bei welcher der Bogen mit dem Haar auf der Rückseite des Instruments aufgesetzt und die Stange bis ins Haar gedrückt wird, so dass bei seitlicher Rollbewegung ein knirschendes Geräusch entsteht. Zum Vergleich drei Versionen der klanglichen Realisierung, und zwar jene aus den drei jüngsten Aufnahmen (→ABB. 3A, 3B).

Die klare rhythmische Strukturierung der insgesamt vier Klangereignisse zeichnet sich in allen Aufnahmen deutlich ab, ebenso die einfachen rhythmischen Verhältnisse ($\,$♩♪♪♩ | ♩ ♩♪ | ♩ ♪♩$\,$), welche jeweils vergleichsweise präzise artikuliert sind. Auffällig ist in der Aufnahme mit dem Jack Quartet die unverhältnismäßig lange Dauer des Pressklangs der Bratsche: Er dauert mit rund einer halben Sekunde doppelt so lange wie vorgeschrieben, das heißt ein Achtel anstelle eines Sechzehntels. Auch wenn in der Stimme der Bratsche das untere Fähnchen der Sechzehntelpause mit der zweituntersten Linie des Saitensystems zusammenfällt, sind die rhythmischen Verhältnisse von Klangereignis und Pausen eindeutig notiert. Ein Lesefehler ist daher wohl auszuschließen.

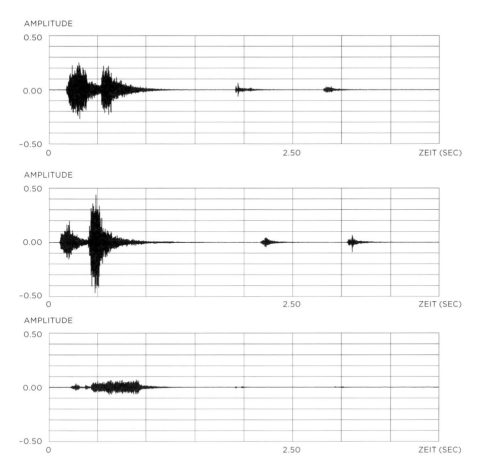

ABB. 3B Helmut Lachenmann, *Gran Torso,* Sonagramm von T. 14,
oben in der Aufnahme mit dem **Arditti Quartet** (0′55″–0′59″),
mittig in der Aufnahme mit dem **Stadler Quartett** (0′58″–1′02″),
unten in der Aufnahme mit dem **Jack Quartet** (1′00″40–1′04″40).

  d) Die drei bis jetzt vorgestellten Klangtypen weisen eine ziemlich geringe Streubreite der Ergebnisse auf. Neben diesen rhythmisch und klanglich vergleichsweise leicht präzise artikulierbaren Aktionen – dazu werden später noch weitere Beispiele erörtert – gibt es aber auch Aktionen, die wesentlich schwerer prägnant zu realisieren sind. Ein Beispiel dafür ist die Takt 14 direkt vorausgehende, aus der Kombination von unterschiedlichen Formen des Rauschens bestehende Klangfolge (→ ABB. 4A, S. 174). Die Streuung der Resultate ist hier entsprechend deutlich größer (→ ABB. 4B, S. 175).

  Da es sich um sehr feine Klangverläufe an der unteren Grenze der Hörbarkeit handelt, stößt man hier an die Grenzen einer Visualisierung über Sonagramme, ganz gleich ob auf der Basis der Lautstärke oder des Frequenzspektrums. Zu wenig prägnant bilden sich die einzelnen Einsätze und Verläufe in diesen beiden Parametern ab. Weder die rhythmische Struktur noch die Veränderung der Mischung der Klangfarben ist genau verfolgbar.

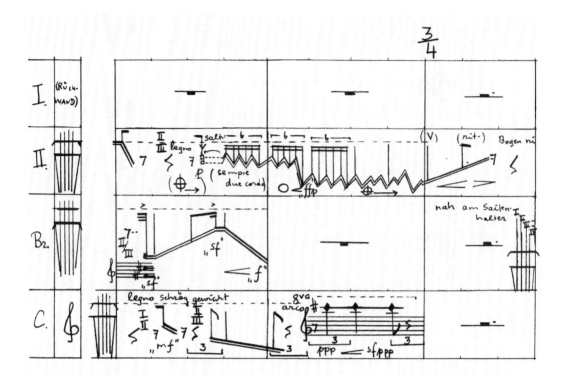

ABB. 4A Helmut Lachenmann, *Gran Torso,* Partitur, S. 2, T. 11–13.

Der Klangzusammenhang und seine Realisierung

Das von Lachenmann verwendete Klangmaterial ist, was die korrekte Realisierung betrifft, vergleichsweise empfindlich und zudem nicht abgesichert durch eine von den Musikern verinnerlichte Spielpraxis und entsprechend abrufbare Klangerzeugungskonventionen; im Gegenteil, es läuft vielem zuwider, was sich Musiker in langem Üben als zu vermeiden mühselig abgewöhnt haben (ein Sachverhalt, der auch für viele andere der sogenannten «erweiterten» oder «neuen» Spieltechniken zutrifft). Dieser Umstand muss zwangsläufig in eine Spannung zu Lachenmanns Selbstverständnis als Autor treten, als einem der Gesellschaft und einem bestimmten Bild vom Menschen sich verantwortlich fühlenden Künstler, der einen «starken» Kunstbegriff gegenüber allen möglichen Formen der Vereinnahmung verteidigt. Aus diesem Konflikt rührt das unermüdliche Bemühen des Komponisten her, bei Proben in aller Welt sicherzustellen, dass seine Musik «richtig» ausgeführt wird – ein ständiger Kampf gegen das Beharrungsvermögen der Musikpraxis wie gegen das weithin verbreitete Selbstverständnis der Musiker.

Die von Lachenmann komponierte «Musik» stellt nun aber nicht einfach einen Katalog der ungewohnten Klänge oder der neuen, andersartigen Möglichkeiten, das Instrument zu gebrauchen, vor. Sie ist mehr als nur eine beliebige Folge solcher Klänge: Auch bei den Stücken der «Musique concrète instrumentale» handelt es sich um einen

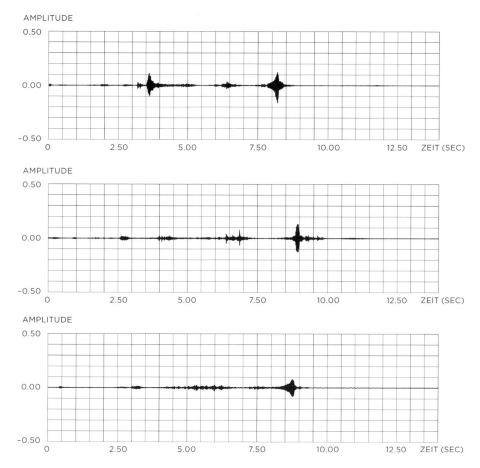

ABB. 4B Helmut Lachenmann, *Gran Torso*, Sonagramm von T. 11–13.
oben in der Aufnahme mit dem **Stadler Quartett** (0′45″–0′59″),
mittig in der Aufnahme mit dem **Arditti Quartet** (0′41″–0′55″),
unten in der Aufnahme mit dem **Jack Quartet** (0′46″30–1′00″30).

kompositorisch geformten Klangzusammenhang, wenn dieser Zusammenhang auch mit ganz anderen Mitteln artikuliert ist. Das schließt ein, dass eine Ausführung auf jeden Fall mehr sein muss, als nur jeweils den richtigen Klang zur richtigen Zeit zu bringen – das wäre bloßes Buchstabieren. Die Aufführung muss vielmehr ein innerlich erlebter, vollzogener oder, wenn man will, «gelebter» Zusammenhang sein. Und in dieser Beziehung heißt das klangliche Realisieren dieser Musik ein Stück weit auch, überhaupt erst das *«musikalische»* Potential der Klangfolgen freizulegen beziehungsweise zu entwickeln, die Musik als solche erst hervorzubringen. In seinem Fragment gebliebenen, vor einigen Jahren aus dem Nachlass edierten Entwurf *Zu einer Theorie der musikalischen Reproduktion* kam Theodor W. Adorno im Zusammenhang mit der notwendigerweise immer ein Stück weit unbestimmten Notenschrift auf diese Frage zu sprechen: Eine Wiedergabe, die sich, so Adorno, allein auf eine nicht interpretierende Befolgung sämtlicher Anweisungen beschränkt,

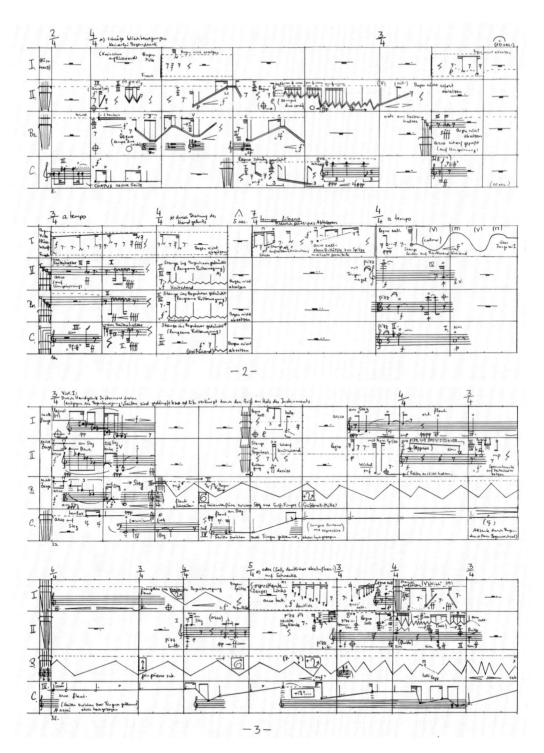

ABB. 5A Helmut Lachenmann, *Gran Torso*, Partitur, S. 2–3.

vermöchte selbst im idealen Fall Opfer der Sinnlosigkeit zu werden, des Negativs eines ästhetisch erfüllten Intentionslosen. Keine wie immer vollkommene Notation könnte die Zone der Unbestimmtheit tilgen, und indem die Wiedergabe diese stehen ließe, anstatt an ihr die interpretative Arbeit zu leisten, würde die paradoxe Sprache der Musik *zu jenem Kauderwelsch,* das von so vielen treulos-treuen Aufführungen radikal moderner Werke her vertraut ist.[13]

Dies gilt auch für Lachenmanns Streichquartett *Gran Torso.* Genau um dieses «Mehr», das aus der bloßen Wiedergabe eine Interpretation macht, geht es mir im vorliegenden Zusammenhang. Nicht, dass ich einer der vorliegenden Aufnahmen unterstellte, über das Kauderwelsch nicht hinauszukommen. Bezüglich der Prägnanz der Realisierung gibt es aber deutlich wahrnehmbare Unterschiede.

Nun zu jenen Aspekten der klanglichen Realisierung des Werkes, die über die bloße Klangbildung hinausgehen. Und damit nähern wir uns einer Antwort auf die im Titel dieses Beitrags formulierte Frage.

Vorbereiten möchte ich dies mit der Betrachtung eines Beispiels für eine musikalische Abfolge von Klängen vom Anfang des Werkes, die sich – darauf hat Lachenmann selbst hingewiesen – ohne weiteres mit kompositionstechnischen Kategorien der Vergangenheit beschreiben lässt:

> [...] auf die kompositionstechnischen Vorgänge lassen sich mühelos die Kategorien klassischer Motivtechnik übertragen: Analogie, Kontrast, Erweiterung, Verkürzung, Transposition, Modulation, Transformation nach allen möglichen Richtungen [...].[14]

Betrachten wir zunächst die Takte im Anschluss an das oben untersuchte Beispiel mit der Kombination dreier Klangtypen in Takt 14: «Pfiff», Pressklang und zweimaliges «Knirschen» (in →**ABB. 5A,** der zweitletzte Takt der ersten Akkolade auf S. 2). Nach zehn Sekunden Pause in Form eines mit präziser Zeitangabe bezeichneten Fermatentaktes (Takt 15) wird diese Klangkonstellation über vier Takte (16–19) «durchgeführt». Dieselben drei Klangtypen bilden jeweils, etwas ausführlicher entwickelt, eine Variante bezogen auf das vorhergehende Modell: Das nun über drei Takte sich erstreckende «Knirschen» der ersten Violine wird in den anderen Instrumenten «kontrapunktiert», zunächst von einer synchronen Kombination aus «Pfiff» und Pressklang, dann von einer rhythmisch artikulierten Pressklangfolge, bis schließlich alle im vereinten «Knirschen» zum selben Klangtypus finden. Dass der Bogen bei erster Violine und Bratsche in Takt 15 und in allen Instrumenten in Takt 19 über die Fermaten hinweg liegenbleibt, erfolgt nicht nur aus praktischen Gründen, sondern genauso auch aus musikalischen: Strukturiert man die Musik von der Klangerzeugung her, so heißt, die Bogenbewegung anzuhalten, nicht etwa, «musikalisch zu pausieren», sondern ein bewusstes Nichtbewegen als Grenzfall von Bewegung. Was akustisch als Pause erscheint, ist unter Erzeugungsgesichtspunkten Resultat der zur Bewegung komplementär gehörenden Nicht-Bewegung, des Innehaltens als einem bewusst vollzogenen Akt.

---

13 Theodor W. Adorno, *Zu einer Theorie der musikalischen Reproduktion. Aufzeichnungen, ein Entwurf und zwei Schemata* (*Nachgelassene Schriften,* Abteilung I, Bd. 2), hrsg. von Henri Lonitz, Frankfurt am Main: Suhrkamp 2001, S. 240 (Hervorhebung von UM).
14 Helmut Lachenmann, «Fragen – Antworten» (siehe Anm. 5), S. 197.

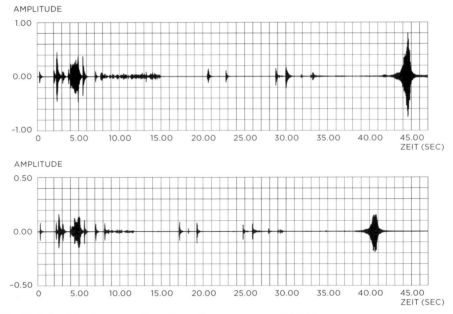

ABB. 5B Helmut Lachenmann, *Gran Torso,* Sonagramm von T. 16–25,
oben in der Aufnahme mit dem **Arditti Quartet** (1'17''–2'04''),
unten in der Aufnahme mit dem **Jack Quartet** (1'07''–1'54'').

Hört man die Takte nach der Fermate (ab Takt 16) über die fünfsekündige Generalpause hinweg bis einschließlich Takt 25 (→ **ABB. 5B**), so wird schnell klar, dass hier aus ganz
verschiedenen Elementen ein weiter ausgreifender, prägnant konturierter Zusammenhang
artikuliert ist. In den Takten 16–18 werden die in Takt 14 eingeführten Klangtypen «Pfiff»,
Pressklang und «Knirschen» wieder aufgenommen und neu kombiniert, bis nur noch das
«Knirschen» übrigbleibt. Nach einer Fermate von fünf Sekunden, in der die Bögen nicht
abgesetzt werden sollen, wird das «Knirschen» auf der Rückwand zunächst in der ersten
Violine wiederaufgenommen. Neu hinzukommende Elemente setzen dann einen Prozess
der Verwandlung in Gang: zunächst durch den Strich, dann durch «arco saltando», «legno
saltando» bis schließlich die Bogenstange locker auf der Rückwand kreist. In den anderen
Instrumenten werden dazu erstmals distinkte Tonhöhen in Form von Flageolett-Pizzicati
mit dem Fingernagel eingeführt, die in Takt 23 wieder aufgenommen werden.

Die Sonagramme lassen erkennen, dass die rhythmische Struktur jeweils vergleichsweise präzise ausgeführt ist. Die Aufnahmen unterscheiden sich aber darin, dass
die «Knirsch»-Passage in Takt 18 unterschiedlich lang ist: beim Arditti Quartet gut sieben
Sekunden (im Sonagramm Sekunde 8–15), was ungefähr sechseinhalb Vierteln entspricht,
bezogen auf Viertel = ca. 56; beim Jack Quartet dreieinhalb Sekunden (im Sonagramm Sekunde 8–11.50), was ungefähr etwas mehr als drei Vierteln entspricht, bezogen auf dasselbe
Grundtempo. Diese Differenz lässt sich mit interpretatorischer Freiheit allein nicht erklären.

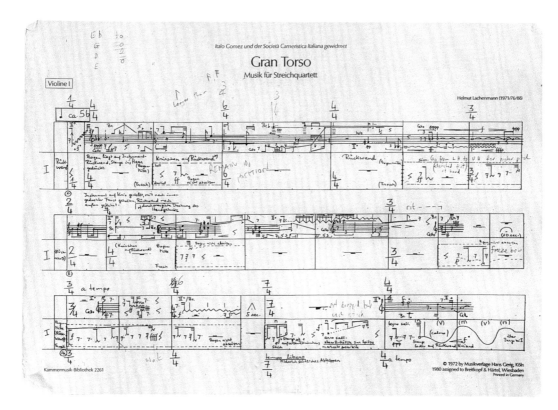

ABB. 6   Helmut Lachenmann, *Gran Torso,* Musik für Streichquartett (1971–72,
2. Fassung 1976, rev. 1988), Stimme der Violine I mit handschriftlichen
Eintragungen von Irvine Arditti, S. [1] (Sammlung Arditti-Quartett, PSS).

Ein Blick in den Stimmensatz des Arditti Quartet zeigt **(→ABB. 6)**, dass der besagte Takt dort
mit ⁶/₄ anstelle von ⁴/₄ bezeichnet ist, eine Änderung, die auf die Probenarbeit des Quartetts
mit dem Komponisten während der Vorbereitung der CD-Aufnahme zurückgeht.[15]

    An dieser Stelle soll wenigstens kurz noch ein Blick auf die erste Fassung des
Quartetts geworfen werden, die 1972 von der Società Cameristica Italiana in Bremen urauf-
geführt wurde **(→ABB. 7, S. 180)**. Die im selben Jahr entstandene Studioaufnahme mit den
Uraufführungsinterpreten lässt noch ahnen, welche provokative Kraft ein solches Stück
damals gehabt haben muss. Die abgebildete Passage entspricht den Takten 12ff. der zweiten
Fassung. Gegenüber dieser weist die erste Fassung an dieser Stelle nicht nur eine andere
metrische Unterteilung auf. Sie zeigt sich auch wesentlich sparsamer mit Klangereignissen.
Dennoch sind ohne weiteres die entscheidenden Elemente des Klangverlaufs und damit
der Ausschnitt als eine Vorform des Späteren wiederzuerkennen. So ist die erste Violine
ab Takt 11 bereits in ihrer späteren Gestalt zu erkennen, wenn auch anders notiert. In Takt
11 ist der Pressklang der zweiten Violine anstelle der Bratsche zugewiesen, der «Pfiff» im

---

15   Auskunft von Irvine Arditti.

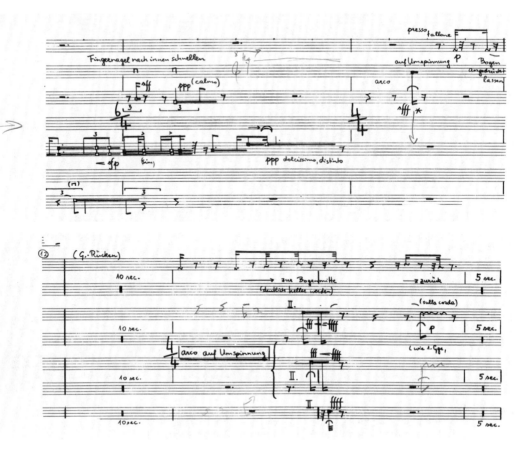

ABB. 7   Helmut Lachenmann, *Gran Torso,* Musik für Streichquartett (1971–72, 1. Fassung),
Fotokopie der Reinschrift mit handschriftlichen Korrekturen für die 2. Fassung,
T. 10–16 (Bogen 1, zweite Akkolade rechte Seite und dritte Akkolade linke Seite;
Sammlung Helmut Lachenmann, PSS).

Violoncello dagegen fehlt noch ganz. In Takt 13 (nach der Generalpause) fehlen sowohl
Pressklang als auch «Pfiff», und die in der späteren Fassung drei Viertel plus ein Sechzehn-
tel dauernde «Knirsch»-Passage beschränkt sich auf ein Achtel in der zweiten Violine.

Nun zu zwei Beispielen, die ich unter dem Stichwort formale Artikulation oder
«Phrasierung» im Sinne von «zusammen unter einen Bogen nehmen» betrachten möchte.
Beim ersten Beispiel handelt es sich um einen Ausschnitt aus der Mittelpartie des Werkes,
die Heinz-Klaus Metzger einmal als «Antiklimax» charakterisiert hat (→ **ABB. 8**):[16]

Dieser Anti-Klimax in Takt 105 voraus geht ein langes Ritardando, verbunden mit
einem kontinuierlichen Abbau von Bewegungsintensität und der allmählichen Zurücknahme der Dynamik, bis von den vier Instrumenten nur noch die Bratsche mit «molto

---

16   Helmut Lachenmann, «Fragen – Antworten» (siehe Anm. 5), S. 198.

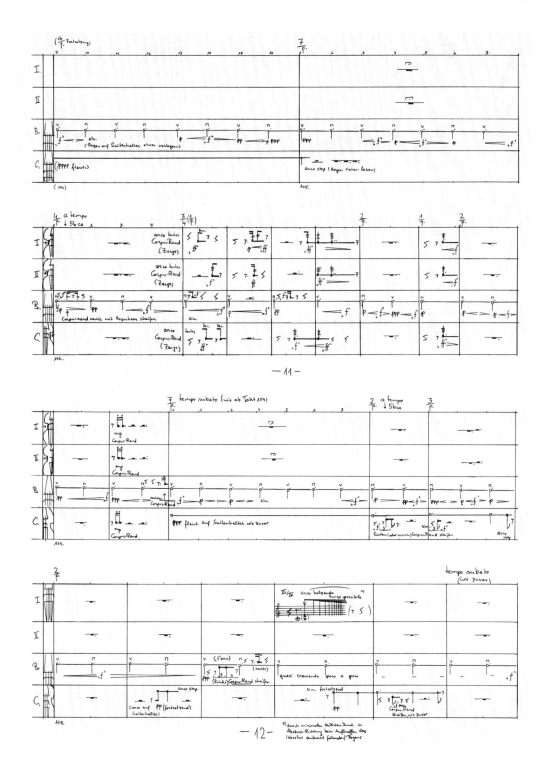

ABB. 8   Helmut Lachenmann, *Gran Torso,* Partitur, S. 11–12.

ABB. 9A Helmut Lachenmann, *Gran Torso,* Partitur, T. 256–80, S. 24–25.

rubato» zu spielenden punktierten Halben, auf der Stegkante gestrichen, übrigbleibt, ein Rauschen also, ein Atmen, das sich immer weiter beruhigt. Lachenmann selbst hat dies in dem bereits erwähnten Gespräch mit Heinz-Klaus Metzger so beschrieben:

> eine Tremolo-Bewegung[, die] in Etappen – über das mechanische Sägen, das nervöse Hin- und Herfahren, das weit gedehnte Quasi-Aus- und Einatmen – gespreizt und so zelebriert wird bis zum Stillstand. Als Resultat einer quasi «vernünftigen» Abstufung, sozusagen als «Augmentation» rational integriert, bewirkt dieser Vorgang mitsamt seinen qualitativen Sprüngen am Ende als «Ostinato rubato» einen magischen Zustand, der zugleich zur Versenkung und zum hellwachen Beobachten einlädt [...].[17]

Zwei kurze Rauschimpulse der Bratsche, die in Takt 106 plötzlich ins Spiel kommen, markieren einen Wendepunkt: zunächst eine kaum merkliche Energiezufuhr durch einfaches Streichen auf dem Rand des Korpus, gleich darauf durch rhythmisch genau artikulierte Tremoli, schließlich eine langsame Belebung durch weitere Aktionen, bis die Atembewegung abbricht und den Impuls gibt für einen zusätzlichen Rauscheinsatz im Cello. Die Aufnahme mit dem Arditti Quartet bringt dieses Moment der allmählichen Beruhigung und der anschließenden schrittweisen Energiezufuhr in präziser rhythmischer Artikulation außerordentlich deutlich zur Geltung und artikuliert damit diesen Abschnitt als einen «sinnerfüllten» musikalischen Zusammenhang.

Als zweites Beispiel zu diesem Aspekt habe ich einen Abschnitt kurz vor Schluss ausgewählt (→ ABB. 9A), der in einer übergreifenden schrittweisen und großräumigen Steigerung des Bogendrucks an einer bestimmten Stelle steht, nämlich kurz bevor der Bogen aufgrund übermäßigen Drucks sich «festfrisst»: Man befindet sich hier an einem Punkt, wo der Druck dermaßen groß geworden ist, dass nur noch einzelne Knackser entstehen. Der besondere Charakter dieses rhythmisch exakt notierten «Knackfeldes», das in Takt 258 beginnt, entfaltet sich nur bei präziser Artikulation.

In der ältesten Aufnahme der zweiten Fassung des *Gran Torso*, jener mit dem Berner Streichquartett, scheint mir hier eine umfassende vorstellungsmäßige Konzeption der Stelle zu fehlen. Dabei geht es mir nicht darum, die Aufnahmen gegeneinander auszuspielen. Das Berner Streichquartett war nach der Società Cameristica Italiana das erste Quartett, das sich für *Gran Torso* lange Zeit und nachhaltig einsetzte. Dass diese frühe Aufnahme hier Wünsche offen lässt, zeugt vielmehr von der Schwierigkeit, jene von musikalischem Gebrauch «unberührten Klänge» erstmals zu realisieren, sie sozusagen zu «berühren», dem Notierten erstmals eine Klanggestalt zu verleihen.

Die Einspielung des Arditti Quartet, zwanzig Jahre später entstanden und auf einigem mehr an Spielerfahrung mit dieser Musik beruhend, setzt mit ihrer rhythmischen Präzision verbunden mit einer inneren Dynamik und einem Vorwärtsdrängen den analytisch erschließbaren Sinn der Stelle wesentlich überzeugender um. Die Passage wird in dieser Aufnahme bewusst im Zusammenhang einer großräumigen Formdisposition vorgeführt und bereitet die von Lachenmann so genannte «Knallcantilene» am Schluss des Werkes vor, die, obwohl völlig anders, nämlich mittels Bartók-Pizzicati produziert,

---

17   Ebd., S. 199.

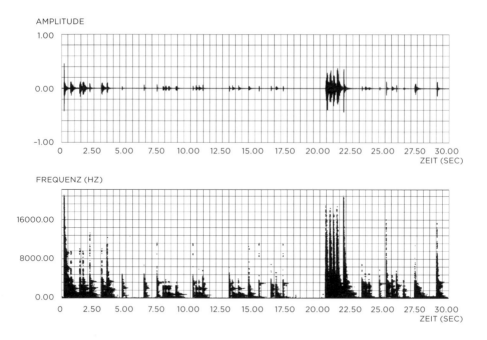

ABB. 9B Helmut Lachenmann, *Gran Torso,* Sonagramm von T. 259–68
in der Aufnahme mit dem **Stadler Quartett** (19′55″50–20′25″50).

klanglich mit dem «Knackfeld» verwandt ist. Wir haben es hier unüberhörbar mit
einerAuffassung zu tun, die unter dem Stichwort «Interpretation» zu verhandeln ist. Bei
keiner der beiden anderen Aufnahmen findet sich dieser qualitative, bereits auf den
Schluss vorausweisende Zusammenhang hörbar ebenso stark ausgeprägt.

Auf ein kleines Detail möchte ich noch besonders hinweisen: Im Cello ist der
Bogen an dieser Stelle im Laufe der Aktionen gegenüber dem Steg zu verschieben;
die dabei erzielte Klangvarianz hängt offensichtlich stark vom jeweiligen Instrument
ab. Beim Stadler Quartett tritt dieser Aspekt im Vergleich zu den anderen Aufnahmen klanglich besonders stark hervor. Im Frequenzspektrogramm der Takte 259–68
(→ABB. 9B) – hier beginnend mit dem synchronen Pizzicato der drei hohen Streicher –
spiegelt sich dies in der Veränderung des entsprechenden Obertonspektrums. Auch
wenn der gut hörbare Effekt sich im Spektrogramm nur relativ schwach abzeichnet, ist
er doch deutlich erkennbar.

Was heißt Interpretation bei dieser Musik?

Die letzten Beispiele dürften deutlich gemacht haben, dass man bei *Gran Torso* wie bei
herkömmlicher Musik von Interpretation sprechen kann. Auch auf *Gran Torso* trifft eine
an völlig anders gearteter Musik gewonnene Definition von Interpretation zu:

[…] das nachschöpferische klangliche Verwirklichen mus[ikalischer] Aufzeichnungen durch die ausführenden Instrumentalisten, Sänger oder Dirigenten. Dabei ist I[nterpretation] nicht nur Auslegung (lat. interpretatio) eines Sinnträgers, sondern zugleich auch Umschaffen (Übersetzen bzw. Rückübersetzen) eines Sinnträgers Schrift in den Sinnträger Klang. In der Spanne zwischen dem Notenbild und seinem Erklingen kommen – auf der Ebene des Verstehens und Auffassens – Qualität, Subjektivität und Geschichte der I[nterpretation] ins Spiel.[18]

Über die bloße Richtigkeit der Ausführung hinaus lassen sich auch bei dieser Musik qualitative Kriterien formulieren, mit denen eine Interpretation beurteilt und bewertet werden kann: Klarheit, klangliche Intensität, «Schönheit» oder, vielleicht eher, Adäquatheit der Klangbildung, Prägnanz der formalen Artikulation, wobei der analytisch erschließbare «musikalische» Zusammenhang eine wichtige Rolle spielt, und so weiter. Zu einer ästhetischen Bewertung der genannten Aufnahmen genügen diese allzu selektiven Untersuchungen indessen nicht, doch können sie einer noch ausstehenden Gesamtwürdigung die Richtung weisen.

Nochmals: Autorschaft

Abschließend möchte ich noch einmal zum Thema Autorschaft zurückkommen, von dem ich ausgegangen war: Musik wird zwangsläufig – und das gilt für andere auf Reproduktion angewiesene Künste wie Theater oder Tanz genauso –, sobald aufgeführt, ein Stück weit zur «Gegenwartsmusik», schon allein aufgrund der Erfahrungen der Interpreten, ihrer geschichtlich bestimmten Körpererfahrung und ihrer ebenfalls historisch bestimmten Wahrnehmungsgeschichte. Die historische Klanggestalt eines Stückes mag rekonstruierbar sein; die in den Ohren – dem Wahrnehmungsvermögen – und im Körper der Musiker – dem ins individuelle Körperschema eingesenkten Bewegungsgedächtnis – sedimentierte Erfahrungswelt ist es nicht, da wir nicht aus unserer Zeit herauszuspringen vermögen. Auch Lachenmanns «Musique concrète instrumentale» kann sich dem nicht entziehen. Das heißt: Auch diese Musik wird unweigerlich durch neue Erfahrungen – und davon hat es schon in den knapp vierzig Jahren seit ihrem Entstehen nicht wenige gegeben – dem Wandel der Realisierungsvoraussetzungen auf Seiten der Interpreten unterworfen sein.

Das Ausweichen in exterritoriale Klangwelten konnte daher nur ein kurzes Glück bescheren. Zwar ist das Beharrungsvermögen dessen, was Lachenmann den «ästhetischen Apparat»[19] genannt hat, groß und damit als Bezugspunkt für sein Verfahren der «Brechung» immer noch und wohl noch auf lange Sicht hinaus in Rechnung zu stellen. Eben deshalb wird es auch weiterhin viele geben, die – sofern sie sich auf diese Klangwelt wirklich einlassen – intensive ästhetische Erfahrungen an dieser Musik machen werden. Für andere jedoch, für jene Hörer, die das Stück gelegentlich und vielleicht sogar mehrfach gehört haben, ist, weil Menschen mit Erinnerung begabte Wesen sind, längst eine

---

18 Hans Heinrich Eggebrecht, Artikel «Interpretation», in: *Brockhaus Riemann Musiklexikon*, hrsg. von Carl Dahlhaus und Hans Heinrich Eggebrecht, Wiesbaden: Brockhaus und Mainz: Schott 1978, Bd. 1, S. 590–91, hier S. 590.

19 Vgl. unter anderem Helmut Lachenmann, «Vier Grundbestimmungen des Musikhörens» [1979], in: ders., *Musik als existentielle Erfahrung* (siehe Anm. 1), S. 54–62, hier S. 55.

Wahrnehmungsdialektik in Gang gekommen, die dieser Musik die außerordentliche Kraft des «Zum-ersten-Mal» genommen hat, von der man in den frühen Aufnahmen noch etwas spürt. Längst hat sich – im Sinne der vielzitierten Formel Roland Barthes' vom «Tod des Autors»[20] – eine Verlagerung des Akzents vom Autor, der über die Entstehungsbedingungen und die ihn bewegenden Motivationen spricht, hin auf das Werk vollzogen: *Gran Torso* – wie die «Musique concrète instrumentale» überhaupt – ist ein interessantes Beispiel für Barthes' zugespitzte These, der Tod des Autors führe zur Geburt des Werkes, welches natürlich einen Urheber hat, nämlich ebendiesen Autor. Dies wirft die Frage nach der Relevanz der historischen Entstehungsbedingungen für eine ästhetische Erfahrung heute auf. Und die Antwort muss lauten: Sie sind heute nur noch bedingt von Bedeutung, das heißt es treten ganz andere Aspekte in den Vordergrund. *Gran Torso* ist damit längst zu einem «Musik»-Stück geworden wie jedes andere auch. Die Klänge des Streichquartetts sind inzwischen schon vertraut, haben selbst Geschichte angelagert, stehen, bei aller provokativen Kraft, die ihnen noch immer eigen ist, selbst für eine vergangene Gegenwart, nämlich jene von vor rund vierzig Jahren. Die einst «unberührte Klangwelt» ist, um im Bilde zu bleiben, «berührt» durch den Gebrauch, den Lachenmann – und manch anderer Komponist inzwischen – von diesen Klängen gemacht hat. Die Entstehungsbedingungen sind Geschichte geworden, sind definitiv Vergangenheit, allenfalls reflexiv einholbar. Und damit stellt sich die Frage: Woraus speist sich die ästhetische Kraft des Werkes heute? Aus anderen Quellen, nämlich aus der kompositorischen Faktur, welche auch unter den im Verlaufe von vierzig Jahren veränderten Wahrnehmungsbedingungen uns noch in Bann zu schlagen vermag, aus der Tatsache, dass es sich um einen «Text» handelt, der die Möglichkeit zu neuer Interpretation nicht nur bietet, sondern, um Klang zu werden, immer erneut fordert.

---

20 Roland Barthes, «Der Tod des Autors», in: *Texte zur Theorie der Autorschaft,* hrsg. von Fotis Janidis, Gerhard Lauer, Matias Martinez und Simone Winko, Stuttgart: Reclam 2000, S. 185–93.

HEIDY ZIMMERMANN

«As they spoke, so I wrote»
Logogene Musik und interpretative Schichten in Steve Reichs *Different Trains*

A Jewish alternative:
Of that of which one cannot speak one must sing.
(George Steiner[1])

«The most appealing is string quartet, though I have no string quartet in mind at the moment», antwortete Steve Reich vor dreißig Jahren auf die Frage, ob es ihn überhaupt interessiere, für eine traditionelle Besetzung zu schreiben.[2] Inzwischen sind drei – jeweils durch das Kronos Quartet uraufgeführte – Streichquartette entstanden. *Different Trains*, als erstes im Jahr 1988 komponiert (das *Triple Quartet* folgte 1998 und *WTC 9/11* 2010), ist in mancher Hinsicht ein außergewöhnliches Beispiel der traditionsreichen Gattung: In der Einspielung durch das Kronos Quartet (und nicht zuletzt dank ihm)[3] erlangte das Werk ungewöhnliche Popularität. Die von Nonesuch produzierte Platte verkaufte sich innerhalb von vier Jahren 100'000 Mal und gewann 1989 den populären Grammy Award in der Kategorie Best New Composition;[4] zugleich ist es der einzige Titel im Œuvre mit einem autobiographischen Bezug und wird vom Komponisten selbst als «extremely important piece» eingestuft.[5] Vor allem aber schaffte Reich mit *Different Trains* einen bedeutenden

---

1 George Steiner, «Some Meta-Rabbis», in: *Next Year in Jerusalem*, hrsg. von Douglas Villiers, New York: Viking Press 1976, S. 64–76, hier S. 76.

2 Interview «Steve Reich», in: *Soundpieces. Interviews with American Composers*, hrsg. von Cole Gagne und Tracy Caras, Metuchen, NJ, und London: Scarecrow 1982, S. 306–17, hier S. 313. Unmittelbar nach der Fertigstellung von *Different Trains* sah Reich das etwas anders: «I really didn't want to write for string quartet»; «Steve Reich on his Recent and Future Works. An Interview with K. Robert Schwarz», in: *Newsletter. Institute for Studies in American Music*, 19 (1990), Nr. 2, S. 1–2 und 14–15, hier S. 2.

3 Peter Niklas Wilson sprach kritisch von einem «Kronos-Effekt»; «Zwischen den Stühlen. Von Hindernissen und Stolpersteinen beim ‹Step across the Border›», in: *Der Trend zum Event. Die Dokumentation der Saalfeldner Musiktage 1996* (*Schriftenreihe Zentrum zeitgenössischer Musik*, Bd. 3), hrsg. von Wolfgang Gratzer, Saalfelden: Zentrum für zeitgenössische Musik 1998, S. 33–40, hier S. 34.

4 Vgl. Steve Reich, «Concerning *Different Trains* / Zu *Different Trains*» (Fax-Interview mit Wolfgang Gratzer 1994), in: *Nähe und Distanz. Nachgedachte Musik der Gegenwart*, Bd. 1, hrsg. von Wolfgang Gratzer, Hofheim: Wolke 1996, S. 224–34, hier S. 230–31; im Wiederabdruck des Interviews in Steve Reichs *Writings on Music* fehlt der Passus; «Answers to Questions About Different Trains (1994)», in: Steve Reich, *Writings on Music 1965–2000*, hrsg. von Paul Hillier, Oxford: Oxford University Press 2002, S. 180–83.

5 «Steve Reich in Conversion With Paul Hillier (2000)», in: Steve Reich, *Writings on Music* (siehe Anm. 4), S. 216–41, hier S. 219. «It also turned out to be an autobiographical piece, the only one I ever did»; Steve Reich, zitiert nach seinem Beitrag zum Abschnitt «When Artistic Creativity Meets Jewish Identity», in: *Commission Report. On the Future of Jewish Culture in America. Preliminary Findings and Observations*, hrsg. von Richard A. Siegel, New York: National Foundation for Jewish Culture 2002, S. 95–100, über *Different Trains* S. 96–97, das Zitat S. 96.

kompositorischen Durchbruch, indem er Aufnahmen von gesprochener Sprache als musikalischen Rohstoff sowohl für die vokale als auch für die instrumentale Schicht nutzbar machte. Die Verwendung von kurzen Sprachsamples als Grundlage für die Prägung musikalischer Motive, gekoppelt mit dem Einsatz mehrspuriger Tonbandaufnahmen, hat weitreichende ästhetische Implikationen, die auch für das Verhältnis von Autorschaft und Interpretation von Bedeutung sind.

Im folgenden wird zunächst die Entstehung des Werks im Spiegel von entstehungsgeschichtlichen Quellen sowie von Reichs eigener Darstellung beleuchtet. Dafür wurden die seit 2009 in der Sammlung Steve Reich zugänglichen Skizzen und Entwürfe zu *Different Trains* wie auch die dem Stück zugrundeliegenden Tonbandmaterialien berücksichtigt.[6] An signifikanten Beispielen wird gezeigt, mit welchen Verfahren Reich die Sample-Technik nutzbar gemacht hat und welche Möglichkeiten, aber auch Grenzen und Zwänge diese Art des kompositorischen Umgangs mit dem Sprachmaterial mit sich bringt. Die Bedeutung von *Different Trains* im zeitgenössischen Repertoire wie auch seine musikhistorische Bewertung hängen schließlich nicht unwesentlich damit zusammen, dass das Werk von Anfang an als Komposition über den Holocaust vorgestellt und rezipiert wurde. Die Berechtigung, aber auch die problematischen Seiten einer solchen Festlegung werden abschließend diskutiert.

«Triple Quartet» – «Kronos Piece» – *Different Trains*

Der Entstehungsprozess von *Different Trains* erstreckt sich, nachdem 1985 schon ein Auftrag von Betty Freeman erfolgt war,[7] über einen kompakten Zeitraum von Dezember 1987 bis August 1988 und stellt sich ganz kontinuierlich dar.[8] Drei bereits im Anfangsstadium gesetzte Prämissen haben das Stück grundlegend geprägt. Zum einen stand von Anfang an fest, dass das live spielende Streichquartett mit Zuspielband zu einem «Triple Quartet» – so ein erster Arbeitstitel – erweitert werden sollte. Damit befreite sich Reich – wie auch in den beiden späteren Quartetten – von der Last der Gattung und der Strenge des vierstimmigen Satzes.[9] Zum anderen fasste Reich den Entschluss, erneut mit Sprache zu arbeiten, diesmal jedoch nicht literarische Texte zu vertonen wie in *Tehillim* (1981) oder

---

6   Auf Dokumente aus der Sammlung Steve Reich, Paul Sacher Stiftung, Basel, wird im weiteren verwiesen mit der Sigle SSR. Bei der Entstehung dieses Beitrags noch nicht zugänglich waren die digitalen Dateien, welche die Montage von Stimmen- und Geräuschsamples dokumentieren.

7   Bereits 1983 meldete das Kronos Quartet Interesse an, ein Stück von Reich aufzuführen (Brief von David Harrington an Steve Reich, 20. Dezember 1983, SSR). Nachdem Reich diesen Plan bestätigt hatte (Steve Reich an Betty Freeman, 1. Februar 1985, SSR), erteilte Betty Freeman, die den Komponisten seit Mitte der 1970er Jahre kontinuierlich unterstützt hatte, den offiziellen Auftrag (Betty Freeman an David Harrington, 17. Februar 1986, SSR).

8   Vgl. Ann McCutchan, *The Muse That Sings. Composers Speak about the Creative Process*, New York: Oxford University Press 1999, S. 18.

9   «[...] for me to work with a string quartet and make it mine and therefore make it interesting to other people as well, I need more than one string quartet, I need three of them. [... The] first basic assumption about the piece for the Kronos is that it will be called Triple Quartet»; Steve Reich, Interview mit Ev Grimes, 15.–16. Dezember 1987, Oral History American Music, Yale University, Transkript S. 118–19 (SSR).

Desert Music (1984), sondern wie in den frühen Tonbandstücken *It's Gonna Rain* (1965) und *Come Out* (1966) auf dokumentarisches Sprachmaterial zurückzugreifen. Ein zündender Funke muss die Anregung von Reichs Ehefrau, der Videokünstlerin Beryl Korot gewesen sein, für das anstehende Stück die damals noch neue Technik des Sampling zu erproben.[10] Diese eröffnete die Möglichkeit, Fragmente gesprochener Sprache und andere Klangelemente als Module zu verwenden, die sich beliebig aufrufen und kombinieren lassen.[11] Dass Reich seine anfängliche Idee, mit Aufnahmen der Stimme Béla Bartóks zu arbeiten, aufgab, hatte vorderhand mit rechtlichen Schwierigkeiten mit dem New Yorker Radiosender WNYC zu tun; ebenso schwer wog aber auch die Last der Erwartung, die das große Vorbild gerade auf dem Gebiet der Gattung Streichquartett erzeugte.[12] (Zehn Jahre später sollte Reich sich im *Triple Quartet* dann doch an Bartók heranwagen, indem er zitierend auf dessen viertes Streichquartett Bezug nahm.)

Die dritte für *Different Trains* gesetzte Prämisse, dass sich das Stück inhaltlich auf die eigene Biographie im historischen Kontext beziehen sollte, scheint intuitiv motiviert und konvergierte mit der bereits 1980 artikulierten Idee, Stimmen, Bilder und Klänge aus der Zeit des Zweiten Weltkriegs zu verarbeiten.[13] Nicht zuletzt berief sich Reich auf ein ebenso prominentes wie umstrittenes Foto aus dem Warschauer Ghetto (→ ABB. 1, S. 190), das immer wieder als Chiffre für den Holocaust eingesetzt und gelesen worden ist.[14]

Dieses Bild mit dem kleinen Jungen als zentrale Figur ließ die Erinnerung an die Zugfahrten zwischen New York und Los Angeles wach werden, die Reich als Kind nach der Scheidung der Eltern mit seiner Gouvernante unternommen hatte, und es weckte die Einsicht, dass die Deportation und Vernichtung der Juden durch die Nazis – wäre er in jenen Jahren in Europa gewesen – auch ihn hätte treffen können:

---

10 Reich hat die Entstehungsgeschichte im Vorwort zur Partitur sowie in zahlreichen Interviews referiert; vgl. z. B. «Steve Reich on his Recent and Future Works» (siehe Anm. 2), und Rebecca Y. Kim, «From New York to Vermont: Conversation with Steve Reich», in: *Current Musicology*, Nr. 67/68 (2002), S. 345–66, hier S. 354–56.

11 Bereits 1977 experimentierte der Komponist und E-Gitarrist Scott Johnson mit gesprochenen Satzfragmenten, die er – freilich noch nicht digital, sondern mit Tonband – zusammenschnitt und mit Instrumenten imitatorisch übermalte. Teile dieser Arbeit wurden Ende der 1970er Jahre in einem Konzert des New Yorker Künstlerzentrums The Kitchen präsentiert und 1986 bei Nonesuch/Icon als Teil 1 der Komposition *John Somebody* (1980–82) veröffentlicht (wieder veröffentlicht auf CD, Scott Jonson, *John Somebody*, New York: Tzadik 2004; TZ 8009). Reich verkehrte bekanntlich in den 1970er Jahren ebenfalls in The Kitchen und nahm Johnsons Musik – zumindest partiell – zur Kenntnis (vgl. Steve Reich, Interview mit Dorothy Horowitz, 17. Januar 1990, Oral History American Music, Yale University, Transkript S. 38, SSR).

12 «But then I began to think, ‹What if I don't measure up to the great man's quartets? I'll have the weight of his six quartets on my back»; «Steve Reich on his Recent and Future Works» (siehe Anm. 2), S. 2. Reichs weitere Absicht, die Stimme Ludwig Wittgensteins zu verwenden, scheiterte daran, dass er keine Aufnahmen beschaffen konnte (ebd.).

13 Steve Reich an Betty Freeman, 14. August 1980 (SSR).

14 Das Foto ging im Jahr 1982 durch die Presse, als man glaubte, den Jungen identifiziert und ihn in der Person eines in New York praktizierenden Arztes wiedergefunden zu haben; vgl. David Margolick, «A Rockland Physician Thinks He is the Boy in Holocaust Photo Taken in Warsaw», in: *The New York Times*, 28. Mai 1982, S. B1 und B8; zur Interpretation und Rezeption dieses ikonischen Fotos vgl. die umfassende Untersuchung von Dan Porat, *The Boy. A Holocaust Story*, New York: Hill and Wang 2010, sowie Oren Baruch Stier, *Committed to Memory. Cultural Mediations of the Holocaust*, Amherst: University of Massachusetts Press 2003, S. 28–30.

ABB. 1   «Mit Gewalt aus Bunkern hervorgeholt», Foto aus dem sogenannten
«Stroop-Bericht» (Jürgen Stroop, «Es gibt keinen jüdischen Wohnbezirk in
Warschau mehr!», Faksimile-Edition, Neuwied: Luchterhand 1960, o. S.).

I began to get introspective and think about my own childhood. When I was one year
old my parents separated, and my mother went to California and my father stayed in
New York. I used to go back and forth on these very romantic, very exciting, somewhat
sad train trips of four days and four nights, with Virginia, the woman who took care of
me. And the years that I did that were 1939 to 1942. You know the famous photograph of
the little kid in the Warsaw ghetto with his hands up in the air? He looks just like me![15]
I thought to myself, there but for the Grace of God – I was in America, very sheltered and
very fortunate, but had I been across the ocean, I would have been on another train.[16]

Nachdem die grundsätzlichen Entscheidungen für das Stück einmal getroffen waren,
wurden innerhalb weniger Wochen die verschiedenen Materialien zusammengetragen.
Als Sprachdokumente fasste Reich Erinnerungen an den Eisenbahnbetrieb in den USA
um 1940 sowie Berichte von Überlebenden des Holocaust, die nach dem Krieg in die USA

---

15 Die Ähnlichkeit lässt sich überprüfen an einem Foto des fünfjährigen Reich, das auf dem Cover
    der CD Steve Reich, *Proverb. Nagoya Marimbas. City Life* (Nonesuch 79430-2, 1996) wiedergegeben
    ist. Dass Reich sich in dem Jungen auf dem Foto wiedererkennt, wird bedeutsam vor dem Hin-
    tergrund, dass dieser in Wirklichkeit nie identifiziert werden konnte, sich aber für Projektionen
    anbot und damit auch zum Symbol einer optimistischen jüdischen Perspektive wurde; vgl. Dan
    Porat, *The Boy* (siehe Anm. 14), S. 3–6.
16 K. Robert Schwarz, *Minimalists*, London: Phaidon 1996, S. 95; vgl. ders., «Steve Reich: Back on
    Track», in: *Ear. Magazine of New Music*, 14 (1989), Nr. 2, S. 30–37.

emigriert waren, ins Auge. Die Gespräche mit seinem Kindermädchen Virginia Mitchell (1911–2002) und dem afroamerikanischen Schlafwagenschaffner Lawrence Davis (geb. 1907), bekannt geworden als Zeitzeuge der Smithsonian Institution, führte Reich selbst und zeichnete sie auf mit einem tragbaren Aufnahmegerät.[17] Ausschnitte aus Interviews mit jüdischen Holocaustüberlebenden stellte er in den Archiven zweier groß angelegter Oral History-Projekte in Yale und New York zusammen.[18] Bei deren Auswahl konzentrierte er sich auf Personen, die einerseits mit ihm ungefähr gleichaltrig, also während der Kriegsjahre noch Kinder oder Jugendliche gewesen waren, und andererseits eine melodische, intensive und nuancenreiche Sprechweise mit einem je nach Herkunftsland eigenen Akzent hatten: «I went for people whose voices were quasi-singing».[19] Als Stimmen für *Different Trains* berücksichtigt wurden schließlich Paul Davidovitz (1935 geb. in der Slowakei), Rachel Greenstein (1934–1988, geb. in Brüssel) und Rachella Velt Meekcoms (1928–2013, geb. in Holland).

Unter den mehrstündigen Interviewaufnahmen findet sich auch ein Tondokument, in dem Reich selbstgesprochene Satzfragmente aufgezeichnet hat. In der ersten Arbeitsphase, also im zeitlichen Umfeld des ersten Gesprächs mit dem Kindermädchen Virginia – welches ein gelenktes, zielbewusstes Interview war –, erprobte er selbst einige Schlüsselaussagen, die ihren Verwendungszweck als Samples direkt hören lassen: «We took the train accross the country», «1939 to 1942», «from New York to Los Angeles», «from Los Angeles to Chicago», «and from Chicago back to New York», «back and forth accross the country».[20]

Die Idee, sich selbst als Zeitzeugen einzubringen, blieb bis zur definitiven Festlegung der Disposition bestehen, wurde aber während der Ausarbeitung des ersten Satzes schließlich fallengelassen. «If I'm needed, I'll be sampled to fill a particular need», notierte Reich am 21. Februar 1988 im Arbeitstagebuch; danach taucht das Stichwort «my voice» nicht mehr auf.[21] Reichs Selbstkritik, die Einsicht in die Künstlichkeit der Aufnahmen dürften diese Entscheidung motiviert haben, sicher aber auch die Erkenntnis, dass der dokumentarische Charakter des übrigen Sprachmaterials durch die inszenierten eigenen Sätze empfindlich irritiert worden wäre. Auch die Textfragmente etwa durch Sprecher aufführen zu lassen, wäre für ihn keine Option gewesen. Der Verzicht auf die eigene Stimme und den expliziten autobiographischen Bezug ging zudem einher mit einer

---

17 «Steve Reich on his Recent and Future Works» (siehe Anm. 2), S. 14. Interviews mit Virginia Mitchell am 15. Dezember 1987 und am 11. Februar 1988, mit Lawrence Davis am 27. Januar 1988 (Tonaufnahmen SSR CD 9–11).

18 Fortunoff Video Archive for Holocaust Testimonies, Yale University Library, und Holocaust Collection of the American Jewish Committee's William E. Wiener Oral History Library, New York.

19 Unpubliziertes Rundfunkinterview (ca. 1989; Tonaufnahme SSR, CD 11, Track 4).

20 Tonaufnahme SSR CD 11, Track 3. John Pymm ist der Ansicht, dieses «Selbstinterview» sei eine «proto-version» von *Different Trains* und ein Vorläufer der Interviews mit Virginia Mitchell und Lawrence Davis (*Narrative Trails in the Speech-based Music of Steve Reich*, PhD Thesis, University of Southampton 2013, S. 200). Die zwölfminütige undatierte Aufnahme nimmt aber Fragmente aus dem Virginia-Interview wörtlich auf und befindet sich im Original zudem auf der B-Seite jener Tonbandkassette, auf deren A-Seite das Interview mit Virginia Mitchell vom 15. Dezember 1987 aufgezeichnet ist. Sie dürfte also nach diesem zwischen Mitte Dezember 1987 und Mitte Februar 1988 entstanden sein.

21 Skizzen zu *Different Trains*, «Kronos Piece Notes», 21. Februar 1988, Computerausdruck, S. [2] (SSR).

ABB. 2A Steve Reich, Paradiddle-Pattern, Skizzenbuch
(16. August 1987 – 1. April 1989), S. [22] (SSR).

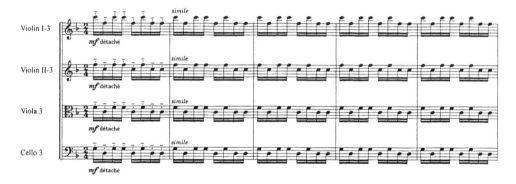

ABB. 2B Steve Reich, *Different Trains,* Partitur, S. 1, Streichquartett 3, T. 1–5
(Diese und die folgenden Partiturabbildungen © 1988 by
Hendon Music, Inc., a Boosey & Hawkes company. Copyright for
all countries. All rights reserved. Mit freundlicher Genehmigung
von Boosey & Hawkes Bote & Bock, Berlin).

thematischen Umgewichtung: «After much thought and some depression I have come to the conclusion that this piece will be about the Holocaust. Only. […]», notierte Reich in sein Arbeitstagebuch.

> World War II. All my words, those of Virginia and those of Mr. Davis seem quite trivial. Also in terms of the openings which were worked out so far they also sound trivial and dopey. The piece will begin with air raid sirens (glissandos). Strings will probably first hold under this and then do their own glissandos. Then while this goes on I will bring in voices of survivors. That's it![22]

Das Stück heißt nun *Different Trains* und ist auf drei Teile angelegt: I «America before the war» – II «Europe during the war» – III «America after the war».[23] Zu den Sprach-materialien der fünf Zeitzeugen kommen als weitere Audiodokumente verschiedene Klänge und Geräusche von historischen Eisenbahnen amerikanischer wie europäischer Herkunft hinzu (z.B. Pfeifen, Maschinengeräusche, Signalglocken [«Crossing Bells»],

---

22 Ebd., 31. Januar 1988, S. [1–2].
23 Steve Reich, Skizzenbuch (16. August 1987 – 1. April 1989), S. [14] und [16] (SSR).

Sirenen). Schließlich formulierte Reich, der gelernte Schlagzeuger, ein ebenso einfaches wie ingeniöses rhythmisches Pattern, ein Paradiddle, das als Sechzehntel-Streicherfigur für zwei Drittel der halbstündigen Komposition gleichsam die Eisenbahnen in Fahrt hält (→ ABB. 2A, 2B).

Die in Quarten oder Quinten realisierten komplementären Akzente erzeugen einen geradtaktigen «Drehimpuls», der bei Bedarf additiv variiert werden kann.[24] Das Paradiddle-Pattern liefert zugleich den durchgehenden Puls, der in Kombination mit liegenden Klängen eine typische Reich-Faktur ergibt.

Der Komponist als Interpret von Fundstücken

Wie erwähnt, extrahierte Reich aus den gesammelten Interviews kurze, nicht zusammenhängende Satzbruchstücke. Die neuartige Verwendung von gesprochener Sprache in *Different Trains*, die vor allem in der Übertragung von vokalen Modulen in instrumentale Patterns besteht, geschah unter speziellen Bedingungen. Nachdem die Auswahl der Bruchstücke und ihre Digitalisierung zu Samples mit einem Casio-Keyboard erfolgt war,[25] wurden die einzelnen Fragmente im Hinblick auf Tempo, Rhythmus und Tonhöhe analysiert und notiert. Für diesen Übertragungsvorgang evoziert Reich die schlichte Situation eines Musikdiktates: «As they spoke, so I wrote; they gave me the notes, they gave me the timbre, they gave me tempo, and they gave me meaning.»[26] Damit aber gab der Komponist ein Stück Autorschaft ab. «It's a little bit like composing in a straightjacket», bemerkte er an anderer Stelle.[27] Dabei entspricht Reichs Niederschrift allerdings nicht derjenigen eines Ethnologen, der jede Nuance im Rhythmus und in der Tonhöhe – wenn nötig auch in irrationalen Proportionen – aufzuzeichnen sucht; vielmehr übersetzt er die gesprochenen Fragmente innerhalb eines tonalen und metrischen Rasters, das für die instrumentalen Parts einfache rhythmische Proportionen schafft und seinem eigenen Materialverständnis entsprach.

Die prototypische Erarbeitung und Einbindung des ersten Sprachsamples im Stück zeigt anschaulich Reichs Vorgehen: Das vom Kindermädchen Virginia gesprochene Fragment «he came from Chicago to New York» wird zunächst als pendelnde Rufterz (*as–f*) transkribiert und harmonisch verankert (in der Endfassung in einem Des^{maj7}-Klang).

---

24 Vgl. hierzu Hans-Christian Dadelsen, «Diesseits und jenseits von Raum und Zeit: Steve Reichs *Different Trains*», in: *Nähe und Distanz* (siehe Anm. 4), S. 235–46.

25 Reich benutzte den digitalen Sampler Casio FZ-1 und bearbeitete das Material mit der Software *Performer* auf einem Macintosh Plus. Auch benützte er für *Different Trains* von Anfang an ein Notensatzprogramm (*Professional Composer* von Mark of the Unicorn), das er zuvor bei *Four Sections* und *Electric Counterpoint* erprobt hatte; vgl. Christopher Fox, «Steve Reich's ‹Different Trains›», in: *Tempo*, 172 (1990), S. 2–8, insbesondere S. 6; Robert Kendall, «Steve Reich», in: *PC/Computing*, 3 (1990), Nr. 1, S. 98.

26 «Steve Reich on his Recent and Future Works» (siehe Anm. 2), S. 14. Darüber hinaus kann man in der apodiktischen Prägung «As they spoke, so I wrote» einen Widerhall der in Jeremia 30:2 vermittelten Offenbarungssituation sehen («Write all the words that I have spoken unto thee in a book»; King James Version).

27 Steve Reich, Interview mit Ingram Marshall, 2. August 2002, Oral History American Music, Yale University, Transkript S. 15, SSR.

ABB. 3A Steve Reich, «From Chicago to New York», Skizzenbuch
(16. August 1987 – 1. April 1989), S. [15] (SSR).

ABB. 3B Steve Reich, *Different Trains,* Partitur, S. 7, Streichquartett 1, T. 65–70.

In der endgültigen Version erscheint das Sample entpersonalisiert[28] und verkürzt auf die
prägnantere Formel «from Chicago to New York» (→ **ABB. 3A, 3B**). Die solchermaßen prä-
parierten melodisch-rhythmischen Formeln werden auf zwei grundsätzlich verschiedene
Arten im Werk eingeführt: Zu Beginn erscheint die Formel «from Chicago to New York»
gleichsam als Vorimitation zuerst im zweiten Cello vom Tonband und wird dann von der
Bratsche im live spielenden Quartett intoniert, bevor die gesprochenen Worte erklingen
(Ziff. 6–9). Beim anderen Modus eröffnet das Sprachsample direkt einen Abschnitt, wird
von Instrumenten gedoppelt und anschließend imitiert (Ziff. 47 und passim). Klare Ge-
setzmäßigkeiten für den Einsatz dieser unterschiedlichen Modi lassen sich nicht erkennen.
Doch gibt es die deutliche Tendenz, den Fortgang der narrativen Teile (II und III) durch

---

28 «He came»: Die Rede ist von Steve Reichs Vater, der die ersten Reisen mit begleitete; vgl. auch die
analoge Kürzung in Teil III, «we're going to America».

direkte Präsentation der Sprachsamples, durch eine höhere Ereignisdichte also, zu beschleunigen; auch werden jene Sprachsamples, die im weiteren Verlauf noch einen zweiten Formabschnitt determinieren, dann jeweils direkt eingeführt (Ziff. 116 und 124).

Reich verwendete insgesamt 45 Sprachfragmente; aus ihren deklamatorischen Eigenschaften resultiert ein entsprechend häufiger Wechsel des Tempos und des harmonischen Feldes: Mit der instrumentalen Einleitung ergibt sich mithin eine Folge von 46 unterschiedlichen Formabschnitten. Diese für *Different Trains* so charakteristische Kleingliedrigkeit ist durchaus untypisch für Reichs Stil seit den frühen 1970er Jahren, folgt aber aus der radikalen Entscheidung, die Integrität der Fragmente zu bewahren und das gewählte Material in keiner Weise zu verändern (etwa durch computergestützte Bearbeitung von Tonhöhe und Tempo sowie sample-internes Schneiden). Demgegenüber nutzte Reich einen beträchtlichen Spielraum als Interpret der von ihm gewählten Interviews. So liefert das knappe «Libretto» von *Different Trains* dezidiert kein geschlossenes Narrativ, doch legen Auswahl und Anordnung der Satzfragmente zusammen mit unterschiedlichen Eisenbahnklängen als weiteren Bedeutungsträgern die semantische Ebene eindeutig fest. Und während die meisten Samples Züge nicht explizit nennen, stammen sie doch oft aus einem Interview-Kontext von Eisenbahnerinnerungen (→ **ABB. 4A, 4B, S. 196**).

Im ersten Teil geben Fahrtrichtungen und Zeitangaben die Koordinaten von Raum und Zeit an, und nur beiläufig taucht ein Personalpronomen auf («in 1941 I guess it must've been»), während subjektiv formulierte Sätze («we went to Grand Central», «I've run on every train») bei der Ausarbeitung fallengelassen wurden: Evoziert wird ein geradezu heiter-nostalgisches Bild historischer Eisenbahnfahrten. Dazu stark konstrastierend ist der zweite, europäische Teil düster und persönlich gefärbt von den Erinnerungen der Überlebenden und von einschlägigen Holocaust-Chiffren. Der dritte Teil – eine Art Synthese – kombiniert Merkmale der beiden vorangegangenen Teile mit einer anderen satztechnischen Faktur.

Während im ersten Teil das minimalistische Spiel mit wenigen Formeln und häufigen Binnenloops (z. B. «one of the fastest trains fastest trains») dominiert – 11 Sprachfragmente werden bei einer Dauer von 9 Minuten bis zu 20 Mal wiederholt –, rückt im zweiten Teil die erzählerische Ebene in den Vordergrund: Aus einem Materialfundus von 115 für geeignet erachteten Fragmenten wurden schließlich 22 zu einem episodischen narrativen Verlauf (Dauer 7'3") montiert, der sich auf die Motive «deutsche Invasion» – «Alltags-Antisemitismus» – «Flucht» – «Deportation in Zügen» – «Vernichtungslager» konzentriert. Dabei wurden Stichworte mit hohem Konkretisierungsgrad («yellow stars», «Gestapo», «bombs were dropping», «gas chamber», «Auschwitz» etc.), die in einer ersten Auswahl noch vorkommen, schließlich fallengelassen. Dem thematischen Gewicht entsprechend sind Wiederholungen hier seltener; wo sie dennoch vorkommen, suggerieren sie stockende Rede oder obsessive traumatische Erinnerung (Ziff. 73, 77); Loops scheinen eher inhaltlich als strukturell motiviert (z. B. «and he said ‹Don't breathe!› he said ‹Don't breathe!›», Ziff. 78, T. 166–68).[29] Dadurch entsteht eine Spannung zwischen satztechnischer und

---

29 Vgl. die für den zweiten Teil festgehaltene Überlegung: «Keep the speech straighter and without
    the humorous repeats in this section unless there is a chance for irony»; «Kronos Piece Notes»,
    (siehe Anm. 21), 1. Mai 1988, S. [5].

ABB. 4A links Textdisposition I, Zwischenstadium, Computerausdruck mit hss. Eintragungen (SSR).

ABB. 4B rechts Textdisposition II, Zwischenstadium, Computerausdruck mit hss. Eintragungen (SSR).

Mit * markierte Fragmente wurden in der endgültigen Version weggelassen.

semantischer Ebene, zwischen musikalischer Repetitivität und inhaltlichem Fortschreiten, die den zweiten Teil markant von den ihn umgebenden absetzt. Im dritten und längsten Teil des Werks (12 Abschnitte in 10'20") wird die Erzählung der Überlebenden weitergeführt und mit reprisenartigen Abschnitten aus dem ersten Teil verschränkt.

Im Zusammenhang mit der Verwendung von Sprechmelodien hat Steve Reich sich des öfteren auf Leoš Janáčeks Diktum, die Stimme des Menschen sei ein Fenster zur Seele, die Sprechmelodie organischer Ausdruck des Erlebten, berufen.[30] Tatsächlich unterscheidet sich der Umgang mit Sprache in *Different Trains* – wie auch in den darauffolgenden Video-Opern *The Cave* (1990–93) und *Three Tales* (2002) – essentiell von Reichs früheren Ansätzen, doch sind dessen Besonderheiten mit der Berufung auf Janáček und auf eine völkerpsychologische Vorstellung von nationalen Sprachcharakteren nicht hinreichend erklärt. Denn während in den Tonbandstücken der 1960er Jahre die aufgezeichnete Sprechmelodie letztlich asemantisch der mechanischen Erzeugung einer musikalischen Struktur diente[31] und sowohl in *Tehillim* als auch in *Desert Music* herkömmliche Methoden von Sprachvertonung vorherrschen, praktiziert Reich in *Different Trains* erstmals ein Verfahren, das Sprechmelodie und modulares Denken zu einer bedeutungstragenden instrumentalen Schicht verbindet.

Die Idee, den Klang einzelner Wörter und Satzteile in melodisch-rhythmische Module zu fassen, um diese als Bausteine weiterzuverwenden, erscheint ebenso trivial, wie sie sich als kompositorisch fruchtbar erweist. Sie erschließt einen unendlichen Fundus für die Generierung neuer musikalischer Elemente und verleiht der Sprache zudem einen überindividuellen Offenbarungscharakter. Der Komponist verzichtet auf einen Teil seiner Autorschaft und macht sich zum Medium einer «real story». «Aural History, Oral History. Recent History» notierte Reich in den Skizzen zu *Different Trains*[32] und betonte auch andernorts die essentielle Bedeutung des Realitätsbezugs.[33]

Für das hier bestehende Verhältnis von Sprache und Musik scheint mir der von Curt Sachs geprägte Begriff der «logogenen Musik» hilfreich.[34] Dieses im Hinblick auf den Sprechgesang der Schriftreligionen entworfene Konzept beschreibt eine auf Sprache

---

30 Vgl. z. B. «Sprechmelodien. Steve Reich macht aus dem Redefluss Musik. Ein Interview», in: *Du. Die Zeitschrift der Kultur*, 56 (1996), Nr. 5, S. 60–65, hier S. 61, sowie «Jonathan Cott Interviews Beryl Korot and Steve Reich on The Cave (1993)», in: Steve Reich, *Writings on Music* (siehe Anm. 4), S. 171–78, hier S. 178. An anderer Stelle hat Reich eingeräumt, dass er Janáčeks Schriften nie gelesen habe (unpubliziertes Rundfunkinterview, ca. 1989, siehe Anm. 19); vgl. hierzu auch Georg Sachse, *Sprechmelodien, Mischklänge, Atemzüge. Phonetische Aspekte im Vokalwerk Steve Reichs*, Kassel: Bosse 2004, S. 157–80.

31 Freilich sind auch die Sprachfragmente «It's gonna rain» und «Come out» nicht beliebige, sondern bedeutungsvolle Zufallsfunde, deren semantische Ebene jedoch musikalisch nicht thematisiert wird. Dass *It's Gonna Rain* nicht nur auf die biblische Sintfluterzählung, sondern auch auf den gleichnamigen Gospelsong anspielt, wird Reich bewusst gewesen sein. Für diesen Hinweis danke ich Martin Schäfer.

32 Skizzenbuch (16. August 1987 – 1. April 1989), S. [19] (SSR).

33 Vgl. Steve Reich, Interview mit Ingram Marshall (siehe Anm. 27), Transkript S. 12; K. Robert Schwarz, «Steve Reich: Back on Track» (siehe Anm. 16), S. 32.

34 Curt Sachs, *Musik der Alten Welt in Ost und West. Aufstieg und Entwicklung*, hrsg. von Jürgen Elsner, Berlin: Akademie-Verlag 1968, S. 38–39; orig.: *The Rise of Music in the Ancient World. East and West*, New York: Norton 1943; demgegenüber prägte im deutschen Sprachraum Ewald Jammers den Begriff «Musik der Textaussprache» (*Musik in Byzanz, im päpstlichen Rom und im Frankenreich. Der Choral als Musik der Textaussprache*, Heidelberg: Winter 1962).

bezogene und durch Sprache generierte Musik, bei der Wort und Stimme nicht voneinander zu trennen sind. Bekanntlich hat sich Steve Reich im Zuge seiner bekenntnishaften Hinwendung zum Judentum Mitte der 1970er Jahre intensiv mit hebräischer Kantillation auseinandergesetzt und in einem Aufsatz zu diesem Thema auch auf direkte Einflüsse in der Struktur seines Oktetts *Eight Lines* (1979/1983) aufmerksam gemacht.[35] Es ist nicht unwahrscheinlich, dass die Beschäftigung mit diesem differenzierten deklamatorischen System sich auch in der konzeptionellen Tiefenstruktur von *Different Trains* niedergeschlagen hat. Denn wenn es in der hebräischen Kantillation, deren Praxis und Überlieferung von einer vielschichtigen Theorie begleitet wird, zentral darum geht, einen kanonischen Text durch stimmliche Verlautbarung zu vergegenwärtigen, so geschieht dies durch die formelhafte Musikalisierung von einzelnen Wörtern und syntaktischen Einheiten. In der Kantillation der Tora, einer mündlich überlieferten Praxis, welche Reich in erster Linie studiert und anhand von Feldaufnahmen auch selbst erforscht hat,[36] werden melodische Formeln auf Wörter und Satzteile appliziert und mit generativen Regeln sprachähnlich zusammengesetzt. Dabei wird größter Wert gelegt nicht nur auf die präzise Übermittlung von Wortlaut und Bedeutung, sondern auch auf die sinnliche Qualität und die Ausdrucksintensität der Stimme des Vortragenden.[37] Genau in diesen Kategorien spielt sich auch die musikalische Umsetzung von Sprache in *Different Trains* ab. Aus geeigneten Wörtern und Satzteilen werden modulare Zellen gewonnen, die verbunden mit der Sprachgestalt, aber auch losgelöst von ihr Sinn und Bedeutung übermitteln. Dass Steve Reich logogene Melodieelemente in minimalistische Strukturen integriert, indem er sich zum Interpreten seiner Gewährsleute macht, ist die wesentliche Innovation, die dieser Komposition zugrundeliegt.

Die konzertante Realisierung von *Different Trains* zielt nicht auf einen interpretatorischen Mehrwert. Vielmehr werden die Musiker des Quartetts gleichsam vor einen unaufhaltsamen Karren gespannt, so wie sie schon bei der Herstellung des Zuspielbandes mit äußerster Präzision und Anstrengung die zwei bzw. drei Schichten zu koordinieren hatten (vgl. Ziff. 47–62 der Partitur).[38] Für die Rezeption ergeben sich jedoch gerade in einer Liveaufführung zwei bemerkenswerte Aspekte: Wie bereits erwähnt werden die

---

35 Steve Reich, «Hebrew Cantillation as an Influence on Composition (1982)», in: ders., *Writings on Music* (siehe Anm. 4), S. 105–18.

36 Die faktischen Details von Reichs Beschäftigung mit Kantillation hat Antonella Puca zusammengetragen in «Steve Reich and Hebrew Cantillation», in: *The Musical Quarterly*, 81 (1997), Nr. 4, S. 537–55; auf *Different Trains* geht die Studie nur unter dem Aspekt der jüdischen Thematik kurz ein (S. 549–50); vgl. auch Jerôme Bodon-Clair, «La Question du judaïsme chez Steve Reich: Dépersonnalisation, personnalisation, universalité», in: *Filigrane. Musique, estéthique, sciences, société*, Nr. 9 (2009), S. 149–73.

37 Vgl. hierzu Heidy Zimmermann, *Tora und Shira. Untersuchungen zur Musikauffassung des rabbinischen Judentums*, Bern etc.: Peter Lang 2000, S. 91–105.

38 David Harrington, der Primarius des Kronos Quartet, betrachtete das Stück rückblickend als etwas vom härtesten, was sein Ensemble je gemacht habe: «There is a certain point in the piece where I still get a cramp in my hand, and I'm sure it is a vestigial cramp from that recording session! It was an awful experience, I have to say that, and potentially damaging to hands and bodies. In that sense it was quite punishing to make that tape, and there is, for me, an element actually of pain in the piece»; zitiert nach Marcia Young und Antony Bye, «Different Trains of Thought», in: *The Strad* (November 1991), S. 998–99, hier S. 999.

Sprachfragmente jeweils durch ein Instrument gedoppelt, Frauenstimmen in der Regel durch die Viola, Männerstimmen durch das Cello.[39] Dabei entstehen subtile Interferenzen dadurch, dass die Sprachsamples rhythmisch und intonatorisch nie ganz genau mit den abgeleiteten Modulen übereinstimmen – eine Art Heterophonie, wie sie auch in der Praxis der jüdischen Liturgie vorkommt. Während also die instrumentale Imitation die Sprachfragmente musikalisiert, behalten diese doch ihre eigene Ausdrucksebene; die Instrumente bilden eine Art «Kommentar» dazu.[40] Von zentraler Bedeutung scheint mir die Tatsache, dass die Stimmen in *Different Trains* körperlos bleiben und dadurch eine geradezu magische Wirkung entfalten.[41] Durch die physische Abwesenheit der sprechenden Personen erhalten ihre Stimmen die Aura einer rituellen Autorität. Diese besondere Dimension wurde in der späteren Video-Oper *The Cave* weitgehend aufgegeben. Denn in jenem Werk, das Reich als die Vollendung der Idee von *Different Trains* betrachtet, werden die interviewten Personen durch die Projektion der Videos in einer Weise konkret, dass das Bild der Sprechenden sich vor ihre Stimme schiebt. Mimik und Gestik dominieren dort den Ausdruck der Persönlichkeit, das Bild kommt – drastisch gesagt – dem potentiellen Voyeurismus des Konzertpublikums entgegen und überlagert die Sinnlichkeit der Stimme.[42] Damit wird aber im Grunde die Idee ausgehebelt, dass die Sprechmelodie das «musikalische Porträt einer Person» sei.[43] In einer konsequenten Form ist diese Idee zuerst und allein in *Different Trains* realisiert.

Zum dokumentarischen Charakter von *Different Trains*: Interpretation und Rezeption

Des öfteren hat sich Steve Reich kategorisch vom zunehmenden «Shoah-Business» der vergangenen Jahrzehnte distanziert: «… if someone came up to me and said: ‹We'd like you to write a piece about the Holocaust,› I'd say, ‹Thank you very much, but absolutely no. Out of the question.»[44] Gleichwohl war ihm das Thema präsent[45] – spätestens seit den ersten Deutschlandtourneen seines Ensembles in den 1970er Jahren, während

---

39 Die wenigen Ausnahmen, bei denen eine Männerstimme durch die Viola bzw. eine Frauenstimme durch die zweite Violine gedoppelt wird, finden sich bei Ziff. 2, 63 und 116.

40 Steve Reich, Interview mit Dorothy Horowitz (siehe Anm. 11), Transkript S. 35.

41 Luke Howard weist hin auf die litaneiartige Monumentalität des wiederholten Sprachmaterials in *Different Trains* und vergleicht die unveränderliche Natur des Tonbandes mit dem versteinerten Sprachmedium Latein in Strawinskys *Oedipus Rex*; «The Voice(-Over) of God: Some Thoughts on the Disembodied Voice in Contemporary Music», in: *The Open Space Magazine*, Nr. 1 (1999), S. 109–16, insbesondere S. 14.

42 In *The Cave* bleiben nur noch die beiden Stimmen, welche Torakantillation resp. Koranrezitation vortragen, körperlos. Aufschlussreich hinsichtlich der Körperlichkeit der Stimme ist auch der Vergleich mit den Videointerviews von Paul und Rachel, deren Stimmen in *Different Trains* gesampelt wurden; Video Nr. 8041 («Paul D., Edited Testimony») und Nr. 8062 («Rachel G., Edited Testimony»), zugänglich unter www.library.yale.edu/testimonies/education/singlewitness.html (aufgerufen am 15. März 2017).

43 «Jonathan Cott Interviews Beryl Korot and Steve Reich on *The Cave* (1993)» (siehe Anm. 30), S. 174.

44 Steve Reich, Interview mit Ingram Marshall (siehe Anm. 27), Transkript S. 12.

45 «I grew up with World War II movies», bekundete Steve Reich in einem Interview; Edward Strickland, *American Composers. Dialogues on Contemporary Music*, Bloomington und Indianapolis: Indiana University Press 1991, S. 33–50, hier S. 48.

denen auch die Videoarbeit *Dachau 1974* von Beryl Korot entstand.[46] Bereits 1980 trug er sich mit dem Gedanken, ein auf den Zweiten Weltkrieg bezogenes Stück zu schreiben, was sich in *The Desert Music* niederschlug; und rückblickend hat er immer wieder die Wichtigkeit des dokumentarischen und des Memorial-Charakters von *Different Trains* betont.[47]

Dass Reichs erstes Streichquartett so eindeutig zu einer Musik über den Holocaust wurde, steht freilich auch in direkter Wechselbeziehung mit der Entstehungszeit und dem Kontext, in dem es rezipiert worden ist. Seit Ende der 1970er Jahre hat sich die Erinnerung an den Holocaust – nicht zuletzt dank der gleichnamigen Hollywood-Tetralogie, die sowohl in den USA als auch in Europa von Millionen Fernsehzuschauern gesehen wurde – dahingehend verändert, dass die Seite der Opfer stärker wahrgenommen wurde. Gleichzeitig vollzog sich in der Geschichtswissenschaft insofern eine radikale Wende, als vermehrt mündliche Zeugnisse von Zeitzeugen als historische Quellen eigenen Rechts in den Blick genommen wurden; auch die erwähnten Oral History-Projekte sind in diesem Zusammenhang entwickelt und realisiert worden.[48]

Einen eminenten Einfluss in der Vermittlung dieses veränderten Geschichtsbildes hatte der monumentale Dokumentarfilm *Shoah* (1974–85) von Claude Lanzmann, der allein schon durch seinen enigmatischen Titel einen Paradigmenwechsel – hin zur Fokussierung auf die Opfer des Nazi-Terrors – signalisierte.[49] Der neunstündige Film besteht bekanntlich ausschließlich aus Interviews mit Zeitzeugen: jüdischen Opfern, Nazi-Funktionären und anderen Beteiligten, und ist zu einem Meilenstein der Erinnerung geworden. Dass Reich den Film, der 1985 erstmals gezeigt wurde und noch im gleichen Jahr den Preis für den besten Dokumentarfilm des New York Film Critics Circle erhielt, noch vor oder während der Arbeit an *Different Trains* – zumindest teilweise – gesehen hat und davon beeindruckt war, ist verschiedentlich belegt. In dem bereits zitierten Arbeitstagebuch findet sich mehrmals der Name Lanzmann, notiert mit der Absicht, den Regisseur wegen Klangdokumenten europäischer Züge bzw. Interviews

---

46   Überhaupt ging der Impuls für die Hinwendung zur jüdischen Religion und Kultur bei Steve Reich wesentlich von Korot und deren Familie aus (vgl. Steve Reich, Interview mit Dorothy Horowitz, siehe Anm. 11, Transkript S. 3–9). Korots Großvater mütterlicherseits war ein Talmudgelehrter, und die Familie lebte zwar nicht observant, aber mit einer starken jüdischen Identität. Reich wurde zu einem *Ba'al teshuva* («Meister der Rückkehr», ein säkularer Jude, der zu religiöser Observanz übergeht) und seine Faszination durch die jüdische Tradition ging Mitte der 1970er Jahre so weit, «that I wondered if I was going to be a rabbi or a composer»; Stuart Isacoff, «Canonic Man. An Interview with Steve Reich», in: *Virtuoso*, 2 (1981), Nr. 3, S. 34–36, hier S. 35.

47   Vgl. K. Robert Schwarz, «Steve Reich: Back on Track» (siehe Anm. 16), S. 32. Victoria Aschheim, deren umfassende und anregende Arbeit mir erst nach Abschluss dieses Beitrags zugänglich war, hat die Sprachsamples in *Different Trains* als «sonic photographs» und «auditory photography» bezeichnet und damit das Verhältnis von Dokument und Erinnerung herausgearbeitet; Victoria Aschheim, *Searing Memory With the Document: Gerhard Richter's Early Photo-Paintings and Steve Reich's Different Trains*, AB Thesis (Bachelor of Arts), Harvard College 2010, insbesondere S. 37–45.

48   Siehe Anm. 18; vgl. hierzu Christopher R. Browning, *Collected Memories. Holocaust History and Postwar Testimony*, Madison: University of Wisconsin Press 2003, und Zoë Vania Waxman, *Writing the Holocaust. Identity, Testimony, Representation*, Oxford: Oxford University Press 2006.

49   Vgl. Claude Lanzmann, *Der patagonische Hase. Erinnerungen*, Reinbek bei Hamburg: Rowohlt 2010, S. 641–42.

mit Überlebenden zu kontaktieren.[50] Denn in *Shoah* spielen Züge eine leitmotivische und dominante filmische Rolle. Immer wieder schieben sich zwischen den Interviews Bahnwaggons, Rampen und Geleise ins Bild, rattern Eisenbahnen mit pfeifenden Lokomotiven vorbei, oder befindet sich die Kamera selbst auf einem rollenden Zug. Tatsächlich kontaktierte Reich den französischen Regisseur unmittelbar nach dem entsprechenden Eintrag im Arbeitstagebuch, doch kam es nicht zu einer Zusammenarbeit, und Reich gelangte über die britische Plattenfirma ASV Transcord Records an Aufnahmen von polnischen Eisenbahngeräuschen.[51]

Aus der Perspektive der neueren Holocaustforschung hat sich Amy Lynn Wlodarski mit der dokumentarischen Ebene von *Different Trains* auseinandergesetzt und die moralische Bedeutung des Stückes sowie Reichs Umgang mit den Berichten von Überlebenden hinterfragt.[52] Anhand eines detaillierten Vergleichs zwischen Text und Kontext der Originalinterviews und dem «Libretto» weist Wlodarski kleine Abweichungen in der Transkription nach und entdeckt einige sinnverändernde Kontextualisierungen.[53] Indem sie Reichs Anspruch auf Objektivität im Umgang mit den Zeugenberichten kritisiert, beschreibt sie *Different Trains* als eine Form von «secondary witness».[54] Dies ist freilich eine primär historische Sichtweise, welche im Zuge der neueren Einschätzung von Zeugenberichten nicht nur deren faktischen Wert im Licht von Emotionalität und Mechanismen der Erinnerung relativiert, sondern auch den dokumentarischen Umgang damit als interpretatorischen Zugriff erkennt. Ein solcher Ansatz übersieht aber bei aller scharfsinnigen Kritik, dass *Different Trains* trotz der Emphase auf dem Dokumentarischen primär ein ästhetisches Statement ist. So spiegelt *Different Trains* letztlich eine subjektive Sicht auf den Holocaust, die im spannungsreichen Dreieck von Erinnerungsagenda, Schuldgefühl der Verschonten und eigenem Kindheitstrauma (der Scheidung der Eltern) eine künstlerische Formulierung sucht.[55]

---

50 «More European train sounds. Contact Landesmann? [sic!] […] Survivor's voices via Yale Archive or American Jewish Committee. Or Landesmann?» […] «possibly contacting Claude Landesmann re: permission to use Polish train sounds.» […] «get Lannzman's [sic!] address and phone number in Paris. I need to get permission to use his train sounds»; Steve Reich, «Kronos Piece Notes» (siehe Anm. 21), 4., 28. und 31. Januar 1988, Computerausdruck, S. [1]–[2].

51 Vgl. Steve Reich an Claude Lanzmann, 1. Februar und 21. März 1988 (SSR).

52 Amy Lynn Wlodarski, «The Testimonial Aesthetics of *Different Trains*», in: *Journal of the American Musicological Society*, 63 (2010), Nr. 1, S. 99–141; vgl. auch das Kapitel «The composer as witness: Steve Reich's *Different Trains*», in: dies., *Musical Witness and Holocaust Representation*, Cambridge: Cambridge University Press 2015, S. 126–63.

53 Hinzuzufügen ist der Befund, dass gerade auch das titelgebende Sample «Different trains every time» aus einem Zusammenhang stammt, bei dem die konnotierte tiefgründige Bedeutung keineswegs vorhanden ist. Vielmehr spricht Virginia von den Naturschönheiten, die man auf den Zugfahrten quer durch Amerika bewundern konnte, was sie dazu bewog, «different trains» und verschiedene Strecken zu wählen. Das Sample stammt überdies aus dem zweiten Interview, das Reich mit Virginia führte und in dem er gezielt auf bestimmte Stichworte zusteuerte. «If I had been in Europe I would have ridden other kinds of horrible trains» (SSR CD 10, Track 1, ab 8'00").

54 Amy Wlodarski, «The Testimonial Aesthetics of *Different Trains*» (siehe Anm. 52), S. 135–37.

55 Reich bezeichnet sich als Person «with a religious appetite» und praktiziert eine nicht-konfessionelle Observanz amerikanisch-liberaler Prägung, zu deren tragenden Säulen neben religiösen und kulturellen Elementen zentral die Erinnerung an den Holocaust gehört. Auf seine genealogische Zugehörigkeit zum Stamm der Leviten, der biblischen Tempelmusiker, hat der Komponist überdies nicht ohne Stolz hingewiesen; Rebecca Y. Kim, «From New York to Vermont» (siehe Anm. 10), S. 349.

ABB. 5   «They shaved us», Steve Reich, *Different Trains,*
Teil II, Partitur, S. 85, T. 287–89.

Wie sich dies auf die Interpretation und Assemblage des dokumentarischen Materials auswirkt, sei abschließend noch an einem Beispiel veranschaulicht.

Am Ende des zweiten Teils (Ziff. 90) setzt die Paradiddle-Bewegung schlagartig aus, zu den Worten «flames going up in the sky»[56] bleibt ein Cluster liegen bis zur zweitaktigen Generalpause: Die Konnotation von Stillstand und Tod ist unüberhörbar. Hier könnte das Stück enden. Doch es folgt der dritte Satz mit der nun dominierenden kanonischen Faktur, beginnend mit der vitalen Formel aus den Worten «and the war was over» (Ziff. 95 und 100), auf die wenig später der elegisch gefärbte Einwand «are you sure?» folgt (Ziff. 103).

Der dritte Teil mündet in der Schlussepisode in Rachellas Erzählung von jenem Mädchen im KZ, das mit seiner «schönen Stimme» die Deutschen zum Applaudieren

---

56   Amy Wlodarski («The Testimonial Aesthetics of *Different Trains*», siehe Anm. 52, S. 130–31) entwickelt ein Argument aus der Abweichung «going up in/to the sky», übersieht aber, dass es sich lediglich um einen Fehler im Libretto handelt, während der Wortlaut in der Partitur getreu dem Sample wiedergegeben ist.

ABB. 6 «There was one girl», Steve Reich, *Different Trains,*
Teil III, Partitur, S. 139, T. 528–32.

veranlasst (Ziff. 148, T. 530). Die Sprechmelodie dieses Samples hebt an mit einem kleinen Sekundwechsel. Ein solcher wurde bereits exponiert im zweiten Teil bei der Schilderung der Vorgänge im KZ.

Dort (Ziff. 88, →ABB. 5) wird die kleine Sekunde der Sprechmelodie von «they shaved us» als topische Klagefigur in einem äolischen B-Modus harmonisiert. Dagegen wird im dritten Teil, zum Text «there was one girl who had a beautiful voice» (Ziff. 148, →ABB. 6) das gleiche Intervall innerhalb von C-mixolydisch in einen harmonischen Kontext eingebaut, der zusammen mit dem charakteristischen Rhythmus das emblematische «Halleluja» aus Händels *Messiah* evoziert.[57] Mit dieser Episode, ihrer harmonischen und strukturellen Einbettung setzt Reich dem ganzen Stück ein wenn nicht positives, so doch

---

57 Und ist es ein Zufall, dass ausgerechnet auf das Wort «voice» in der ansonsten syllabischen Sprechmelodie zwei Töne fallen, was übrigens im Sample nur andeutungsweise zu hören ist? Das einzige andere, überdies reale Melisma kommt vor auf «[New] York» (Teil I, ab T. 46 und ab T. 265).

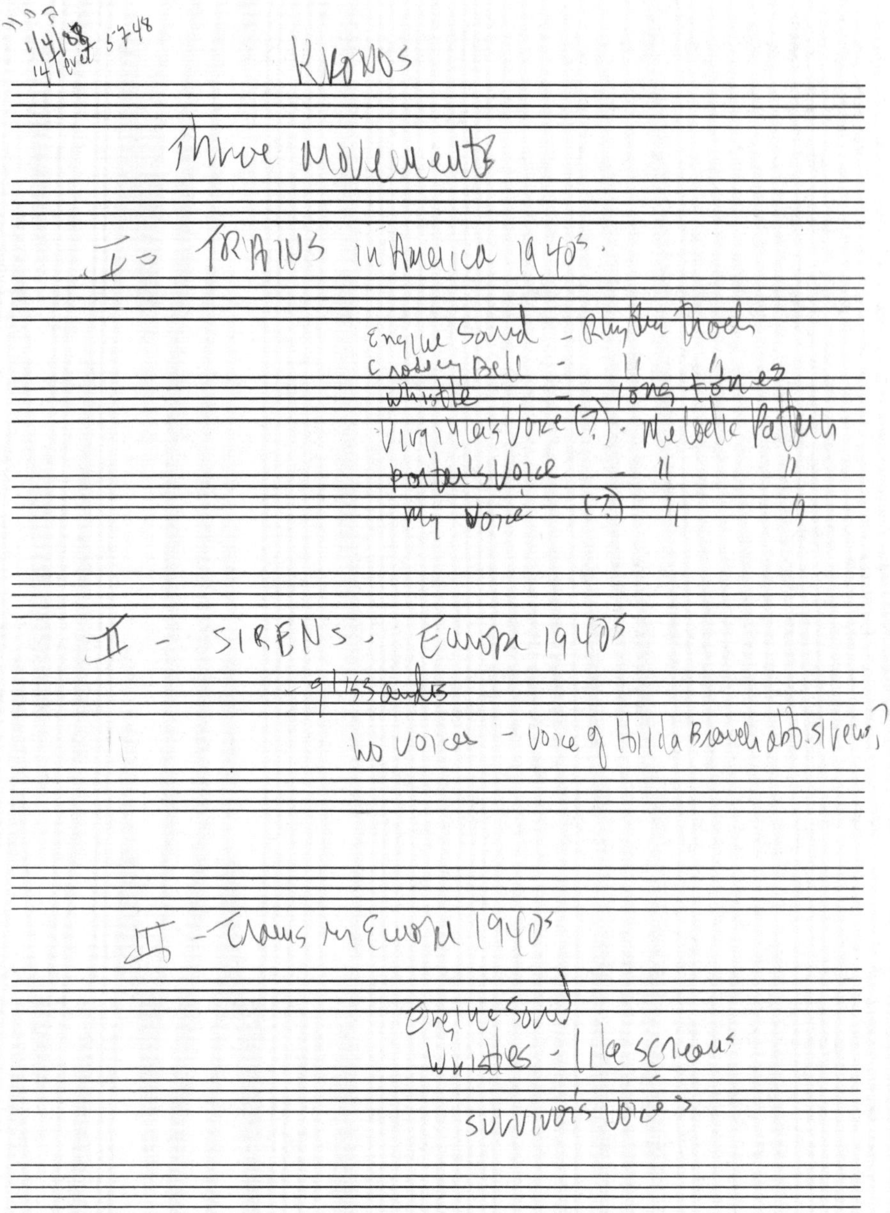

ABB. 7   Steve Reich, Konzept für *Different Trains,* datiert auf 4. Januar 1988,
Skizzenbuch (16. August 1987 – 1. April 1989), S. [14] (SSR).
(Seit den späten 1970er Jahren hielt Reich bei seinen Skizzen meist auch
das Datum des jüdischen Kalenders fest [14 Tevet 5748], versehen mit der
Formel ב"ה [b'ezrat ha-shem, «mit Gottes Hilfe»].)

offenes Ende. Dass diese Wendung aber mit einer «schönen Stimme» in Verbindung gebracht wird, ist vor dem konzeptionellen Hintergrund des Stücks ein eindeutiges ästhetisches Statement. In einer kunstgeschichtlichen Traditionslinie, zu der etwa auch «Der Leiermann» in Schuberts *Winterreise* gehören würde, referiert hier ein Stück Musik am Ende auf sich selbst, auf Stimme und Gesang als eine zwar physisch schwache, aber auch in der größten Katastrophe widerständig vitale und humane Kraft. Und damit ist es letztlich sogar Schönbergs *Survivor from Warsaw* nicht unähnlich, jener ersten Holocaust-Komposition, die Richard Taruskin in drastischer Absetzung von *Different Trains* als banal mit «B-movie clichés» versetzt abgetan hat.[58]

Es mag eine historische Koinzidenz sein, dass *Different Trains* die deutsche Erstaufführung im November 1988,[59] also just in jenen Tagen erlebte, da in Deutschland – fünfzig Jahre nach der Reichspogromnacht – ein langer Reigen von Gedenkfeiern anhob. Sicher hat aber dieser Umstand die Rezeption beeinflusst.[60] In der aufkommenden «Erinnerungskultur» wurde *Different Trains* gerade wegen des dokumentarischen Anspruchs zu einer Projektionsfläche für Empathie und Identifikation. Ob die Komposition deshalb – nach Taruskins Prognose – als «the only adequate musical response […] to the Holocaust» in der Kunstgeschichte Bestand haben wird, ist offen.[61] Fraglich ist allerdings, was überhaupt als «adäquate musikalische Antwort auf den Holocaust» gelten könnte. Zweifellos hat sich die Erinnerung an den Holocaust in den letzten Jahrzehnten stark von der mündlichen Überlieferung auf indirekte Formen des Gedenkens verlagert. Der Erinnerungsimperativ, den zu Beginn der 1980er Jahre Yosef Haim Yerushalmi mit dem emblematischen Titel *Zakhor* formuliert hat,[62] mündete nach 1989 in eine Routine, die von Kritikern bald als «Memory Industry» diagnostiziert wurde.[63] *Different Trains*, ein Werk, das buchstäblich Oral History in Musik transformiert, steht als markantes Monument an diesem Übergang. Jedoch verdeckte oftmals die dominante, auf den Holocaust bezogene Rezeption des Stücks die ebenso wichtige ästhetische Ebene: dass *Different Trains* ein in der neuen Musik bahnbrechendes Beispiel für die kompositorische Umsetzung von Sprache in Musik darstellt.

---

58 Richard Taruskin, «A Sturdy Musical Bridge to the Twenty-first Century», in: *The New York Times*, 24. August 1997, wieder abgedruckt in: ders., *The Danger of Music and Other Anti-Utopian Essays*, Berkeley etc.: University of California Press 2009, S. 98–103, hier S. 102. An prominenter Stelle exponierte auch Bret Werb *Different Trains* als Markstein einer «neuen Sensibilität» gegenüber dem Holocaust; «Music», in: *The Oxford Handbook of Holocaust Studies*, hrsg. von Peter Hayes und John K. Roth, Oxford: Oxford University Press 2010, S. 478–89, hier S. 487.

59 Die Aufführung vom 19. November 1988 in der Reihe «Musik der Zeit» beim WDR in Köln wurde fälschlicherweise als Uraufführung angekündigt; diese hatte jedoch in London am 2. November 1988 stattgefunden.

60 Vgl. Naomi Cumming, «The Horrors of Identification: Reich's *Different Trains*», in: *Perspectives of New Music*, 35 (1997), Nr. 1, S. 129–52.

61 Richard Taruskin, «A Sturdy Musical Bridge to the Twenty-first Century» (siehe Anm. 58), S. 101.

62 Yosef Haim Yerushalmi, *Zakhor: Jewish History and Jewish Memory*, Seattle: University of Washington Press 1982.

63 Vgl. Timothy Snyder, «Commemorative Causality», in: *Modernism/Modernity*, 20 (2013), Nr. 1, S. 77–93.

GESPRÄCHE

Der Komponist als Interpret,
der Interpret als Komponist

Peter Hagmann: Guten Abend Herr Boulez, guten Abend Herr Holliger, guten Abend meine Damen und Herren! Interpretation und Autorschaft: Mit Ihnen beiden darüber zu sprechen ist von ganz besonderem Interesse; Sie sind ja als Interpreten wie als Komponisten tätig. Ist es so, Herr Boulez?

Pierre Boulez: Ich hoffe es wenigstens, sonst hätte ich einen Teil meines Lebens vergeudet.

Peter Hagmann: Wenn Sie eine Sinfonie Mahlers dirigieren, verstehen Sie sich dann als ein Interpret in des Wortes emphatischer Bedeutung? Als ein Übersetzer, ein Ausleger, mithin ein Sinngeber oder sogar einer, der ein Stück Eigenes in die aufgeführte Musik hineinlegt? Oder noch stärker zugespitzt: Sind Sie dann ein zweiter Autor?

Pierre Boulez: In der Zeit, in der ich dirigiere, bin ich sicher ein Interpret, weil ich etwas zu sagen habe. Etwas zu sagen für mich, und etwas zu sagen für die Musiker, die spielen. Man kann nicht nur sagen «eins, zwei, drei, vier …», oder «ein bisschen schneller, ein bisschen langsamer …» Nein, man muss erläutern, wie die auf den Pulten liegende Musik konzipiert ist. Aber das ist noch nicht genug, besonders in den großen Formen von Mahler, wenn wir jetzt von Mahler sprechen. Da ist ein Satz, der dauert 30 Minuten, da können Sie nicht einfach über diesen See von Klang schwimmen. Man muss etwas organisieren, zunächst für sich selbst, und dann auch für die Musiker, die man dirigiert. Das kann nicht improvisiert sein, überhaupt nicht. Wenn man bedenkt, welche Sorge Mahler hatte, die Sätze zu komponieren, und wie gut das organisiert ist, kann man diese Organisation nicht einfach vergessen und sagen, «ich habe meine Meinung darüber, und das genügt». Nein, das genügt nicht. Denn wenn es keine Struktur gibt, ist auch das Gefühl weg, denn das Gefühl hängt eng mit der Struktur zusammen. Darum stellt sich für mich immer das Problem, einen Weg zu finden zwischen meinem Denken als Komponist und meinem Tun als Interpret. Als Komponist verstehe ich, was Mahler wollte, ich sehe die Struktur der Sätze, der fünf Sätze zum Beispiel in der Fünften Sinfonie. Ich will diese Struktur herüberbringen – aber eben nicht nur die Knochen. Ich möchte auch das Fleisch der Musik haben, und deswegen muss ich in jedem Moment an dieses Fleisch und nicht nur abstrakt denken. Und seltsam: je besser man die Struktur versteht, desto freier ist man, darüber zu improvisieren. Denn die Struktur ist da, und wenn die Struktur da ist, dann können Sie wirklich frei dirigieren und frei interpretieren. Aber beides zu verwirklichen, das erfordert eine Balance, die sehr schwer zu finden ist. Denn es gibt Momente, in denen die Struktur sehr wichtig ist, und Momente, wo das Gefühl wichtiger ist als die Struktur. Das ändert sich, sonst wäre es akademisch gedacht; man soll ja nicht akademisch dirigieren oder interpretieren, man muss sich vielmehr in dieser Balance zwischen Freiheit und Obligato bewegen.

> **Peter Hagmann:** Freiheit, das ist ein zentraler Ausdruck. Wie geht es denn Ihnen, Herr Holliger, wenn Sie – wie Sie es bald wieder tun werden – nach Zürich kommen und Schumann dirigieren? Es ist doch ganz klar, dass Sie da als Interpret wirken, dass Sie mit Ihrer ganzen Persönlichkeit, mit Ihrem Ich einwirken in diese Musik.

Heinz Holliger: Ich glaube, ein Musikstück kommt erst zum Leben oder zum Klang durch das Subjekt, das es interpretiert, und es wird immer etwas Persönliches mit einfließen. So wie ich spreche, mache ich auch Musik, mein ganzer Körper ist beteiligt an der Musik: mein Atmen, die Phrasen, ob etwas schwer ist, ob etwas leicht ist – so wie ich das empfinde. Aber ich sage nicht, das sei die letzte heilige Botschaft, das sei gültig für alle. Ich glaube, man kann, wie Herr Boulez sagt, ein Stück erst einmal ganz genau anschauen, die Strukturen prüfen – gerade wenn man Schumann analysiert, kommt in allen Büchern das Klischee zum Vorschein, diese Musik sei einfach eine Weiterführung Beethovens. Dabei ist sie etwas total anderes. Und wenn man weiß, wie das gebaut ist, dann muss man auch wissen – jetzt zum Beispiel bei Schumann –, was für Texte als Subtext unter der Musik stehen. Die Erste Sinfonie, die ich in Zürich dirigiere, ist ein Lied ohne Worte, es sind Lieder ohne Worte. «Im Tale blüht der Frühling auf…»: Das Gedicht hat die Explosion dieses musikalischen Vulkans ausgelöst – Schumann schrieb die Sinfonie in wenigen Tagen –, ein völlig zweitklassiges Gedicht von einem Herrn Böttger, der sonst nicht aufgefallen ist als großer Dichter. Aber es war genug, im Komponisten etwas auszulösen, etwas, was sich in ihm schon zehn Jahre vorbereitet hat, mit all den Skizzen zu Sinfonien, und dann plötzlich explodiert ist. Wenn man diese Sinfonie spielt, muss man die Tempi, die Schumann vorgibt, möglichst ernst nehmen, und diese Tempi wirken auf die Klangbalance, die Schwere des Klangs im Orchester. Mit einem Riesenorchester, das viel zu laut spielt, kann man keine sehr schnellen Tempi realisieren, man kann einen durchsichtigen Klang anstreben, wenn man seine Tempi ernst nimmt – und die sind wirklich großartig. Zum Beispiel auch im Trio, diese Portatobögen, wenn man die wirklich macht und nicht die Orchesterbogenstriche, wie sie immer gemacht werden, dann wird das ein völlig anderes Stück. Das sind dann Schmetterlinge von Jean Paul, zum Beispiel diese Quinten und dann die Flötenfigur, die den Schmetterling darstellt. Es kommt soviel heraus an Poesie, auch an Subjektivität, wenn man einen Text genau nimmt, und nicht, wenn man zuerst danach schaut, wie komme ich da am Besten mit meiner Person heraus. Ein schlechter Etymologe könnte in «Interpret» auch «il prete» sehen; viele Dirigenten kommen mit hohem Kragen und meinen eigentlich, sie seien Priester, gar Hohepriester. Davon, glaube ich, sind wir beide ganz weit weg.

> **Peter Hagmann:** Es ist interessant, wie sich in ihrer beider Argumentation das Rationale mit dem Gefühlsmäßigen verbindet.

Heinz Holliger: Das kann gar nicht getrennt sein, es wäre Selbsttäuschung, wenn man das täte.

> **Peter Hagmann:** Wie ist das denn, wenn Sie das Oboenkonzert von Mozart spielen und das von Elliott Carter. Gibt es da Unterschiede, oder ist es im Grunde genommen derselbe Zugang?

Heinz Holliger: Für mich gibt es weder neue noch alte Musik, es gibt nur gute Musik und schlechte Musik, und die gibt es überall, in jeder Epoche. Elliott Carters Musik ist absolut geniale Musik, die sogar sehr viel von Mozart an sich hat, und darum fällt es mir überhaupt nicht schwer, die beiden Konzerte an einem Abend zu spielen, wie ich es auch schon gemacht habe. Während das Mozart-Konzert ein schwächeres Stück von ihm ist, nimmt Carters Konzert eine ganz wichtige Position in seinem Gesamtwerk ein. Als Interpret möchte ich immer so spielen, wie ich selber spiele, ich will nicht ein anderer sein, wenn ich spiele oder dirigiere, ich habe da gar keine Wahl. Ich möchte mich jedoch nicht in den Vordergrund drängen, ich möchte probieren, ein Stück so zu fühlen, wie ich das durch meine Erfahrungen, meine Erinnerungen, meine Psyche, meine eigene Subjektivität erfahren kann. Denn es gibt, glaube ich, nicht zwei Menschen auf der Welt, die ein Stück Musik genau gleich empfinden. Wenn wir jetzt am Klavier acht Takte spielten – es würde jeder der Menschen, die da zuhören, etwas anderes an Assoziationen, an Erinnerungen, an zukunftsweisenden Gedanken produzieren. Dies ist auch richtig, darum ist eine Reprise in einer Sinfonie keine Fotografie von vorher, die man herzeigt, sondern ist auf ihre Weise neu. Nach drei Minuten bin ich schon neu, habe ich andere Erfahrungen; die Musiker haben andere Spiel- und Hörerfahrungen, und das Publikum auch; niemand will noch einmal genau dasselbe hören.

> **Peter Hagmann:** Strawinsky hat bekanntlich den Begriff Interpretation dezidiert abgelehnt; er hat das Pianola vorgezogen – in der Meinung, dieses mechanische Musikinstrument bringe seine Partituren ohne Zutun eines fremden Menschen in Klang. Das kann man aus dem Zeitgeist heraus verstehen, vor dem Hintergrund der romantischen Ästhetik, in deren Rahmen sich die Interpreten viele Freiheiten gegenüber den Komponisten herausgenommen haben. Man muss es aber doch wohl als irrig ansehen; ohne menschliches Zutun und damit ohne menschlichen Einfluss gibt es keine klingende Musik. Wie denken Sie darüber, Herr Boulez?

Pierre Boulez: Nun, Strawinskys Gedanke war eine Reaktion. Denken Sie an die Pianisten aus jener Epoche, an Aufnahmen von ihnen – diese Rubati klangen doch manchmal wie besoffen. Das ergibt keinen Sinn; ich weiß nicht, was die im Kopf hatten. Strawinsky konnte das nicht leiden, und tatsächlich gibt es bei ihm nur im *Feuervogel*, dem ersten Ballett, noch ein paar Rubati, bzw. ein Rallentando, um Phrasierungen zu machen. Aber bei *Petruschka* gibt es überhaupt kein Rubato mehr – oder vielleicht noch zwei in der gesamten Partitur, soweit ich mich erinnere. Das ist alles, das eine Rubato ist wirklich das Ende des Satzes, der Schluss. Und wenn Sie sich die «Danse sacrale» im *Sacre* anschauen, da gibt es nur ein einziges Allargando ganz in der Mitte, dort, wo die Reprise beginnt. Das ist sehr natürlich, man schneidet da, um zu zeigen: Das ist das Ende vom ersten Teil, wir fangen jetzt mit dem zweiten an. Das hat keine wirklich expressive Funktion.

Ich will aber noch etwas zu den Interpreten sagen, ich bin da nämlich nicht vollkommen einverstanden. Wenn Sie dirigieren, haben sie keine Roboter vor sich; Sie haben Leute vor sich mit ihrer eigenen Persönlichkeit. Das ist besonders spürbar, wenn Sie dasselbe Stück mit zwei verschiedenen Orchestern dirigieren, nebeneinander oder mit sehr wenig Zeit dazwischen. Wenn Sie da, sagen wir, einen Oboisten haben, der für eine Solostelle einen besonders attraktiven, ausdrucksvollen Klang hat, werden Sie dem ein bisschen mehr Zeit geben. Wenn aber der Oboist einen trockenen, nicht reichen Klang hat, dann sage ich: gut, gehen wir weiter, gehen wir weiter. Sie reagieren auf das, was Sie hören. Deswegen bin das nicht nur ich, der gestaltet, sondern es sind 100 Leute. Und für die Streicher als Gruppe gilt dasselbe. Wenn Sie Geigen haben mit einem sehr kräftigen Ton wie zum Beispiel in Chicago, dann wissen Sie: Die wollen Zeit haben, und Sie geben Zeit. Und wenn es – ich möchte hier kein Orchester nennen – eine Gruppe erste Geigen gibt, die weniger Klang und Volumen haben, gehen Sie ein bisschen schneller voran, weil das der Form hilft. Darum können Sie nicht unbedingt vorausplanen; Sie müssen sich erst informieren und dann reagieren.

Oder nehmen wir beispielsweise eine Mozart-Sinfonie. Sie ist nicht narrativ. Sie ist eine Reihe von Momenten, die natürlich zusammengebaut sind. Aber es gibt das erste Thema, Zwischenthema, zweites Thema, Durchführung und Reprise. Dies ist sehr wichtig, um die Form zu verstehen. Eine Form, die schon vorgeplant ist, brauchen Sie nicht zu organisieren, denn sie ist bereits sehr stark organisiert. Anders bei Mahler – von ihm haben wir eben gesprochen: Das ist narrativ, Sie müssen auf das Narrative achtgeben, denn Mahlers Musik kann ohne dieses Narrative vollkommen chaotisch klingen. Deswegen müssen Sie nicht nur die Struktur, sondern auch die ganze narrative Macht herausbringen. Wenn man zum Beispiel Mahlers Siebte Sinfonie nimmt – ich habe sie vor kurzem dirigiert, deswegen fällt sie mir gerade ein: Die beiden Nachtstücke, die Nummern zwei und vier, sind kein Problem, denn sie sind klassisch, nicht narrativ organisiert, sogar sehr einfach. Aber was machen Sie mit dem ersten Satz, in dem es sehr viel Narratives gibt, dem Solo von Tenorhorn und Posaune, die intervenieren, zum Beispiel? Da müssen Sie sehr auf dieses Narrative aufpassen. Es gibt in dieser Sinfonie zwei verschiedene Wege, die Form zu konzipieren; das ist der Reichtum von Mahler. Und es gibt auch Sachen, die wir heute nicht mehr hören können. Es gibt eine alte Aufnahme mit Mengelberg, den Mahler ja sehr geschätzt hat. Es handelt sich um die Vierte, direkt mitgeschnitten. Wenn Sie die Streicher am Anfang hören, können Sie das heute nicht mehr aushalten. Mahler hat überhaupt kein Ritenuto vorgesehen; wenn dann ein Riesen-Ritenuto mit einem Glissando gespielt wird, hat man das damals akzeptiert, es war noch eine Tradition. Heute können wir diese Tradition nicht mehr akzeptieren.

Peter Hagmann: Wie geht es denn Ihnen selbst, Herr Boulez, wenn Stücke von Ihnen interpretiert werden? Ich kann mich zum Beispiel an ein Konzert in Luzern erinnern, da wurden Ihre *Notations* gespielt, von einem sehr berühmten Orchester, mit einem sehr berühmten Dirigenten, allerdings in einer Art, von der ich mir dachte, dass sie Ihnen als dem Komponisten vielleicht nicht behagt hat. Wenn so ein Moment eintritt, wie gehen Sie damit um? Ist es für Sie als Komponist selbstverständlich, eine Bandbreite an Deutungen zuzulassen, oder versuchen Sie einzuwirken?

Pierre Boulez: Manchmal ist es unmöglich, Einfluss zu nehmen. Dazu kommt, dass ich vielleicht unbequem bin, dass die Leute, wenn ich zu viele Bemerkungen mache, nicht mehr spielen wollen. «Was wird er sagen?», ist dann ihre Reaktion. Ich versuche so diskret wie möglich zu sein – nur: die Diskretion hat ihre Grenzen. Deswegen bin ich manchmal sehr unbequem und versuche zum Beispiel das Tempo zu beeinflussen oder die Klangproportionen zwischen den verschiedenen Komponenten usw. Wenn ich dirigiere, dirigiere ich natürlich, wie ich will. Aber ich verstehe, dass man es auch anders sehen kann. Die anderen können von mir denken, was sie wollen – sonst gäbe es überhaupt keine Interpretationsmöglichkeit. Bei mir selbst gibt es auch nicht nur eine einzige Lösung. Ich sehe zum Beispiel in Stücken, die ich sehr oft gespielt habe über 40 Jahre, dass meine Tempi ganz anders geworden sind und dass sich auch meine Vorstellung von Rubato verändert hat. Ich dirigiere *Le Marteau sans maître* heute viel lockerer als früher. Das hatte einen Grund: Die Musiker müssen ihre Stimme beherrschen, was damals sehr schwer war; deswegen waren sie steif. Ich selbst habe mit diesen Stücken zu dirigieren angefangen, wie verrückt habe ich damals geschwitzt und war froh, wenn wir ohne Unfall bis zum Schluss gekommen sind. Heute verstehe ich gar nicht mehr, warum ich so viele Schwierigkeiten hatte, denn jetzt, besonders mit Musikern, die oft mit mir gespielt haben, gebe ich ein Zeichen, und – «Puff!», das geht sehr schnell. Aber damals, ich erinnere mich an die Uraufführung der *Gruppen* von Stockhausen: Da war Maderna, der hatte ein bisschen mehr Erfahrung als wir, Stockhausen hatte überhaupt keine Erfahrung, und ich hatte Erfahrung nur mit kleinen Kammerensembles. Diese drei Personen mussten zusammen aufpassen und das Stück bis zum Schluss dirigieren, das sind 25 sehr schwere Minuten. Als wir kürzlich die *Gruppen* in der Luzerner Akademie gemacht haben, da gab es andere Schwierigkeiten, aber die Schwierigkeiten von damals haben kaum mehr existiert. Es gibt also eine Art Gewöhnung, und nach 30 Jahren sind die Probleme plötzlich verschwunden.

> **Peter Hagmann:** Im Raum steht, wenn man mit Komponisten über Interpretation spricht, das schwierige Wort von der Authentizität: die authentische Interpretation durch den Komponisten selbst. Wie gehen Sie damit um, Herr Holliger, wenn Sie andere Interpreten bei sich haben, die Ihre Musik spielen? Es gibt zum Beispiel diesen sehr schönen Film über Ihr Violinkonzert, in dem zu sehen ist, wie Sie mit Thomas Zehetmair arbeiten, wie Sie mit einer Insistenz sondergleichen, aber auch mit liebevoller Geduld diesen Interpreten an den Punkt zu bringen versuchen, der Ihnen vorschwebt. Ist hier vielleicht etwas zu Hause, was man Authentizität nennen könnte?

Heinz Holliger: Sicher arbeite ich gern vor allem mit Freunden zusammen an meinen Stücken, aber es wäre für mich ein Horror, zu denken, dass sie am Schluss nur mich spielten. Sie müssen ihre Persönlichkeit bewahren können, wenn sie meine Stücke spielen; eine Musik kann nur durch das Subjekt, das interpretiert, zum Klang werden; man ist ja, wenn man spielt, kein Abstraktum. Ein Solist, ein Geiger, hat seine ganze Herkunft, seine Schule, auch seine physischen Gegebenheiten von der Größe der Hand her, und ob er alte Musik kennt oder nicht kennt, der wird von vornherein ganz viel einbringen in die Interpretation. Ich wäre wirklich sehr blöd, wenn ich das nicht annähme, wenn ich das Geben und Nehmen zwischen Interpret und mir fernhielte. Ich versuche immer einzubringen, was ich mir eigentlich vorstelle. Und ich bin meinen Stücken gegenüber – gleich wie Herr Boulez – natürlich auch Interpret, das heißt: Ich versuche, meine Musik genauso zu interpretieren wie ein Stück von Elliott Carter oder etwas anderes, was ich sehr schätze. Aber mich regt auf, wenn ich nur Papageien höre, die bloß imitieren, was ich in einer Schallplattenaufnahme gemacht oder was ich gesagt habe. Und es gibt hochbedeutende Komponisten, die sagen, sie seien nicht fähig, ihre Musik so zu notieren, wie sie sie eigentlich denken; dann machen sie nur Zeichen für Längen, für Kürzen, aber in den Proben wollen sie dann, dass ihre Musik ganz genau so interpretiert wird, wie sie es sich denken – so werden sie dann selber zu Interpreten. Ich finde, als Komponist sollte man so genau wie möglich notieren, denn innerhalb des Notierten gibt es immer noch ganz verschiedene mögliche Zugänge. Wir müssen ja auch wissen, dass in der alten Musik nichts so notiert werden konnte, wie es eigentlich gespielt worden ist. Denken wir nur an das Jeu inégal der französischen Ouvertüre oder die Messa di voce in den gehaltenen Tönen – diese Dinge waren einfach da und wirkten während der Interpretation. Oder auch was Herr Boulez so gut beschrieb beim *Marteau* mit den Schwierigkeiten damals und den Selbstverständlichkeiten heute – das war wahrscheinlich Haydns Situation in Esterháza. Die besten Leute spielten fast nur seine Musik, und erst am Schluss seines Dienstes bei Esterházy hat Haydn gnädigstlich darum gebeten, jeweils eine Probe abhalten zu dürfen für eine neue Sinfonie; die haben sie manchmal wohl grad ab Blatt spielen können. Die Lockerheit und Freiheit, die sie hatten, kann man sich vorstellen – und so muss man Haydn, glaube ich, auch spielen.

> **Peter Hagmann:** Ich habe den Eindruck, es sei jetzt viel von Freiheit, von Subjektivität die Rede. Im allgemeinen Verständnis ist das mit neuer Musik weniger verbunden. Man denkt sich eher, neue Musik sei etwas, was stärker determiniert sei. Und es hat ja auch eine Zeit gegeben, wo diese Determiniertheit durchaus als solche wahrgenommen wurde – bis es dann, in den späten sechziger und frühen siebziger Jahren, zur Gegenbewegung kam. Das war die Zeit der offenen Form, in der es darum ging, den Interpreten zu befreien aus herrschaftlichen Verhältnissen, der Funktion des Befehlsempfängers, ihn zu beteiligen an der Werkentstehung auf ganz unmittelbare Art und Weise. Wenn Sie sich daran erinnern, Herr Boulez, was haben Ihnen diese Denkansätze damals bedeutet, die offene Form und der Einbezug der Interpreten in die Werkentstehung?

Pierre Boulez: Wir haben damals experimentiert mit ganz strengen Formen, ja eigentlich überstrengen, sogar über-überstrengen Formen, mit rhythmischen Komplikationen und so weiter. Aber wir haben gesehen, dass am Ende des Prozesses diese komplizierten Rhythmen nie realisiert worden sind, es sei denn, man hätte eine Dreiviertelstunde an nur einem Takt gearbeitet, und selbst dann wäre der Takt nie präzise gewesen. So hat man gesehen, dass es vollkommen dumm wäre, weiter in diese Richtung zu gehen, dass man da irgendetwas anderes finden müsste. Man dachte darum, man müsse diese Art der Annäherung integrieren in die Komposition. Sehen Sie, ich habe zum Beispiel angefangen mit *Structures*, das war das Maximum von Strenge – oder vielleicht Obligato,

Obligatissimo, das ist eleganter. Bei *Éclat* habe ich eine Gruppe von wirklich resonanten Instrumenten gewählt: Klavier, Harfe, Vibraphon, Gitarre, Mandoline und so weiter. Und ich habe gedacht, warum hat man immer mit Rhythmen zu tun? Man könnte einmal eine Struktur abhängig machen nur vom Klang, vom nicht modifizierten Klang. Das war wirklich sehr interessant: Bei einem Akkord mit längerer Resonanz war die Mandoline sofort verschwunden, dann fiel allmählich erst die Harfe weg, dann das Vibraphon und schließlich auch das Klavier. Man musste warten, bis man nur einen einzigen Klang hörte, in diesem Fall den Klavierklang. Oder wenn man umgekehrt einen Akkord zusammen und ganz kurz anschlägt, kann man hinterher denken, was man will – das Gehörte kann man überhaupt nicht analysieren. Dies war die Dialektik zwischen einerseits: ich analysiere, ich habe Zeit, man gibt mir Zeit; und andererseits: ich habe keine Zeit und kann nicht analysieren. Die Möglichkeit und die Unmöglichkeit: das war wirklich interessant – diese Rhythmen, dieser Puls der Musik, der war nicht geschrieben, man musste ihn einfach hören. Manchmal fragten mich die Musiker: Können Sie das nicht mit Werten schreiben? Nein, sagte ich, ich schreibe überhaupt nicht mit Werten, denn ich möchte, dass Sie hören, was Sie produzieren – ob Sie interessiert sind oder nicht – und mich interessiert, was Sie nicht interessiert. Es ist für mich sehr wichtig, dass es andere Parameter gibt. Der Klangparameter bringt Freiheit, aber eine, die abhängt von einer wichtigen Dimension. Ich habe da sehr viel experimentiert, besonders bei «Improvisation II» aus *Pli selon pli*, wo es nur wenige Musiker gibt, jeder wirklich verantwortlich und sich seiner Verantwortung bewusst ist. Es ist dann, als ob ich mit den Musikern wie auf einem Tasteninstrument spiele, einem sehr reduzierten Instrument mit nur sieben oder acht Musikern. Durch die Wechselwirkung zwischen mir und den Musikern wird der Klang dann immer wieder anders.

Peter Hagmann: Immer wieder anders?

Pierre Boulez: Ja, immer wieder anders, weil der eine nicht überrascht ist, da er mich gesehen hat und darum sehr schnell reagiert, während ein anderer denkt, das kommt später, und dann überrascht ist, weshalb sein Klang plötzlich aggressiv wird. Diese psychischen Dimensionen möchte ich auch in der Musik haben, zumal bei Kammermusik, klein besetzter Kammermusik sogar. Ich habe das auch mit größeren Gruppen versucht. Wenn bei zwei Gruppen die eine Gruppe mit der rechten Hand koordiniert ist und die andere mit der linken, geht das sofort. Wenn aber ein Teil der linken Gruppe mit der rechten Hand verbunden ist, gibt es, da können Sie sicher sein, mindestens einen Musiker, der sich irrt. Das brauchen Sie also nicht zu machen, es wird immer falsch. Sie müssen eine Methode finden, den Gruppen Sicherheit zu geben. Wenn es zum Beispiel eine Gruppe von fünfzehn Musikern in einer Ecke gibt und zehn Musiker in einer anderen Ecke, dann müssen Sie gruppenweise dirigieren oder die Partitur anders arrangieren. Sie sehen also, es gibt eine Mischung von praktischen und theoretischen Aspekten, Sie können die praktischen Erkenntnisse in die musikalischen Ideen und deren Ordnung einfließen lassen. Aber als ich selbst einen Teil meiner Dritten Sonate gespielt habe, habe ich einen Weg gefunden, der bequem war, und diesen Weg habe ich immer genommen; ich hätte mich zwingen müssen, einen anderen Weg zu nehmen. Wenn man ein Stück geübt hat, hat man keine frische Reaktion mehr. Wir – Stockhausen und ich – haben damals darüber diskutiert. Er war der Meinung, man könne immer so reagieren, als hätte man das Stück zum ersten Mal vor sich. Wenn man ein Stück zum ersten Mal liest, reagiert man überrascht, wenn man es aber geübt hat, reagiert man künstlich. Und diese künstliche Reaktion habe ich manchmal gerne und manchmal überhaupt nicht gerne, deswegen muss man darauf aufpassen, diese Typen von Reaktion zu organisieren.

Peter Hagmann: Sie gehen jetzt von einem doch sehr emanzipierten Interpreten aus – von einem Interpreten, der nicht einfach ihre Zeichen entgegennimmt und umsetzt, sondern kreativ agiert. Bei Ihnen, Herr Holliger, spitzt sich dieses Agieren ja besonders zu. Ich denke an ein Stück wie die *Cardiophonie* von 1971 – ein Stück, das Sie für sich selbst als Interpret komponiert haben. Mich hat das damals, als ich es kennenlernte, außerordentlich in Schrecken versetzt; es geht da um einen Oboisten und seinen Herzschlag, um den Atem, den Stillstand, das Sterben. Erschreckt hat mich damals die Existentialität des musikalischen Ausdrucks, aber auch die Deckung zwischen dem Komponisten und dem Interpreten. Der eine ist zum anderen geworden, der andere zum einen, die beiden Funktionen haben sich einander angenähert. Treffe ich da etwas von Ihren Intentionen?

Heinz Holliger: So ein Eindruck kann bei diesem Stück vielleicht entstehen. Es ist ja wirklich der Körper, der Rhythmus des eigenen Herzens, der strukturgebend ist. Ich kann nur so spielen, wie ich atme, wie mein Herz schlägt, ich kann nicht jemand anderes sein, wenn ich das spiele. Aber eigentlich liegt dem Stück eine völlig abstrakte Idee zugrunde, nämlich die, dass der Herzschlag, wenn man spielt und ermüdet, schneller wird, und dass man, wenn man auf diesen immer schnelleren Herzschlag reagiert, auch immer schneller spielen muss. Es ergibt sich also eine Art Circulus vitiosus, bis man an eine Grenze kommt, wo es einfach nicht mehr weiter geht. Etwas Ähnliches, nur im umgekehrten Sinn, habe ich schon im Ersten Streichquartett gemacht: ein ganz langsames Rallentando über 35 Minuten, ein Glissando nach unten, auch ein Decrescendo und ein Wegnehmen der Kraft beim Bogen, bei den Fingern. In *Cardiophonie* geht es um dasselbe, nur vorwärts: vom Nichts, vom Atem, über die Einschwingvorgänge der Atemgeräusche oder das Artikulieren mit Konsonanten bis später zum gehaltenen Ton, der mit dem Doppelrohrblatt erzeugt wird. Das wird einfach langsam aufgebaut mit dem schneller werdenden Tempo, und das Ganze ist mit diesem Rückkopplungssystem noch einmal verdoppelt. Es ist für mich heute ein etwas brutales Stück, *Art brut* vielleicht, aber damals war es, wie das Theater von Artaud, etwas ganz Körperliches – in dem Sinn, dass die Wirbelsäule in der Mitte der Bühne steht und alles auf diesen Körper bezogen ist. Ich würde das nicht in jedem Rezital spielen wollen und habe es auch schon sehr lange nicht mehr gespielt. Ursprünglich war es gar nicht für Oboe gedacht; ich wollte es zuerst für Aurèle Nicolet schreiben, habe dann aber nicht gewagt, ihm ein so brutales Stück zuzumuten, und habe es nachher für mich selber umgeschrieben. Man kann es auf verschiedenen Instrumenten spielen, das Instrument ist nur eine Verlängerung der Atemwege, des Körpers. Es geht gerade so gut auf Flöte oder Posaune, Vinko Globokar zum Beispiel hat es oft gespielt. Allerdings war sein Herz so gesund, dass es nie schneller ging. Daher hat er manchmal vorher eine Zigarre geraucht, um seinen Puls etwas zu beschleunigen.

Peter Hagmann: Heute Abend spielen Sie nicht *Cardiophonie*, es gibt ein anderes Stück …

Heinz Holliger: Ja, aber ein sehr verwandtes Stück, das mir auch nicht ganz geheuer ist …

Peter Hagmann: … nämlich den *Kreis*. Da ist es nun so, dass die Interpreten sich gegenseitig ihre Instrumente weitergeben, das heißt, die Interpreten geraten zu Instrumenten, auf denen sie nicht recht kundig sind. Was bedeutet das? Ist das nun die endgültige Entthronisierung des Interpreten als des instrumental kompetenten Musikers, und seine Reduktion worauf?

Heinz Holliger: Es hat zum Ursprung auch eine relativ abstrakte Idee. Ich hatte vorher schon einige Stücke geschrieben, etwa *Lied* für Flöte, wo man fremde Anblastechniken auf ein anderes Instrument pfropft, also zum Beispiel einen Trompetenansatz oder irgendwelche Perkussionsgeräusche auf der Flöte spielt. *Kreis* führt dies weiter, indem jeder Musiker, wenn er ein anderes Instrument bekommt, seine «Embouchure», also sein Mundstück, seine Ansatztechnik und auch die Hilfsmittel verschiedener Rohre auf das andere Instrument pfropft. Da kommen Dinge hervor, die völlig selbstzerstörerisch sind. Wenn jemand nicht viel kann, wird es leicht peinlich. Aber wenn man viel probt und sich gewöhnt, kommt vielleicht ein der Karnevalsmusik, der Basler Guggenmusik, verwandtes Klangbild heraus, eine völlige Verzerrung. Man hört, dass die Musik strukturiert, auch deklamiert ist. Aber die Tonhöhen stammen nur von dem Musiker, der sein eigenes Instrument spielt und der jener Solist ist, nach dem sich die anderen richten müssen. Erst am Schluss hat jeder Musiker sein eigenes Instrument und spielt dann – eine extreme Selbstkritik, ja Selbstzerstörung, wie sie damals, 1971, im Schwange war – eine Art Klischeetechnik. Jeder hatte seine Manierismen auf dem Instrument und konnte das auf Abruf bringen, jeder spielt also diese quasi-moderne Virtuosität. Aber innerhalb dieser Coda zerstört sich der Klang immer mehr, und die Instrumente werden immer mehr demontiert, bis nur noch die Stimme zurückbleibt. In einer szenischen Aufführung wäre es dann noch so, dass die Interpreten sogar am Boden liegen und nachher wie bei einem Stierkampf aus der Arena herausgezogen werden. Das ist wirklich ein solitäres Stück in meinem Œuvre, es ist auch das einzige Werk, in dem der Interpret tatsächlich stärker war als der Komponist. Das habe ich als Interpret gemacht, auch selbstkritisch gegenüber meinen eigenen Klischees, als ein Akt der Selbstzerstörung.

Peter Hagmann: Und gleichzeitig haben Sie als Interpret auch viel Produktives hervorgebracht, Sie sind in Regionen vorgestoßen mit Ihrem Instrument, die ehedem unerforscht waren. Wie war das: Haben Sie im Kontakt mit den Komponisten, die für Sie geschrieben haben, über diese Möglichkeiten gesprochen, haben Sie Anregungen weitergegeben oder Anregungen empfangen? Es gibt ja diesen sehr schönen Bericht von Siegfried Palm, in dem er von seinen Arbeitssitzungen mit Bernd Alois Zimmermann erzählt und schildert, wie sie quasi miteinander an den Werken gearbeitet hätten. Haben Sie solche Situationen erlebt?

Heinz Holliger: Relativ wenig. Zuerst hatte ich so eine Tabelle gemacht – das war vielleicht 1963 oder 1964, ich glaube, Boulez hat sie auch noch zu Hause – mit allen Möglichkeiten und allen Eigenschaften der Oboe, wo die hellen Töne sind und wo die dunklen Töne, und auch mit allen Effekten, die mir damals bekannt waren. Dann habe ich gesehen, dass viele Komponisten dies nur wie Streuwürze gebrauchen, ein bisschen von dem, ein bisschen von jenem, ohne es in die Struktur einzubauen. Das ging mir auf die Nerven. Es gibt Tausende solcher Solostücke in der modernen Musik, das sind Müsterchen, instrumentale Klischees, die abgespult werden. Der erste, der genial für Oboe geschrieben hat, war Klaus Huber, weil er selber Oboist war. Der hat nichts mit mir besprochen, hat nur sehr viel gehört, schon 1961. Nachher kam Luciano Berio. Er hat mir zuerst in einem Brief genau geschrieben, was er haben möchte, einen Pedalton zum Beispiel, der möglichst ein Maximum von verschiedenen Farben produziert, und nachher das ganze Spektrum der zwölf Töne axialsymmetrisch ausgebaut, bis alle zwölf Töne im Spiel sind. Da habe ich ihm gesagt, das «h» sei der Ton, der auf der Oboe etwa 97 verschiedene Griffe hat, mithin 97 verschiedene Farben, die er vielleicht brauche.[1] Dies hat nichts mit der Widmung an H. H. zu tun, sondern ist einfach der Ton mit den meisten Möglichkeiten. Später hat er gesagt, er sei sehr unsicher mit der Oboe, er habe nie geschrieben für Oboe, er mache zuerst eine Vorstudie für diese *Sequenza*. So hat er ein Stück geschrieben für Oboe solo, ohne den Pedalton. Das habe ich in Zagreb gespielt, es war relativ einfach und hatte sehr viele Triolen, die stammen aus dem Englischhorn-Solo von *Tristan*, für Berio der Inbegriff von Doppelrohrblattmusik. Dann hat er die genau gleiche Tonhöhenstruktur verwendet im neuen Stück, aber in einer isorhythmischen Struktur mit 13 Dauernabschnitten und 13 Strophen. Das Stück ist eine Art chromatisches Accelerando – je mehr Töne da sind, desto schneller dreht sich die Musik –, und dann gibt es eine ruhige Coda. Die Möglichkeiten des Instruments sind hier ganz genau in Deckung mit den kompositorischen Ideen; Manieren sind keine übernommen. Das finde ich dann wieder bei Werken Elliott Carters, der auch Oboist war und mit dem ich darum nur wenig diskutieren musste. Carter hat mir zum Beispiel im Mayflower Hotel in New York einen Zettel gebracht, auf dem er viele schnelle Passagen mit Bleistift notiert hatte, und sagte: «Spiel mir das!» Ich musste das vom Blatt spielen, und er wollte schauen, ob es für das Instrument natürlich ist oder ob ich bocke wie ein Pferd, das nicht springen will. Die Passagen, die er geschrieben hatte, kamen nachher alle in seinem Oboenkonzert vor. Dass ein Komponist sich so kümmert um die Eigenheiten des Instruments, aber auch um die Eigenheiten des Interpreten, ist eigentlich die Idealform. Brahms hat sehr auf den Klang vom Joachim gehört, wenn er für ihn geschrieben hat, oder auf Mühlfeld, den Klarinettisten. Das muss ein Geben und Nehmen sein, aber nicht so, dass ein Komponist einfach eine Liste hat oder eines dieser Bücher über neue Techniken, etwa Multiphonics, nutzt, die es jetzt gibt. Wenn diese Mehrklänge in allen Stücken vorkommen, ohne dass der Komponist sie jemals körperlich erfahren hätte, ist dies ziemlich gefährlich.

---

1   Vgl. Anne C. Shreffler, «Netzwerke der Zusammenarbeit. Heinz und Ursula Holliger», in: *Entre Denges et Denezy. Dokumente zur Schweizer Musikgeschichte 1900–2000*, hrsg. von Ulrich Mosch, Mainz etc.: Schott 2000, S. 106–16, die Abbildung der «Tabelle neuer Spielmöglichkeiten der Oboe», die Heinz Holliger an Luciano Berio schickte, auf S. 109.

Peter Hagmann: Aufschlussreiche Beobachtungen aus der Werkstatt, aus dem Inneren. Ich habe den Eindruck, dass sich in der jüngeren Vergangenheit doch einiges verändert hat, dass heute schon sehr viel mehr möglich, sehr viel mehr selbstverständlich ist im Umgang mit neuer Musik. Sie haben es selbst angedeutet. In Luzern leiten Sie ja Ihre Akademie, Herr Boulez. Machen Sie dort die Erfahrung, dass die jungen Leute, die jetzt in den Betrieb einsteigen, auf einem anderen Niveau musizieren, auf einem anderen Niveau umgehen mit neuer Musik, oder ist das zu optimistisch gedacht?

Pierre Boulez: Das ist zu optimistisch gesagt, glaube ich. In Musikhochschulen gibt es – ich kann das verstehen – nicht viel Zeit für die zeitgenössische Musik. Natürlich spricht man davon, aber man spielt nicht sehr viel. In Paris haben wir zum Beispiel die *Gruppen* von Stockhausen mit Studenten gespielt, vor kurzem auch *Sinfonia* von Berio. Die Musiker unseres Ensembles sind nicht nur Dozenten, sie spielen auch während des Konzertes, so gibt es einen doppelten Einfluss: Die jungen Musiker, die keine große Erfahrung oder überhaupt keine Erfahrung haben, sind sicherer mit einem erfahrenen Musiker in der Mitte. Die Musiker indes, die Erfahrung haben, unsere Dozenten, müssen wirklich ein Beispiel geben. Das ist gut, denn dann heißt es nicht: «Spielen Sie, ich höre». Nein, es heißt: «Ich mache mit!» Und das gibt wirklich eine gute Spannung. In der Akademie in Luzern haben wir ein Programm: Jedes Mal gibt es ein Stück, das schwierig ist. Wir haben die *Gruppen* von Stockhausen gemacht, meine eigenen *Notations*, wir machen jetzt *Pli selon pli* – immer mit den Studenten. Und natürlich gibt es mehrere Proben, besonders Einzelproben, und wenn ich während einer oder zweier Proben gearbeitet habe und die Leute wissen, wo wir sind, dann arbeiten die Musiker des Ensemble Intercontemporain mit ihnen an den Details, damit ich mich nicht mehr damit zu beschäftigen habe. Aber das geht inzwischen schneller, und vor allem gibt es sehr viel guten Willen. Aber beim Kammerkonzert von Berg habe ich nach der ersten Probe gesagt: «Wir schaffen das nie!» Sie waren verloren sogar bei diesem Stück, und das war kein Stück von heute. Dann haben sie sich aber sehr schnell an die Sprache gewöhnt. Zuerst haben sie die Sprache nur beherrscht, später haben wir dann raffinierter gespielt, besonders leiser, was vor allem im zweiten Teil des zweiten Satzes wichtig ist. Innerhalb von acht Tagen hat sich das vollkommen geändert. Andere Stücke haben mehr Zeit gebraucht, nicht die klassischen wie *Le Sacre du printemps*, das kaum ein Problem mehr darstellt, aber zum Beispiel Varèses *Amériques*, wo es auf der Ebene der Balance mehrere Probleme gibt. Allerdings haben sie das sehr schnell verstanden. Die Leute sind wirklich bereit, etwas zu akzeptieren. Und das ist schon sehr viel.

Peter Hagmann: Interpretation und Autorschaft – das ist ein enorm weiter Garten. Sie haben Gelegenheit, in den nächsten Tagen diesen Garten noch eingehender zu betrachten, wir konnten hier nur einige wenige Punkte streifen. Vielen Dank, Herr Boulez, vielen Dank, Herr Holliger, und Ihnen, meine Damen und Herren, ebenfalls vielen Dank für die Aufmerksamkeit!

Die Erstfassung von Mauricio Kagels
Zwei-Mann-Orchester

Matthias Kassel: Herzlich willkommen im Museum Tinguely beim Vorgespräch zur Aufführung von Mauricio Kagels *Zwei-Mann-Orchester*, das Sie heute in einer neu erarbeiteten Fassung erleben werden. Es handelt sich um die dritte Realisierung dieses Konzeptstücks, nach der Uraufführung 1973 in Donaueschingen und der für das Kasseler Staatstheater 1992/93 entstandenen zweiten Fassung.[1] Die Interpreten spielen bei diesem Stück eine ganz besondere Rolle, da sie sowohl das Instrumentarium, das heißt die gesamte Aufführungsapparatur, als auch die darauf zu spielende Musik selbst entwickeln müssen. Kagel hat dazu in einer publizierten Konzeptpartitur Vorgaben formuliert und musikalische Modelle bereitgestellt, doch bleibt es den Spielern überlassen, diese in eine aufführbare Gestalt umzuformen.[2] Die erste Ausarbeitung für die Uraufführung entstand unter Kagels Federführung mit Wilhelm Bruck und Theodor Ross, langjährigen Mitwirkenden im Kölner Ensemble für Neue Musik, das zahlreiche Werke Kagels erarbeitet, uraufgeführt und allerorten gespielt hat. Für die zweite Ausarbeitung in Kassel zeichneten dieselben Interpreten allein verantwortlich. Für die dritte Fassung, die Fassung Basel 2011, hat sich abermals Wilhelm Bruck dieser Arbeit unterworfen, wobei ihm mit dem Basler Schlagzeuger Matthias Würsch ein neuer Partner zur Seite steht.

Theodor Ross ist also erstmals Zuschauer, und ich freue mich sehr, dass er sich bereit erklärt hat, über seine Erfahrungen mit diesem ungewöhnlichen Musikstück zu berichten. Theodor Ross ist – wie Wilhelm Bruck, mit dem er auch als Duo Bruck-Ross zusammenspielt – von Haus aus Gitarrist. Er hat unter anderem mit Karlheinz Stockhausen gearbeitet, mit Pierre Boulez und anderen; Helmut Lachenmann hat *Salut für Caudwell* für dieses Duo geschrieben, und weiteres mehr ließe sich aufzählen. 1969 stieß Theodor Ross zum Kölner Ensemble für Neue Musik, in dem neben Kagel und Bruck auch Christoph Caskel, Vinko Globokar, Edward Tarr, Siegfried Palm und andere in unterschiedlichen Kombinationen zusammentrafen. Wichtige Werke Kagels wie *Acustica*, *Exotica*,

---

1 Ausführliche Informationen zu allen drei Fassungen des *Zwei-Mann-Orchesters* und zum weiteren Umfeld finden sich im Sammelband *Mauricio Kagel: Zwei-Mann-Orchester. Essays und Dokumente*, hrsg. von Matthias Kassel, Basel: Schwabe 2011. Die Neufassung 2011 ist auch filmisch dokumentiert: *Mauricio Kagel: Zwei-Mann-Orchester. Basler Fassung 2011*, DVD, Basel: point de vue 2011.
2 Partiturausgabe Mauricio Kagel, *Zwei-Mann-Orchester*, London: Universal Edition o. D. [1975] (UE 15848 LW).

Staatstheater, *Unter Strom* und *Tactil* entstanden für und mit diesen Interpreten. Diese Phase ist für uns besonders interessant, da sich Kagel in diesen Werken explizit mit Fragen des Instrumentariums, mit der Klangerzeugung und den Klangerzeugern im allgemeinen auseinandergesetzt hat. Vom weithin bekannten Instrumentalen Theater Kagels heben sich diese Stücke insofern ab, als sie einen sehr großen Fokus auf die Klangerzeuger als Objekte legen. Sie basieren meist auf umfangreichen Sammlungen von Klangerzeugern und bieten damit eine große Variationsbreite an Klangkörpern und Spielweisen an. Dies wird in den Werken künstlerisch verarbeitet und zu musikalischen Aufführungen geformt.

Gottfried Boehm hat in seinem Beitrag zum Symposion das von Kagel mit Wolf Vostell, Ursula Burghard, Alfred Feussner und anderen gegründete, wenn auch nur kurz existierende «Labor zur Erforschung akustischer und visueller Ereignisse» erwähnt und sich mit dem *Zwei-Mann-Orchester* in seiner jetzt realisierten Erscheinungsform beschäftigt.[3] Wir können jetzt etwas näher herantreten an die Entstehungsumstände dieser Stücke, vor allem am Beispiel des *Zwei-Mann-Orchesters*. Da ist das Kölner Atelier in der Genter Straße zu nennen, in dem zunächst Christoph Caskel alleine, später Sie, Herr Ross, zusammen mit Kagel und Bruck gearbeitet haben. Dort sind einige der genannten Stücke entstanden, insbesondere das *Zwei-Mann-Orchester*.[4] Kagel brachte nicht fertige Partituren dorthin, die dann umzusetzen waren, sondern es kam ein Prozess in Gang, es entstand eine Art Laborsituation. Wie können wir uns diese Arbeit vorstellen?

Theodor Ross: Nun, am *Zwei-Mann-Orchester* ist diese Arbeitssituation heute noch zu sehen. Wenn Sie diese Maschine anschauen, sehen Sie genau die Größe des Studios, das wir damals hatten. Es gibt immer gute Gründe, welche Maße man wählt; in diesem Fall war es der Raum, der zur Verfügung stand, so dass man gerade noch knapp und aufrechten Ganges seitlich an der Maschine vorbeikam; ganz pragmatisch eben. In der Tat ist es so, dass die Partitur noch gar nicht existierte, als wir schon eineinhalb Monate gearbeitet hatten, weil zu dem Zeitpunkt noch nicht klar war, wie das aufzuschreiben wäre; das konnte erst im Arbeitsprozess selbst entschieden und fixiert werden. Es war wohl als Idee klar, dass eine große Maschine entstehen sollte, vornehmlich aus alten, lädierten Instrumenten – bevorzugt Orchesterinstrumenten –, wobei in Ausnahmen auch experimentelle Klangerzeuger oder agrikulte, alte Objekte, die in irgendeiner Form einen Klang hergaben und auch optisch etwas hermachten, mit einbezogen werden konnten. Am Anfang der Arbeit stand eigentlich das Sammeln. Damals gab es noch viele Geschäfte – nicht Antiquitätengeschäfte, sondern eher Ramschläden –, wo man alles fand, was auf Dachböden oder sonstwo irgendwann ausgeräumt worden war. Dazu gehörten alte Harfen, auf denen noch ein paar Saiten waren, oder alte Harmonien – Stockhausen nannte sie

---

3 Vgl den Beitrag von Gottfried Boehm, «Visuell-akustische Arbeit. Interferenzen von Bild und Klang», in diesem Band S. 91–101.

4 Im selben Haus befand sich auch das Feedback-Studio von Johannes Fritsch, zu dem eine Buchpublikation mit weiteren Informationen über das Umfeld entstanden ist: Gerhard R. Koch, Winrich Hopp und Johannes Fritsch, *Feedback Studio*, Köln: DuMont 2006.

ABB. 1   Das Atelier Genter Straße 23, Köln, während der Bauphase des
Zwei-Mann-Orchesters, September 1973, mit Theodor Ross (links),
Mauricio Kagel (Mitte) und Wilhelm Bruck (rechts)
(Foto von Michael Ruetz; Sammlung Gemeentemuseum Den Haag).

immer Harmoniums in der Mehrzahl; das ist kein Witz: im *Jahreslauf* von Stockhausen gibt es «drei Harmoniums».[5] Solche Dinge wurden von uns gekauft und in dieses Studio geschleift, und dann fingen wir an.

Was als zweites immer wichtig ist – nach der Größe des Raumes –, ist das Datum, wann ein Stück uraufgeführt werden soll. Das sind die äußeren Begrenzungen: einerseits, wie groß man werden darf, und andererseits, wann man fertig sein muss. Es wird dann immer – sowohl räumlich, als auch zeitlich – ganz schnell ganz eng. Als wir wussten, es findet an diesem und jenem Datum statt, hatten wir noch etwas mehr als drei Monate, um das Ganze zusammenzubauen und einzustudieren. Das war auch der Zeitrahmen für die Erstellung der Partitur. Es gibt ein wunderbares Foto von diesem Studio, so ein Froschaugenfoto, auf dem man sieht, wie Wilhelm Bruck und ich in der Maschine sitzen und Kagel daneben an einer Holzplatte (→ **ABB. 1**). Er notierte, was er sah und was wir da gerade spielten. Wir waren im besten Sinne des Wortes Kinder, die einfach mal geschaut haben, was man tun kann. Vieles sah so disparat aus, dass es eigentlich zur Erzeugung von Musik gar nicht geeignet

---

5   Vgl. die «Einführung» zur Partitur *Der Jahreslauf,* Werk Nr. 47 1/2, Kürten: Stockhausen-Verlag
1994, S. I–VII, hier S. II.

schien. Ich erinnere mich beispielsweise an eine Kurbel, an der ein paar Schneidewerkzeuge hingen, eine Art Vorschneider zum Brechen von Flachs, so dass man ihn durch die Hechel ziehen kann, um daraus Leinen zu machen. Wie kann man damit Musik machen? In diesem Fall hatten wir irgendwoher Pferdeschellen aus dem 19. Jahrhundert. – Haben Sie den Film *Tanz der Vampire* von Polanski gesehen? Da gibt es doch ganz am Anfang eine wunderbare Kutsche und man hört dieses «Tschk, tschk, tschk, tschk». Das sind solche Kutschen- oder Schlittenglöckchen. – Die Maschine selbst war zu nichts zu gebrauchen, es war aber eines der größten Objekte, und schließlich haben wir die Glöckchen da reingehängt. Wenn man kurbelte, fing das irgendwann an, sich aufzudrehen und wieder zu lösen, und es begann zu klingen. Das Klangergebnis war relativ klein im Vergleich zu dem Gerät, das wir dafür benutzten, aber es war schon mal etwas. Damit war eine – wenn auch absurde – Funktion gefunden.

Ich erzähle bewusst so salopp, denn der Beginn des Baus dieser Maschine verlief tatsächlich so spielerisch. Später wurde es dann etwas subtiler, ja artete sogar in Arbeit aus. Aber am Anfang machte es sehr viel Spaß, denn man baute und bastelte – nach einem schlichten Plan: Die Maschine beansprucht die Länge des Raumes, cirka 10 Meter; ein Spieler sitzt hier, an diesem Ende, der andere dort, am anderen Ende; dazwischen die verschiedenen Instrumente, die alle von je einem Drehhocker aus zu bedienen sind. Dieses Problem musste man bewältigen. Dafür gab es als Möglichkeit nur – wie ich es nenne – primitivmechanische Lösungen; etwa einen Bindfaden, der zu einem Trommelschlägel geht, der an einer Feder befestigt ist. So kann man diesen Trommelschlägel anziehen, dann loslassen, und es macht «Brrrrr …» – auf einer Trommel, die vielleicht kaputt ist. So bedient man ein Instrument, das sechs oder acht Meter von einem entfernt ist. Wir mussten all diese Instrumente in irgendeiner Form mechanisch verbinden.

Irgendwann wurde es Kagel bei dieser Bastelei klar, dass das Ganze *so* noch kein Stück ergeben würde. Von da an wurde es ziemlich hart, denn jetzt kam er auf *Ideen*, die er dann in die Partitur setzte. Ich weiß nicht, ob der eine oder andere von Ihnen diese Partitur schon einmal in der Hand hatte, aber vielleicht kann ich sie umschreiben: Stellen Sie sich vor, Sie sind Musiker; Sie haben kein Instrument und kein Stück, aber Sie sollen ein Stück auf einem Instrument spielen. Das heißt, Sie müssen das Stück komponieren und Sie müssen das Instrument bauen; kaufen können Sie es nicht. Das war die Situation.

Kagel hat nun melodische Modelle aufgeschrieben. Er wusste in dieser Anfangsphase nicht genau, wie viel mit den Dingen, die wir da zusammenfanden, zu realisieren war und wie komplex die Melodien werden konnten. Da es sich um lädiertes Zeug handelte, das außerdem über weite Entfernungen mit Primitivmechaniken zu bedienen war, konnten wir keine komplexen Figuren realisieren. An einem Klavier, das sechs Meter von einem entfernt steht, kann man allenfalls mal mit einer langen Latte auf die Tastatur hauen. Also musste er einfache Modelle liefern, melodische Modelle, die fast wie Intervallübungen für Musikstudenten aussahen (→ **ABB. 2**). Zusätzlich notierte er erlaubte Transpositionen. Das fängt mit zwei Tönchen an und geht bis zu Modellen mit sechs Tönen. Es sieht nicht strukturiert aus, und es *ist* auch wenig strukturiert. Es ist Material. Es muss so primitiv sein, dass es in jedem Fall genügend Möglichkeiten liefert, um mit primitivsten technischen und instrumentalen Mitteln überhaupt Töne, die gewollt sind, zu realisieren. Das bedeutet, der Rahmen für Musikalität ist hier äußerst eng.

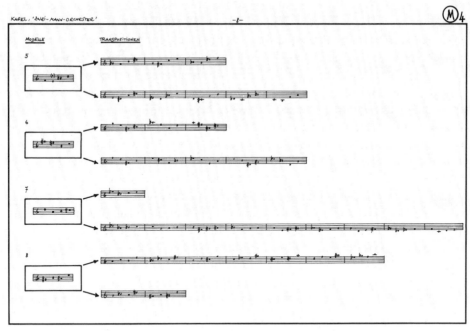

ABB. 2   Mauricio Kagel, *Zwei-Mann-Orchester,* Druckausgabe, Abschnitt
«I Melodik», S. 8, Modell M4 (© 1973 by Universal Edition (London) Ltd.,
London/UE 15848F; mit freundlicher Genehmigung).

Das war das eine. Noch haben wir aber keinen Rhythmus. Dafür gibt es einen
eigenen Teil der Partitur mit rhythmischen Modellen, die man wählen kann, je nachdem,
was auf den Instrumenten möglich ist. Diese verbindet der Spieler nun mit den melodischen oder mit ebenfalls wählbaren harmonischen Modellen.[6] Wenn man zum Beispiel
ein Harmonium hat, kann man ein harmonisches Modell spielen. Oder man kann am
Klavier ein paar Plektren mit Fäden befestigen, und wenn man alle zusammen herausreißt,
erklingt ein Akkord. Mit den Modellen erhält man ein isoliertes musikalisches Material,
das noch keinerlei Form hat, aber das so reduziert sein muss, da man überhaupt nicht
absehen kann, wie komplex die Möglichkeiten in der Maschine sein werden. Kagel musste
die Partitur so schreiben, dass, wenn später – was ja dann auch geschehen ist – eine neue
Maschine gebaut wird, eine aus ganz anderen Instrumenten bestehende Maschine, wieder
etwas zu finden ist, was umsetzbar ist.

Soweit wäre für den Interpreten alles noch relativ einfach, aber jetzt kommt der
echte Kagel, die konzeptionell wichtigste Idee. Irgendwann merkte er, dass alles ziemlich
harmlos bleibt, wenn wir irgendwie an einem oder mehreren Fäden ziehen, dazu noch ein

---

6   Partiturausgabe *Zwei-Mann-Orchester* (siehe Anm. 2), S. 1–15 («Melodik»), S. 16–20 («Harmonik»)
und S. 21–29 («Rhythmik»).

Fußpedal bedienen und so Töne erzeugen. Da kam ihm die Idee, Körpermodelle zu machen. Damit beginnt der sehr ausgeprägte Sadismus des Stückes und die Notwendigkeit für die Interpreten, sehr masochistisch zu sein. Es gibt Modelle mit bis zu vier Körperteilen, die man gleichzeitig zur Erzeugung von Tönen benutzt.[7] Stellen Sie sich vor, da steht beispielsweise «Rücken». Jetzt hat man vielleicht eine Schnur um den Körper mit einem Haken, in den man irgendetwas einhängen kann. Nun steht in diesem Körpermodell «Rücken: *mezzopiano – crescendo* zum *fortissimo – subito piano* und *rallentando*» oder ähnliches. Dies soll man mit dem Rücken machen. Darüber aber steht «linke Hand», und dazu noch ein Modell mit dynamischen Verläufen, und so weiter. Das steht, wohlgemerkt, nicht allein; es geht nicht nur um die Dynamik, sondern darauf sitzen die vorher ausgewählten melodischen, rhythmischen und harmonischen Modelle. Dazu mit dem Mund dies oder das, mit dem rechten Fuß jenes und mit dem linken Fuß oder Knie noch etwas. Wenn Sie von diesen Modellen ein oder zwei gemacht haben – binnen eineinhalb oder zwei Wochen –, dann ist das Arbeitsprinzip des *Zwei-Mann-Orchesters* glasklar definiert. Dann weiß man, wie es weitergehen kann. Nur: Diese eineinhalb Wochen haben vielleicht gerade einmal 30 Sekunden gebracht, und wir wussten, circa eine Stunde soll es schon dauern! Das klingt jetzt alles sehr lustig, und für etwa eineinhalb Monate war es das auch. Aber dann wurde es ziemlich bitter, denn es war ein permanentes Spiel an den Grenzen der körperlichen und konzentrationsmäßigen Möglichkeiten. Es genügte nicht, dass man diese Dinge bloß spielte. Es gab noch einen Partner und sollte irgendeinen musikalischen Zusammenhang erbringen. Am Ende musste eine Form gefunden werden, die diese Stunde auch erfüllt. Es war ein sehr, *sehr* harter Arbeitsvorgang, der nach und nach absolviert wurde.

Als wir das Stück dann konnten, war es allerdings faszinierend, denn was damals – in der historischen Situation, in der es aufgeführt wurde – passierte, war schon ziemlich ungeheuerlich. Es war – gelinde gesagt – eine Sensation. Kagel hatte ein unglaubliches Gespür dafür, ein Stück in eine historische Situation zu platzieren. Es begann damals eine Zeit mit großen Zweifeln am Sinn von herkömmlichen Orchesterapparaten, in denen die Hauptdiskussion oft darin bestand, ob die nächste Gehaltserhöhung wirklich stattfinden würde, und ob nicht drei Orchesterdienste ausreichten à drei Stunden pro Woche. Bisher hatte man vier und das war doch bereits ein bisschen viel … Es war wirklich so, dass die großen Orchester an Theatern und Rundfunkanstalten kaum noch einspannbar waren in komplexere Ideen von Komponisten. Es gab ein paar Ausnahmen, das Kölner Rundfunk-Sinfonie-Orchester des WDR, auch das Rundfunk-Sinfonieorchester Saarbrücken, das heute in dieser Form leider nicht mehr existiert. Man hegte große Zweifel an den herkömmlichen «kulturellen Errungenschaften» und fragte sich, ob es sinnvoll sei, so weiterzumachen. Aus derselben Situation heraus forderte Pierre Boulez: «Sprengt die Opernhäuser in die Luft!»[8] Kagel wiederum schlug, wie er mir erzählte, in einem Brief an Rolf Liebermann vor, man solle, statt Opernhäuser zu sprengen, lieber den konventionellen Kulturbetrieb mit neuen Aufgabenstellungen umfunktionieren. Liebermann schob den

---

7   Ebd., S. 30–89 («Körperbewegungen»); vgl. Abb. 3, S. 228.
8   ««Sprengt die Opernhäuser in die Luft!» Spiegel-Gespräch mit dem französischen Komponisten und Dirigenten Pierre Boulez», in: *Der Spiegel*, 21 (1967), Nr. 40, S. 166–74.

Ball prompt an Boulez zurück: «Schreibt doch mal was Modernes für die Theater!»[9] Heraus kam *Staatstheater* – kein Instrumentales Theater, sondern instrumentalisiertes Staatstheater –, wo Kagel das Solistenensemble der Hamburgischen Staatsoper Chor singen ließ und allen Choristen Solopartien gab. Das Orchester wurde für ein paar Tonaufnahmen gebraucht, und einzelne Orchestermusiker spielten die Szene *Freifahrt*, das heißt, sie saßen auf einem Stuhl, der leider – oder: Gott sei Dank! – nicht glatt lief. Er wurde von der einen Seite zur anderen gezogen, jemand saß darauf und spielte auswendig eine sehr komplizierte Klarinettenpartie, aber es gab immer diese kleinen Stöße, die die Partie zerstörten, was den armen Mann zur Verzweiflung brachte, aber genau die Spannung erzeugte, die Kagel sich wünschte. Es war eine ziemlich wilde Zeit damals, die späten 1960er und frühen 1970er Jahre. In sie hinein kam dieses Stück, «dem Andenken einer Institution gewidmet, die im Begriffe ist, auszusterben», nämlich dem Orchester,[10] was Kagel sofort die Liebe einer großen Musikerschaft einbrachte …

Matthias Kassel: Dies ist das Orchesterthema in diesem Stück. Nun gibt es selten Stücke, in denen sich Kagel nur monothematisch mit der Umwelt und der Gesellschaft auseinandersetzt. Beim *Zwei-Mann-Orchester* ist das Instrumentarium sicher ein Thema, das Orchester als großer Apparat. Ein anderes Thema sind die Spieler selbst. Eben fielen die Begriffe Sadismus und Masochismus, und in einem unserer früheren Gespräche war davon die Rede, dass das *Zwei-Mann-Orchester* in gewisser Weise auch ein «böses» Stück sei. Die Rolle und die Situation der Interpreten sind damit thematisch derart angereichert, dass es über das reine Erarbeiten weit hinausgeht. Die Partitur ist nur ein Konzept, bestehend aus den beschriebenen musikalischen Modellen, den Körpermodellen und der neunseitigen Einleitung, die keine Bauanleitung darstellt, wie man sie vom Selbstbauregal kennt, sondern eher die Ideenwelt und die damit zusammenhängenden Konzeptideen umschreibt. Vielleicht hält sie auch einiges Entstandene nachträglich fest, um es nachvollziehbar zu machen. Die Einleitung ist im Grunde selbst ein sehr interpretationsbedürftiger Text, den man studieren und lesen lernen muss. Als Beispiel eine Stelle, bei der es um die Bedeutung der Körpermodelle geht:

Der Aufführende richtet sich bei der Wahl der Klangquelle nach der Zusammensetzung der anatomischen Kombination und den Bedingungen, die sie einer instrumentalen Tätigkeit auferlegt. Mit anderen Worten, es wird hier weniger eine akustische Dekoration in Klang gesetzt, als vielmehr eine Konstellation von Bewegungen oder Aktionen instrumentiert. Die melodischen, harmonischen und rhythmischen Modelle dienen hauptsächlich zur experimentellen Erprobung eines sinnvollen musikalisch-gestischen Zusammenhangs.[11]

Das ist zweifellos eine sehr verdichtete Formulierung dessen, was in der Arbeit stattgefunden hat, und man braucht einige Einfühlung, um es nachzuvollziehen.

---

9 Vgl. «‹Wir werden das Ei schon ausbrüten›. Streitgespräch zwischen Pierre Boulez und Rolf Liebermann», in: *Der Spiegel,* 22 (1968), Nr. 4, S. 104–05.
10 Widmung in der Partiturausgabe (siehe Anm. 2), Vorsatzblatt.
11 «Einleitung» der Partiturausgabe, ebd., S. I–IX, das Zitat S. VII; wieder abgedruckt im Buch *Mauricio Kagel: Zwei-Mann-Orchester* (siehe Anm. 1), S. 103–04, das Zitat S. 104.

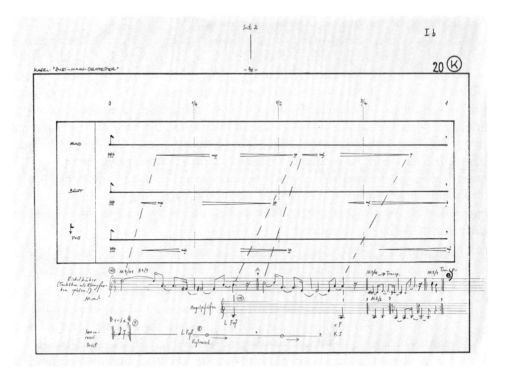

ABB. 3   Mauricio Kagel, *Zwei-Mann-Orchester,* Fotokopie der Partiturreinschrift, Abschnitt
«IV Körperbewegungen», Modell K20, mit handschriftlichen Eintragungen von
Theodor Ross für die 2. Fassung in Kassel 1992 (Privatbesitz Theodor Ross; © 1973
by Universal Edition (London) Ltd., London/UE 15848F; mit freundlicher Genehmigung).

Glücklicherweise sind mehrere Blätter erhalten, die bei der Erarbeitung der zweiten Fassung des *Zwei-Mann-Orchesters* in Kassel – ohne Kagels Mitwirkung – entstanden sind (→ **ABB. 3**). Dort ist dieser Vorgang der Instrumentierung im Ansatz
dokumentiert, in Form von Körpermodellen aus der Partitur, in die eingetragen
wurde, welches Instrument in welcher Kombination mit anderen auftritt. Aus all
dem ergibt sich die einfache, aber fundamentale Frage: Wer komponiert hier?

Theodor Ross: Ich habe das Stück ja zweimal gemacht, und für mich ist es so: Die Komposition besteht eigentlich nicht aus den rhythmischen, melodischen und harmonischen Modellen. Dafür könnte man in der Tat auch Übungen für Studenten nehmen, Übungshefte
für Rhythmik oder Melodik; das spielt fast keine Rolle, es ist wirklich relativ unerheblich.
Tatsächlich besteht das Stück zunächst einmal aus den Anweisungen, wie die Maschine
zu bauen ist. Daraus erfährt man viel eher, was man *nicht* tun soll, als was man tun soll.
Es sollen lädierte Orchesterinstrumente verwendet werden; andere ausnahmsweise auch
mal, aber Vorsicht, nicht zuviel. Dann gibt es ein paar Hinweise auf mechanische Möglichkeiten, die letztlich Arbeitsergebnisse waren, mit Umsetzungsweisen primitivmechani-
scher Art. Man kann zum Beispiel an Kordeln ziehen; man kann mit einem Stab stoßen;

man kann einen Doppelfaden benutzen, um etwas zu laden und wieder zu entladen; man kann über ein Mundstück und einen Schlauch ein sechs Meter entferntes Blasinstrument ansteuern. Das geht, da kommt ja dann hinten etwas heraus. Entsprechend hat Kagel von seiner Frau Ursula Burghardt damals solche Lösungen, die in der Arbeit entstanden waren, abzeichnen lassen und in der Partitur abgedruckt, als Paradebeispiele dafür, wie man so etwas umsetzen kann, ohne dass es allzu subtil wird. Die Idee war in der Tat, ganz überschaubar und primitiv zu bleiben.

Eine Stunde ist eine ordentliche Dauer; was in dieser Zeit stattfindet, muss musikalisch reduziert sein aufgrund der technisch begrenzten Möglichkeiten. Virtuosität ist ganz ausgeschlossen. Wenn überhaupt, dann kommt einem nur virtuos vor, dass einer mit der rechten Hand dieses macht und mit der linken gleichzeitig jenes, oder dass er Akkordeon auf dem Rücken spielt und mit den Füßen gleichzeitig Glockenspiel. Aber das Material selbst klingt nie virtuos. Es gibt in dieser Richtung keine Möglichkeiten, das Stück dramaturgisch aufzubauen. Die eigentliche Spannung ist vornehmlich durch die permanente situative Eingespanntheit der Personen zu erzeugen, die sich aus den erwähnten Körpermodellen ergibt.

Insoweit ist dieses Stück auch eine Gesellschaftsparabel: Die Maschine selbst arbeitet in der Tat *nicht*, wir arbeiten für die Maschine. Das ist auch ziemlich normal. Die Geschwindigkeit eines Fließbandes wird ebenfalls nicht vom daran arbeitenden Menschen bestimmt, sondern vom Chef, der, Arbeitskraft optimal nutzend, Produktionssteigerung einfordert. Tatsächlich resultiert die Spannung aus der Arbeit der Spieler und weniger aus kompositorisch gebauten Spannungen, durch Verwendung bestimmter musikalischer Mittel – Höhen, Tiefen, rhythmische Elemente, Verdichtungen oder Ostinati, die ein Vorwärtstreiben suggerieren und so weiter. Alles, dessen sich herkömmliche Musikdramaturgie sonst bedient, fällt hier weitestgehend weg, also kann man die Spannung nur anders erzielen. Es bleibt fast nur das Feld des Sichtbaren. Der Zuschauer hat permanent zu tun. Er sieht jemanden nach einem Faden greifen und möchte gerne wissen, was der mit dem Faden macht. Also wird er den Faden verfolgen, vielleicht sechs Meter weit durch die Maschine. Da hängen leider 30 Fäden, aber der eine spannt sich jetzt, der muss es sein. So, damit haben wir schon einmal eine Aufmerksamkeit. Und dann sehen wir: Da hinten hängt ein Gerät dran. Was es tut, wissen wir noch nicht. Aber plötzlich macht es «Buff!», und das Ding dreht sich. Wunderbar! Dann ist etwas passiert. Es ist im wahrsten Sinne des Wortes *etwas* passiert, das wir verfolgen, verstehen konnten und was dadurch unser Interesse geweckt hat. Und da die Fülle der Möglichkeiten überraschend bunt ist, bleiben wir eine ganze Zeit lang bei der Stange.

Trotzdem kommt irgendwann die Gefahr auf, dass diese Spannung verlorengeht, nach noch einer Idee, und noch einer Idee … Ideen kann im Prinzip jeder haben, also was soll's? Irgendwann gibt es nur noch *eine* Möglichkeit, die Spannung zu halten, und zwar über das Situative, in das die Spieler eingezwängt sind. Hier findet sich das, was ich vorher meinte mit Sadismus oder Masochismus und der unglaublichen Freude am Zusehen. Jeder freut sich, wenn dem Konditor eine Torte herunterfällt; aber keiner freut sich, wenn er selbst die Torte ins Gesicht bekommt. Hier fällt die Torte jemand anderem herunter, und das ist natürlich wunderbar anzusehen.

Es wird also hart gearbeitet. Das musikalische Ergebnis ist im Vergleich zum Aufwand denkbar arm, aber das war eine ganz bewusste Entscheidung von Kagel. Das Stück besteht aus dem Rahmen, den er am Anfang vorgibt: einerseits *das Bauen* – so viel einbringen wie möglich und zu schaffen ist, so und so ausgewählt – und andererseits die *Körpermodelle* ernsthaft realisieren. Dies erfordert nicht nur Musiker, die gewohnt sind, Crescendi und Decrescendi zu spielen, sondern Musiker, die bereit sind, sich in eine Situation zu begeben, wo sie Instrumente, die sie nie zuvor gespielt haben, mit Körperteilen, die sie bisher nie zum Spielen benutzt haben, in präzise formulierten dynamischen Verläufen polyphon darstellen und das noch zu den vier Stimmen, die gleichzeitig vom anderen Spieler realisiert werden, in Bezug setzen. Daher, und nur daher kann die Spannung kommen.

Im weitesten Sinne ist dies unter anderen Vorzeichen mit Lachenmanns Arbeit vergleichbar, der man aus der «Verweigerung von Gewohnheit»[12] die «Genussverweigerung» unterstellt hat – was völlig unsinnig ist; ich kenne keine Musik der Gegenwart, die musikantischer ist und mehr Genuss bereitet als die Lachenmanns. Gewiss, der Ordinario-Ton, der satte Geigenklang fehlt. Im *Salut für Caudwell*, einem Gitarrenstück von 25 Minuten Dauer, findet sich kein einziger Ordinario-Ton! Es gibt nur Kratzen, Wischen, Zischen und vor allem die Gleitgeräusche, die bei der Bewegung der Finger auf den Saiten entstehen, während man doch viele Jahre studiert hatte, um genau diese Quietscher endlich zu vermeiden.

Beim *Zwei-Mann-Orchester* hat in der Tat die Reduzierung des Musikalischen und die Betonung des Optischen der Maschine – die eigentlich gar keine Maschine ist, sondern ein Konglomerat von Klangerzeugern, das zwei Leute auf unsägliche Weise bedienen – einen Spannungsverlauf zum Ergebnis, der optisch und musikalisch getragen ist. Es gibt tatsächlich – man stelle sich vor – eine Rundfunkaufnahme vom *Zwei-Mann-Orchester*. So stand es damals im Vertrag, die Aufnahme gehörte dazu. Es gibt davon sogar eine CD.[13] Das ist verrückt! Das ist ungefähr so, als würde man dem Rundfunk einen Pantomimenabend verkaufen.

Aber unabhängig davon: Merkwürdig ist, dass die extreme Reduzierung des musikalisch Möglichen, wenn sie trotz eines geradezu unverschämten Aufwandes gelingt, auch heute noch funktioniert. Der Aufwand ist maßlos. Es dauert Monate, bis so ein Ding da steht, und jedes Streichquartett kann mehr Musik machen als diese Kiste. Die Spannung kommt also woanders her. Es entsteht ein Verlauf in der Zeit, auch im Visuellen, der

---

12 «Meine Hilfsdefinition von Schönheit als ‹Verweigerung von Gewohnheit›: Im Zerrspiegel der Blödmacherei wurde daraus ‹Verweigerung von Genuß›. Gewohnheit und Genuß ineins gesetzt: Hier hat sich der Spießer entlarvt.» Helmut Lachenmann, «Affekt und Aspekt» (1982), in: ders., *Musik als existentielle Erfahrung. Schriften 1966–1995*, hrsg. von Josef Häusler, Wiesbaden: Breitkopf und Härtel 1996, S. 63–72, hier S. 71.

13 CD 5 in der Edition *75 Jahre Donaueschinger Musiktage*, München: Col legno 1996 (Col Legno 12CD 31899). Im Booklet steht der Hinweis «Uraufführung vom 20. 10. 1973», doch handelt es sich eindeutig um eine Studioaufnahme, wie der Film *Zwei-Mann-Orchester* produziert im Oktober/November 1973 in den SWF-Studios Baden-Baden. Einen Ausschnitt derselben Aufnahme enthält die CD *Visible Music, Reihe Musik in Deutschland 1950–2000, Abteilung Musiktheater. Experimentelles Musiktheater*, hrsg. vom Deutschen Musikrat, München: BMG, Ariola Classics 2004 (BMG Classics 74321 73651 2).

diesen Aufwand rechtfertigt. Es gab hier in Basel insgesamt schon sehr viele Vorstellungen, und auch damals haben wir in mehreren Städten immer zehn oder zwölf Aufführungen gemacht, die immer ausverkauft waren. Die Faszination der Menschen hält demnach die Spannung über einen so langen Zeitraum von zweimal neunzehn Jahren.

Was mir auffällt – aus der Sicht von jemandem, der in der ersten und zweiten Maschine selbst gesessen hat und bei der dritten davor sitzt – , ist die veränderte historische Situation, die aus dem Stück etwas *komplett* Neues macht. Das äußere Erscheinungsbild ist erstaunlich ähnlich, aber das, was das Stück bedeutet und bewirkt, ist am Ende, durch die veränderte Sicht, eine völlig andere Sache. Gewiss ist dies Sache der Interpretation, und ich bin wahrscheinlich am schlechtesten geeignet, um das beurteilen zu können. Bei mir ist wohl, trotz zweimal neunzehn Jahren, der Abstand nicht groß genug.

Im Gegensatz zur Intention der ursprünglichen Frage aber möchte ich sagen: Das *Zwei-Mann-Orchester* ist *doch* ein *Stück.* Obschon keine Partitur im engsten Sinne existiert, kein Verlauf und keine Dramaturgie fixiert sind, ist das, was zu formulieren war, um diese Art von Stück zu realisieren, tatsächlich in der Partitur enthalten. Beim ersten Mal haben wir das zusammen mit Kagel umgesetzt, beim zweiten Mal – und logischerweise auch bei dieser dritten Fassung – ist es völlig unabhängig von ihm entstanden. Merkwürdigerweise ähnelt sich das, was jeweils herausgekommen ist, in gewisser Weise doch sehr. Dies kommt daher, dass das, was nur wenig ausformuliert war, für die Summe dessen, was letztlich geschieht, irrelevant war. Das hat der Bursche klar erkannt. Insofern war er sogar ein sehr genauer Komponist, der zwar keine Partitur im herkömmlichen Sinne geliefert hat, aber ganz genau, auf wenigen Seiten, den Rahmen bestimmt hat, wie auch ohne ihn an das Stück heranzukommen ist.

> **Matthias Kassel:** Nochmals zugespitzt: Müssen wir demnach die Frage, ob die Spieler das Stück zu Ende komponieren, verneinen? Oder ist die Frage bei diesem Beispiel zu naiv? Vielleicht ist es sinnlos, bei solch einer Konzeptpartitur feststellen zu wollen, wo das Konzept endet und Komposition beginnt.

Theodor Ross: Vielleicht hilft ein Beispiel: Michael von Biel, der ja nicht nur Komponist, sondern auch Zeichner ist, hat in jener Zeit mit dem Bleistift auf ein großes Blatt einen Rahmen gezeichnet, darunter das Wort «Zeichnung» gesetzt, damit es auch jeder weiß, und dann signiert. Ich habe das Bild gekauft. Mache ich jetzt, indem ich es betrachte, ein Bild in diesen Rahmen hinein, oder ist es ein Bild von ihm? Oder Cages *Theatre Piece:* Da steht nicht, was ich spielen soll, aber ich habe es schließlich gespielt. Habe ich es komponiert? Sicher war es eine Zeit, in der solche Dinge plötzlich gemacht werden *mussten.* So wie Cages *4'33",* ein Stück mit unbestimmter Spieldauer und mit der Spielanweisung *tacet.* So etwas musste aus historischer Notwendigkeit geschehen. Es hat noch nie eine Aufführung gegeben, in der wirklich *Silence* geherrscht hätte, denn das Publikum hat immer mitgespielt. Es war nur schlecht zu senden, weil die Rundfunksender damals nach sieben Sekunden Pause automatisch auf die Störungsmeldung geschaltet haben: «Entschuldigen Sie bitte die Störung, wir bemühen uns, die Sendung in wenigen Augenblicken fortzusetzen». Es war nicht sendefähig und damit tantiementechnisch wenig relevant. Aber es war ein Stück von Cage und ist es immer noch.

GEORGE BENJAMIN, VINKO GLOBOKAR,
WILLIAM KINDERMAN UND JULIA SPINOLA
LEITUNG: JONATHAN CROSS

Streit um Autorschaft – ein Podiumsgespräch

Editorische Vorbemerkung

Jonathan Cross hat das Podiumsgespräch moderiert, zu Beginn die dafür ins Auge gefasste Thematik «Criticism, Authorship, Interpretation» umrissen und Bezüge zu früheren Teilen des Symposions aufgezeigt. Anschließend präsentierte er die einzelnen Panelisten mit ihren Arbeitsbereichen in Komposition, Interpretation, Analyse, Geschichtsschreibung und Kritik, deren Autoritäten miteinander in Wechselwirkung stehen.

Um die Unterschiede zwischen mündlicher und schriftlicher Medialität von Sprache zu beachten, beginnt dieser Text nun, ganz ins Deutsche übertragen, mit der für die Lektüre redigierten Einführung von Jonathan Cross, gefolgt von den schriftlichen Statements der Panelisten, die, bereits im Vorfeld verfasst, untereinander ausgetauscht worden waren. Auch die Stellungnahme Vinko Globokars, der dankenswerterweise kurzfristig für eine Absenz einsprang, ist hier eingereiht. Danach folgt in ihrem faktischen Verlauf die Diskussion unter Cross' Leitung. Das Gespräch wurde zunächst unter den fünf auf dem Podium versammelten Teilnehmern geführt und später zum Publikum hin geöffnet.

Einführung

Jonathan Cross Urheberschaft und Interpretation – diesen beiden Begriffen und den vielen Masken, in denen sie daherkommen, sind wir während des Symposions in verschiedenen Zusammenhängen immer wieder begegnet. Die Frage der Urheberschaft machten einerseits die autobiographischen Elemente von Steve Reichs *Different Trains* als Reaktion auf den Holocaust evident. Autobiographisches wirkt sich unausweichlich auf jegliche Interpretation dieses Werkes aus und beeinflusst mehr oder weniger seine Rezeption. Wie könnte man hier überhaupt den Autor ignorieren? Andererseits wurde an die Bedeutung Roland Barthes' und seines folgenreichen Worts vom «Tod des Autors» erinnert, demzufolge der Interpret förmlich zum Autor wird.[1] Demnach ist im Zeitalter des «composters» oder «Post-Komponisten» der Autor offensichtlich und unbestreitbar tot. Scheinbar widersprechen sich diese beiden Positionen – doch sind sie verstehbar als Endpunkte einer Achse, die zahllose Zwischenbereiche zulässt. Michel Foucaults Vortrag «Was ist ein Autor?», eine Antwort auf Barthes' Essay, hebt an mit der Behauptung:

---

1   Roland Barthes, «Der Tod des Autors» (1968), in: *Texte zur Theorie der Autorschaft*, hrsg. von Fotis Jannidis et al., Stuttgart: Reclam 2007, S. 185–93.

«Der Begriff Autor ist der Angelpunkt für die Individualisierung in der Geistes-, Ideen- und Literaturgeschichte, auch in der Philosophie- und Wissenschaftsgeschichte.»[2] Dieser Autorbegriff hält sich beharrlich. Aber was geschieht, wenn wir die Identität und Autorität des Autors in Frage stellen? Foucault antwortet, indem er Beckett zitiert: «Wen kümmert's, wer spricht, hat jemand gesagt, wen kümmert's, wer spricht»[3] – ein Dictum, das im Thema dieses Symposions widerhallt: Wessen Klänge hören wir?

Daraus ergeben sich viele wichtige Fragen nicht nur zum Begriff des Autors, sondern auch zu dem des Werks – ein Wort, das in den vergangenen drei Tagen weniger häufig auftauchte, als ich erwartet hatte. Nicht nur der Autorbegriff bestimmt die Interpretation, sondern auch der Werkbegriff. Wessen Werk ist es? Wo ist sein Ort? Wo liegen seine Grenzen? Das führt uns zunächst zum Nachdenken über Text, Notation und Intertextualität, dann aber auch über Performancekunst, Musiktheater, Videokunst und Popularkulturen.

«Autorität» ist ein faszinierendes Wort, nicht zuletzt, weil es sowohl auf Englisch als auch auf Deutsch dieselbe Wurzel hat, nämlich den Autor. Hat zum Beispiel die Autorität der «Tacet»-Partitur von *4'33"* überhaupt mit dem Autor John Cage zu tun? Oder: Welcher Art ist die Autorität, die Roman Haubenstock-Ramati in seinen außergewöhnlichen, Kandinsky-artigen Partituren auf den Interpreten überträgt? Die Ironie von *4'33"*, das bei der Edition Peters als ganz normale, gedruckte Partitur erschien, liegt darin, dass das Stück nicht etwa Grenzen sprengt. Vielmehr verstärkt es bestimmte Begriffe vom Werk und damit verbundene Vorstellungen von geschlossenen Strukturen und einer performativen, analytischen wie biografischen Einheit. Das Schlüsselwort hierbei bleibt Struktur.

Hingewiesen wurde zudem auf den «gewollten Fehlschluss», die «Intentional Fallacy», womit gemeint ist, dass die Absicht des Autors weder ein zugänglicher noch ein wünschenswerter Maßstab für das Gelingen eines literarischen Werks sei.[4] Was und wie kann ein Autor «beabsichtigen»? Wie könnte überhaupt ein Interpret Einsicht in diese Absichten erlangen? Was geschieht, wenn der Komponist auch der Interpret oder Dirigent seiner oder ihrer Musik ist? Solche Fragen sind besonders für jene Personen von Bedeutung, die die Paul Sacher Stiftung in Basel besuchen, um in ihren Sammlungen Forschung zu betreiben. Was verbirgt sich in all diesen Skizzen und wartet dort auf seine Entdeckung durch die Musikwissenschaft? Können uns diese Skizzen überhaupt die Absicht der Autoren erschließen? Wie sollen wir sie deuten?

Von allen auf diesem Symposion erwähnten Standpunkten hat mir derjenige Arnold Schönbergs den größten Schrecken eingejagt. Für ihn gibt es die vollkommene Aufführung, die vollkommene Interpretation nur während des Kompositionsvorgangs als eine Art ideale platonische Form. Welchen Raum lässt dies dann dem Interpreten? Worin besteht die Rolle des Ausführenden? Ähnlich sprach Strawinsky einmal davon, dass keine

2   Michel Foucault, «Was ist ein Autor?» (1969), in: *Texte zur Theorie der Autorschaft* (siehe Anm. 1), S. 198–229, hier S. 202.

3   Zitiert nach Foucault, ebd.; Original französisch: «Qu'importe qui parle, quelqu'un a dit qu'importe qui parle», in: Samuel Beckett, *Nouvelles et textes pour rien*, Paris: Éditions de Minuit 1958, S. 129.

4   Vgl. William K. Wimsatt und Monroe C. Beardsley, «The Intentional Fallacy» (1946), in: *The Verbal Icon. Studies in the Meaning of Poetry*, Lexington, KY: University of Kentucky Press 1954, S. 3–18.

Interpretation, sondern eine Exekution der Partitur notwendig sei, also «die strikte Verwirklichung eines ausdrücklichen Willens und dieser Wille erschöpft sich in dem, was er kundtut.»[5] Schönbergs Standpunkt schockiert, denn er ist extrem modern. Aufgegriffen wurde er später von Denkern wie Milton Babbitt, der sich bekanntlich für den Komponisten als Spezialisten aussprach, ganz abgeschieden von der Welt.[6] Wenn der Komponist komplett isoliert ist, braucht man die Musik nicht einmal zu hören. Wen kümmert's, ob man zuhört? Natürlich ignoriert Schönberg gänzlich die soziale Dimension von Musik. So, wie er «die Musik selbst» in den Mittelpunkt rückt, könnte man seinen Standpunkt fast pathologisch, ja autistisch nennen; jedenfalls kann man ihn als Ergebnis einer romantischen Ästhetik begreifen, verstärkt im Zeitalter mechanischer Reproduktion, das unausgesetzt der «perfekten» Aufnahme nachjagt.

So komme ich auf «Autorität» zurück: die Autorität des Komponisten, des Textes, des Ausführenden, des Analysierenden, des Historikers, des Kritikers. Wo ist der Ort ihrer Autorität? Welchen Anspruch auf Autorität erheben sie? Wie weit reichen Interpretation und Kritik, und wo liegen ihre Grenzen? Diese wichtigen Fragen hat die Musik des 20. und 21. Jahrhunderts gestellt, und auch wir müssen sie wieder und wieder stellen. Das Wort «Freiheit», das Boulez wiederholt benutzte, fasziniert nicht nur im Kontext von dessen eigenen «offenen» Werken, sondern auch in größerem Zusammenhang. Wie frei ist denn heute überhaupt ein Komponist, zu sagen oder zu tun, was er möchte? Und wie frei ist der Ausführende in seiner Interpretation? Nochmals: Wo liegen die Grenzen von Interpretation? Und wie beurteilen wir in solchen Zusammenhängen ihre Authentizität?

Ausklingen lasse ich diese kurze Eröffnung, indem ich daran erinnere, wie Foucault den Vortrag «Was ist ein Autor?» mit der Vision eines von der Autorfunktion befreiten Diskurses beschließt; tatsächlich lagen viele von Foucaults Fragen während des Symposions in der Luft:

> Folgende so lange wiedergekäute Fragen würde man nicht mehr hören: «Wer hat eigentlich gesprochen? Ist das auch er und kein anderer? Mit welcher Authentizität oder welcher Originalität? Und was hat er vom Tiefsten seiner selbst in seiner Rede ausgedrückt?» Dafür wird man andere hören: «Welche Existenzbedingungen hat dieser Diskurs? Von woher kommt er? Wie kann er sich verbreiten, wer kann ihn sich aneignen? Wie sind die Stellen für mögliche Stoffe verteilt?» Und hinter all diesen Fragen würde man kaum mehr als das gleichgültige Geräusch hören: «Wen kümmert's, wer spricht?»[7]

Also: Wessen Klänge sind es, die wir hören? Diese wenigen Gedanken zu dem, was wir in den letzten Tagen gehört haben, und zu daraus sich ergebenden Fragen können uns leiten in die nun folgende Podiumsdiskussion.

---

5   Igor Strawinsky, *Musikalische Poetik*, Mainz: Schott 1949, S. 74.

6   Milton Babbitt, «Who Cares if You Listen?» (1958), in: *Contemporary Composers on Contemporary Music*, hrsg. von Elliott Schwartz und Barney Childs, New York: Holt, Rinehart and Winston 1967, S. 243–50.

7   Michel Foucault, «Was ist ein Autor?» (siehe Anm. 2), S. 227.

Statements

George Benjamin   Im Mai 1877 beschlossen Richard Wagners britische Anhänger, eine Konzertreihe in der jüngst eröffneten Royal Albert Hall zu veranstalten; die Einnahmen sollten dazu beitragen, das Defizit auszugleichen, das die ersten Bayreuther Festspiele im Jahr zuvor hinterlassen hatten. Der Meister selbst traf spät am Tage ein; einer seiner Schützlinge hatte Vorproben geleitet, und Wagner sollte sich in sechs Konzerten eigener Werke am Pult mit Hans Richter abwechseln. Wagner kommt zur ersten Probe – und fast sofort gibt es Schwierigkeiten. Durch den gewaltigen Raum verunsichert, ist Wagner ungewöhnlich nervös. Nachdem die *Holländer*-Ouvertüre mehrmals abgebrochen werden muss, gibt es *große* Schwierigkeiten. Die Musiker klagen, sie könnten seinem Schlag nicht folgen. Wagner kann nicht vermitteln, was er will, und übergibt in seiner Verzweiflung den Stab an Richter, den das Orchester mit herzlichem Beifall empfängt – was wiederum den Komponisten tief verletzt. Schließlich übernahm Richter die Konzerte komplett, abgesehen von einem oder zwei Stücken. Damit aber das britische Publikum den großen Komponisten auch sehen konnte, setzte sich Wagner ganz vorn an die Rampe, blickte von einem bequemen Sessel aus den ganzen Abend lang ins Publikum und genoss seine Musik vor aller Augen. Und alle waren's zufrieden.

Im 19. Jahrhundert waren alle Dirigenten Komponisten; bereits die Idee eines Dirigenten wurde von Komponisten erfunden. Eine Gründungsfigur war Beethoven, eine weitere Mendelssohn. Schumann war kein begnadeter Dirigent, leitete aber dennoch die Aufführung seiner Werke; Brahms fiel wohl in dieselbe Kategorie. Aber die ersten wahren Pultstars – Berlioz, Liszt, später natürlich Mahler und Strauss – waren ebenfalls große Komponisten. Auch Wagner war ein solcher Pionier des Komponisten-Dirigententums; er schrieb sogar ein Büchlein über das Dirigieren, das – abgesehen von den widerlichen Seitenhieben gegen Mendelssohn – voll ist von interessanten Informationen und Überlegungen, die bis heute Gültigkeit haben. Interessant ist etwa die Tatsache, dass in den Orchestern, die er zu Beginn seiner Laufbahn leitete, die meisten Bratschisten gealterte und übellaunige Holzbläser waren, die die Bratsche als Zweitinstrument gelernt hatten. Zumindest ein paar Dinge haben sich doch über die Jahrhunderte gebessert!

Einige Lehren aus Wagners britischer Erfahrung sind noch heute für dirigierende Komponisten von Wert. Eine davon lautet: Es gibt verschiedene Arten des Dirigierens; eine andere: Komponisten sind nicht unbedingt die besten Dirigenten ihrer eigenen Werke – und die Aufgabe kann selbst bei Berühmtheiten zu erheblichen Spannungen führen.

Es gibt viele Arten des Dirigierens – und natürlich sind seit Wagners Zeiten zahlreiche neue entstanden. Die Dirigierstile haben sich während der letzten fünfzig Jahre radikal gewandelt. Kaum noch gibt es Experimente mit mehreren Orchestern, freier Improvisation (des Dirigenten oder des Orchesters) oder grafischer Notation, was heute den 1960er Jahren zugerechnet wird. Eine wichtige Entdeckung des 20. Jahrhunderts allerdings, die Reduktion des Dirigierens auf einen neutralen, akzentfreien Schlag, verbreitet sich weiter; sie erleichtert die Polyrhythmik, die unsere Epoche kennzeichnet. Ebenso wichtig ist nach wie vor der Taktwechsel – wesentlich für additive Rhythmen –, denn die Komponisten loten immer weiter neue rhythmische Verhältnisse aus.

Das Ohr des Komponisten wurde ebenfalls immer mehr gefordert und beansprucht – sei es seine Fähigkeit, Mikrointervalle zu hören oder neue Farbkombinationen aufs Feinste auszutarieren. Moderne Partituren fordern zudem immer höhere Grade an Flexibilität im Tempo, eines der Hauptanliegen jedes Dirigenten. Ferner wird die Sehfähigkeit – und buchstäblich die Reichweite – des Dirigenten auf eine harte Probe gestellt, wenn manche modernen Partituren bis zu zwei Meter hoch sind und nahezu hundert Systeme umfassen. Und schließlich ist da noch der psychologische Umgang mit den Musikern, der sie dazu bringen soll, auf ungewohnte Spieltechniken oder Notationsweisen positiv und kreativ zu reagieren.

Die Computertechnologie hatte ebenfalls Einfluss auf das Dirigieren, auch wenn eine Neuerung glücklicherweise so gut wie überwunden ist: der Click-Track. Ursprünglich zur Koordination von Tonbändern mit Live-Ensembles gedacht, zwang der Click-Track dem Dirigenten – und mit ihm allen Musikern – einen starren, vorbestimmten Schlag auf. Diese abstoßende Tyrannei stand dem Wesen des Musikmachens im Wege. Zum Glück haben jüngere, flexiblere Entwicklungen der Computertechnik, abgesehen von sehr seltenen Ausnahmen, diese monströse Erfindung zum Verschwinden gebracht.

Schließlich bleibt aber noch das Thema des Komponisten-Dirigenten, der seine eigenen Werke dirigiert. Welch einen Schrecken wird der sensible, möglicherweise nervöse junge Komponist empfinden, wenn er vor eine Menge von zwanzig bis hundert Leuten treten muss, sämtlich Experten und viele argwöhnisch. Dazu gehört nicht nur das Proben und Formen einer Partitur, die man vielleicht schon seit Jahren im inneren Ohr hatte, sondern auch die Mission, die Musiker dazu zu bringen, präzise zu spielen, von Begeisterung ganz zu schweigen.

Wenn ich komponiere, pflege ich meine Werke wiederholt im Kopf zu dirigieren, wobei ich mit meinem inneren Ohr ein Fantasieorchester höre. Wie anders aber zeigt sich die Wirklichkeit, wenn es soweit ist! Die vielleicht wichtigste Rolle des Dirigierschlags ist es, Atmen, Phrasierung und Gestik *hervorzulocken*. Die meisten Dirigiergesten sind in Wirklichkeit *vorbereitend* – sie laden eher zu einer Reaktion ein, als dass sie sie fordern. Und ich habe gelernt, dass der Komponist-Dirigent das Ergebnis wirklich hören muss, dass er die Wirklichkeit sowohl formen als auch auf sie reagieren muss und nicht versuchen darf, ein unveränderliches Klangbild zu erzwingen, das er in seiner Fantasie geschaffen hat.

Eine weitere Eigenschaft des Fantasieorchesters, das ich beim Schreiben höre, besteht darin, dass es exakt auf Schlag spielt, genau im Einklang mit meinen Gedanken, ja bisweilen mit meinem Dirigat im stillen Kämmerlein. In der Realität sind die Dinge nicht so einfach. Manche Orchester und Ensembles spielen unmittelbar nach meinen Bewegungen, andere – wie Sie es besonders aus der deutschsprachigen Musikwelt kennen dürften – spielen häufig mit ziemlicher Verzögerung. Das könnte auch einer der Gründe für Wagners Schwierigkeiten mit dem britischen Orchester gewesen sein. Noch heute besteht in Großbritannien und Amerika die Tradition, nah am Schlag zu spielen. Orchester in deutscher Tradition hingegen spielen oft extrem spät. Möglicherweise hat dies mit Wagner zu tun, denn es ändert sich etwas im Klang, wenn man so musiziert. Es wird eine Weichheit, eine Wärme des Tons möglich – auch eine größere Rubatofähigkeit –, und die Rolle des Dirigierschlags ändert sich radikal. Und nun stellen Sie sich den Schock des

Komponisten-Dirigenten vor, der zum ersten Mal auf dieses Phänomen stößt! Einen Komponisten, der sich als fähig erweist, seine eigenen Werke zu dirigieren, wird man einladen, andere zeitgenössische Musik zu dirigieren, irgendwann wohl auch Repertoirestücke. Bei mancher klassischen oder romantischen Musik gibt es einen deutlichen Puls, der, einmal angestoßen, von selber weiterläuft; die Aufgabe des Dirigenten ist es dann, Form, Ausdruck, Balance und Phrasierung zu gestalten. Diese Art des Leitens unterscheidet sich wesentlich von jener in zeitgenössischer Musik, bei der sich die Rolle des Dirigenten auf die Angabe eines neutralen Pulses beschränkt – eines *tactus*, der die Aufführung koordinieren, ansonsten aber nicht weiter wahrgenommen werden soll, den niemand hören kann, nach dem aber alle spielen. Wenn der Schlag dann nicht gleichmäßig und klar ist, werden die Wünsche des Komponisten nie Wirklichkeit.

Das kann den Dirigenten zeitgenössischer Musik in ein Dilemma führen. Hat er es mit einem geschichteten Klanggewebe zu tun, in dem genaue, pointiert rhythmische Musik neben lyrischem *legato* steht, das nach Wärme und Biegsamkeit verlangt – was tut dann der Dirigent? Wem in erster Linie dient sein Schlag? Wie nimmt er am besten Einfluss auf das Geschehen – allein mit den Händen und vielleicht einem Stab? Diese Frage ist nicht leicht zu beantworten.

Was das Dirigieren eigener Werke angeht, gibt es noch einen weiteren Punkt: Man kann an einem Abend zweimal versagen. Die Kritik kann sich gleichzeitig gegen das Dirigieren und gegen das Komponieren richten. Wenn man die Musik über Jahre still im eigenen Kopf hatte, ist es zuweilen schwierig, sowohl empfänglich als auch entspannt zu sein, um den Musikern das zu geben, was sie brauchen, um genau und schön zu spielen. Es kann viele Jahre dauern, den Umgang mit dieser inneren Spannung zu lernen; ich dirigiere nun seit dreißig Jahren, und noch immer fällt mir dies manchmal schwer. Bisweilen ist es klüger – und dem Musikgenuss förderlicher –, Platz zu machen und das Dirigieren einem einfühlsamen Kollegen zu überlassen. Der eigene Umgang mit meiner Musik wurde in nicht geringem Maße dadurch beeinflusst, dass ich sie in Aufführungen unter anderer Leitung hörte und sah.

Die Pflichten eines Komponisten-Dirigenten sind heute vermutlich dieselben wie seit jeher. Abgesehen von dem Vorzug, eigene Werke aufzuführen, bestehen sie in der Verpflichtung, die großen Werke der Gegenwart und der jüngsten Vergangenheit zu verteidigen (die von allzu wenigen der gefeierten Maestri heute mit wirklicher Überzeugung dargeboten werden). Hinzu kommt die Aufgabe, jungen Komponisten dazu zu verhelfen, die eigenen Werke zu hören und sie dem Publikum auf hohem Niveau zu präsentieren. Und manchmal darf man eine neue – wenn auch vielleicht unauthentische – Interpretation eines Repertoirewerks der letzten Jahrhunderte wagen. Doch am Ende ist es bei weitem die wichtigste Aufgabe des Komponisten-Dirigenten, zu Hause zu bleiben – und zu komponieren.

Julia Spinola   Charles Rosen berichtet in seinem Buch *Frontiers of Meaning*[1] über eine aufschlussreiche interpretationsästhetische Erfahrung in der Zusammenarbeit mit dem Cellisten Pierre Fournier. Im Zuge der gemeinsamen Probenarbeit an einer Violoncellosonate Ludwig van Beethovens entdeckte Rosen beim Partiturstudium motivische Zusammenhänge zwischen Haupt- und Seitenthema, die bislang noch niemandem aufgefallen waren. Fournier war begeistert über den Fund, sah sich aber dann doch zu fragen genötigt, ob dieser eine Relevanz für die gemeinsame Interpretation des Stückes hätte – was Rosen verneinen musste. Eine bewusste weitere Verdeutlichung der motivischen Zusammenhänge über die in der interpretationspraktischen Charakterzeichnung ohnehin schon geleistete hinaus war nicht nötig – hätte sich im Gegenteil zu einer didaktischen Veranstaltung aufgespreizt. Rosen und Fournier hatten als Künstler die inneren Zusammenhänge der Komposition über den Rahmen der theoretisch-analytischen Vorbereitung hinaus ästhetisch ertastet. Gerade Charles Rosen wird niemand den Vorwurf machen können, er würde die Rolle des Partiturstudiums für die künstlerische Interpretation zu gering veranschlagen, damit auch das irreduzible Temperament der Ausübenden zum Zuge käme. Aber er hat zugestanden, sein theoretischer Fund sei inspiriert gewesen vom praktischen Umgang mit dem Stück und dieser habe für sich genommen keinen zusätzlichen künstlerischen Urteilswert besessen – etwas anderes ist natürlich die explizite begriffliche Darstellung der Zusammenhänge, aber dabei handelt es sich um ein anderes Feld der Werkinterpretation.

Man darf daraus also den Schluss ziehen, dass die adäquate künstlerische Erhellung eines Werkes mehr sei als nur die Spiegelung einer vorangehenden Partituranalyse nach musikologischen Maßstäben. Dies steht quer zu einer gängigen typologischen Kontrastierung von

a) Interpreten, die objektiv vorgehen, also eigentlich gar keine sein wollen, sondern nur Exekutoren der Partitur, und

b) Interpreten, die subjektiv vorgehen, also das Werk nicht als letzte Instanz sehen wollen, sondern nur als Objekt einer nicht weiter objektivierbaren charismatischen Tat.

Mit Bezug auf erstere hat sich der Begriff der musikalischen Reproduktion eingebürgert. So schreibt Hans Swarowsky, dass «die ‹Interpretation› in den richtig gelesenen Noten schon vorhanden» sei und «es nicht einer Auslegung, sondern nur einer Ausführung» bedürfe.[2] Wörtlich genommen hieße dies, dass es nur eine einzige, röntgenphotographisch erkannte richtige Ausführung eines Werkes gibt, was allen Elementarerfahrungen mit musikalischen Kunstwerken widerspricht. Jedermann weiß, dass sich Aufführungen eines Werkes niemals wiederholen – selbst bei demselben Interpreten –, und dies nicht nur, weil die richtige Perspektive sich einfach nicht finden lassen will, sondern weil zur Kernidee eines Werkes der Satz gehört: Interpretiere mich! Das heißt: Suche immer wieder neu nach einer meiner möglichen Lesarten in steter Unterscheidung

---

1   Charles Rosen, *The Frontiers of Meaning. Three Informal Lectures on Music,* New York: Hill and Wang 1994, Neuausgabe London: Kahn & Averill 1998, S. 73.

2   Hans Swarowsky, *Wahrung der Gestalt. Schriften über Werk und Wiedergabe, Stil und Interpretation in der Musik,* hrsg. von Manfred Huss, Wien: Universal Edition 1979, S. 74.

von den falschen. Die Frage stellt sich also: Was heißt das, «Lesen» der Partitur? Denn ohne diese geht es natürlich auch nicht. Aufschlussreich ist hier die Position der Wiener Schule, wie sie praktiziert und niedergeschrieben wurde von Rudolf Kolisch.[3] Kolisch spitzte die Sache in einer Paradoxie zu: Auf der einen Seite forderte er von jeder angemessenen Aufführung das genaueste Studium der Noten. Auf der anderen Seite wusste er im Anschluss an Gustav Mahler: Das Wichtigste steht *nicht* in den Noten. Verhält es sich also mit dem Notentext so wie mit der Erkenntnisleiter am Ende von Wittgensteins *Tractatus* – man muss hinauf, und wenn man oben ist, muss sie fortgeworfen werden? Die Aufführungspraxis des Kolisch-Quartetts erinnert etwas daran. Jeder der vier Mitglieder studierte während der Probenarbeit aus einer Partitur, nicht nur aus einer Stimme, aber in der Aufführungssituation spielte man auswendig. Das heißt, das Lesen des Notentextes während der Proben führte zu einer Verinnerlichung, die über das bloße Buchstabieren des Gedruckten hinausging. Das heißt auch, dass in diesem Verinnerlichungsprozess das Werk in einer Gestalt erschien, die das Bezeichnete, ja, das Bezeichenbare überstieg und daher das Bezeichnete ergänzen musste. Das Lesen bedeutete hier die innere Vorstellung des Bezeichneten in seiner physiognomischen Konkretion und mit all seinen agogischen Nuancen, die nicht mehr in den Noten stehen. Erst so gewinnen die musikalischen Zusammenhänge ihr eigentliches Leben, werden sie von bloßen papiernen Zeichen- zu ästhetischen Charakterzusammenhängen. Dafür bedarf es natürlich nicht nur guter Augen oder einer starken Intellektuellen-Brille, sondern der ganzen Vorstellungskraft des Interpreten – wenn man so will, auch seiner ganzen subjektiven ästhetischen Erfahrungen. Objektivität und Subjektivität stehen auf diesem Feld nicht von vornherein in einem Widerspruch, sie sind aufeinander verwiesen. Und dies wird produktiv, wenn der Interpret sich mit seinem Sensorium verantwortlich leiten lässt von den objektiven Ausdrucks- oder Charakterzusammenhängen des Werkes.

Dabei sind die Wege der inneren Vorstellung durchaus verschieden. Interpreten dürften sich unterscheiden durch den Grad, in dem sie sich visuell über das Zeichensystem der Noten oder motorisch anregen lassen. Letzteres sollte man nicht unterschätzen, gerade angesichts der aufregenden Ergebnisse in der Erforschung der motorischen Intelligenz. Ferdinand Zehentreiter hat in einem an der Musikhochschule Luzern gehaltenen Vortrag über musikalische Interpretation mit Bezug auf Heinrich Neuhaus und György Ligeti auf diesen Zusammenhang hingewiesen. Neuhaus versteht demnach unter pianistischer Technik

> nicht nur die motorischen Fähigkeiten eines Künstlers, sondern ein Artikulations-Organ des «künstlerischen Bildes eines musikalischen Werkes». Da die Technik sich nur entwickeln kann im intimen Kontakt mit dem «poetischen Sinn» eines Werkes, wird sie so zur eigenen taktilen Interpretationsinstanz neben der analytischen Vorstellung – im Gegensatz zu einem bloßen nachgeordneten Exekutionsmittel. Dass die geschulte Berührung mit dem Instrument eine eigene leibnahe Urteilsform über Gestaltzusammenhänge darstellt,

---

3   Vgl. Rudolf Kolisch, *Zur Theorie der Aufführung. Ein Gespräch mit Berthold Türcke* (*Musik-Konzepte*, Bd. 29/30), hrsg. von Heinz-Klaus Metzger und Rainer Riehn, München: Edition Text und Kritik 1983, und ders., *Tempo und Charakter in Beethovens Musik* (*Musik-Konzepte*, Bd. 76/77), hrsg. von Heinz-Klaus Metzger und Rainer Riehn, München: Edition Text und Kritik 1992.

also ein «Wahrnehmungsurteil» enthält, wenn ich diesen Begriff des amerikanischen Philosophen Peirce hier benutzen darf, hat György Ligeti für das Komponieren sehr schön beschrieben: «Ich lege meine zehn Finger auf die Tastatur und stelle mir Musik vor. Meine Finger zeichnen dieses mentale Bild nach, indem ich Tasten niederdrücke, doch die Nachzeichnung ist sehr ungenau: Es entsteht eine Rückkopplung zwischen Vorstellung und taktil-motorischer Ausführung. So eine Rückkopplungsschleife wird, angereichert durch provisorische Skizzen, sehr oft durchlaufen. Ein Mühlrad dreht sich zwischen meinem inneren Gehör, meinen Fingern und den Zeichen auf dem Papier. Das Ergebnis klingt ganz anders als meine ersten Vorstellungen: Die anatomischen Gegebenheiten meiner Hände und die Konfiguration der Klaviertastatur haben meine Phantasiegebilde umgeformt. […] Da in adäquater Klaviermusik taktile Konzepte fast so wichtig sind wie akustische, berufe ich mich auf die vier großen Komponisten, die pianistisch dachten: Scarlatti, Chopin, Schumann, Debussy. Eine Chopinsche Melodiewendung oder Begleitfigur fühlen wir nicht nur mit unserem Gehör, sondern auch als taktile Form, als eine Sukzession von Muskelspannungen.»[4]

So entsteht das Werk jeweils in actu, in seiner individuellen Aufführung, und kann nicht nur als fertiges Notending einfach klanglich realisiert werden. Für einen Musikkritiker ergibt sich daraus ein Paradoxon eigener Art: Geht man davon aus, dass dieser das Verhältnis zwischen einer Interpretation und dem Gehalt des Werkes zu beurteilen hat, so hilft es ihm nur bedingt, vorher eine Partituranalyse gemacht zu haben, die ihm eine Richtschnur für die Kritik des Gehörten liefern könnte. Der medial forcierte aktuelle Trend stellt ohnehin Probleme ganz anderer Art: Heutzutage geht es darum, die Orientierung am Werk überhaupt zu legitimieren gegenüber ihrer Auflösung in einem lifestyle-tauglichen Gossip oder Klatschtantenton («der liebe xy könnte punkten mit…», oder «xy, der alte Mogelvogel» etc.), der den «neuen Leser» binden könnte. Aber abgesehen davon, steht der Kritiker vor dem Dauerproblem: Auf der einen Seite entscheidet meine innere Werkkenntnis über die Triftigkeit einer Interpretation, auf der anderen Seite steht die Frage: Woher weiß ich, welche Interpretationen mir Einsichten in das Werk verschaffen und mir Kriterien geben für die Beurteilung von Interpretationen?

Ich darf zum Abschluss ein Zitat vortragen aus einem Aufsatz Kurt von Fischers, das mir die behandelten Probleme trefflich zu verdichten scheint:

Jeder Interpret musikalischer Quellen und Dokumente muß sich klar darüber sein, daß das Notierte nicht mit der Musik selbst identisch ist. […] Darum genügt es auch nicht, um ein Werk lebendig werden zu lassen, einen Text bloß genau so zu lesen [oder zu zergliedern, so könnte man von Fischer ergänzen], wie er dasteht. Wahre Interpretation heißt vielmehr Verstehen eines Textes, indem man ihn liest und, gewissermaßen durch

---

4   Ferdinand Zehentreiter, «‹Innere Vorstellung und Nachschaffen›. Zu einer Theorie der musikalischen Interpretation», Vortrag an der Musikhochschule Luzern am 21. März 2005, in: *Velbrück Wissenschaft Online Magazin*, 2005, 9 S., hier S. 7 (www.velbrueck-wissenschaft.de/pdfs/2005_zehentreiter.pdf, aufgerufen am 15. März 2017). Zehentreiter bezieht sich auf Heinrich Neuhaus, *Die Kunst des Klavierspiels,* hrsg. von Astrid Schmidt-Neuhaus, Köln: Gerig 1967. Ligetis Aussage findet sich im Einführungstext für das Booklet zur CD-Edition bei Sony Classical (*György Ligeti Edition 3*, «Works for Piano», SK 62380), 1996, S. 16–17; wieder abgedruckt als «Études pour piano», in: ders., *Gesammelte Schriften,* hrsg. von Monika Lichtenfeld, Mainz etc.: Schott 2007, Bd. 2, S. 288–89.

den Text hindurch, Gehalt und Sinn auch für die Gegenwart verständlich zu machen sucht. Nur so besteht die Chance, Musik nicht der Vergangenheit […] zu überlassen, sondern sie zum Leben zu erwecken. Interpretation von Musik ist daher eine Aufgabe, die nie zu einem endgültigen Ziel gelangt, weil Musik nicht bloß historisches Faktum, sondern zugleich auch ein Prozeß ist, der immer wieder neue Fragen aufwirft und neue Probleme stellt.[5]

Vinko Globokar   Ich kann versuchen, aus meiner Sicht zu erklären, was ich tue. Von Anfang an – ich weiß nicht warum – habe ich versucht, alles zu verstehen, was mit Musik zu tun hatte. Wenn ich jetzt, mit 76 Jahren, zurückschaue, würde ich sagen, dass mich *alle* Gebiete der Musik interessiert haben. Ich habe angefangen mit Akkordeon, und zwar zunächst mit dem Akkordeon in slowenischer Volksmusik. Danach begann ich Posaune zu studieren, zunächst als Jazzmusiker, dann auch als Interpret neuer Musik. Später habe ich unterrichtet, habe versucht zu dirigieren, Musik zu analysieren, und habe zwei, drei Bücher geschrieben. Das brachte mir insgesamt auf jedem der Teilgebiete doch eine gewisse Erfahrung. Wenn ich zum Beispiel komponiere, werde ich – weil ich weiß, was man als Dirigent zu tun hat – sicher nichts schreiben, bei dem ich anschließend mindestens zehn Minuten bräuchte, um es zu erklären. Mit einer geeigneten Notenschrift lässt sich das auch ohne Worte machen. Dasselbe mit dem Instrument: Ich möchte im Prinzip nichts Unmögliches fordern, doch zeigt die Geschichte, dass nach einer gewissen Zeit so ziemlich alles möglich ist. Also schäme ich mich als Komponist nicht, Sachen zu schreiben, die zunächst unaufführbar sind. Nach einer gewissen Zeit ist es dann soweit und es geht doch. Das beste Beispiel dafür: Als Paganini seine Etüden geschrieben hat, war er der einzige, der sie spielen konnte. Heutzutage ist jeder Student, der ein Hochschulstudium absolviert, fähig, das zu machen. Dies ist ungefähr die Vorstellung, die ich von Musik habe.

Warum aber habe ich erst mit 28 Jahren angefangen zu komponieren? Nun, weil ich erst mit den Erfahrungen als Instrumentalist den Eindruck hatte, dass ich mich auch dem Gebiet der Komposition annähern sollte. Mit diesen Erfahrungen im Hintergrund fand ich zwei Lehrer, die mich prägten. Zuerst habe ich privat vier Jahre bei René Leibowitz studiert und mit ihm die ganze Geschichte der Komposition durchgesehen. Doch als ich am Ende dieser vier Jahre in Konzerte in Paris ging – zum Beispiel von Pierre Boulez, der dort neue Musik aufführte –, verstand ich noch immer nichts davon, denn Leibowitz unterrichtete unter dem Schönberg'schen Einfluss, also Thema neben Thema, dann Entwicklung und so weiter. Deswegen bin ich anschließend ein Jahr lang zu Luciano Berio gegangen, der mich ziemlich schnell erkennen ließ, dass sich die Dinge nach dem Krieg massiv verändert hatten. Sein Unterricht beschränkte sich nicht nur auf Musik, sondern bezog auch Lévi-Strauss ein, Marx, Literatur, und so weiter. Erst dort habe ich angefangen zu verstehen, dass man, um Komponist zu sein, einen weiten Horizont haben und nicht nur Noten lesen sollte.

---

5   Kurt von Fischer, «Zur Interpretation musikalischer Quellen», in: *Aspekte der musikalischen Interpretation. Sava Savoff zum 70. Geburtstag*, hrsg. von Hermann Danuser und Christoph Keller, Hamburg: Karl Dieter Wagner 1980, S. 61–70, hier S. 61 und S. 70.

Bei mir hat sich auch sehr schnell das Gefühl entwickelt, dass ich mittels Komposition etwas erzählen sollte. Erzählen kann dabei Verschiedenes bedeuten: von psychologischer Seite, von literarischer Seite, von soziologischer oder politischer Seite und so weiter. So ist Komposition für mich ein Darlegen meiner Gedanken für Menschen von heute – nicht von gestern. Letztendlich bin ich deswegen gezwungen, jedes Mal von vorne anzufangen. Normalerweise habe ich eine Idee zu einem Werk; von dieser Idee leite ich alles ab: die Sprache und die Mittel. Und beim nächsten Werk werden die Mittel und die Sprache wieder anders sein.

Ich habe immer versucht, meinen Lebensunterhalt mit Spielen und mit Unterricht zu verdienen, sicher nicht mit Komposition. Ich sage das, weil viele Komponisten heutzutage glauben, alles akzeptieren zu müssen, um Geld zu verdienen. Das glaube ich für mich nicht.

William Kinderman   Das Thema unseres Panels, «Criticism, Authorship, Interpretation», weist auf musikalische Aktivität als offenen Prozess hin, der durch das Handeln von Interpreten und Vermittlern fruchtbar gemacht wird. Diese Blickrichtung steht im Gegensatz zum Begriff vom musikalischen oder künstlerischen Text als fest umgrenztem Objekt, das in einem Akt von «Werktreue» präzise und pflichtbewusst durch den Interpreten umzusetzen ist. In meinen kurzen Anmerkungen möchte ich zeigen, dass bereits für die Musik des 19. Jahrhunderts der Begriff des geschlossenen, autonomen Werks problematisch ist. Ein Beispiel aus dem späten 19. Jahrhundert wie Wagners *Parsifal* mag insofern als extreme Verkörperung eines autonomen Werk-Entwurfs erscheinen – wie Hans-Joachim Hinrichsen in unseren Gesprächen bemerkte –, als sein Autor ihn eigens für die besonderen Bedingungen des Bayreuther Festspielhauses entwarf und Aufführungen diesem einen Theater vorbehalten wollte. Der Begriff vom Urtext erstreckt sich hier nicht nur auf das Verhältnis von Libretto und Musik, sondern auch auf die Inszenierung – und Cosima Wagner, die Witwe des Komponisten, wollte die Erinnerung an die Uraufführung über Jahrzehnte festhalten. Gerade in diesem Fall führte die ausschließliche Inbesitznahme durch den sektenartigen Bayreuther Kreis zu Verzerrungen, wie sie in Alfred Lorenz' propagandistischer Gleichsetzung von Parsifal mit Adolf Hitler in seiner noch immer überbewerteten Monografie von 1933 sichtbar werden.[6]

Eine vielversprechende Alternative zum problematischen Werkbegriff und dem kaum greifbaren Begriff eines «endgültigen» Textes bietet ein Ansatz, der den Schwerpunkt auf den Kontext und den schöpferischen Prozess legt. Der Ausdruck «critique génétique» bezieht sich nicht etwa auf Genetik, sondern auf die Genese eines Kunstwerks, betrachtet in einem weitgefassten, offenen Zusammenhang. Ein solcher Forschungsansatz kann jene

---

6   Im Vorwort seiner Schrift über *Parsifal* behauptet Lorenz, Wagner habe «seine prophetischen Gedanken über Führertum und Wiederaufstieg in diesem Werke ausgesprochen und ihm damit eine hohe Sendung anvertraut»; Alfred Lorenz, *Der musikalische Aufbau von Richard Wagners «Parsifal»* (*Das Geheimnis der Form bei Richard Wagner*, Bd. 4), Berlin: Max Hesse 1933, o. S. Zu Genese und Struktur des *Parsifal* sowie zu den zugehörigen ideologischen Problemen vgl. William Kinderman, *Wagner's Parsifal*, New York etc.: Oxford University Press 2013.

bequemen «Hörgewohnheiten» aufbrechen, vor denen Helmut Lachenmann warnte,[7] und dabei vielfältige Verbindungen zum Kontext enthüllen, die leicht aus dem Blick geraten, wenn man sich an falsche Originalitätsbegriffe klammert, wie sie der Werkbegriff nahelegt. So kann der Ansatz der genetischen Kritik den Eindruck künstlerischer Autonomie bei Wagners *Parsifal* produktiv dekonstruieren und dabei dessen historischen Kontext und dessen Intertextualität lebendig werden lassen. Das «Abendmahlsthema», mit dem er beginnt, basiert auf einer wenig bekannten Kantate Franz Liszts mit dem Titel *Excelsior!*, die wiederum von dem amerikanischen Dichter Henry Wadsworth Longfellow inspiriert wurde; ein kaum bekanntes dramatisches Vorbild für bedeutende Teile des zweiten Akts von *Parsifal* findet sich in dem Stück *La donna serpente* von Carlo Gozzi, einem Dramatiker des 18. Jahrhunderts.

Lassen Sie mich die produktive Dekonstruktion ganz kurz demonstrieren an diesem Stück, das wegen seiner einzigartigen Rezeptionsgeschichte ein besonders gutes Beispiel für das autonome Werk zu sein scheint: Wenn wir das bekannte Eröffnungsthema von Wagners *Parsifal* betrachten, dann ist es interessant, die Perspektive einzunehmen, die Franz Liszt ein Jahr nach Wagners Tod einnahm, als er ein noch kaum bekanntes Klavierstück – später vielfach umarrangiert – komponierte, das er *Am Grabe Richard Wagners* nannte. Aufschlussreich ist gleich der Anfang von Liszts Improvisation, der weit zurücklauscht auf die Ereignisse, die zur Erschaffung von Wagners Meisterwerk führten. Liszt beginnt in tiefer Lage, und er beginnt mit einem übermäßigen Dreiklang, einer Dissonanz, wie sie für die späteste Phase seines Schaffens charakteristisch ist. Erhalten bleibt diese dreiklangsartige Konfiguration, die die sechste Stufe anstrebt, wenn Liszt den Vierton-Einfall beim zweiten Mal durch einen Moll-, beim dritten Mal durch einen Durdreiklang sequenziert – wie zu Beginn von Wagners *Parsifal* – und zur sechsten Stufe aufsteigt. Es handelt sich um jenes musikalische Symbol, das auf Liszts eigene Bekanntschaft mit Longfellow in Rom in den 1860er-Jahren zurückgeht. 1876, im selben Jahr, das auch George Benjamin erwähnte und in dem die Vorbereitungen zur Erstaufführung des *Ring*-Zyklus in Bayreuth liefen, wurde die Kantate Liszts uraufgeführt, die jenes aufsteigende Motiv enthält – es soll das «Excelsior» evozieren, den Blick aufwärts und nach vorn, den «Blick nach oben»; und dieses Motiv wiederum hat Richard Wagner in die bekannte Form überführt. Beim Blick zurück nach Wagners Tod nahm Liszt Wagners Rückbezug und dessen eigentlichen Ursprung wahr, erkannte aber gleichzeitig an, dass dieses Material ihm nicht eigentlich gehörte; es war ein Fund, ein objet trouvé. Über ähnliches Material sagte er, es handele sich um «katholische Intonationen». Auch wenn es überraschend erscheinen mag: Es liegt auf der Hand, Franz Liszt hier mit einem Mashup-Künstler zu vergleichen, denn ausschlaggebend ist der Griff zu bereits vorhandenem Material.

Eine interessante Entdeckung der kanadisch-amerikanischen Wagner-Forscherin Katherine Syer in den letzten Jahren betraf den schöpferischen Hintergrund von Wagners Gesamtschaffen. Syer fand bei der genauen Untersuchung von Wagners wenig bekanntem

---

7   Vgl. u. a. Helmut Lachenmann, «Hören ist wertlos – ohne Hören. Über Möglichkeiten und Schwierigkeiten», in: ders., *Musik als existentielle Erfahrung. Schriften 1966–1995*, hrsg. von Josef Häusler, Wiesbaden etc.: Breitkopf und Härtel 1996, S. 116–35.

Opern-Erstling *Die Feen* folgendes heraus: *Die Feen*, zu Wagners Lebzeiten nie und danach selten aufgeführt, basiert auf einer Reihe von Stücken, die der Theaterdichter Carlo Gozzi im 18. Jahrhundert in Venedig schrieb; Wagners Faszination für diese Stadt rührte zum Teil von Gozzi her.[8] Und wenn man sich den *Ring*, *Parsifal* und andere Werke ansieht und besonders jene Teile betrachtet, die ohne mittelalterliches Vorbild sind, so stößt man immer wieder auf Vorbilder dazu von Gozzi. Allerdings lebte Wagner bereits in der Zeit des Geniekults, in dem der Alleinbesitz künstlerischer Objekte so wichtig wurde, und vermied es in späteren Jahren, auf diese wichtige Quelle hinzuweisen.

Die individuellen Bestandteile individueller Werke sind selten wirklich originell und ohne Vorbild; vielmehr zeigt sich Originalität darin, wie diese Bestandteile zusammengesetzt sind. Dieses Moment des Zusammengesetzten wird sichtbar gemacht in Stücken wie *Different Trains* (1988) von Steve Reich, dessen Grundidee zeitliche Kongruenz und räumliche Differenz umfasst. Seine Grundmotive entstammen der Wirklichkeit: Sie bestehen aus Tonband-Statements, die zum einen von frühen Reiseerfahrungen des Komponisten während seiner Zugfahrten zwischen New York und Los Angeles stammen, zum anderen von Nazi-Opfern, die in derselben Zeit, zwischen 1939 und 1942, in Zügen zu den Konzentrationslagern gebracht wurden.

Auch hier wurde also bestehendes Material genutzt, wie unsere Diskussion gestern zeigte; ich möchte nur darauf hinweisen, wie weit sich in diese Richtung weiterdenken ließe. So sprach Siegfried Mauser unter anderem über Jörg Widmanns Klavierstück von 2009, das sich auf Schuberts letzte Sonate bezieht. Nun könnte man bei oberflächlicher Sichtweise denken, dass Widmann hier in einen Dialog eintritt, wenn er Elemente von Schubert umformt. Doch bezog sich bereits Schubert selbst auf Vorbilder, die wir hier sogar identifizieren können. Seine letzte Sonate befasst sich, wie die beiden anderen späten Sonaten, mit Beethoven, vor allem mit Beethovens Streichquartett op. 130 und dessen beiden Finalsätzen, der *Großen Fuge* und dem Ersatzfinale, das mit dem auffälligen G-Klang anfängt.[9] Dieser bildet die Anfangsoktave des Schlusssatzes der letzten Schubert-Sonate, er wird verwandelt in jenen dunklen Klangbaustein im ersten Satz, wo er oft einen Halbton tiefer als Triller auf *Ges* vorkommt. Doch es gibt noch ein weiteres Vorbild – denn Komponisten verquicken häufig verschiedene Vorbilder schöpferisch miteinander –, und das sind die Paukenwirbel im ersten Satz von Beethovens 4. Sinfonie.

Ein weiteres Beispiel bietet Hans-Joachim Hinrichsens Erörterung von Beethovens «Eroica» im Zusammenhang eines Meisterwerks, eines Werks mit heroischer Ausstrahlung. Aber die «Eroica» gehörte außerdem, wie Berios *Sequenza*-Serie, zu einer ganzen Gruppe von Kompositionen. Der ältere «Contratanz» wurde in anderen Werken verwendet. Wie beginnt Beethoven die Niederschrift der «Eroica»? Er zerlegt absichtsvoll sein eigenes Thema, sodass nur der «Basso del tema» mit seinen grotesken Pauseneffekten übrigbleibt. Von dort aus kann es sich als Reihe schöpferischer Neuinterpretationen

---

8   Vgl. Katherine R. Syer, «Wagner und das Erbe Carlo Gozzis», in: *Wagnerspectrum*, 6 (2010), Nr. 1: *Wagner und Italien*, S. 51–79, und dies., «‹It left me no peace›: From Carlo Gozzi's *La donna serpente* to Wagner's *Parsifal*», in: *The Musical Quarterly*, 94 (2011), S. 325–80.

9   Vgl. Edward T. Cone, «Schubert's Beethoven», in: *The Musical Quarterly*, 56 (1970), Nr. 4, S. 779–93, und Hans-Joachim Hinrichsen, *Untersuchungen zur Entwicklung der Sonatenform in der Instrumentalmusik Franz Schuberts*, Tutzing: Hans Schneider 1994, S. 322–35.

entwickeln; sodann kann der berühmte Beginn des Kopfsatzes in Beziehung zum «Basso del tema» des Finales gesetzt werden, diesem bewusst kargen Bruchstück. Warum? Der Grund liegt in der Verwandtschaft zum Ballett *Die Geschöpfe des Prometheus:* Prometheus steht für jenen Helden, der den Göttern den Funken des Feuers stiehlt; dieser wiederum hebt schöpferisches Handeln überhaupt erst ins Bewusstsein und ermöglicht so Wissenschaft und Kunst – darum ist es angemessen, mit einem nackten Skelett zu beginnen, mit etwas Bruchstückhaftem, und dann zu zeigen, wie es durch schöpferische Neuinterpretation entwickelt werden kann.

Die Interpretationsgeschichte eines anderen bedeutenden Werks der 1980er-Jahre – neben dem Steve Reichs –, nämlich der *Kafka-Fragmente* von György Kurtág, beleuchtet die Rolle eines Musikers, der zum Rang eines Ko-Autors aufsteigt. Das lässt sich auch auf einige Kommentare Julia Spinolas beziehen. Kurtág selbst sagte über den Geiger András Keller: «Manchmal denke ich, Andris Keller hat mir bewiesen, dass *Kafka* [die *Kafka-Fragmente*] ein geniales Stück ist.»[10] Besonders eindrucksvoll gelingt András Keller das längste dieser Stücke, «Der wahre Weg», das Adagio mit dem Untertitel «Hommage-message à Pierre Boulez», das allein den zweiten Teil der *Kafka-Fragmente* bildet. Der außergewöhnliche polyphone Balanceakt der zwei Melodiestimmen der Violine vermittelt eine immanente Spannung, die jedes deterministische Ziel an Bedeutung übertrifft. Eine solche Umsetzung geht über die Notation und das, was darin als Bedeutung niedergelegt ist, hinaus. Damit rechtfertigt sie Theodor W. Adornos paradoxe Behauptung, das Werk «an sich» sei eine Abstraktion, es müsse erst werden.[11] Und ich würde sagen, hier beschreibt Kurtág sich selbst als überrascht von einer Dimension seines eigenen Werks, an der er zweifelte. Funktioniert es oder nicht? Keller bewies ihm offenbar, dass es funktionieren konnte, wenn etwas gelingt, das er mir vor kurzem in einem Telefongespräch als nahezu unmöglich schilderte. Doch das Unmögliche gelang im Zusammenhang einer Aufführung. Vielleicht ist das die Kategorie, die bleibt, wenn wir Hans Ulrich Gumbrechts These von der Bedeutung künstlerischer Präsenz retten wollen.[12] Unter den besten Bedingungen funktioniert es möglicherweise, dass die «Klangvorstellung» des Komponisten sich mitteilen kann und nicht bloß jene private Vorstellung bleibt, von der Schönberg sprach.[13]

---

10 György Kurtág, *Drei Gespräche mit Bálint András Varga und Ligeti Hommagen,* hrsg. von Bálint András Varga, Hofheim: Wolke 2010, S. 86.

11 Theodor W. Adorno, *Zu einer Theorie der musikalischen Reproduktion (Nachgelassene Schriften,* Abt. 1, Bd. 2), hrsg. von Henri Lonitz, Frankfurt am Main: Suhrkamp 2001, S. 14. Vgl. auch ders., *Ästhetische Theorie (Gesammelte Schriften,* Bd. 7), hrsg. von Gretel Adorno und Rolf Tiedemann, Frankfurt am Main: Suhrkamp 1970, 4. Aufl. 1984, S. 274: «Wortschrift und Notenschrift, einmal von außen gesehen, befremden durch die Paradoxie eines Daseienden, das seinem Sinn nach Werden ist».

12 Vgl. Hans Ulrich Gumbrecht, *Diesseits der Hermeneutik. Die Produktion von Präsenz,* Frankfurt am Main: Suhrkamp 2004, S. 117–39.

13 Vgl. den Beitrag von Hans-Joachim Hinrichsen, «Wer ist der Autor? Autorschaft und Interpretation in der Musik», in diesem Band S. 23–34, hier S. 31.

Diskussion

Jonathan Cross: Die Themen, zu denen jetzt vorgetragen wurde, überschneiden sich in vieler Hinsicht. Mich beschäftigt nun besonders eine Bemerkung, die Sie, Bill, gegen Ende gemacht haben: Immer mehr scheint das Mashup zum Modell für die Arbeit zu werden, die wir hier leisten wollen. Autorschaft aber als eine nicht abreißende Reihe schöpferischer Neuinterpretationen, diese Vorstellung eines ständigen Bezugnehmens auf etwas anderes – darüber haben wir alle gesprochen, sogar Vinko Globokar mit Bezug auf seine weitgespannten Aktivitäten, vor allem auch auf sein Improvisieren.

George, ich fand es sehr interessant, was Sie über ihre eigene Arbeitsweise gesagt haben, insbesondere vor dem Hintergrund ihrer gerade entstehenden Oper *Written on Skin*,[14] und über den Begriff der Autorschaft im Verhältnis zu, sagen wir, einem Librettisten oder der möglichen Bühnenrealisierung und so weiter. Wenn viele einzelne Personen eine ganze Reihe von Bezügen und Neuinterpretationen zu einem Projekt beisteuern, berührt das bestimmte Probleme und Grenzen. Julia, Sie sprachen über die besondere Beziehung von objektiven Interpreten, subjektiven Interpreten und der Partitur, eine Beziehung, die sich in beide Richtungen bewegt. Besonders mochte ich Ihr Bild von der Partitur als Aufführungsbegleiter, aber auch das von der Aufführung, die der Partiturlektüre etwas hinzufügt. Und dann gewiss Ihr Bild, Bill, von der intertextuellen Welt des Mashup, das Sie für *Parsifal* und andere Werke entworfen haben.

Möchte jemand diese Ideen aufgreifen? Vielleicht Sie, George: Könnten Sie etwas darüber sagen, wie es mit dieser Beziehung aussieht bei ihrer Arbeit mit einem Librettisten, bei einer Teamarbeit, wie eine Oper es ohne Zweifel ist?

George Benjamin: Einen Librettisten zu finden war eine der langwierigsten und anstrengendsten Aufgaben meines Lebens. Ich habe fünfundzwanzig Jahre gesucht, bevor ich den richtigen Partner gefunden habe. Und ich habe so viele angesprochen in all den Jahren… Aber ich glaube fast, ich war zu dieser Zeit für eine Zusammenarbeit noch nicht bereit. Für einen Komponisten ist es schon sehr speziell, dass man jemand anderen an der Inspirationsquelle des eigenen Schaffens teilhaben lassen muss, dass man jemand anderem Zugang zu etwas ganz Privatem gibt, zur eigenen Kreativität. Das macht einem schon zu schaffen, und vielleicht war ich dazu lange Zeit einfach noch nicht bereit. Aber dann wurde mir der britische Stückeschreiber Martin Crimp vorgestellt, der in ganz Europa bekannt und zufällig ein großer Musikliebhaber ist. Und dann… Auf Englisch sagen wir: «we clicked», es passte einfach. Für mich war diese Zusammenarbeit bei *Written on Skin* wahnsinnig spannend. Man kann so viel lernen vom Denken eines anderen; er hat mir so viele Bücher empfohlen, die ich sonst nie gelesen hätte, bildende Künstler, Filme… Und trotz einiger

---

14   George Benjamin, *Written on Skin*, Oper in drei Teilen (2012), Uraufführung am 7. Juli 2012, Festival d'Aix en Provence; CD-Aufnahme Wyastone Leys, Monmouth: Nimbus Records 2013 (NI 5885/86); DVD London: Opus Arte 2013 (OA 1125 D).

deutlicher – aber immer produktiver – Unterschiede in unserer Ästhetik bewegten wir uns auf ähnlichem künstlerischen Terrain. Martin zielt mit seinen Operntexten direkt auf mich, er schreibt Texte, die Musik geradezu einfordern. Und dann gibt er mir völlige Freiheit, seine Sprache und die Gefühle, die sie wachruft, weiterzuspinnen, zu verstärken oder zu unterlaufen. Diese Zusammenarbeit beeinflusst die Art – und übrigens auch das Tempo –, wie ich schreibe, zutiefst – und ich denke immer: Hätten wir uns doch zwanzig Jahre früher kennengelernt!

Jonathan Cross: Hat das Einfluss darauf, wie Sie über die Autorschaft des Werks denken?

George Benjamin: In den 1980er Jahren, in meinen Anfängen als Komponist, da dachte ich, eine ideale Aufführung Neuer Musik bestehe in einer absolut präzisen, akkuraten Wiedergabe eines musikalischen Textes, der selber in quasi-wissenschaftlicher Weise exakt berechnet ist; wenn man ihn ausreichend genau und mit einer gewissen Energie darbiete, dann wäre das eine gelungene Aufführung. Heute glaube ich, das ist nicht so einfach. Ich mag die Vorstellung von Spontaneität, von Reagieren auf den Augenblick. Es gibt alle möglichen Umstände, die eine Aufführung beeinflussen können, ja beeinflussen müssen: Akustik, Temperatur, Art des Publikums, Programmzusammenhang, Stimmung, das Konzertpodium und vor allem der Charakter und das Können der Musiker. Es können sich während einer Aufführung sogar von einem Augenblick zum anderen Entscheidungen ergeben, die auf die eine oder andere Weise verzerren, was auf dem Papier steht. Es gibt eine Grenze, an der Manipulation und Interpretation eines Textes zum Frevel am Text werden und das, was dasteht, zerstören. Aber diesseits dieser Grenze existiert ein nahezu grenzenloses Maß an Freiheit – und das ist es, was die Musik am Leben hält. Ich wünsche mir immer noch absolute Genauigkeit, wenn meine Musik gespielt wird, aber dorthin gibt es Millionen von Wegen; falsch verstandene Genauigkeit kann etwas sehr Langweiliges sein.

Jonathan Cross: Das unterscheidet sich sehr von den sehr offenen Werken, welche in den vergangenen Tagen angesprochen wurden. Sie sprechen von einem dynamischen Verhältnis zu Ihrer eigenen Musik, davon, dass für Sie nicht ganz feststeht, was sie ist, und dass sich Ihr eigenes Verständnis von ihr verändert, wenn Sie sie von anderen gespielt hören.

George Benjamin: Ich glaube, wenn ich schreibe, tue ich das in der Illusion, ganz genau zu wissen, was ich da tue – es soll einfach so sein, wie ich es mir vorstelle. Aber dann geht die Musik ihren eigenen Weg – ich glaube, das muss so sein.

Jonathan Cross: Vinko Globokar, es wäre sehr interessant zu hören, wie sich das Verhältnis zwischen Komposition und Improvisation in Ihrem Werk aus Ihrer Sicht darstellt und wie es, Ihrer Vorstellung nach, zu einem Verständnis von Autorschaft beiträgt.

Vinko Globokar: Ich fange an mit der Improvisation. Improvisation ist eine Gewohnheit, die an die Musikgeschichte gebunden ist. In unserer Kultur hörte das Improvisieren vor etwa 150 Jahren komplett auf. Noch Beethoven war ein fantastischer Improvisator und schrieb deswegen seine Kadenzen nicht auf. Ebenso Mozart. Dann kamen Virtuosen wie Liszt oder Chopin, die bei ihren Klavierabenden hin und wieder improvisiert haben. Aber warum hörte dann das Improvisieren – außer im Orgelspiel, aber das ist etwas anderes – so plötzlich auf? Weil die Musik genauer fixiert und komplexer wurde. Über Musik von Webern zu improvisieren ist unmöglich, denn der Spieler hat schon so viele Schwierigkeiten, die Noten zu lesen, dass er nichts hinzufügen kann. Nach dem Zweiten Weltkrieg wuchs der Einfluss anderer Kulturen. Indische Musik zum Beispiel ist improvisiert, aber innerhalb sehr strenger Regeln; man kann einen Morgenraga nicht abends musizieren usw. Im Iran ist das Improvisieren an die Dichtung gekoppelt, es gibt keine Improvisation ohne Dichtung. Im Jazz gibt es ebenfalls Regeln: Die harmonische Struktur steht fest; man kann keinen Blues aus elf oder dreizehn Takten spielen, es sind genau zwölf. Erst in den Sechzigerjahren fingen die Spieler an, frei zu improvisieren, und das hieß: Es stand nichts mehr fest. Aber die damaligen Jazzmusiker waren nicht frei, denn sie mussten in der Sprache der Jazzmusiker spielen. Und dann kam eine Zeit, in der Komponisten begannen, mit improvisierenden Gruppen zu arbeiten. Kagel und Stockhausen haben das gemacht, und ich habe mit beiden viele Jahre lang gearbeitet. Aber diese Gruppen verschwanden schnell wieder. Warum? Wegen der Macht der Chefs!

1969 gründeten wir eine Gruppe aus vier Musikern: dem Schlagzeuger Jean-Pierre Drouet, dem Saxophonisten und Klarinettisten Michel Portal, dem argentinischen Pianisten und Komponisten Carlos Roqué Alsina und mir – das Ensemble New Phonic Art. Da waren wir schon für die ersten Konzerte zwei Komponisten und zwei Spieler. Für unser erstes Konzert schrieb ich ein Stück in vier Teilen. Im ersten Teil war alles auskomponiert. Im zweiten Teil fehlte einer der musikalischen Parameter wie Rhythmus, Harmonik usw. jeweils bei einem der Spieler, sodass man zum Beispiel auf die Harmonien der anderen hören und sein eigenes Material da einbauen musste. Der dritte Teil bestand nur aus den Reaktionen auf jemand anderen, zum Beispiel ahmte man die Harmonik eines anderen Spielers nach. Das waren also schon zwei Arten von Hören und von Musizieren, direkt oder verzögert, etwas hören und es reproduzieren. Dann konnte man eine Information entwickeln, sie wiederholen oder ihr Gegenteil machen; das heißt, man hört eine Information und muss dann entscheiden, worin das Gegenteil der Parameter dieses Elements besteht. Im letzten Teil improvisierte man frei. Dann gab es da den anderen Komponisten, Carlos Roqué Alsina, der ein logisches Ende der Improvisation komponierte und die Ordnung wiederherstellte – das Happy End!

Nach dem Konzert gab es einen großen Streit zwischen den zwei Komponisten und den zwei Spielern. Die Spieler sagten, das sei zu frustrierend, wir könnten so mit der Gruppe nicht weitermachen. Aber wir hatten schon einen Vertrag für vierzehn Tage unterschrieben. Was sollten wir also tun, wenn die Gruppe schon nicht mehr besteht? Die beiden Spieler schlugen vor, wir sollten einfach auftreten und frei improvisieren. Und damit war die Diskussion beendet. Danach spielten wir 150 Konzerte in dreizehn Jahren, ohne jemals über die Musik zu reden, die wir gerade gespielt hatten. Keine Proben, wir kamen einfach, jeder mit den Klangwerkzeugen, die er wollte. Am Ende, im Restaurant oder auf dem Rückflug, sprachen wir nie über die Musik, die wir gespielt hatten. Und was passierte? Ohne ein Wort veränderte sich. Zum Beipiel hatten zwei Mitglieder der

Gruppe großes Talent für Komik, und heute ist Jean-Pierre Drouet nicht mehr Schlagzeuger, sondern Schauspieler. Das heißt: Die Sprache der Gruppe wurde mit der Zeit wirklich zu einer Sprache.

Diese Erfahrung wurde wichtig für alle meine Kompositionen und Improvisationen. Entweder komponiere ich und lege alles im Detail fest; oder ich werde, wenn ich improvisiere, zum Teil einer Gruppe von fünf oder sechs Spielern und habe nichts zu sagen. Wenn ich Leute beeinflusse, dann durch mein Spiel und nicht mit Worten.

> **Jonathan Cross:** Das ergibt ja ein faszinierendes Bild, wie sich in der Paxis die Grenzen verschieben. Auf der einen Seite stehen zwei Komponisten mit ganz klaren Vorstellungen von Autorschaft und ihren Grenzen, auf der anderen Seite aber steht die Idee einer kollektiven Identität in der Improvisationsgruppe.

Vinko Globokar: Über dreizehn Jahre lässt sich so ein Kollektiv nur durch Freundschaft am Leben erhalten. Weil es keinen Chef gab, war es in der Gruppe klar, dass ich der war, der Verträge aufsetzte, aber ohne Einfluss auf die Musik. Und dann gab es andere Fälle, zum Beispiel mit Stockhausens *Aus den sieben Tagen,* davon könnte ich lange erzählen.

> **Jonathan Cross:** Julia, um daran anzuschließen: Wenn man in Ihrer Position ist und auf ein Werk dieser Art trifft, gibt es wohl nicht eine eindeutige kreative Quelle. Seine Identität ist dauernd im Entstehen begriffen, sie ist immer im Fluss, es wird improvisiert, oder sie ähnelt einem der graphischen Stücke, von denen wir in den vergangenen Tagen gehört haben – was ist da Ihre Rolle als Kritikerin, die sich diesem Material schöpferisch und interpretierend nähert? Legen Sie es in einer Weise fest, die die Musiker selber vielleicht als unangemessen empfinden könnten?

Julia Spinola: Grundsätzlich ist die Aufgabe keine völlig andere, es stellt nur eine Akzentverschiebung dar, ob ich eine Beethoven-Symphonie höre oder ein völlig neues, vielleicht improvisiertes Werk. Worum es zunächst einmal geht, ist die möglichst getreue, wachsame und authentische Gestaltauffassung. Was passiert da? Natürlich kann man bei einem neuen oder improvisierten Werk keinen Bezug zu einer anderweitig fixierten Werkgestalt herstellen. Dennoch glaube ich – wie Bill Kinderman andeutete –, dass der Kontrast zwischen der Interpretation als einem offenen Prozess und dem Werk als einem Text allzu sehr suggeriert, hier sei das eine, wo die Bedeutung festgeschrieben ist, und dort das andere, das sie ein wenig variiert. Ich gehe immer davon aus, dass es ein Werk ist und dass für mich das, was erklingt – sei es improvisiert, sei es eine Beethoven-Symphonie –, aus vielen verschiedenen Schichten von Bedeutung besteht. Die Qualität einer Interpretation oder einer Aufführung misst sich daran, wie plastisch, wie deutlich und wie stringent sie eine Schicht oder mehrere Schichten darstellt. Das heißt, das erste Kriterium – neben den spieltechnischen Fragen, die für mich nicht so spannend sind – wäre also: Ergibt sich daraus eine kohärente Klanggestalt? Es gibt prinzipiell viele Wege, die zur Wahrheit eines Stückes führen, so wie bei der Deutung eines Textes viele verschiedenen Deutungen der gleichen Zeile – auch wenn sie einander auf den ersten Blick widersprechen – letztlich von verschiedenen Seiten ins Zentrum führen.

William Kinderman: Ich finde es faszinierend, über all das nachzudenken, was die Komponistenkollegen in den letzten Tagen geäußert und was wir von Pierre Boulez und Heinz Holliger am ersten Abend gehört haben. Dabei ging es zwar immer wieder um die Bedeutung der Freiheit, aber immer wieder auch um die Struktur. Das hat natürlich eine geschichtliche Dimension. Ich denke hier vor allem an die Ästhetische Theorie von Friedrich Schiller aus den 1790er Jahren. Schiller war ja Künstler und zugleich Philosoph, und er meinte, es komme einerseits vor allem auf das an, was er «Formtrieb», andererseits auf das, was er «Sinn-» oder «Stofftrieb» nannte. «Formtrieb» ist Struktur, «Sinntrieb» Gefühl. Letztendlich geht es um ihre Synthese, eine Integration in Form eines «Spieltriebs». Musikaufführung hat viel mit Spielen zu tun; für Schiller ist das sehr wichtig bei der Theorie des künstlerischen Spielens. Hans-Joachim Hinrichsen hat einen anderen wichtigen Denker jener Zeit erwähnt, nämlich Jean Paul, mit dem Beethoven manchmal verglichen wurde. Jean Paul verwendete als Schlüsselbegriffe das «Kleine» und das «Große». Das «Große» ist das Erhabene – the sublime – und das «Kleine» ist das Triviale, was uns allen ständig begegnet. Dabei sieht er das «Kleine» als Kritik des Erhabenen, und umgekehrt enthält das «Große» eine Kritik des Gemeinplatzes. Es geht also um die Synthese.

Vielleicht noch ein Element, das für mich besonders gut zu Lachenmann passt: Dabei geht es um das, was Philosophen manchmal die Dualität von Ästhetik und Anästhetik nennen. Wir alle kennen Anästhetik und Anästhesie: Wenn wir zum Zahnarzt müssen, wollen wir das unbedingt haben. Das heißt, innerhalb der Ästhetik fühlt man mehr, die Empfindsamkeit ist im Spiel; auf der anderen Seite steht die Anästhetik mit Erfahrungen, die wir normalerweise auf den ersten Blick nicht im ästhetischen Bereich haben. Aber mit der Erweiterung der Kunstanschauung im letzten Jahrhundert kommt es zunehmend vor, dass man versucht, auch diese Bereiche mit einzubeziehen, was auf eindrucksvolle Weise Helmut Lachenmann bei *Gran Torso* gemacht hat. Es ist jedenfalls ein faszinierender Gegenstand und man kommt immer neu zum Alten zurück.

Publikumsfrage: Eine Frage an George Benjamin: Sie sprachen von der Genauigkeit Ihrer Partituren und davon, dass sich, wenn Sie dirigieren, eine gewisse Flexibilität innerhalb dieser Genauigkeit ergibt. Ich würde gern wissen, wie Sie das empfinden, wenn jemand anderer – zum Beispiel ich – diese Flexibilität innerhalb dieser Genauigkeit nutzt.

George Benjamin: Ich vergleiche das mal mit einem Theaterstück: Sie bekommen einen Text, bloß Wörter. Das ist viel weniger als in einer Partitur. Aber wir können uns eine Interpretation vorstellen, die ein bestimmtes Element in dem Text aufdeckt, die vielleicht die politischen Andeutungen im Stück betont, die eine Figur oder ein Thema in den Vordergrund rückt… Es gibt viele Arten, den Text zu interpretieren. In der Musik ist es möglich, genau zu bleiben, zu tun was der Komponist geschrieben hat, aber dabei auch zu interpretieren. Wissen Sie, warum Strawinsky sich Exekution wünschte, nicht Interpretation? Weil er auf den übertriebenen, bequemen, sentimentalen Subjektivismus der Spätromantik reagierte, in dem Interpreten (und leider auch das Publikum) anfingen, ihr Können höher zu schätzen als das des Komponisten. Die übertriebenen Verzerrungen von Rhythmus und Ausdruck im Vortrag – die konnte er nicht ertragen. Seine Ästhetik brachte eine wunderbare

Klarheit – wie einen Spritzer Zitronensaft – in die Musik. Ich fürchte zudem, dass Schönbergs Kommentar nicht nur seiner Sehnsucht nach der perfekten Interpretation entsprang, sondern auch der Enttäuschung – er lebte in Amerika und wurde wenig aufgeführt. Und wenn Varèse sich wünschte, dass seine Werke lieber von Maschinen aufgeführt werden sollten als von Menschen, dann tat er das auch aus Verbitterung darüber, dass er als Künstler total ignoriert wurde. Im frühen 20. Jahrhundert gab es einen beinahe utopischen Blick auf die Technik, doch unsere Erfahrung hat das sehr gemildert …

Selbst angesichts so extremer Äußerungen akzeptiert jeder Komponist, dass es in der Aufführung immer noch einen erheblichen Spielraum gibt – jedenfalls in bestimmten Dimensionen –, trotz der Einschränkungen unseres Notationssystems. Sicher würde jeder zustimmen, dass man eine Partitur genauso wie ein Theaterstück auf viele verschiedene Arten lesen und interpretieren kann, ohne sie zu verzerren oder zu zerstören. Wieso sollte ich sonst ein Werk zweimal hören oder spielen wollen?

Jonathan Cross: Könnten Sie etwas dazu sagen, was Sie meinen, wenn Sie das Wort Interpretation benutzen? Oder genauer: Was für ein Konzept haben Sie davon, wenn Sie Ihre eigene Musik interpretieren, wo Sie sich fast auf so etwas wie eine Persönlichkeitsspaltung einlassen?

George Benjamin: Ich erlaube mir mal, als Beispiel ein Stück von mir für zwei Bratschen zu nehmen; es heißt *Viola, Viola.* Es ist sehr schwer, und ich habe es eigentlich nur einmal so gehört, dass ich ganz zufrieden war. Ja, diese Aufführung war genauer als andere, genauer in Rhythmus und Dynamik, und die Intonation sowie der Klang waren auch besser. Aber besonders gefiel mir, dass die beiden Musiker sich das Stück zu eigen machten: Sie gaben der Partitur eine solche Intensität und Dramatik, die hoffentlich im Werktext angelegt ist, hier aber ganz aus ihnen selbst kam.

Jonathan Cross: Und wenn Sie selber in dieser Rolle stecken? Wenn Sie Ihre eigene Musik interpretieren?

George Benjamin: In den Proben arbeitet man zum Beispiel an Einzelheiten, daran, es *korrekt* hinzukriegen (wobei ich über die Jahre gelernt habe, wie schnell es passiert, dass ein unerfahrener Komponist und Dirigent es *falsch* hinkriegt). Also, man arbeitet neun oder zwölf oder ich weiß nicht wieviele Stunden daran, sich die Partitur klarzumachen; man konzentriert sich dabei auf schwierige oder problematische Stellen, achtet auf Intonation und Balance, arbeitet am Klang und bemüht sich, die Geografie und die Kontur der Musik allen Beteiligten verständlich zu machen. Dann kommt die Aufführung – und nun ist es die erste Pflicht des Dirigenten, verständlich und *nützlich* zu dirigieren, damit die Musiker ihr Bestes geben können und den Geist, den Charakter, die Form der Musik dem Publikum lebhaft vermitteln. Aber gleichzeitig muss der Dirigent die Aufführung aufladen mit Energie, mit Fantasie, mit Einfühlung – fast möchte ich sagen: mit Inspiration. Es dreht sich also um zwei gleichzeitige, gegensätzliche Zustände – kalte Klarheit, in der das Ohr hört, aufnimmt und der Verstand die Verhältnisse und die Form kühl beurteilt; und dann dieser Elan, den echtes Musizieren braucht, der sich vollkommen dem Augenblick hingibt, ja sich in ihn hineinstürzt. Man vergisst alles und geht ganz in dem Stück auf – das heißt, man riskiert Dinge, auf die man in den Proben gar nicht gekommen ist. Aber Spontaneität (da ist dieses Wort wieder!) gehört unbedingt dazu – wie grauenhaft wäre das Musizieren ohne sie; würden Aufführungen wie mit dem Kopierer vervielfältigt, wäre das der Tod der Musik. Besonders im Zeitalter der CD, in dem wir über perfekte Wiederholungen von Aufführungen verfügen, brauchen wir umso mehr – ohne es ins Naive oder Geschmacklose zu treiben – die echte, authentische Aufführung.

Publikumsfrage: Ich bin selbst Kritikerin und habe deshalb eine Frage an Julia Spinola: Wenn man ein Werk von Beethoven hören geht, ist klar, man spricht als Kritikerin nicht über das Werk selbst, sondern über die Interpretation. Bei einem Stück aus dem 20. Jahrhundert wird das schon ein bisschen schwieriger, weil viele Leute das Stück gar nicht kennen, es vielleicht zum ersten Mal hören. Dann spricht man vielleicht eher über das Werk selbst. Wie ist das bei einem ganz neuen Stück, wenn es das erste Mal gespielt wird? Dann sieht man sich als Kritikerin gezwungen, über das Stück selbst zu sprechen. Wie sieht es da aus mit der Interpretation, sollte man da nicht auch über die Interpretation sprechen und wenn ja, wie? Ich habe meine eigenen Lösungen für diese Fragen, und ich sehe auch Schwierigkeiten, weil gewisse Texte nicht erhältlich sind oder vor der Aufführung vielleicht noch gar nicht existieren. Es gibt viele solcher Problembereiche. Wie gehen Sie damit um, und wie sehen Sie das? Sehen Sie einen Bedarf, dies so auszuweiten, dass es im Gebiet der neuen Musik mehr Kritik von Interpretation geben sollte?

Julia Spinola: Ich gehe eher den umgekehrten Weg. Ich habe eben darzustellen versucht, dass ich keinen prinzipiellen Unterschied machen möchte zwischen der Kritik eines Werks und der Beurteilung einer Interpretation. Beides ist grundsätzlich nicht zu trennen. Natürlich ist uns eine Beethoven-Sonate präsenter als ein Stück, das eben uraufgeführt wird. Aber man tappt in eine Falle, wenn man denkt, dass man ein Werk bereits kenne und von dieser Warte aus nur noch die Interpretation zu beurteilen habe. Eine Interpretation kann man nur angemessen beurteilen, wenn man sich mit der Einstellung ins Konzert begibt, dass man ein Werk wie zum ersten Male hört, das heißt, man versucht, sich neu auf das einzulassen, was einem musikalisch gesagt wird. Ich würde es anders formulieren: Man müsste bei Kritiken, die man über bereits bekannte Werke schreibt, den Aspekt des Werks stärker in den Mittelpunkt rücken, statt umgekehrt zu sagen, es sei bei einer Uraufführung wichtig, nicht nur das Werk zu beurteilen, sondern auch die Art, wie es interpretiert wurde. Bei einer Uraufführung fällt zunächst einmal beides in einem Moment zusammen. Ich persönlich finde – ohne dass ich selbst von diesem Fehler frei wäre – Kritiken, in denen zu lesen ist, wer welches Tempo genommen hat, ob die Streicher zusammen waren, ob sie eher mit oder ohne Vibrato gespielt haben, ohne dass die Befunde zurückgebunden werden an den Sinnzusammenhang, der im Werk zur Geltung kommt, völlig überflüssig.

Jonathan Cross: Darf ich einmal die beiden Komponisten hier fragen und daran anknüpfen, was Julia gerade gesagt hat: Wie stehen Sie zur interpretierenden Rolle der Kritiker, wenn es um Ihre eigene Musik geht? Wie reagieren Sie darauf? Welche Rolle spielen Sie in diesem Verhältnis?

Vinko Globokar: Als ich noch jung war, habe ich Kritiken gelesen. Wenn sie schlecht waren, war ich ganz traurig, und wenn sie gut waren, war ich stolz. Aber nach einer Weile und mit mehr Erfahrung – wenn ich Gelegenheit hatte, nochmals darüber nachzudenken – habe ich versucht zu verstehen, was der Kritiker sagte, wenn mir das nicht vorher schon aufgegangen war oder es nur Banalitäten waren. Es gibt Kritiker, von denen ich etwas lernen kann, und andere, von denen ich nichts lernen kann.

George Benjamin: Ich glaube, mir geht es ganz genauso. Wenn jemand versteht, worauf man hinauswill und einen in erkennbar guter Absicht kritisiert, dann kann man bestimmt daraus lernen. Manchmal fehlt aber auch das Verständnis – im Lob ebenso wie im Tadel –, und dies kann im Komponisten, wenn er nicht eine gewisse Unabhängigkeit besitzt, schon etwas anrichten. Wir Komponisten verbringen viel Zeit allein, sehr viel Zeit, und sind sehr streng mit unserer Arbeit, denn immer müssen wir Entscheidungen treffen. Schon der Akt des Komponierens schließt einen hohen Grad von Selbstkritik ein. Es läuft darauf hinaus, dass man seiner ganz eigenen Vorstellung nachjagen und seinen eigenen Weg gehen muss, egal was die Leute sagen.

> **Publikumsfrage:** Ich freue mich, Herrn Globokar heute wieder zu sehen, der vor mehr als 30 Jahren, vielleicht um 1975, mein erster Lehrer für zeitgenössische Musik war. Wir haben improvisiert, es war ein Kurs hier in Basel. Heute bin ich Pianistin und komponiere auch ein bisschen. Seither habe ich mit vielen Komponisten gearbeitet, mit Stockhausen, Berio, Feldman, Cage, auch Scelsi. So habe ich viele Erfahrungen gemacht, aber diesen Anfang, diese Initiation, werde ich nie vergessen. Heute vormittag hatte ich beim Vortrag von Angela Ida De Benedictis fast ein wenig Erbarmen mit den Komponisten Berio und Nono. Zunächst hatten sie eine erste Fassung, dann kamen Interpreten oder Kritiker und sagten, man müsse dies oder jenes anders machen, das gehe so nicht. Daraufhin wird daran geschraubt, und am Schluss kommt man zur Einsicht, dass der erste Impuls eigentlich doch der klarste war, obwohl die Notation eine Space-Notation mit Sekunden war, aber der Interpret hatte die Möglichkeit, mit dem Komponisten zu fühlen, als die Komposition uraufgeführt wurde. Man ist dann sehr nahe an dem Moment, wo zuerst nichts passiert und plötzlich *alles* passiert. Die Uraufführung ist dieser Moment, da alles passiert. Die ganze Welt kann nun nicht mehr sagen, sie wisse nicht, was da gemacht wurde. Dies ist ein unglaublicher Moment, der mich immer noch fasziniert, und für die Autorität einer Komposition oder der Kunst ist dieser Impuls aus dem, was passiert, wichtig. Da trifft alles in einem einzigen Moment zusammen: der Komponist, der Interpret, das Werk – also der Arbeiter, der Arbeitende und das Gearbeitete.

Vinko Globokar: Ja, natürlich. Aber vergessen Sie nicht, dass ich angefangen habe, Noten zu schreiben, als ich schon fast dreißig Jahre alt war. Dennoch war ich bereits vorher in eine musikalische Tätigkeit eingebunden, bei der ich gelernt habe, die Psychologie der Kollegen zu verstehen. Genau deswegen habe ich auch nie ein Werk korrigiert. Vielleicht sage ich beim ersten Durchhören, dass das Piano ein bisschen laut ist, und so weiter. Aber formell gesehen habe ich nie eine Korrektur gemacht.

Publikumsfrage: Ich möchte noch etwas anmerken zu dem, was Julia Spinola vorhin gesagt hat. Mir ist genau die Art Kritik wichtig, die sie für unwichtig hält. In dem Sinne, wie Sie gesagt haben, dass man nicht eine Interpretation kritisieren solle, sondern immer das Werk so mitnehmen müsse, dass man dies nicht voneinander abspalten könne. Mir begegnet heute häufig eher das Gegenteil: Die Interpretationskritik alter Schule ist obsolet geworden, und in den meisten Kritiken finde ich stattdessen nicht mehr als einen einzigen Satz wie «Solistin/Solist X spielte brilliant», gefolgt von langen Ausführungen darüber, wann der Komponist das Werk geschrieben hat und was seine Gefühle dabei waren.

Julia Spinola: Wenn ich eben betont habe, dass man dies nicht trennen könne, und mich dafür aussprach, das Werk stärker mit einzubeziehen, meinte ich nicht, dass man etwas um das Werk herum erzählt – wann es entstanden ist oder aus wie vielen Sätzen es besteht. Mir ging es eher darum – was schwierig ist –, die Interpretation wirklich auf den Ausdruckscharakter, den das Werk vollzieht, zu beziehen. Das heißt, zu sagen, inwiefern der Charakter eines musikalischen Verlaufs durch eine bestimmte Interpretation in die eine oder in die andere Richtung gedrängt wurde. Stärker auf das Werk einzugehen zielt dann darauf, zu erkennen, was eine Interpretation am Werk aufschließt, was man möglicherweise vorher so noch nicht wahrgenommen hat. Es kann ja passieren, dass man da sitzt und denkt, hoppla, so habe ich das noch nie gehört – und dann bemerkt man, wie auf diese Weise eine ganz andere Facette der Wahrheit des Werkes, seines Gehalts oder wie auch immer wir das nennen, zum Vorschein kommt. Ein bisschen das talmudische Prinzip: Eine andere Deutung, eine andere Lesart ist nicht beliebig, sondern führt von verschiedenen Seiten zum Kern eines Satzes. Trotzdem gibt es viele verschiedene Aspekte und man wird nie alle auf einmal in einer Interpretation zur Geltung bringen können.

Publikumsfrage: Noch eine Frage an George Benjamin: Gibt es in Ihrem Œuvre Stücke, die mehr Raum für Freiheit und Interpretation lassen als andere? Und – das ist meine eigentliche Frage – spielte das beim Komponieren eine Rolle, oder ergab sich das einfach?

George Benjamin: Ja, natürlich, alle meine Stücke sind ausnotiert, aber es gibt welche, die viel mehr Raum für Freiheit der Interpretation lassen als andere, die von Anfang bis Ende sehr, sehr genau gespielt werden müssen. Ob ich das entscheide, bevor ich das Stück schreibe … Nein, ich glaube nicht … Ich schreibe das, was ich kann, was jetzt herausdringen möchte; über diesen Aspekt habe ich sehr wenig Kontrolle. Wenn ich meine Musik am Klavier oder als Dirigent interpretiere, bin ich oft überrascht – unangenehm überrascht –, dass Sachen, die ich für ganz einfach hielt, sich plötzlich als sehr schwer herausstellen. Schwer zu sagen, warum. Es ist merkwürdig, aber es gibt eben Sachen, die man glaubt, komplett im Griff zu haben, und wenn sie auf die Wirklichkeit treffen, dann erlebt man – nicht unbedingt im Klang, aber in der Ausführbarkeit – böse Überraschungen.

Publikumsfrage: William Kinderman, Ihre intertextuelle Sicht auf Wagner, Beethoven und so weiter hat mir sehr gefallen. Der Literaturwissenschaftler Harold Bloom hat einmal gesagt, literarischer Einfluss sei ein Labyrinth, das Kritiker kaum in Ansätzen erkundet hätten. Und ich habe immer den Eindruck, dass die Musikwissenschaft noch hinter der Literaturkritik zurückbleibt, wenn es darum geht, Einflüsse zu erkennen und zu benennen. Geht Ihnen das auch so, oder was glauben Sie, woran das liegt? Haben wir Angst davor, dass die Komponisten ihre Autorschaft einbüßen, wenn man solche Einflüsse offenlegt?

William Kinderman: Gute Frage. Harold Blooms Schriften haben besonders in der englischsprachigen Welt große Wirkung entfaltet. Mit Titeln wie *The Anxiety of Influence* und *A Map of Misreading* lenkte Bloom den Blick darauf, dass in der langen Kette der Kultur die Beziehungen von einer Generation zur nächsten, von einem Künstler zu einem früheren nicht einfach harmonisch sind. Manche Komponisten verwenden Mühe darauf, sich ihren eigenen schöpferischen Raum zu schaffen, solche Einflüsse nicht einfach aufzunehmen, sondern sie zu verwandeln oder zu negieren. Ich glaube, wir haben uns an diesen Rahmen gewöhnt, und er bringt uns in vielerlei Hinsicht weiter. Das gilt auch für die anderen beiden Konzepte, mit denen wir uns hier befasst haben (um der Frage eine andere Richtung zu geben): Ich fand es interessant, dass hier mehrmals betont wurde, wie wichtig eine narrative Dimension sei, «das Erzählerische». Pierre Boulez hat darüber gesprochen, wie er Mahlers Siebte dirigierte. In den Nachtmusiken, sagte er, ist weniger Raum dafür, in den anderen Sätzen sei die narrative Dimension dagegen äußerst wichtig, und dass er, wenn er einen tollen Oboisten hätte, ihm den Raum geben würde, diesen einzigartigen Ausdruck auszuspielen. Von George Benjamin haben wir gehört, dass es mit Blick auf Struktur, auf Strenge, notwendig sei, eiskalt zu sein, absolut strikt. Aber das steht im Verhältnis zum Wunsch nach oder der Möglichkeit zur Freiheit. Auf paradoxe Weise macht es Freiheit erst möglich. Und in der Sphäre der Aufführung – eine weitere von diesen wichtigen Dimensionen – gibt es das, was auf Deutsch als «spontan» oder «rezeptiv» beschrieben wird, wo wir etwas beobachten aus der Distanz. Ist es nicht erstaunlich, dass sich im großen Netz, im Zusammenhang der Kultur – obwohl sich manches in seiner Erscheinung drastisch gewandelt hat – viele grundlegende Themen offenbar gar nicht so sehr verändert haben?

Jonathan Cross: Nun möchte ich, mit einer Reverenz an Mark Katz, das Wort «oot» benutzen: out of time. Wir danken George Benjamin, Julia Spinola, Vinko Globokar und William Kinderman für ihre wunderbaren Beiträge.

ANHANG

Dokumentation
Konzertprogramme

Mittwoch, 27. April 2011
Münstersaal im Bischofshof, Rittergasse 1, Basel
18:00–20:00 Uhr

Eröffnung: Gespräch und Konzert
Pierre Boulez und Heinz Holliger im Gespräch
Moderation: Peter Hagmann
Ensemble Phoenix Basel
Leitung: Jürg Henneberger

Morton Feldman (1926–1987)
The Straits of Magellan (1961) für Flöte, Horn,
Trompete, Harfe, elektrische Gitarre, Klavier
und Kontrabass (1961)

Roman Haubenstock-Ramati (1919–1994)
Décisions für unbestimmte Klangquellen
(1959–61), Realisation von Jürg Henneberger
für Oboe, Bassklarinette, Harfe, Gitarre,
Schlagzeug, Klavier, Harmonium, Violine und Violoncello (2010)

Pierre Boulez (1925–2016)
... explosante-fixe ... (1971), Realisation von
Heinz Holliger für Altflöte, Oboe d'amore,
Klarinette, Harfe und Viola (1972)

Pierre Boulez
Mémoriale/... explosante-fixe... Originel
für Flöte solo und acht Instrumente (1985)

Heinz Holliger (*1939)
Kreis für vier bis sieben Instrumentalisten
und Tonband (ad lib.) (1971–72)

Ensemble Phoenix Basel
Flöte, Altflöte: Christoph Bösch; Oboe,
Oboe d'amore, Englischhorn: Heinz Holliger;
Klarinette, Bassklarinette, Kontrabassklarinette:
Toshiko Sakakibara; Fagott: Lucas Rössner;
Horn: Henryk Kalinski, Samuel Stoll; Trompete: Si-
mon Lilly; Euphonium: Michael Büttler;
Harfe: Ursula Holliger; E-Gitarre: Maurizio
Grandinetti; Klavier: Manuel Bärtsch; Marimbaphon,
Schlagzeug: Daniel Stalder; Violine:
Friedemann Treiber, David Sontòn Caflisch,
Daniel Hauptmann; Viola: Patrick Jüdt, Jessica
Rhona; Violoncello: Beat Schneider; Kontrabass:
Aleksander Gabrys; Tonregie: Thomas Peter; Leitung
und Harmonium: Jürg Henneberger

Zum Programm

Ausgehend von der Thematik des Symposiums «Wessen Klänge? Interpretation und Autorschaft in neuer Musik», vereinigt das Konzert des heutigen Abends Kompositionen aus der Zeit zwischen ca. 1960 und 1985, die entweder partiell indeterminiert sind oder auf ein mehrdeutiges Werkkonzept zurückgehen. Solche Kompositionen lassen substanziell voneinander abweichende Realisierungen zu und gewähren damit den Interpreten einen größeren mitschöpferischen Entscheidungsspielraum, als dies in der meisten Musik des 19. und frühen 20. Jahrhunderts der Fall ist. Letztlich kommt in ihnen ein neuer, erweiterter Werkbegriff und ein verändertes Rollenverständnis der musikalischen Akteure zum Ausdruck. Nicht mehr gilt das vom Komponisten geschaffene Werk als «geschlossenes» Ganzes, dessen wesentliche Eigenschaften in einem verbindlichen Notentext aufgezeichnet sind und dessen Wiedergabe im möglichst genauen (und annäherungsweise wiederholbaren) klanglichen Nachvollzug der schriftlichen Vorlage besteht. Stattdessen wird es als partiell «offenes» Konzept verstanden, dessen Konkretisierung in wichtigen Punkten von der Mitentscheidung der Interpreten abhängt – und das seinen Sinn erst in der Gesamtheit der je individuellen Umsetzungen entfaltet.

Dieser verstärkte Einbezug der Interpreten, die dadurch tendenziell von bloßen «Exekutanten» zu «Ko-Autoren» avancieren, ist in der Avantgarde der letzten sechs Jahrzehnte in vielfältiger Art und Weise praktiziert worden; die Spannweite reicht von Werken, in denen nur Details oder einzelne Dimensionen des Tonsatzes (etwa die Rhythmik oder die exakten Tonhöhen) unbestimmt gelassen und damit der Entscheidungskompetenz der Interpreten zugewiesen sind (wie z. B. in Morton Feldmans *Straits of Magellan*), bis zu Kompositionen, deren Gesamtverlauf so skizzenhaft vorgegeben ist, dass ihre Form erst im Akt der Aufführung eine fassbare musikalische Identität annimmt (wie z. B. in Roman Haubenstock-Ramatis *Décisions*). Und fast immer sahen sich die um eine derartige gezielte Mehrdeutigkeit bestrebten Komponisten zu neuartigen musikalischen Aufzeichnungsformen veranlasst – etwa indem sie die traditionelle Notation durch graphische Darstellungen oder verbale Anweisungen ergänzten oder sogar ersetzten. Allerdings ist die in solch neuen Partiturbildern ausgedrückte «Offenheit» keineswegs gleichzusetzen mit einem Appell an das Improvisationsvermögen der Musiker im Akt der Aufführung. Sie ruft die Ausführenden vielmehr – wenn nicht immer in der Theorie, so doch meist in der Praxis – zu genauer Absprache, d. h. zu einer Vorplanung auf, die nicht selten

zu einer (allerdings nur für eine bestimmte Aufführung gültigen) zweiten Verschriftlichung in konventioneller Notation führt. Einen Extremfall stellt in dieser Hinsicht die ursprüngliche Konzeptform von Pierre Boulez' *... explosante–fixe ...* dar, die sich lediglich als eine Art musikalischer «Baukasten» versteht und zum Zweck einer Aufführung eine präzise schriftliche Ausarbeitung nicht nur zulässt, sondern zwingend erfordert.

Nachdem Morton Feldman, einer der Protagonisten der stark von der bildenden Kunst beeinflussten sogenannten «New York School», von 1950 bis 1953 mit verschiedenen graphischen Notationen experimentiert hatte und dann zu einer mehr oder weniger traditionellen Aufzeichnungsform zurückgekehrt war, entschied er sich bei *The Straits of Magellan* (1961), ebenso wie bei mehreren anderen Werken aus den späten 1950er und 1960er Jahren, wiederum für eine graphische Darstellung. Die von ihm gewählte «Kästchennotation» (→ **ABB. 1**) fordert die sieben Instrumentalisten auf, in jeder durch ein quadratisches Feld symbolisierten Zeiteinheit (MM = 88) die mit arabischen Ziffern angegebene Anzahl von Einzelklängen (bzw. im Klavier entsprechende Akkorde) zu spielen oder gemäß den römischen Ziffern Mehrklänge zu produzieren. Nicht bestimmt sind dagegen die Tonhöhen und Rhythmen innerhalb dieser Zeiteinheiten; sie sind, unter Befolgung einiger allgemeiner Angaben (etwa der Bezeichnung der Bewegungsrichtung durch Pfeile), frei zu wählen. Trotz dieser partiellen Indeterminiertheit ist das erwünschte akustische Resultat durch das Zeitraster, durch die exakte Vorschrift der erwünschten Spielweisen und die Globalanweisung, stets leise und mit weichem Tonansatz zu spielen, recht genau vorgeplant: Unabhängig von Detailentscheidungen der Instrumentalisten entsteht ein für diesen Komponisten charakteristisches, von zarten Farbtupfern und flirrenden Minimalgesten geprägtes und gleichsam schwereloses Klangbild, in dem nicht zuletzt durch die Verwendung von E-Gitarre, Trompete und Kontrabass ein leiser Nachhall des Cool Jazz der damaligen Zeit mitschwingt.

Sehr viel abstrakter (in bezug auf die klanglichen Umsetzungsmöglichkeiten) verfuhr dagegen der aus Polen gebürtige, seit 1957 in Wien ansässige Roman Haubenstock-Ramati, als er in den Jahren 1959–61 seine Komposition *Décisions* aufzeichnete. Auf 16 Blättern hielt Haubenstock-Ramati ebensoviele graphische Objekte fest, die auf den bildnerischen Grundelementen Punkt, Linie und Fläche basieren (→ **ABB. 2**) – und die, gemäß ihrer Anlage als Sequenz, durch die Wiederholung und

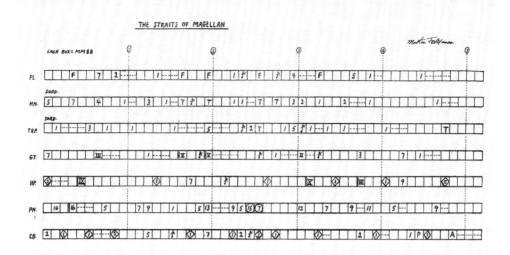

ABB.1   Morton Feldman, *The Straits of Magellan* (1961), Partitur, S. 1
(© C.F. Peters, New York, 1962; mit freundlicher Genehmigung).

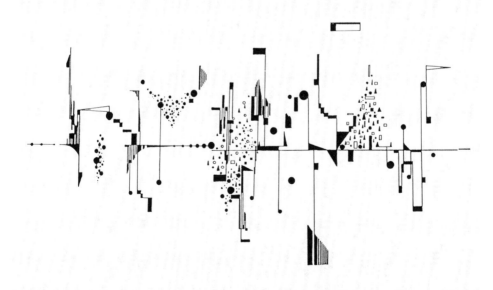

ABB. 2   Roman Haubenstock-Ramati, *Décisions* (1959–61), Musikgraphik, Nr. 13
(Ariadne-Verlag, Wien 1980; mit freundlicher Genehmigung).

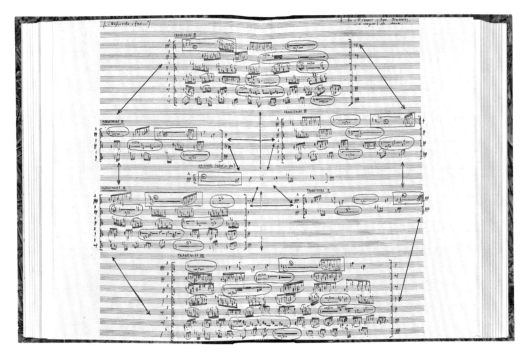

ABB. 3   Pierre Boulez, … *explosante-fixe* … (1971), ursprüngliche Matrix
(veröffentlicht in *Tempo,* Nr. 98 [1970]), o. S.

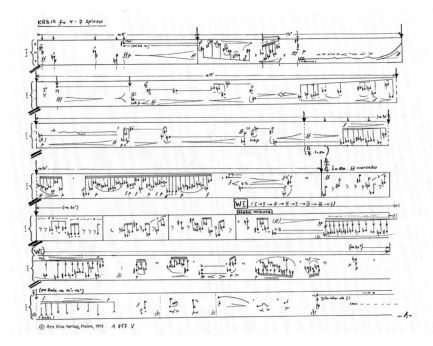

ABB. 4   Heinz Holliger, *Kreis* (1971–72), Partitur, S. 1
(© 1973 Ars-Viva-Verlag, Mainz; mit freundlicher Genehmigung).

Abwandlung bestimmter Motive miteinander verbunden sind. Diese Graphiken lassen sich entweder als Bilder betrachten oder als Vorlagen für eine musikalische Umsetzung lesen; in ersterem Falle tritt in den Worten des Komponisten «auf einen Blick» die dem Werk immanente «zeitlose Idee» zutage, wogegen in letzterem Falle die graphischen Gebilde nach und nach «abgetastet» und in einen bald rascheren, bald langsameren zeitlichen Verlauf gebracht werden. Bei einer klanglichen Realisierung liegt es nahe, die gewohnte Leserichtung von links nach rechts beizubehalten, «oben» und «unten» im Sinne der gängigen klang-räumlichen Metaphorik zu deuten und gewisse figürliche Analogien zur herkömmlichen Notenschrift zum Tragen zu bringen. Andere Möglichkeiten des musikalischen «Abtastens» dieser ganz auf die Kraft der visuellen Suggestion setzenden Graphiken (z. B. eine Lesart von rechts nach links) sind jedoch durchaus möglich. Für seine aktuelle Realisierung ließ sich Jürg Henneberger u. a. von der auf den meisten Blättern stark ausgeprägten Horizontalachse anregen. In seiner Fassung wird diese Achse durch die Zentraltöne des Harmoniums repräsentiert und die Zweiteilung der Fläche durch eine paarweise Gruppierung der übrigen Instrumente, die sich mit ihren Klangprojektionen nach «oben» bzw. nach «unten» zu vier in sich komplementären Duos zusammenschließen.

Unter dem von André Breton entliehenen Titel … *explosante–fixe* … legte Pierre Boulez ursprünglich kein eigentliches Werk, sondern lediglich ein Werkmodell vor. Er folgte damit der Bitte der englischen Musikzeitschrift *Tempo* um einen musikalischen Beitrag für eine Gedenknummer zu Ehren des im Juni 1971 verstorbenen Igor Strawinsky. Boulez's 1972 publizierte Strawinsky-Hommage besteht aus zwei Elementen: einem Notenblatt (→ ABB. 3), auf dem ein siebentöniger Kerngedanke («Originel») mit dem Tiefton *Es* (= S für Strawinsky) und dem Hochton *B* (für Boulez) sowie – kreisförmig darum herum angeordnet – sieben fragmentarische Weiterentwicklungen («Transitoires») aufgezeichnet sind, und einem sechsseitigen Kommentar mit detaillierten Anleitungen für eine kompositorische Ausarbeitung. Der Komponist selbst hat dieses Konzept später zum Ausgangspunkt für verschiedene Realisierungen und weiterreichende Werkprojekte gemacht; doch der erste, der eine Ausarbeitung von … *explosante – fixe* … vornahm, war sein ehemaliger Schüler Heinz Holliger. Dieser erarbeitete 1972 auf der Basis des ursprünglichen Notenblatts und der verbalen Anweisungen (versammelt unter den Stichworten «Structure, ordre», «Interprétation, jeu» und «Présentation. Choix

instrumental») ein rund vierminütiges Stück für Altflöte, Oboe d'amore, Klarinette, Harfe und Viola, das zwar in seiner konkreten Gestalt das Resultat vielfältiger mitschöpferischer Entscheidungen des Realisators ist, in seiner Gesamterscheinung aber – und insbesondere, dank der sorgfältigen Vorplanung der Tonhöhenkonstellationen, in harmonischer Hinsicht – unverkennbar die Handschrift des «Primärautors» trägt.

In ganz anderer Weise knüpfte Pierre Boulez selbst an sein Werkkonzept von 1971 an, als er im Herbst 1985 in kurzer Zeit das Gedenkstück *Mémoriale* für den jung verstorbenen Flötisten Laurence Beauregard niederschrieb. Er übernahm dabei mit nur geringfügigen Veränderungen den Flötenpart, den er für die Schlusssequenz einer seiner eigenen frühen Realisierungen von … *explosante–fixe* … (1973) ausgearbeitet hatte, und umgab ihn mit einem neu komponierten, die Solostimme in raffinierten Spiegelungen und Brechungen ergänzenden Ensemblesatz für zwei Hörner und sechs Streichinstrumente. (Die ungewöhnliche Besetzung ergab sich aus einer Anlehnung an das Instrumentarium von Franco Donatonis *Tema* für zwölf Instrumente – unter Auslassung der dort verwendeten vier Holzblasinstrumente –, da *Mémoriale* am 29. November 1985 in einem Konzert uraufgeführt werden sollte, in dem auch Donatonis Stück auf dem Programm stand.) Der Verlauf dieser dynamisch verhaltenen Trauermusik, in der die Streicher und die beiden Hörner durchweg mit Dämpfer spielen, ist durch zahlreiche Wechsel in Tempo und Gestik reich gegliedert, wobei als formartikulierendes Element sieben jeweils auf dem Ton *Es* endende Einschübe in langsamem Tempo (Viertel = 60) fungieren. In diesem Schritt für Schritt von einem auf sieben Akkorde ausgeweiteten «Refrain» ist der Bezug zum Ursprungsstück besonders deutlich greifbar, beruht er doch ganz auf dem Tonvorrat der Ursprungszeile («Originel») von … *explosante–fixe* … (*es–g–d–as–b–a–e*).

Während *Mémoriale* zwar einem «offenen» Konzept entsprang, in seiner konventionell notierten, minuziösen Ausarbeitung aber keinerlei Indeterminiertheiten aufweist, beschränkte sich Heinz Holliger in seiner 1971–72 entstandenen Komposition *Kreis* auf eine relative – nicht absolute – Fixierung der Tonhöhenverläufe und ließ innerhalb bestimmter Grenzen auch das Instrumentarium offen. Holliger beging in diesem Werk einen Tabubruch besonderer Art: Denn die im Kreis aufgestellten Musiker reichen die gewählten Instrumente (in der heutigen Aufführung: Flöte, Oboe, Klarinette, Fagott, Horn und Euphonium) siebenmal, zu genau festgelegten Zeitpunkten, an ihre Nachbarn weiter und spielen somit über weite Strecken auf ihnen fremden Instrumenten, denen sie ihre eigene Spieltechnik gewissermaßen aufpropfen. (Erst in der Coda verwenden alle ihr Hauptinstrument.) Obwohl der approximative Charakter der Partituraufzeichnung (sichtbar etwa im Verzicht auf Notenlinien) in engen Grenzen gehalten und insbesondere die rhythmische Struktur der Stimmen genau vorgeschrieben ist (→ ABB. 4, S. 262), erhöht sich durch dieses Spielen auf fremden Instrumenten zwangsläufig die Unvorhersehbarkeit des Klangresultats, das sich nicht zuletzt durch seine ausgeprägte Geräuschhaftigkeit und durch das von den Musikern geforderte Vokalisieren denkbar weit vom traditionellen «Schönklang» entfernt. Die radikale Hinterfragung der gängigen Voraussetzungen und Konventionen des Musizierens ist hier, wie in anderen Werken Holligers aus den 1970er Jahren (etwa *Cardiophonie*, *Pneuma* oder *Atembogen*), auf die Spitze getrieben; und sie erfährt im rituellen «Tod» der Musiker, die am Ende des Stücks erschöpft zu Boden sinken und ihre Instrumente im Zentrum des Kreises niederlegen – während über ihnen immer lauter werdende Tonbandklänge zu kreisen beginnen –, noch eine drastische szenische Überhöhung.

FELIX MEYER

Donnerstag, 28. April 2011
Münstersaal im Bischofshof,
Rittergasse 1, Basel
19:00–20:30 Uhr

Konzert
Arditti-Quartett
Irvine Arditti, Violine
Ashot Sarkissjan, Violine
Ralf Ehlers, Viola
Lucas Fels, Violoncello

Hans Thomalla (*1975)
Albumblatt (2010)

Pierluigi Billone (*1960)
Muri IIIb (2010) «per Federico De Leonardis»

James Dillon (*1950)
Streichquartett Nr. 5 (2004–08)

Philippe Manoury (*1952)
Stringendo, Erstes Streichquartett (2010)

Hans Thomalla, *Albumblatt* (2010)
Uraufgeführt vom Arditti-Quartett am 22. Juli 2010
bei den Darmstädter Ferienkursen für Neue Musik.

Wir kennen Albumblätter aus der Kindheit: der Eintrag ins Poesiealbum als das Bemühen, Flüchtiges festzuhalten. Scheinbar unzertrennliche Freundschaft, ein besonderes Erlebnis, ein Lied oder ein Gedicht, die nicht vergessen werden sollen, stehen neben langsam vertrocknenden Blütenblättern, deren Zerfall allerdings eher Vergänglichkeit erfahren läßt.

Meine Komposition *Albumblatt* ist eine Studie über diese Versuche, Unbeständiges festzuhalten: In fast ununterbrochenem Glissando gleiten die Finger zu Beginn des Stückes über das Griffbrett, und Bogendruck und Bogentempo schwellen kontinuierlich an und ab. Ein ruheloser, sich fortlaufend verändernder klanglicher Fluss, in dem nur en passant hier und da Akkorde aufscheinen, gerade lange genug, um vor dem Weitertreiben wahrgenommen zu werden – Augenblicke der Orientierung, Erinnerung, Bedeutung.

Aber eine allmähliche Verlangsamung der Bogenbewegungen sowie der Glissandi (bis zu deren Stillstand) zielt darauf ab, dieser Akkorde habhaft zu werden, sie festzuhalten. Anstelle einer stabilen, gefestigten Harmonik entsteht jedoch eine andere Klanglichkeit, die auch – auf ihre Weise – der eigenen Bewegung und schließlich auch ihrer eigenen Flüchtigkeit folgt: Der

«Griff» nach den Akkorden, der Versuch die Geste festzuhalten, wird so selbst zur flüchtigen Geste.

Albumblatt ist dem Arditti-Quartett gewidmet.

HANS THOMALLA, 2011

Pierluigi Billone, *Muri IIIb* (2010)

Uraufgeführt vom Arditti-Quartett am 22. Juli 2010 bei den Darmstädter Ferienkursen für Neue Musik.

Die Spielpraxis der Streichinstrumente hat mich gelehrt, die Tätigkeit der beiden Hände voneinander zu trennen und in anderer Weise neu zu koordinieren (während sie in der klassischen Technik zusammenwirken im Hinblick auf ein und dasselbe Resultat). Durch einfache technische Verfahren ist es möglich, die durch den Kontakt des Bogens mit der Saite erzeugte Energiemenge unabhängig von der Art und der Qualität der Artikulation der linken Hand zu modulieren. Man erhält so energetische Abstufungen und Qualitäten, die zugleich innere Eigenschaften der Schwingung und/oder der Artikulation sind. Daraus folgt, dass die *plastische Qualität* eines Ereignisses unter bestimmten Bedingungen als eine *Energiestufe* betrachtet werden kann. Dieses mechanische energetische Phänomen ist auch ein möglicher Zusammenhang: Eine unveränderliche Schwingung ist (kann sein) die niedrigste Energiestufe einer Artikulation und, umgekehrt, eine Artikulation die höchste Energiestufe ein und derselben Schwingung. Und diese Differenz von (energetischen/plastischen) Zuständen kann plötzlich oder mittels unbestimmter Abstufungen der Deformationen moduliert werden.

So betrachtet besitzt der Klang also Dimensionen: Schichten und Zustände, deren Natur unbestimmt ist und offen für eine unbegrenzte rhythmische Ausarbeitung. Grundsätzlich lässt sich dies mit der Materie und ihren verschiedenen Aggregatzuständen vergleichen (fest, flüssig, gasförmig ...). Der «Klangraum», der sich daraus ergibt, weist folglich Gesetze und Charakteristika auf, die ihn grundlegend unterscheiden vom traditionellen Raum, wenngleich er diesen als speziellen Fall (Stabilität/vorübergehende Homogenität) umfassen kann. In diesem Fall verwandelt sich das Streichquartett in eine magische «Energiemaschine» und gibt seine traditionelle Rolle auf (darum auch die bezeichnenden *Scordaturen* in der zweiten Violine und im Violoncello).

Das Stück artikuliert sich in fünf (in unterschiedlichem Ausmaß miteinander verbundenen) Abschnitten, deren jeder auf verschiedene Weise um die Möglichkeiten der Aggregation bzw. Deformation von Schwingungen kreist.

1. Verdichtung/Schichten/Spuren mechanischer Präsenzen
2. Entspannung/Doppelter ruhender Pol/Schichten
3. Instabilität/Plastische metallische Oszillationen/Schichten
4. Isolierung der Quellen/Doppelter fester Pol/Instabilität
5. Verdichtung/elementare innnere Artikulation (Klopfen)

Eine strikte plastische Homogenität ist die notwendige Bedingung, damit die Deformation wirkt. Ungebrochene Kontinuität und ständige Veränderung werden kompensiert durch wiederholte Unterbrechungen und «Überblendungen» in die Stille (… das für Augenblicke Unhörbare, wobei die Deformation weiter wirksam bleibt). Rhythmische Instabilität, unvorhersehbare Stabilität, vorübergehende energetische Exzesse, vorübergehend schwache Hörbarkeit etc. sind allesamt rhythmische Charakteristika einer grundlegenden Inhomogenität, bei der die Deformation in Kraft ist und wirkt.

PIERLUIGI BILLONE, 2010

James Dillon, Streichquartett Nr. 5 (2004–08)

Uraufgeführt vom Arditti-Quartett am 21. November 2009 beim Huddersfield Contemporary Music Festival.

Dieses Werk hat eine lange und etwas verwickelte Geschichte. Ursprünglich konzipierte ich es als Gabe zum 30-jährigen Bestehen des Arditti-Quartetts im Jahre 2004 (d. h. vor meinem Streichquartett Nr. 4), als ich auch mit der Komposition von *The Soadie Waste* für Klavier beschäftigt war. Infolge anderer damaliger Verpflichtungen legte ich das Stück dann aber unfertig beiseite und stellte es erst zum 35-Jahr-Jubiläum des Ensembles fertig.

Das Quartett besteht aus einem einzigen Satz und ist in seiner Gestik mit *The Soadie Waste* verwandt. Zentral ist die Arbeit mit ineinander verwobenen, fest umrissenen Satztypen; dabei fügen sich Ostinati, Tremoli, akkordische Passagen und dergleichen zu einem permanenten Wechselspiel von Solo, Duo, Trio und Tutti zusammen. Wie in der kubistischen Architektur mit ihrer Verwendung geometrischer Module entsteht so eine ständig wechselnde Perspektive.

Das Werk ist dem Arditti-Quartett in Hochachtung und Freundschaft zugeeignet.

JAMES DILLON, 2009

Philippe Manoury, *Stringendo,* Erstes Streichquartett (2010)

Uraufgeführt vom Arditti-Quartett am 16. Oktober 2010 bei den Donaueschiner Musiktagen.

Durch den größtmöglichen aller Zufälle steckt im Terminus «stringendo» (der in der Musik ein allmähliches Beschleunigen des Tempos bezeichnet) das Wort «string», das im Englischen «Saite» bedeutet. An diese merkwürdige Kleinigkeit sollte man denken, wenn man den Titel dieses Werks ausspricht. Es trägt zugleich den Untertitel «Erstes Streichquartett», was zweierlei bedeutet: Wenn alles gut geht, sollen weitere folgen, und das eine, das ich 1978 in meiner Studienzeit geschrieben habe, ist ab jetzt nicht mehr gültig.

Stringendo beginnt mit etwas, das wie eine Unordnung wirkt, innerhalb derer mehr als ein Dutzend kleiner musikalischer Elemente umherkatapultiert werden. Dieses thematische Durcheinander ist aber nur scheinbar eines, denn es ist nach einer präzisen «Grammatik» streng organisiert: Nacheinander tritt jedes der Elemente in den Vordergrund, um dann zu verschwinden. Je weiter der Anfang sich entwickelt, desto mehr vereinfacht sich das dichte Geflecht, um schließlich nur noch aus einem einzigen Element zu bestehen.

Nun folgen die statischen, unbewegten Sequenzen der «imaginären Metronome», zu denen die Elemente versuchen, wieder an die Oberfläche zu kommen. Aber diesmal wird ihr Auftauchen und Verschwinden nicht nach einer strengen Ordnung programmiert, sondern gehorcht einer Art von scheinbarer «natürlicher Auslese». Bestimmte Elemente verschwinden, andere setzen sich mit Hilfe nur eines einzigen Kriteriums durch: ihres inneren expressiven Potentials, oder jedenfalls mit Hilfe des Potentials, mit dem ich sie ausgestattet habe. Nach und nach dominieren schließlich zwei Elemente: eines aus raketenartigen Auf- und Abschwüngen und eine Monodie, die von einem Instrument zum anderen wandert und aus «crescendierenden» Klängen besteht, die wie ein altes, rückwärts spielendes Tonband klingen. Zunächst unabhängig voneinander präsentiert, werden diese beiden Elemente schließlich einander vervollständigen und zu einem Ganzen in einer phantastisch-verrückten Sequenz verschmelzen, zu spielen in einem sich steigernden … stringendo.

Am Ende trägt die Monodie in der Art eines kleinen «Chorals» den Sieg davon, wie versteinert auf einem einzigen Klang, der jeden Aufschwung zu einer Fortsetzung abbricht, so etwa die kleine Pizzicato-Musik, die kurz vor dem Ende scheinbar entstehen will.

PHILIPPE MANOURY, 2010

AUS DEM FRANZÖSISCHEN ÜBERSETZT VON BIRGIT GOTZES

Freitag, 29. April 2011
Museum Tinguely,
Paul-Sacher-Anlage 1, Basel
18:30–20:30 Uhr

Konzert

Mauricio Kagel (1931–2008)
Zwei-Mann-Orchester (1971–73)
Basler Fassung 2011
Spieler: Wilhelm Bruck und Matthias Würsch

Um das *Zwei-Mann-Orchester* für zwei Ein-Mann-Orchester (1971–73) von Mauricio Kagel (1931–2008) zu realisieren, müssen zwei Spieler zunächst eine möglichst umfangreiche Orchestermaschine aus zahlreichen Instrumenten und mechanischen Bewegungselementen konstruieren und bauen. Aus Kagels Konzeptpartitur wird dann eine Auswahl vorgegebener Modelle aus melodischen, harmonischen und rhythmischen Elementen sowie Bewegungsabläufen entnommen und daraus ein abendfüllendes Stück für das neu konstruierte Großinstrument geformt. Das *Zwei-Mann-Orchester* wird so zu einem skulptural-kinetischen Klangobjekt und zu einem Musikstück.

Die Uraufführung des *Zwei-Mann-Orchesters* fand 1973 während der Donaueschinger Musiktage statt. Spieler waren Wilhelm Bruck und Theodor Ross. Mauricio Kagel war an der Ausarbeitung dieser 1. Fassung beteiligt. Die 2. Fassung wurde von Wilhelm Bruck und Theodor Ross für das Staatstheater Kassel erarbeitet, im April 1992 uraufgeführt und anschließend fast zwei Jahre lang regelmäßig gespielt.

Die 3. Fassung des *Zwei-Mann-Orchesters* entstand als Kooperation von Paul Sacher Stiftung, Hochschule für Musik Basel und Museum Tinguely. Der an beiden vorangehenden Fassungen beteiligte Wilhelm Bruck hat sich mit dem Basler Musiker Matthias Würsch zusammengetan, um die neue Fassung zu bauen und musikalisch auszuarbeiten.

MATTHIAS KASSEL

Register der Namen und Werke

Erfasst sind alle Personennamen und Titel musikalischer Werke, mit Ausnahme der in Literaturangaben und ähnlichen Verweisen genannten Namen und Titel.